编者近照

张能治 广东汕头澄海人，教育学者，家庭教育专家，中共党员，暨南大学中文系本科毕业。长期从事家庭教育的研究与实践。主编《当今家庭教育》《孩子与家庭》等刊物，出版了《爱，让孩子快乐成长——e时代家庭教育真谛》《家庭教育那些事儿》《叩开孩子心扉的艺术：谈家庭教育那些事》《孩子与家庭纵横谈》《爱的期许：家庭教育及其他》等家庭教育著作。

曾任中国教育学会家庭教育专业委员会第二届理事会理事，现任广东现代家庭文明与亲子教育学会常务理事、广东格林教育文化有限公司顾问等。

他的书，以观念新、信息量大、实用性强得到读者广泛好评。家长赞扬："张老师的书，精彩、实在、好用！"

研究方向：家庭教育、青少年教育。

E-mail: znz12201@163.com

JIATING JIAOYU ZHIHUI

家庭教育智慧

张能治 编

中山大学出版社
SUN YAT-SEN UNIVERSITY PRESS
·广州·

图书在版编目（CIP）数据

家庭教育智慧/张能治编 . —广州：中山大学出版社，2023.6

ISBN 978 - 7 - 306 - 07746 - 2

Ⅰ. ①家…　Ⅱ. ①张…　Ⅲ. ①家庭教育　Ⅳ. ①G78

中国国家版本馆 CIP 数据核字（2023）第 037329 号

出　版　人：**王天琪**
策划编辑：蔡浩然
责任编辑：蔡浩然
封面设计：曾　斌
责任校对：袁双艳
责任技编：靳晓虹
出版发行：中山大学出版社
电　　话：编辑部 020 - 84113349，84111997，84110779，84110776
　　　　　发行部 020 - 84111998，84111981，84111160
地　　址：广州市新港西路 135 号
邮　　编：510275　　传　真：020 - 84036565
网　　址：http：//www. zsup. com. cn　E-mail：zdcbs@ mail. sysu. edu. cn
印　刷　者：恒美印务（广州）有限公司
规　　格：787mm×1092mm　1/32　21.75 印张　489 千字
版次印次：2023 年 6 月第 1 版　2023 年 6 月第 1 次印刷
印　　数：1—2300 册
定　　价：89.00 元

内 容 简 介

本书涵盖了与家庭教育有关的家庭、家风、家教各个方面的名言。每条名言后面都注明出处，包括作者国别、姓名、篇名、书名、卷序、出版社、出版年份、页码等，方便读者阅读和引用。这是一部既有中国特色又有国际视野的家庭教育智慧力作。

本书既可供广大家长，尤其是年轻的父母阅读，以指导对自己孩子的教育实践，也可供中小学与幼儿教师、各级宣传部门、教育部门、妇联、共青团、关心下一代工作委员会（简称"关工委"）以及社会各界关注家庭教育的人们学习使用。

凡　例

1. 《家庭教育智慧》按主题分为"纲"（大类）、"目"（小类）和名言三个层次呈现。同一"目"的内容按先中国、后外国排列，中国一般按作者所处年代先后排列，因内容需要也有例外，外国一般按国籍汉语拼音顺序排列，但不绝对。

2. 为方便检索和选用，同一内容有的也跨类重出。

3. 本书每条名言下部都注明出处，按国名、作者、篇名、书名、卷序、出版社、出版年份、页码排列（见示例）。

示例：

小孩子得到言论自由，特别是问的自由，才能充分发挥他的创造力。

引自［中国］陶行知《创造的儿童教育》，《陶行知全集．第四卷》，四川教育出版社 1991 年版，第 542 页

说明：中国是国名，陶行知是作者，《创造的儿童教育》是篇名，《陶行知全集》是书名，第四卷是卷序，四川教育出版社是出版社名称，1991 年版是出版年份，第 542 页是页码。

前　言

孩子一出生就开始接受家庭教育，家庭教育将影响孩子的一生。

很多人来不及做"育儿"准备就当上了父母，他们自己还没有弄明白人生是怎么一回事，就开始教育自己的孩子，这是中国家庭教育的现状。显然，当今的父母是需要学习的，因为孩子的命运掌握在他们手中。父母不学习，孩子怎能健康快乐成长，成为一个独立、自主、敢担当的人？父母不学习，家庭怎能成为孩子的"优质学校"，孩子怎能过上幸福生活？

"家庭是社会的基本细胞，是人生的第一所学校。不论时代发生多大变化，不论生活格局发生多大变化，我们都要重视家庭建设，注重家庭、注重家教、注重家风，紧密结合培育和弘扬社会主义核心价值观，发扬光大中华民族传统家庭美德，促进家庭和睦，促进亲人相亲相爱，促进下一代健康成长，促进老年人老有所养，使千千万万个家庭成为国家发展、民族进步、社会和谐的重要基点。"习近平总书记关于"注重家庭、注重家教、注重家风"的一系列重要论述，为我们开展家庭教育指明了方向。

中国是一个文明古国，中华民族在 5000 多年历史演进中形成了灿烂文明，孔丘的《论语》、孟轲的《孟子》、李耳的《道德经》、诸葛亮的《诫子书》、颜之推的《颜氏家训》、司马光的《温公家范》等文化经典对我产生了深刻的影响，为我的家庭教育研究奠定了坚实的基础。在长期的家庭教育研究和实践中，我悟出一个道理：家庭教育需要智慧。

《家庭教育智慧》在纲目的设置上，以习近平总书记的"三注重"为原则，以《中华人民共和国家庭教育促进法》为指导，力促孩子德智体美劳全面发展，力求贴近当今社会与读者的实际需要。在内容选取上注重思想性、科学性和实效性。在具体编纂中，不平均分配，有些方面内容选取比较多，力求做到既可供阅读欣赏，又可直接引用，指导家长对自己孩子的教育实践。

以习近平新时代中国特色社会主义思想为指导，为建立有中国特色的社会主义家庭教育体系作贡献，这是我孜孜以求的事业。为此，我坚持不懈地努力着：阅读了古今中外大量家庭教育名著，广泛掌握家庭教育资料；积极参加全国各地家庭教育学术活动，开阔学术视野；应邀在全国各地为社会各界作了400多场家庭教育演讲；成立家庭教育讲师团，并担任团长，广泛接触社会各界家长，了解他们的需求；创办并主编《当今家庭教育》《孩子与家庭》等刊物；到目前，已出版了5部家庭教育著作……这些研究和实践，极大地丰富了我的家庭教育思想，为本书的编纂提供了思路、策略和方法。

本书从2006年开始编纂，历经十几年，反复修订，九易其稿，不断完善，终于有了美丽的结果。《家庭教育智慧》出版了，谨以此书献给我们伟大祖国的家庭教育事业！

张能治
2021年3月20日初稿
2022年9月1日修改
于广州丰景大厦

目　录

1

1. 家庭的属性

家庭的本质

家庭是社会的基本细胞，是人生的第一所学校。不论时代发生多大变化，不论生活格局发生多大变化，我们都要重视家庭建设，注重家庭、注重家教、注重家风，紧密结合培育和弘扬社会主义核心价值观，发扬光大中华民族传统家庭美德，促进家庭和睦，促进亲人相亲相爱，促进下一代健康成长，促进老年人老有所养，使千千万万个家庭成为国家发展、民族进步、社会和谐的重要基点。

引自〔中国〕习近平《在 2015 年春节团拜会上的讲话》（2015 年 2 月 17 日），见中共中央党史和文献研究院 编《习近平关于注重家庭家教家风建设论述摘编》，中央文献出版社 2021 年版，第 3 页

家庭是以婚姻为基础、以血缘为纽带而形成的社会生活的基本单位，是社会最微小的细胞。

引自〔中国〕赵忠心《家庭教育学：教育子女的科学与艺术》，人民教育出版社 2001 年版，第 2 页

夫妻间有爱情关系；父母和子女、兄弟姐妹之间有天然的血统关系；家庭成员之间有志同道合的关系；还有经济上的利害关系，真可以说是"千丝万缕""血肉相连"。

引自〔中国〕赵忠心《家庭教育学：教育子女的科学与艺

术》，人民教育出版社 2001 年版，第 2 - 3 页

"家"是一个人生命中最重要的场所，它不是市场，不是单位，不是圈子，"感情"是家人的凝结剂和润滑剂，是家庭生活中的必需品和奢侈品。

引自［中国］尹建莉《最美的教育最简单》，作家出版社 2014 年版，第 123 页

在所有的社会制度中，家庭是一个人最早接触、最基本、最普遍、最持续、最亲密、人数最少、影响最深远、最有足够的韧性和适应性的社会团体，因此家庭具备了无可替代的特殊性。家庭是人们出生、成长及终老的场所。

引自［中国］周丽端《第一章 家庭的变迁与健康家庭的建立》，见赵刚 王以仁 主编《中华家庭教育学》，研究出版社 2016 年版，第 2 页

家庭——是感情的第一所学校。在家庭里，需要创造一种充满真诚、温暖、相互信任和相互尊重的和睦气氛。然而，这样的家庭关系并不是自然而然形成的。它是父母智慧心血的结晶。创造家庭的和睦关系——这是一种很高的艺术。倘若父母成功地做到了这一点，那就为教育子女创造了一个极好的条件。

引自［苏联］伊·佩切尔尼科娃《崇高的心灵》114，见张纯美 洪静媛 编《中外教育思想荟萃》，上海文化出版社 2014 年版，第 221 - 222 页

家庭的责任

第十四条　父母或者其他监护人应当树立家庭是第一个课堂、家长是第一任老师的责任意识，承担对未成年人实施家庭教育的主体责任，用正确思想、方法和行为教育未成年人养成良好思想、品行和习惯。

共同生活的具有完全民事行为能力的其他家庭成员应当协助和配合未成年人的父母或者其他监护人实施家庭教育。

引自［中国］《中华人民共和国家庭教育促进法》，中国法制出版社 2021 年版，第 5 页

第二十一条　未成年人的父母或者其他监护人依法委托他人代为照护未成年人的，应当与被委托人、未成年人保持联系，定期了解未成年人学习、生活情况和心理状况，与被委托人共同履行家庭教育责任。

引自［中国］《中华人民共和国家庭教育促进法》，中国法制出版社 2021 年版，第 7－8 页

第二十三条　未成年人的父母或者其他监护人不得因性别、身体状况、智力等歧视未成年人，不得实施家庭暴力，不得胁迫、引诱、教唆、纵容、利用未成年人从事违反法律法规和社会公德的活动。

引自［中国］《中华人民共和国家庭教育促进法》，中国法制出版社 2021 年版，第 8 页

中华民族历来重视家庭。正所谓"天下之本在家"。尊老爱幼、妻贤夫安，母慈子孝、兄友弟恭，耕读传家、勤俭持

家，知书达礼、遵纪守法，家和万事兴等中华民族传统家庭美德，铭记在中国人的心灵中，融入中国人的血脉中，是支撑中华民族生生不息、薪火相传的重要精神力量，是家庭文明建设的宝贵精神财富。

引自［中国］习近平《注重家庭，注重家教，注重家风》（2016年12月12日在会见第一届全国文明家庭代表时的讲话），《习近平谈治国理政·第二卷》，外文出版社2017年版，第353页

随着我国改革开放不断深入，随着我国经济社会发展不断推进，随着我国人民生活水平不断提高，城乡家庭的结构和生活方式发生了新变化。但是，无论时代如何变化，无论经济社会如何发展，对一个社会来说，家庭的生活依托都不可替代，家庭的社会功能都不可替代，家庭的文明作用都不可替代。无论过去、现在还是将来，绝大多数人都生活在家庭之中。我们要重视家庭文明建设，努力使千千万万个家庭成为国家发展、民族进步、社会和谐的重要基点，成为人们梦想启航的地方。

引自［中国］习近平《注重家庭，注重家教，注重家风》（2016年12月12日在会见第一届全国文明家庭代表时的讲话），《习近平谈治国理政·第二卷》，外文出版社2017年版，第353页

家庭教育是家庭的重要职能，它与家庭同时产生，又随着家庭形式的发展而发展。

引自［中国］赵忠心《家庭教育学：教育子女的科学与艺术》，人民教育出版社2001年版，第91页

家庭是孩子们赖以生存的场所，家长是保证孩子生理健康的主要责任者。

> 引自［中国］赵忠心《家庭教育学：教育子女的科学与艺术》，人民教育出版社 2001 年版，第 379 页

家庭是儿童教育的最佳场所，因为通过日常生活中那些具体的事情，更能使他们认识到良好品德的重要性，从而树立正确的人生观。

> 引自［美国］斯托夫人《斯托夫人自然教子书》，亚北 译，中国妇女出版社 2009 年版，第 295 页

家庭的主要职能是生物的和精神的再生产。精神的再生产（教育儿童）是家庭活动的最重要方面。

> 引自［苏联］T. A. 马尔科娃《学前教育学原理》278，见张纯美 洪静媛 编《中外教育思想荟萃》，上海文化出版社 2014 年版，第 222 页

凡是在有良好传统的家庭里长大的青年人都能比较容易地安排个人的生活和自己的家庭，并给这个家庭带来良好的习惯、风俗和风气。

> 引自［苏联］伊·佩切尔尼科娃《崇高的心灵》128，见张纯美 洪静媛 编《中外教育思想荟萃》，上海文化出版社 2014 年版，第 222 页

家庭的作用

世界上没有一个地方比自己的家更舒适，无论那个家是多

么的简陋、多么寒碜。

> 引自〔中国〕梁实秋《槐园梦忆》，见王正平 主编《人生格言辞典》，上海辞书出版社 2004 年版，第 174 页

家庭是社会的细胞，同时也是社会的缩影。家庭是人们进入社会之前的"演练场"，社会生活的复杂性反映到家庭，使家庭生活内容也具有相当的复杂性，家庭成员的实践活动也是多种多样的，丰富多彩的。

> 引自〔中国〕赵忠心《家庭教育学：教育子女的科学与艺术》，人民教育出版社 2001 年版，第 125 页

家庭是孩子成长的乐园，孩子是幸福家庭的希望。

> 引自〔中国〕张能治《少年是无可估量的》，见张能治 主编《孩子与家庭纵横谈》，华夏出版社 2020 年版，第 240 页

在今天中国教育改革与发展的格局中，家庭与家长是一个绕不开的话题。家庭中的子女教育选择与家长的终身学习要求，都成为教育事业布局和投入的重要目标与参照系。尤其是有孩子在中小学和幼儿园的家庭，家长成为学校天然的合作者与评鉴者。

> 引自〔中国〕赵刚《后记》，见赵刚《家长教育学》，教育科学出版社 2010 年版，第 419 页

要培养一个出色的孩子，父母必须有这样的意识和自信：父母是最好的老师，亲情是最好的营养品，餐桌是最好的课桌，家是最出色的学校。

引自［中国］尹建莉《最美的教育最简单》，作家出版社
2014 年版，第 162 页

无论你是国王还是普通人，最幸运的人是能在自己家里获
得幸福的人。

引自［德国］歌德《伊菲格涅亚在陶里斯》，见王正平 主编
《人生格言辞典》，上海辞书出版社 2004 年版，第 173 页

浪迹天涯的游子最终又会思恋故土，并在自己的茅屋内，
在妻子的怀抱里，在儿女们的簇拥下，在为维持生计的忙碌操
劳中，找到他在广大的世界上不曾寻得的欢乐。

引自［德国］歌德《少年维特的烦恼》26，见梁适 编《中外
名言分类大辞典》，复旦大学出版社 1997 年版，第 131 页

家庭是一种回归，是我们的根基所在，不管遇到任何困
难，家庭是支撑我们走下去的力量。

引自［韩国］全惠星《有奉献精神的父母培养大人物》，邵
娟译，中国城市出版社 2009 年版，第 34 页

家庭氛围是孩子今后人际关系的底色。只有孩子和父母的
关系好，孩子和其他人的关系才会好。父母要在家庭中努力营
造一个信赖、坦诚、互相尊重的氛围。一个连父母都不信赖的
孩子，怎么可能信赖别人和被别人所信赖呢?

引自［韩国］全惠星《有奉献精神的父母培养大人物》，邵
娟译，中国城市出版社 2009 年版，第 134 页

生活在同一个屋檐下，很多人忽视了这种交流，导致一家
人的生命轨迹互不相干，至亲之间的心灵沟通被隔断，实在是

很悲伤的一件事。早餐不仅仅是在形式上让我们一家人聚在一起，在心灵上，我们也聚在了一起。大家彼此关爱，互相了解，也能够更深地理解家的意义。

引自〔韩国〕全惠星《有奉献精神的父母培养大人物》，邵娟 译，中国城市出版社 2009 年版，第 174 页

家庭，是人的很重要的、责任重大的事业。家庭使生活充实，家庭带来幸福。但是，每个家庭，尤其是在社会主义社会生活中的家庭，首先是具有国家意义的重大事业。

引自〔苏联〕A. C. 马卡连柯《家庭和儿童教育》，丽娃 译，上海人民出版社 2005 年版，第 71 页

幸福的家庭总是相似的，不幸的家庭各有不幸。

引自〔俄国〕列夫·托尔斯泰《安娜·卡列尼娜》，见王正平 主编《人生格言辞典》，上海辞书出版社 2004 年版，第 174 页

没有和睦的家庭，便没有安定的社会。

引自〔日本〕池田大作《女性箴言》，见王正平 主编《人生格言辞典》，上海辞书出版社 2004 年版，第 173 页

从对家庭的爱里，发生了对国家的爱。

引自〔英国〕狄更斯《老古玩店》351，见梁适 编《中外名言分类大辞典》，复旦大学出版社 1997 年版，第 132 页

看一个家庭，立刻就看出主人的性格，就像走进一个城市，能断定当局的政绩。

引自［德国］歌德《歌德叙事诗集》31，见梁适 编《中外名言分类大辞典》，复旦大学出版社1997年版，第23页

家庭的巩固

要帮助妇女处理好家庭和工作的关系，做对社会有责任、对家庭有贡献的新时代女性。男性也不能当甩手掌柜，要同妻子分担养老育幼等家庭责任，共担家务劳动。

引自［中国］习近平《在同全国妇联新一届领导班子成员集体谈话时的讲话》（2018年11月2日），见中共中央党史和文献研究院 编《习近平关于注重家庭家教家风建设论述摘编》，中央文献出版社2021年版，第71页

夫妻关系状况决定着家庭稳固的程度和家庭成员的幸福。有子女的夫妻，关系状况如何，不仅决定夫妻双方的生活，也直接影响子女的生活。夫妻不和不但给夫妻双方带来苦恼和痛苦，而且也会给子女造成精神上的痛苦、生活上的困难和心理上的创伤。

引自［中国］赵忠心《家庭教育学：教育子女的科学与艺术》，人民教育出版社2001年版，第157页

家庭成员之间经常进行积极的交往，可以增强相互间的了解、理解，密切关系，感情亲密，形成和谐的关系，家庭生活幸福。

引自［中国］赵忠心《家庭教育学：教育子女的科学与艺术》，人民教育出版社2001年版，第160页

夫妻关系的和谐程度，不仅关系到婚姻的稳定，也在很大程度上影响家庭教育方式及效果。

> 引自［中国］黄河清《第三章 家庭教育实施者的品质优化与实践》，见赵刚 王以仁 主编《中华家庭教育学》，研究出版社 2016 年版，第 106 页

管理家庭几乎和管理王国一样麻烦。

> 引自［法国］蒙田《随笔集》，见王正平 主编《人生格言辞典》，上海辞书出版社 2004 年版，第 175 页

让一个人在自己的家里也像客人那样注意举止。

> 引自［美国］爱默生《日记》，见王正平 主编《人生格言辞典》，上海辞书出版社 2004 年版，第 176 页

家庭的改革

我作这一篇文的本意，其实是想研究怎样改革家庭；又因为中国亲权重，父权更重，所以尤想对于从来认为神圣不可侵犯的父子问题，发表一点意见。

> 引自［中国］鲁迅《我们现在怎样做父亲》，见金隐铭 编《鲁迅作品集．杂文卷》，现代出版社 2016 年版，第 40 页

自己背着因袭的重担，肩住了黑暗的闸门，放他们到宽阔光明的地方去；此后幸福的度日，合理的做人。

> 引自［中国］鲁迅《我们现在怎样做父亲》，见金隐铭 编《鲁迅作品集．杂文卷》，现代出版社 2016 年版，第 40 页

家庭的文化

第十五条　未成年人的父母或者其他监护人及其他家庭成员应当注重家庭建设，培育积极健康的家庭文化，树立和传承优良家风，弘扬中华民族家庭美德，共同构建文明、和睦的家庭关系，为未成年人健康成长营造良好的家庭环境。

> 引自［中国］《中华人民共和国家庭教育促进法》，中国法制出版社2021年版，第5页

中国人重家文化建设。中华民族历经几千年内忧外患而持续发展，家文化在其中作用巨大。齐家、治国、平天下，家国同构，产生了无以估量的凝聚力。家训、家教、家风，绵延世代，至今仍是许多优秀家族的治家法宝。大儒曾国藩留有四句遗嘱，让后代"慎独"、"主敬"、"仁爱"、"力行"，曾家后代恪守先人遗训，个个成人、成才，没一个败家子。曾公说从三个地方可看出一个家族的兴败：一看子孙睡到几点起床，二看子孙是否做家务，三看子孙是否读书。

> 引自［中国］赵刚《序 家庭教育那些事儿都是国家的大事》，见张能治主编《家庭教育那些事儿》，暨南大学出版社2014年版，第1页

华人极重家文化，家是华人行为的核心概念，并影响、延展到社会组织。

> 引自［中国］赵刚《序一 主编者说》，见赵刚 王以仁 主编《中华家庭教育学》，研究出版社2016年版，第4页

植根于农耕文明的家文化观念与我们偏低的国际化程度，

使我国的现代家庭教育内涵、研究水平还处于逼仄起始的阶段。

引自［中国］赵刚《序一 主编者说》，见赵刚 王以仁主编《中华家庭教育学》，研究出版社 2016 年版，第 4 页

当代的中国家庭教育应注重中国传统文化教育。中国是一个有 5000 多年文化底蕴的东方古国，其中蕴含着非常丰富和优秀的传统家庭文化。

引自［中国］杨韶刚《第七章 多元化背景下的家庭教育选择》，见赵刚 王以仁 主编《中华家庭教育学》，研究出版社 2016 年版，第 330 页

家庭的生活

人生的真谛在于享受淳朴的生活，尤其是家庭生活的欢乐和社会诸关系的和睦。

引自［中国］林语堂《中国人》，见王正平 主编《人生格言辞典》，上海辞书出版社 2004 年版，第 34 页

我们每个人都有自己的家庭。健康的家庭生活，可以滋养身心，激励领导干部专心致志工作。

引自［中国］习近平《在中央政治局"三严三实"专题民主生活会上的讲话》（2015 年 12 月 28、29 日），见中共中央党史和文献研究院 编《习近平关于注重家庭家教家风建设论述摘编》，中央文献出版社 2021 年版，第 52 页

有了一点空闲时间，陪伴家人、尽享亲情，清茶一杯、手

捧一卷，操持雅好、神游物外，强身健体、锤炼意志，这样安排才有品位。

> 引自［中国］习近平《在河南省兰考县委常委扩大会议上的讲话》(2014 年 3 月 18 日)，见中共中央党史和文献研究院编《习近平关于注重家庭家教家风建设论述摘编》，中央文献出版社 2021 年版，第 33 - 34 页

有和谐的家庭生活才有完善的家庭教育。

> 引自［中国］孙云晓《习惯决定孩子一生》，北京师范大学出版社 2013 年版，第 183 页

教育工作中最主要的是要组织好家庭生活，要十分关注小事。

> 引自［苏联］A. C. 马卡连柯《家庭和儿童教育》，丽娃 译，上海人民出版社 2005 年版，第 32 页

国际家庭日

第十三条　每年 5 月 15 日国际家庭日所在周为全国家庭教育宣传周。

> 引自［中国］《中华人民共和国家庭教育促进法》，中国法制出版社 2021 年版，第 5 页

国际家庭年、国际家庭日（编者注：联合国将 1994 年定为"国际家庭年"，将每年 5 月 15 日定为"国际家庭日"）的倡导，主要在强调家对每一个人的重要性，以提升国际社会对于家庭重要性的关注，更是期待人们用生命和爱心去建立家庭，达到让

人人都能拥有温暖、关怀、安全、相聚、包容、接纳的健康家庭，进而营造祥和社会。

引自〔中国〕周丽端《第一章 家庭的变迁与健康家庭的建立》，见赵刚 王以仁 主编《中华家庭教育学》，研究出版社2016年版，第33页

2. 家庭的结构

概述

现在的子，便是将来的父，也便是将来的祖。

引自［中国］鲁迅《我们现在怎样做父亲》，见金隐铭 编
《鲁迅作品集．杂文卷》，现代出版社 2016 年版，第 40 页

所生的子女，固然是受领新生命的人，但他也不永久占
领，将来还要交付子女，像他们的父母一般。只是前前后后，
都做一个过付的经手人罢了。

引自［中国］鲁迅《我们现在怎样做父亲》，见金隐铭 编
《鲁迅作品集．杂文卷》，现代出版社 2016 年版，第 41 页

后起的生命，总比以前的更有意义，更近完全，因此也更
有价值，更可宝贵。

引自［中国］鲁迅《我们现在怎样做父亲》，见金隐铭 编
《鲁迅作品集．杂文卷》，现代出版社 2016 年版，第 41 页

夫妻

妻子好合，如鼓瑟琴。

引自［中国］《诗经·小雅·常棣》，见梁适 编《中外名言分
类大辞典》，复旦大学出版社 1997 年版，第 133 页

上和下睦，夫唱妇随。

15

引自〔中国〕周兴嗣《千字文》，见梁适 编《中外名言分类大辞典》，复旦大学出版社 1997 年版，第 133 页

结发为夫妻，恩爱两不疑。

引自〔中国〕苏轼《诗四首》，见王正平 主编《人生格言辞典》，上海辞书出版社 2004 年版，第 167 页

妻贤夫祸少。

引自〔中国〕曹雪芹《红楼梦》第六十八回，见梁适 编《中外名言分类大辞典》，复旦大学出版社 1997 年版，第 134 页

夫妇是伴侣，是共同劳动者，又是新生命的创造者。

引自〔中国〕鲁迅《我们现在怎样做父亲》，见金隐铭 编《鲁迅作品集．杂文卷》，现代出版社 2016 年版，第 41 页

无情未必真豪杰，怜子如何不丈夫。

引自〔中国〕鲁迅《答客诮》，《鲁迅全集．第 7 卷》，人民文学出版社 1981 年版，第 439 页

其实，夫妻关系比亲子关系更为重要，夫妻关系是亲子关系最重要的基石。所以，我们需要确立一个新观念，即夫妻关系第一，亲子关系第二。同时，如朱小蔓教授所说，完整的家庭教育是三代人的互动，我们需要加强和改进三代人的关系。

引自〔中国〕孙云晓《习惯决定孩子一生》，北京师范大学出版社 2013 年版，第 205 页

夫妻关系是男女双方基于合法婚姻所结成的配偶关系，是一切家庭关系的起点和基础。

引自［中国］黄河清《第三章 家庭教育实施者的品质优化与实践》，见赵刚 王以仁 主编《中华家庭教育学》，研究出版社 2016 年版，第 105 页

夫妻关系是在生物、心理、社会条件等基础上不断发展的人际关系。现代夫妻关系大多以爱恋为前奏，以结婚为开始，随着孩子的出生、家庭生态的变化而变化。

引自［中国］黄河清《第三章 家庭教育实施者的品质优化与实践》，见赵刚 王以仁 主编《中华家庭教育学》，研究出版社 2016 年版，第 106 页

良好的夫妻关系是培养儿童身心健康的基础，成功的孩子往往有一个和睦的家庭做支撑。父母是对孩子的一生影响最大的人，孩子最善于学习、模仿父母的言行，孩子的言行间接反应父母的言行举止，所以做父母的应该建立起良好的夫妻关系，营造良好的家庭氛围，为孩子树立良好的榜样，让孩子在家庭中快乐健康成长。

引自［中国］黄河清《第三章 家庭教育实施者的品质优化与实践》，见赵刚 王以仁 主编《中华家庭教育学》，研究出版社 2016 年版，第 113 页

和谐的夫妻情感是家庭安全感的核心，和谐的夫妻情感是最根本、最重要的家庭教育资源，夫妻美满的婚姻，会为孩子的成长带来一辈子的红利。尤其是对"父亲们"，我更是建议要切实担当起教育孩子的责任。

引自［中国］陈利彬《由"葛优躺"、〈从前慢〉说起……》，见张能治 主编《孩子与家庭纵横谈》，华夏出版社

2020 年版，第 262 页

家庭成员的和谐关系胜过千言万语的教育，是最好的示范。我总是要强调我的一个观点，和谐的家庭关系特别是夫妻关系就是最好的家庭教育。

引自［中国］陈利彬《慢慢来，不要急》，见张能治 主编《孩子与家庭纵横谈》，华夏出版社 2020 年版，第 251 页

夫妻生活中难免会在微小的地方产生分歧，但是，决不能过度。特别是如果这种情况经常被孩子们看到，他们的不安情绪会远远超过我们的想象。

引自［韩国］全惠星《有奉献精神的父母培养大人物》，邵娟 译，中国城市出版社 2009 年版，第 56 页

教育孩子的过程，也是夫妻相亲相爱的过程；而感情好的夫妻，肯定会教育出更成功的孩子。

引自［韩国］全惠星《有奉献精神的父母培养大人物》，邵娟 译，中国城市出版社 2009 年版，第 56 页

丈夫对妻子的尊重，也会使得家庭更加融洽和暖意融融，不管妻子有自己的工作，还是全职的家庭主妇都是如此。

引自［韩国］全惠星《有奉献精神的父母培养大人物》，邵娟 译，中国城市出版社 2009 年版，第 192 页

父亲爱妻子，孩子会跟着爱母亲；父亲轻视妻子，孩子也会跟着轻视母亲。

引自［韩国］全惠星《有奉献精神的父母培养大人物》，邵

娟 译，中国城市出版社 2009 年版，第 193 页

妻子替先生树立父亲权威形象的同时，先生也应该替妻子树立母亲的权威形象。

引自［韩国］全惠星《有奉献精神的父母培养大人物》，邵娟 译，中国城市出版社 2009 年版，第 193 页

一般而言，如果夫妻之间交流不够，孩子也学习不到自然地交流的方法。如果不能让孩子看到父亲母亲互相关爱、互相尊敬的模样，孩子也学不到爱护和尊敬的方法。

引自［韩国］全惠星《有奉献精神的父母培养大人物》，邵娟 译，中国城市出版社 2009 年版，第 154 页

谁有贤妻，谁就幸福！他的寿命就加了一倍。

引自［德国］歌德《铁手葛兹·冯·贝利欣根》，《歌德戏剧集》13，见梁适 编《中外名言分类大辞典》，复旦大学出版社 1997 年版，第 134 页

父母真正的互爱，这种爱情的榜样，以及他们日常生活中各种相互关系的榜样，这是头等重要的教育力量。

引自［苏联］苏霍姆林斯基《结束话》，《关于爱的思考》239，见张纯美 洪静媛 编《中外教育思想荟萃》，上海文化出版社 2014 年版，第 236 页

任何一个做丈夫的都不应成为妻子施舍的对象，反过来，妻子对丈夫也一样。

引自［英国］夏洛蒂·勃朗特《夏洛蒂·勃朗特书信》90，

见梁适 编《中外名言分类大辞典》，复旦大学出版社 1997 年版，第 135 页

和睦夫妻间的谈话是亲切、平凡、饶有滋味的，如同这些菜肴，虽配料简单，但比珍奇美味更受欢迎。

引自［法国］莫洛亚《艺术和生活》3，见梁适 编《中外名言分类大辞典》，复旦大学出版社 1997 年版，第 135 页

夫妻生活中，性生活无疑是重要内容，和谐、体贴、健康的性生活会使蜜月中的幸福花朵常开不败。

引自［科威特］穆尼尔·纳素夫《家庭》，见王正平 主编《人生格言辞典》，上海辞书出版社 2004 年版，第 168 页

丈夫如何在社会的太空中飞翔，顽强地在社会上奋斗，都完全是借助于妻子的力量。

引自［日本］池田大作《说妻子的幸福》，见王正平 主编《人生格言辞典》，上海辞书出版社 2004 年版，第 181 页

妻子也有需求。她需要爱、关怀和保护。当她感到丈夫在关怀她，给她带来保障和幸福时，她就会觉得安全。

引自［美国］奥斯本《处理夫妻关系的艺术》，见王正平 主编《人生格言辞典》，上海辞书出版社 2004 年版，第 181 页

好女人全世界只有一个；他劝每个丈夫把妻子看作世上唯一的好女人，这样就一辈子称心如意了。

引自［西班牙］塞万提斯《堂吉诃德》（下）157，见梁适 编《中外名言分类大辞典》，复旦大学出版社 1997 年版，第

136 页

一个不当母亲的女子毕竟是个不完整的、有缺陷的人。

> 引自 [法国] 巴尔扎克《两个新嫁娘》,《巴尔扎克全集》第 2 卷第 176 页,见梁适 编《中外名言分类大辞典》,复旦大学出版社 1997 年版,第 139 页

子女

孩子,这是人类纯洁而天真的花朵。

> 引自 [中国] 柔石《为奴隶的母亲》,见王正平 主编《人生格言辞典》,上海辞书出版社 2004 年版,第 185 页

即使在最丑的孩子身上,也有新鲜的东西,无穷的希望。

> 引自 [法国] 罗曼·罗兰《母与子》,见王正平 主编《人生格言辞典》,上海辞书出版社 2004 年版,第 185 页

孩子是家庭幸福的源泉。

> 引自 [加拿大] 塔帕《关于教育》,见王正平 主编《人生格言辞典》,上海辞书出版社 2004 年版,第 185 页

孩子是维系婚姻的绳索,没有孩子容易离异。孩子是双方共有的善,共同的东西把人结合到一起。

> 引自 [古希腊] 亚里士多德《尼各马可伦理学》,见王正平主编《人生格言辞典》,上海辞书出版社 2004 年版,第 186 页

有的儿女使我们感到此生不虚,有的儿女为我们留下终生

之憾。

引自 ［黎巴嫩］纪伯伦《沙与沫》，见王正平 主编《人生格言辞典》，上海辞书出版社 2004 年版，第 186 页

父母

知子莫若父。

引自 ［中国］《管子·大匡》，见梁适 编《中外名言分类大辞典》，复旦大学出版社 1997 年版，第 136 页

做父母的对于子女的教育应有一致的措施。中国家庭教育素主刚柔并济。父亲往往失之过严，母亲往往失之过宽。父母所用的方法是不一致的。虽然有时相成，但流弊未免太大。因为父母所施方法之宽严不同，子女竟至无所适从，不能了解事理之当然。并且方法过严则易失子女之爱心，过宽则易失子女之敬意。

引自 ［中国］陶行知《评陈著之〈家庭教育〉》，《陶行知全集．第一卷》，四川教育出版社 1991 年版，第 56 页

父母之言行举动，子女多于不知不觉中被其激触，效而尤之。

引自 ［中国］陶行知《为考试事敬告全国学子》，《陶行知全集．第一卷》，四川教育出版社 1991 年版，第 185 页

"做父母"是一桩不容易的事情。一般人太把这桩事情忽视了，太把这桩事情看得容易了。

引自［中国］陈鹤琴《怎样做父母》,《家庭教育》,华东师范大学出版社 2006 年版,第 206 页

合格父母需要具备五个要素:一是现代的教育观念,二是科学的教育方法,三是健康的心理,四是良好的生活方式,五是平等和谐的亲子关系。

引自［中国］孙云晓《习惯决定孩子一生》,北京师范大学出版社 2013 年版,第 13 页

孩子身上有父母的影子,孩子的成长过程实质上是对父母素质的最大检验与证明。在家庭中,父母是实施教育的主体,父母素质是家庭教育成败的关键因素。

引自［中国］黄河清《第三章 家庭教育实施者的品质优化与实践》,见赵刚 王以仁 主编《中华家庭教育学》,研究出版社 2016 年版,第 115 页

父母应以身作则,以自己的实际行动为儿童树立处理人际关系的榜样。教给儿童待人接物的礼仪,人际交往的艺术,使他们学会沟通、交往、合作,懂得尊重理解、信任和宽容,学会悦纳他人,在群体中与人和睦相处,避免人际冲突,促进人际和谐。

引自［中国］黄河清《第三章 家庭教育实施者的品质优化与实践》,见赵刚 王以仁 主编《中华家庭教育学》,研究出版社 2016 年版,第 145 页

谁都不可能在一开始就知道怎么做父母,失误在所难免,但是只要有诚心,都会成为合格的父母。

引自〔韩国〕全惠星《有奉献精神的父母培养大人物》，邵娟译，中国城市出版社 2009 年版，第 198 页

我一直强调，孩子能不能成才，与父母的努力休戚相关。

引自〔韩国〕全惠星《前言》，《有奉献精神的父母培养大人物》，邵娟译，中国城市出版社 2009 年版，第 11 页

谁都替代不了父母的教育，父母的角色不能缺失。

引自〔韩国〕全惠星《有奉献精神的父母培养大人物》，邵娟译，中国城市出版社 2009 年版，第 170 页

父母角色最重要的作用是帮助孩子养成良好的学习习惯、思考习惯和生活习惯，这个任务只有跟孩子朝夕相处的父母才能胜任。

引自〔韩国〕全惠星《有奉献精神的父母培养大人物》，邵娟译，中国城市出版社 2009 年版，第 170 页

孩子的成长过程只有一次，所以，父母在为孩子寻找发展道路时，一定要慎重。

引自〔韩国〕全惠星《有奉献精神的父母培养大人物》，邵娟译，中国城市出版社 2009 年版，第 10 页

影响孩子幸福的起源是父母。父母的性格、想法、举止，包括父母的关系和整个家庭氛围，所有这些都一定会影响到家庭里的那个小孩。

引自〔韩国〕全惠星《有奉献精神的父母培养大人物》，邵娟译，中国城市出版社 2009 年版，第 211 页

没有父母的爱培养出来的人，往往都是有缺陷的人。

> 引自 ［苏联］马卡连柯《教育诗》，见王正平 主编《人生格言辞典》，上海辞书出版社 2004 年版，第 179 页

人的全面发展取决于母亲和父亲在儿童面前是怎样的人，取决于儿童从父母的榜样中怎样认识人与人的关系。

> 引自 ［苏联］苏霍姆林斯基《给教师的建议》408，见张纯美 洪静媛 编《中外教育思想荟萃》，上海文化出版社 2014 年版，第 236 页

父母对子女的热爱，要和始终不渝的韧性、乐观豁达的情绪、健康发达的幽默感和愉情悦性的说笑结合起来。这样的爱才能在家庭中创造出真正的、太阳般的温暖气氛。

> 引自 ［苏联］伊·佩切尔尼科娃《崇高的心灵》133，见张纯美 洪静媛 编《中外教育思想荟萃》，上海文化出版社 2014 年版，第 236 – 237 页

儿童很早就通过父母的微笑，皱眉头或其他强化方式知道自己的某些符号会得到赞赏，某些符号会遭到谴责，当他们与教师相处时，同样的现象也会在课堂上出现。

> 引自 ［美国］A. C. 奥恩斯坦《美国教育学基础》147，见张纯美 洪静媛 编《中外教育思想荟萃》，上海文化出版社 2014 年版，第 237 页

母子之爱是人世间最神圣的感情，践踏这种感情的人是不幸的，哪怕是杀人犯，只要他敬爱自己的母亲，那他便还没有丧尽天良。一个人如果使自己的母亲伤心，无论他的地位多么

显赫，无论他多么有名，他也是一个卑劣的人。

> 引自［意大利］亚米契斯《爱的教育》31，见梁适 编《中外名言分类大辞典》，复旦大学出版社 1997 年版，第 140 页

祖辈

儿孙自有儿孙福，莫为儿孙作远忧。

> 引自［中国］关汉卿《包待制三勘蝴蝶梦》，见梁适 编《中外名言分类大辞典》，复旦大学出版社 1997 年版，第 136 页

少年

少壮不努力，老大徒伤悲。

> 引自［中国］汉朝乐府《长歌行》，见王正平 主编《人生格言辞典》，上海辞书出版社 2004 年版，第 8 页

孩子初学步的第一步，在成人看来，的确是幼稚、危险，不成样子，或者简直可笑的。但无论怎样的愚妇人，却总以恳切希望的心，看他跨出这第一步去，决不会因为他的走法幼稚，怕要阻止阔人的路线而"逼死"他；也决不至于将他禁在床上。

> 引自［中国］鲁迅《这个与那个》，《鲁迅全集.第三卷》，人民文学出版社 1981 年版，第 144 页

青少年阶段是人生的"拔节孕穗期"，最需要精心引导和栽培。

引自［中国］习近平《用新时代中国特色社会主义思想铸魂育人》（2019 年 3 月 18 日在学校思想政治理论课教师座谈会上的讲话要点），《习近平谈治国理政 . 第三卷》，外文出版社 2020 年版，第 329 页

"少年强，则中国强"，少年是无可估量的，他们将比父辈、祖辈更出息，更有作为……

引自［中国］张能治《少年是无可估量的》，见张能治 主编《孩子与家庭纵横谈》，华夏出版社 2020 年版，第 241 页

童年是一段特殊的时光，每个儿童都是一个纯美的原生态世界，具有谜一样的潜能和无数的发展可能，教育的任务就是要开发这种潜能，并努力保护个人的幸福感。

引自［中国］尹建莉《最美的教育最简单》，作家出版社 2014 年版，第 111 页

一个人将来站立在什么位置和高度，固然和他成年后的努力及机遇有关，但基础却是在童年打下的。这就是启蒙教育的价值和意义！

引自［中国］尹建莉《最美的教育最简单》，作家出版社 2014 年版，第 145 页

一个完全丧失了童趣的人，是非常乏味的人，无论他在事业上取得了什么样的成就，都很难获得真正的快乐。

引自［美国］斯托夫人《斯托夫人自然教子书》，亚北 译，中国妇女出版社 2009 年版，第 193 页

我们待人接物的态度，大部分取决于我们在童年时代无意

识地从周围环境吸取来的见解和感情。

> 引自［美国］爱因斯坦《黑人问题》，《爱因斯坦文集》3/
> 210，见梁适 编《中外名言分类大辞典》，复旦大学出版社
> 1997 年版，第 112 页

小孩是小的，而他却包含着成年人；头脑是狭小的，而它却隐藏着思想；眼睛只是一个小点，它却能环视辽阔的天地。

> 引自［法国］小仲马《茶花女》22，见梁适 编《中外名言分
> 类大辞典》，复旦大学出版社 1997 年版，第 112 页

青年

世界是你们的，也是我们的，但是归根结底是你们的。你们青年人朝气蓬勃，正在兴旺时期，好像早晨八九点钟的太阳。希望寄托在你们身上。

> 引自［中国］毛泽东《在莫斯科会见我国留学生和实习生时
> 的谈话》，见王正平 主编《人生格言辞典》，上海辞书出版社
> 2004 年版，第 11 页

青年们可以将中国变成一个有声的中国。大胆地说话，勇敢地进行，忘掉了一切利害，推开了古人，将自己的真心话发表出来。

> 引自［中国］鲁迅《无声的中国》，《鲁迅全集. 第四卷》，
> 人民文学出版社 1981 年版，第 15 页

青年！你们背上的担子是一天重似一天；你们的生命之火应该向改造社会那条路上燃烧，应该向研究学术那条路上燃

烧，决不可向虚幻的享乐道上去燃烧。

> 引自［中国］茅盾《劳动节日联想到的妇女问题》，《茅盾全集．第十四卷》，人民文学出版社1984年版，第207页

年轻的心很容易被进步的、正义的思想所感动，被献身的热情所鼓舞。

> 引自［中国］巴金《秋》，《巴金选集．第三卷》，四川人民出版社1982年版，第116页

青年是人类的希望。

> 引自［中国］巴金《秋》，《巴金选集．第三卷》，四川人民出版社1982年版，第423页

青春啊，永远是美好的，可是真正的青春，只属于这些永远力争上游的人，永远忘我劳动的人，永远谦虚的人！

> 引自［中国］雷锋《雷锋日记》，解放军文艺出版社1963年版，第4页

青年兴则国家兴，青年强则国家强。青年一代有理想、有本领、有担当，国家就有前途，民族就有希望。

> 引自［中国］习近平《决胜全面建成小康社会，夺取新时代中国特色社会主义伟大胜利》（2017年10月18日习近平在中国共产党第十九次全国代表大会上的报告），《习近平谈治国理政．第三卷》，外文出版社2020年版，第54页

广大青年要坚定理想信念，志存高远，脚踏实地，勇做时代的弄潮儿，在实现中国梦的生动实践中放飞青春梦想，在为

人民利益的不懈奋斗中书写人生华章。

> 引自［中国］习近平《决胜全面建成小康社会，夺取新时代中国特色社会主义伟大胜利》（2017 年 10 月 18 日习近平在中国共产党第十九次全国代表大会上的报告），《习近平谈治国理政．第三卷》，外文出版社 2020 年版，第 55 页

青年是整个社会力量中最积极、最有生气的力量，国家的希望在青年，民族的未来在青年。今天，新时代中国青年处在中华民族发展的最好时期，既面临着难得的建功立业的人生际遇，也面临着"天将降大任于斯人"的时代使命。

> 引自［中国］习近平《发扬五四精神，不负伟大时代》（2019 年 4 月 30 日在纪念五四运动 100 周年大会上的讲话的一部分），《习近平谈治国理政．第三卷》，外文出版社 2020 年版，第 333 页

未来属于青年，希望寄予青年。……新时代的中国青年要以实现中华民族伟大复兴为己任，增强做中国人的志气、骨气、底气，不负时代，不负韶华，不负党和人民的殷切期望！

> 引自［中国］习近平《在庆祝中国共产党成立一百周年大会上的讲话》（2021 年 7 月 1 日），《习近平谈治国理政．第四卷》，外文出版社 2022 年版，第 14 页

青年强，则国家强。当代中国青年生逢其时，施展才干的舞台无比广阔，实现梦想的前景无比光明。

> 引自［中国］习近平《高举中国特色社会主义伟大旗帜 为全面建设社会主义现代化国家而团结奋斗——在中国共产党第二十次全国代表大会上的报告》（2022 年 10 月 16 日），人民

出版社 2022 年版，第 71 页

给青年人最好的忠告是让他们谦逊谨慎，孝敬父母，爱戴亲友。

引自［古罗马］西塞罗《论责任》，见王正平 主编《人生格言辞典》，上海辞书出版社 2004 年版，第 12 页

年轻一代正因为年轻气盛，所以从其天性来说，他们对真理的敏感程度往往比成熟以后更为灵敏。

引自［德国］雅斯贝尔斯《什么是教育》，见王正平 主编《人生格言辞典》，上海辞书出版社 2004 年版，第 13 页

青春是诗歌丰收的季节，而老年则更适宜哲学上的收获。

引自［德国］叔本华《意欲与人生之间的痛苦》151，见梁适 编《中外名言分类大辞典》，复旦大学出版社 1997 年版，第 116 页

一般说来，青年人富于"直觉"，而老年人则长于"深思"。

引自［英国］培根《论青年与老年》，《培根论人生》58，见梁适 编《中外名言分类大辞典》，复旦大学出版社 1997 年版，第 117 页

中年

一个人，奋斗了半生而到了中年期，固然也可以有种种理由与机会使他后退或堕落，但在认真的人却决不如此，因为他觉得不过刚才看见了世界的门，并且已经到了必须立即跨进

去，不能再停延一步的时候了。

引自［中国］冯雪峰《论友爱》，《雪峰文集·第三卷》，人
民文学出版社 1981 年版，第 161 页

一个战斗的中年人，从他入世的时日这一方面说，自然地有一种感觉逼着他，对于这个世界的现实和理想的责任，他是应该比谁都负得大的，而且是不能旁贷的，因此他比青年人更长大，又比老年人更年轻。

引自［中国］冯雪峰《论友爱》，《雪峰文集·第三卷》，人
民文学出版社 1981 年版，第 162 页

人到中年，会放弃虚幻的世界和不切实际的欲望，总是把它局限在自己力所能及的范围之内。

引自［印度］泰戈尔《饥饿的石头》249，见梁适 编《中外
名言分类大辞典》，复旦大学出版社 1997 年版，第 120 页

老年

幼而学者，如日出之光，老而学者，如秉烛夜行，犹贤乎瞑目而无见者也。

引自［中国］颜之推《颜氏家训·勉学》，见檀作文 译注
《颜氏家训》，中华书局 2007 年版，第 110 页

人越老，人世之事则看得越轻。

引自［德国］叔本华《意欲与人生之间的痛苦》152，见梁
适 编《中外名言分类大辞典》，复旦大学出版社 1997 年版，
第 120 页

我认为一个老年人的真诚比一个少年人的热情更有价值。

引自［法国］莫里哀《莫里哀喜剧选》（上）282，见梁适 编
《中外名言分类大辞典》，复旦大学出版社 1997 年版，第
121 页

最好的办法是把青年的特点与老年的特点在事业上结合在
一起。从现在的角度说，青年可以从老年身上学到他们所不具
有的优点。而从社会影响的角度说，有经验的老人执事令人放
心，而青年人的干劲则鼓舞人心。如果说，老人的经验是可贵
的，那么青年人的纯真是崇高的。

引自［英国］培根《论青年与老年》，《培根论人生》59，见
梁适 编《中外名言分类大辞典》，复旦大学出版社 1997 年
版，第 117 页

3. 家庭的形成与解体

恋爱

情人眼里出西施。

引自［中国］曹雪芹《红楼梦》，见王正平 主编《人生格言辞典》，上海辞书出版社 2004 年版，第 154 页

你成年已久，到了二十五岁也该理性坚强一些了，单凭一时冲动的行为也该能多克制一些了。不知事实上是否如此？要找永久的伴侣，也得多用理智考虑勿被感情蒙蔽！情人的眼光一结婚就会变，变得你自己都不相信：事先要不想到这一着，必招后来的无穷痛苦。

引自［中国］傅雷《傅雷家书》，见傅敏 编《傅雷家书》，辽宁教育出版社 2004 年新 1 版，第 185 页

20 岁以后，我们不阻止你结交、相处女友，但要慎重，因为此事操作不慎，会影响终生甚至下一代。女孩最优秀的品质是贤惠与知书达礼，而不是漂不漂亮。获得一个优秀女孩的爱，不是你单方面的追求，而是对你品质与素养的考核。使自己不断强大，就是吸引对方的磁场。

引自［中国］赵刚《20 岁的生日礼物》，见张能治 主编《家庭教育那些事儿》，暨南大学出版社 2014 年版，第 142 页

青年男子谁个不善钟情？妙龄女人谁个不善怀春？这是我们人性中的至圣至神。

引自［德国］歌德《维特与绿蒂》，见王正平 主编《人生格言辞典》，上海辞书出版社 2004 年版，第 152 页

恋爱原是一种可以提高生命价值的很华贵的东西。

引自［英国］霭理士《性心理学》，见王正平 主编《人生格言辞典》，上海辞书出版社 2004 年版，第 152 页

初恋是毕生难忘的。

引自［苏联］高尔基《克里姆·萨姆金的一生》，见王正平 主编《人生格言辞典》，上海辞书出版社 2004 年版，第 156 页

初恋，在现实中虽然没有结果，但在回忆中它却是朵永远不凋的花朵。

引自［日本］白石浩一《恋爱心理学》，见王正平 主编《人生格言辞典》，上海辞书出版社 2004 年版，第 157 页

爱情

关关雎鸠，在河之洲。窈窕淑女，君子好逑。

引自［中国］《诗经·周南·关雎》，见王正平 主编《人生格言辞典》，上海辞书出版社 2004 年版，第 138 页

一日不见，如三秋兮。

引自［中国］《诗经·王风·采葛》，见梁适 编《中外名言分类大辞典》，复旦大学出版社 1997 年版，第 246 页

结发为夫妻，恩爱两不疑。欢娱在今夕，燕婉及良时。

引自〔中国〕苏武《结发为夫妻》，见梁适 编《中外名言分类大辞典》，复旦大学出版社 1997 年版，第 246 页

在天愿作比翼鸟，在地愿为连理枝。

引自〔中国〕白居易《长恨歌》，见梁适 编《中外名言分类大辞典》，复旦大学出版社 1997 年版，第 246 页

衣带渐宽终不悔，为伊消得人憔悴。

引自〔中国〕柳永《蝶恋花》，见梁适 编《中外名言分类大辞典》，复旦大学出版社 1997 年版，第 246 页

两情若是长久时，又岂在朝朝暮暮。

引自〔中国〕秦观《鹊桥仙》，见梁适 编《中外名言分类大辞典》，复旦大学出版社 1997 年版，第 246 页

曾经沧海难为水，除却巫山不是云。

引自〔中国〕元稹《离思》，见梁适 编《中外名言分类大辞典》，复旦大学出版社 1997 年版，第 246 页

身无彩凤双飞翼，心有灵犀一点通。

引自〔中国〕李商隐《无题二首》，见梁适 编《中外名言分类大辞典》，复旦大学出版社 1997 年版，第 246 页

爱情必须时时更新，生长，创造。

引自〔中国〕鲁迅《伤逝》，《鲁迅全集.第二卷》，人民文学出版社 1981 年版，第 113 页

异性相吸，男女相悦，乃是常情。

引自［中国］梁实秋《雅舍小品》，见王正平 主编《人生格言辞典》，上海辞书出版社 2004 年版，第 147 页

山中有黄金，天上有明星，人生至宝是情爱交感，即使山中金尽，天上星散，同情还永远是宇宙间不尽的黄金，不昧的明星。

引自［中国］徐志摩《康桥再会吧》，《徐志摩选集》，人民文学出版社 1983 年版，第 13 页

真正的爱情是表现在恋人对他的偶像采取含蓄、谦恭甚至羞涩的态度，而绝不是表现在随意流露热情和过早的亲昵。

引自［德国］马克思《马克思致保尔·拉法格》，见王正平 主编《人生格言辞典》，上海辞书出版社 2004 年版，第 141 页

如果说只有以爱情为基础的婚姻才是合乎道德的，那么也只有继续保持爱情的婚姻才合乎道德的。

引自［德国］恩格斯《家庭、私有制和国家的起源》，见王正平 主编《人生格言辞典》，上海辞书出版社 2004 年版，第 150 页

只有爱情才能使婚姻美满。

引自［德国］贝恩《恋爱与婚姻》，见王正平 主编《人生格言辞典》，上海辞书出版社 2004 年版，第 149 页

幸福的夫妇生活必须建筑在爱情的基础上。

引自［法国］卢梭《新爱洛绮丝》，见王正平 主编《人生格

言辞典》，上海辞书出版社 2004 年版，第 165 页

爱情要彼此给予然后去丰富两人共享的世界。

引自〔法国〕西蒙·波娃《第二性——女人》，见王正平 主编《人生格言辞典》，上海辞书出版社 2004 年版，第 141 页

不懂爱情就不懂生活。

引自〔英国〕盖伊《财神、爱神与阳光》，见王正平 主编《人生格言辞典》，上海辞书出版社 2004 年版，第 137 页

纯洁的爱情是人生中的一种积极的因素、幸福的泉源。

引自〔意大利〕薄伽丘《十日谈》，见王正平 主编《人生格言辞典》，上海辞书出版社 2004 年版，第 139 页

夫妻生活难得一帆风顺，既有胜利的喜悦，也会有失败的苦恼，顺境与逆境间而有之，希望和失望交相产生。只有患难中的爱情才是最珍贵的爱情。

引自〔科威特〕穆尼尔·纳素夫《愿你一生更幸福》，见王正平 主编《人生格言辞典》，上海辞书出版社 2004 年版，第 168 页

如果想让孩子长成一个快乐、大度、无畏的人，那这孩子就需要从他周围的环境中得到温暖，而这种温暖只能来自父母的爱情。

引自〔英国〕罗素《婚姻革命》128，见梁适 编《中外名言分类大辞典》，复旦大学出版社 1997 年版，第 139 页

结婚

婚姻素对，靖侯成规。近世嫁娶，遂有卖女纳财，买妇输绢，比量父祖，计较锱铢，责多还少，市井无异。或猥婿在门，或傲妇擅室，贪荣求利，反招羞耻，可不慎欤！

> 引自 ［中国］ 颜之推《颜氏家训·治家》，见檀作文 译注《颜氏家训》，中华书局 2007 年版，第 41 页

娶媳求淑女，勿计妆奁；嫁女择佳婿，勿慕富贵。

> 引自 ［中国］ 钱镠《钱氏家训·家庭篇》，见牛晓彦 编著《钱氏家训新解》，北京理工大学出版社 2014 年版，第 105 － 110 页

嫁女择佳婿，毋索重聘；娶媳求淑女，勿计厚奁。

> 引自 ［中国］ 朱用纯《朱柏庐治家格言》，见朱用纯 等 著《朱子家训·颜氏家训·孔子家语》，金源 编译，天地出版社 2019 年版，第 7 页

婚姻是最深刻的一种人际关系，人性的真实、文化素养、价值观、爱的能力等等，都在这样一种关系中表现得淋漓尽致。它是两个成年人合写的生命自传，是让他们最亲爱的孩子感受生活的幸福，体会生命的美丽，认识人与人之间关系的启蒙教材。

> 引自 ［中国］ 尹建莉《好妈妈胜过好老师》，作家出版社 2009 年版，第 205 页

结婚是青春的终点，也是奔向幸福人生的出发点。为了让

它结出美好的果实，千万不要焦虑，要慎重，要有诚意。

> 引自〔日本〕池田大作《青春寄语》，见王正平 主编《人生格言辞典》，上海辞书出版社2004年版，第169页

当两个没有钱的人结婚时，就应该具有道德上的勇气和体力上的勤勉来弥补这种欠缺——他们要有蔑视仰人鼻息的精神，忍受贫困的耐心，以及为谋生而辛勤劳动的精力。

> 引自〔英国〕夏洛蒂·勃朗特《夏洛蒂·勃朗特书信》33，见梁适 编《中外名言分类大辞典》，复旦大学出版社1997年版，第134页

美满的婚姻使人如虎添翼，不幸的结合给人套上枷锁。

> 引自〔英国〕比彻《普利茅斯布道坛箴言》，见王正平 主编《人生格言辞典》，上海辞书出版社2004年版，第164页

离婚

如果感情确实已经消失或者已经被新的热烈的爱情所排挤，那就会使离婚无论对于双方或对于社会都成为幸事。

> 引自〔德国〕恩格斯《家庭、私有制和国家的起源》，见王正平 主编《人生格言辞典》，上海辞书出版社2004年版，第171页

4. 家庭教育的社会属性

家庭教育的内涵

第二条　本法所称家庭教育，是指父母或者其他监护人为促进未成年人全面健康成长，对其实施的道德品质、身体素质、生活技能、文化修养、行为习惯等方面的培育、引导和影响。

> 引自［中国］《中华人民共和国家庭教育促进法》，中国法制出版社 2021 年版，第 2－3 页

第四条　未成年人的父母或者其他监护人负责实施家庭教育。

国家和社会为家庭教育提供指导、支持和服务。

国家工作人员应当带头树立良好家风，履行家庭教育责任。

> 引自［中国］《中华人民共和国家庭教育促进法》，中国法制出版社 2021 年版，第 3 页

按照传统的说法，家庭教育是指在家庭生活中，由家长，即由家里的长者（其中主要是父母）对其子女及其他年幼者实施的教育和影响。

> 引自［中国］赵忠心《家庭教育学：教育子女的科学与艺术》，人民教育出版社 2001 年版，第 5 页

广义的家庭教育，应当说是家庭成员之间的相互教育。不

论是父母还是子女，年长者还是年幼者，长辈还是晚辈，一个家庭的所有成员，既都是教育者，也都是受教育者。这才是家庭教育的全部含义。

> 引自［中国］赵忠心《家庭教育学：教育子女的科学与艺术》，人民教育出版社 2001 年版，第 447－448 页

教育，这是一个世界性的课题，永恒的课题。世上任何人都必须接受教育，人在任何时候都必须接受教育。教育，包括家庭教育、学校教育、社会教育、自我教育，本书重点谈家庭教育，有的篇章也涉及学校教育、社会教育与孩子的自我教育，对家长来说配合抓好这些教育，这也是一个家庭教育的问题。

> 引自［中国］张能治《让孩子学会自我教育》，见张能治编著《爱，让孩子快乐成长——e 时代家庭教育真谛》，广东人民出版社 2011 年版，第 1 页

家庭教育这是一个既古老而又现实的课题，而且是一个沉重的课题。家庭是孩子成长的第一个环境，父母是孩子成长的第一任老师。父母的一言一行，都在给孩子产生影响，积极的或消极的，有的甚至影响孩子的一生。

> 引自［中国］张能治《让孩子学会自我教育》，见张能治编著《爱，让孩子快乐成长——e 时代家庭教育真谛》，广东人民出版社 2011 年版，第 1 页

家庭教育，这是一个受到越来越多的人关注的科学命题；家庭教育，这是每一位为人父母者必须认真对待并付出心血的科学命题！愿大家都能成为科学呵护孩子成长的有心人！

> 引自［中国］张能治《科学呵护孩子》，见张能治 主编《孩子与家庭纵横谈》，华夏出版社 2020 年版，第 274 页

任何人，在任何时候都需要教育，更需要家庭教育。

> 引自［中国］张能治《我的情和爱》，见张能治 主编《孩子与家庭纵横谈》，华夏出版社 2020 年版，第 282 页

如果要问我什么是家庭教育？从构成来讲，包括家庭情感、家庭氛围、家庭活动；核心是言教、身教、境教；积淀下来就是家教、家风。为此，关于家庭教育，我有以下简单的建议：

夫妻和睦、家庭和谐，三分引导、七分等待！

> 引自［中国］陈利彬《由"葛优躺"、〈从前慢〉说起……》，见张能治 主编《孩子与家庭纵横谈》，华夏出版社 2020 年版，第 264 页

家庭教育的任务

第三条　家庭教育以立德树人为根本任务，培育和践行社会主义核心价值观，弘扬中华民族优秀传统文化、革命文化、社会主义先进文化，促进未成年人健康成长。

> 引自［中国］《中华人民共和国家庭教育促进法》，中国法制出版社 2021 年版，第 3 页

家庭教育的内容

第十六条　未成年人的父母或者其他监护人应当针对不同

年龄段未成年人的身心发展特点，以下列内容为指引，开展家庭教育：

（一）教育未成年人爱党、爱国、爱人民、爱集体、爱社会主义，树立维护国家统一的观念，铸牢中华民族共同体意识，培养家国情怀；

（二）教育未成年人崇德向善、尊老爱幼、热爱家庭、勤俭节约、团结互助、诚信友爱、遵纪守法，培养其良好社会公德、家庭美德、个人品德意识和法治意识；

（三）帮助未成年人树立正确的成才观，引导其培养广泛兴趣爱好、健康审美追求和良好学习习惯，增强科学探索精神、创新意识和能力；

（四）保证未成年人营养均衡、科学运动、睡眠充足、身心愉悦，引导其养成良好生活习惯和行为习惯，促进其身心健康发展；

（五）关注未成年人心理健康，教导其珍爱生命，对其进行交通出行、健康上网和防欺凌、防溺水、防诈骗、防拐卖、防性侵等方面的安全知识教育，帮助其掌握安全知识和技能，增强其自我保护的意识和能力；

（六）帮助未成年人树立正确的劳动观念，参加力所能及的劳动，提高生活自理能力和独立生活能力，养成吃苦耐劳的优秀品格和热爱劳动的良好习惯。

引自［中国］《中华人民共和国家庭教育促进法》，中国法制出版社 2021 年版，第 5－6 页

在学龄前和学龄期，家长对子女进行的教育，多是行为规范、智力开发、文化学习、思想品德和身体保健等方面的，而

成年之后，则是为人处世、就业选择、工作态度、恋爱、婚姻，以及成家、夫妻关系、养育子女等方面的教育。

引自［中国］赵忠心《家庭教育学：教育子女的科学与艺术》，人民教育出版社 2001 年版，第 8 页

家庭教育就是在家庭的日常生活中随时随地进行的，家庭教育寓于日常生活之中，家庭生活的内容也就是对儿童、青少年进行教育的内容，家庭成员的实践活动过程也常常是对子女进行教育的过程。因此，家庭教育的内容是丰富多彩的，无所不包的。

引自［中国］赵忠心《家庭教育学：教育子女的科学与艺术》，人民教育出版社 2001 年版，第 125 – 126 页

家庭教育的要求

第五条　家庭教育应当符合以下要求：

（一）尊重未成年人身心发展规律和个体差异；

（二）尊重未成年人人格尊严，保护未成年人隐私权和个人信息，保障未成年人合法权益；

（三）遵循家庭教育特点，贯彻科学的家庭教育理念和方法；

（四）家庭教育、学校教育、社会教育紧密结合、协调一致；

（五）结合实际情况采取灵活多样的措施。

引自［中国］《中华人民共和国家庭教育促进法》，中国法制出版社 2021 年版，第 3 页

中国家庭教育的优良传统

中国封建社会的家庭教育，具有优良的传统，诸如重视早期家庭教育，甚至还注重实行胎教；重视家长以身作则，给子女做出榜样；反对娇惯溺爱，主张严格要求；重视思想品德教育和行为规范的训练；坚持教子必先治家的原则，等等。这些有益的经验，对于后世，以至于今天都有很大的影响，我们应当继续发扬。

引自［中国］赵忠心《家庭教育学：教育子女的科学与艺术》，人民教育出版社 2001 年版，第 74 页

"处无为之事，行不言之教"，是中国传统的教育大法，也是培养孩子好习惯的最高宗旨。

引自［中国］尹建莉《最美的教育最简单》，作家出版社 2014 年版，第 302 页

家庭教育的责任

至于知识之丰富与否，思想之发展与否，良好习惯之养成与否，家庭教育实应负完全的责任。

引自［中国］陈鹤琴《家庭教育》，华东师范大学出版社 2006 年版，第 1 页

因为小孩子年龄幼稚，意志薄弱，很容易受教育的影响。施以良好的教育，则将来成为良好的国民；倘施以恶劣的教育，那么将来成为恶劣的青年了。

引自〔中国〕陈鹤琴《家庭教育》，华东师范大学出版社
2006 年版，第 136 页

若从小受了良好的家庭教育，虽生来怕狗猫，到大来也敢
骑牛马的；虽生来不甚强壮，到大来也会健康的。若家庭教育
不好，小孩子本来不怕动物，大来会怕的；本来身体强健的，
大来会瘦弱的。

引自〔中国〕陈鹤琴《家庭教育》，华东师范大学出版社
2006 年版，第 1 页

为了使孩子受到全面正确的教育，家长首先要接受全面正
确的教育。在培养子女良好习惯上，父母不是旁观者，而是责
任人，没有人能代替你做父母，没有任何形式可以代替父母对
子女良好习惯的培养。孩子是自己的，不要总想托付给别人，
只有自己才应该对孩子负责，只有自己才能对自己的孩子更负
责，父母要多花一些时间关心自己的孩子。

引自〔中国〕张能治《父母的职责：培养子女的良好习惯》，
见张能治 编著《爱，让孩子快乐成长——e 时代家庭教育真
谛》，广东人民出版社 2011 年版，第 8 页

章启月说："每个人在生活中都有很多的角色要扮演，不
可能都做得完美，我当时只是尽量地去做，包括做好自己的工
作，做一个好妻子，好母亲，好女儿，好媳妇。"

引自〔中国〕张能治《父母的职责：培养子女的良好习惯》，
见张能治 编著《爱，让孩子快乐成长——e 时代家庭教育真
谛》，广东人民出版社 2011 年版，第 8－9 页

罗斯福有一句名言，他说："对儿子来说，我不是总统，只是父亲。"尽管他的政务特别忙，地位特别高，但他回到家里，总是不忘履行一个父亲的职责，将总统的角色转为父亲的角色。

> 引自［中国］张能治《父母的职责：培养子女的良好习惯》，见张能治 编著《爱，让孩子快乐成长——e 时代家庭教育真谛》，广东人民出版社 2011 年版，第 9 页

家庭教育的意义

觉醒的父母，完全应该是义务的，利他的，牺牲的，很不易做；而在中国尤不易做。中国觉醒的人，为想随顺长者解放幼者，便须一面清结旧账，一面开辟新路。就是开首所说的："自己背着因袭的重担，肩住了黑暗的闸门，放他们到宽阔光明的地方去；此后幸福的度日，合理的做人。"这是一件极伟大的要紧的事，也是一件极困苦艰难的事。

> 引自［中国］鲁迅《我们现在怎样做父亲》，见金隐铭 编《鲁迅作品集．杂文卷》，现代出版社 2016 年版，第 46 页

家庭教育那些事，不仅是家庭、家族的私事，更是民族、国家的大事。

> 引自［中国］赵刚《序 家庭教育那些事儿都是国家的大事》，见张能治 主编《家庭教育那些事儿》，暨南大学出版社 2014 年版，第 1 页

无数事实表明，家庭教育不仅是养育孩子成长这些生活琐事，更关乎国民素质、民族兴衰、国体强弱，因为国家这个大

厦是建构在每个稳定、和谐的家庭基石之上的。

> 引自［中国］赵刚《序 家庭教育那些事儿都是国家的大事》，
> 见张能治 主编《家庭教育那些事儿》，暨南大学出版社 2014
> 年版，第 2 页

追寻成功企业家的成长经历，不难发现他们身上都有成功家庭教育的痕迹。父辈遗留给他们的刻骨铭心的生存、处世、为人之道，是他们成就事业的重要财富。

> 引自［中国］赵刚《前言》，见赵刚 主编《100 位企业家给
> 家长的忠告》，东方出版社 2012 年版，第 2 页

家庭教育是一个十分重要的问题。它是一门高深的学问，这个学问是过去国内外许多教育家思考了很长时间的问题，如今又成为天下父母热心议论的话题，这显然是当今社会不小的进步。

> 引自［中国］陈成浩《走出家庭教育的误区》，见张能治 主
> 编《家庭教育那些事儿》，暨南大学出版社 2014 年版，第
> 4 页

未成年人代表着一个国家或民族的未来，在家庭中如何对未成年人进行教育，可以在一定程度上预见这个国家和民族的未来前景。

> 引自［中国］杨韶刚《第七章 多元化背景下的家庭教育选
> 择》，见赵刚 王以仁 主编《中华家庭教育学》，研究出版社
> 2016 年版，第 371 页

正确的教育——这是我们幸福的晚年；而不好的教育——

这将是我们的痛苦，将是我们的泪水，这是我们对其他人，对整个国家犯下的罪过。

引自［苏联］A. C. 马卡连柯《家庭和儿童教育》，丽娃 译，上海人民出版社 2005 年版，第 19 页

从童年早期就开始正确地进行教育——这根本不像许多人以为的那样困难。就其难度而言，这是每个人，每个父亲和每个母亲都力所能及的事情。

引自［苏联］A. C. 马卡连柯《家庭和儿童教育》，丽娃 译，上海人民出版社 2005 年版，第 19 页

应该力争进行正确的教育，使以后不必进行再教育，再教育是困难得多的事情。

引自［苏联］A. C. 马卡连柯《家庭和儿童教育》，丽娃 译，上海人民出版社 2005 年版，第 31 页

家庭教育的作用

父父，子子，兄兄，弟弟，夫夫，妇妇，而家道正。正家而天下定矣。

引自［中国］司马光《温公家范·治家》，见夏家善 主编，王宗至 王微 注释《温公家范》，天津古籍出版社 2016 年版，第 5 页

欲治其国者，先齐其家。

引自［中国］司马光《温公家范·治家》，见夏家善 主编，王宗至 王微 注释《温公家范》，天津古籍出版社 2016 年版，

第 8 页

所谓治国必先齐其家者，其家不可教而能教人者，无之。故君子不出家而成教于国。孝者，所以事君也；弟者，所以事长也；慈者，所以使众也。

> 引自［中国］司马光《温公家范·治家》，见夏家善 主编，王宗至 王微 注释《温公家范》，天津古籍出版社 2016 年版，第 8 页

家庭是人生的第一个课堂，父母是孩子的第一任老师。孩子们从牙牙学语起就开始接受家教，有什么样的家教，就有什么样的人。家庭教育涉及很多方面，但最重要的是品德教育，是如何做人的教育。

> 引自［中国］习近平《注重家庭，注重家教，注重家风》（2016 年 12 月 12 日在会见第一届全国文明家庭代表时的讲话），《习近平谈治国理政·第二卷》，外文出版社 2017 年版，第 354 页

古人把家庭作为子女成长的摇篮和终身受教育的场所，通过家庭教育给予子女长大独立生活所需要的一切行为规范、知识和能力。

> 引自［中国］赵忠心《家庭教育学：教育子女的科学与艺术》，人民教育出版社 2001 年版，第 74 页

为实现中国梦而研究家庭教育，推广家庭教育，促进未成年人健康快乐成长，这是教育局关工委的核心任务，也是汕头市金平区教育局关工委一大特色。

引自［中国］张能治《我们是家庭教育奉献者》，见张能治主编《孩子与家庭纵横谈》，华夏出版社 2020 年版，第237 页

关注家庭教育，研究家庭教育，推广家庭教育，利己，利他，利社会！为了孩子的健康成长而研究家庭教育，其研究必将促进孩子的快乐成长，这就是本刊的宗旨。

引自［中国］张能治《少年是无可估量的》，见张能治 主编《孩子与家庭纵横谈》，华夏出版社 2020 年版，第 241 页

幸福和谐的家庭，必将使孩子心扉绽放，独立自主，敢于担当。孩子强大了，父母梦想成真，中国梦指日可待！

引自［中国］骆风《序 绽放的心扉》，见张能治 著《叩开孩子心扉的艺术：谈家庭教育那些事》，暨南大学出版社 2017 年版，第 2 页

张能治先生潜心研究家庭教育，矢志不渝地推广科学的家庭教育，他主编的《家庭教育那些事儿》这本书，多角度述说了家庭教育的重要性、家庭教育的方法和途径。《家庭教育那些事儿》的出版，给家庭教育百花园增添了璀璨夺目的光彩。

引自［中国］赵刚《序 家庭教育那些事儿都是国家的大事》，见张能治 主编《家庭教育那些事儿》，暨南大学出版社 2014 年版，第 2 页

一个人建立家庭、生儿育女之后，如何使家兴族旺、后代优质，成为社会责任系统中最大众、最基层的一个职务——"家长"们最刚性的追求与需要。这在一个以独生子女为主的

中国大陆表现尤为突出。

> 引自 [中国] 赵刚《序一 主编者说》，见赵刚 王以仁 主编
> 《中华家庭教育学》，研究出版社 2016 年版，第 4 页

社会的迅速发展，家庭结构的多元，家庭教育问题大量出现，对家庭教育的专业化需求越发明显。机遇与挑战并存，需要我们有更宽广的视野与胸怀去迎接这种选择。

> 引自 [中国] 赵刚《序一 主编者说》，见赵刚 王以仁 主编
> 《中华家庭教育学》，研究出版社 2016 年版，第 4 页

我常觉得，一个好人的身后，必有一位好长辈给过他终身受益的教诲。

我又觉得，一个坏人的背后，也往往有一位不称职的长辈给过他一辈子都难以摆脱的误导。

> 引自 [中国] 魏书生《自序》，见魏书生著《好父母好家
> 教》，漓江出版社 2005 年版，第 2 页

一个孩子成了好人，社会受益，人民受益，集体受益，邻里受益，但活得最充实，受益最大的，还是他的父母和他自己。

一个孩子成了坏人，社会受害，人民受害，集体受害，邻里受害，但受伤害最重的，还是坏人自身和他的父母。

> 引自 [中国] 魏书生《自序》，见魏书生著《好父母好家
> 教》，漓江出版社 2005 年版，第 2 页

中学阶段是人生机会最公平、最均等的阶段。不管家境多么贫寒的孩子，只要他春天辛勤耕耘，秋天就能成为学问上的

富翁。反过来，任你是总统、首相、亿万富翁的儿子，春天不耕耘，不劳作，秋天照样做学问上的穷人，学问上的乞丐，学问上的小偷。

> 引自［中国］魏书生《好父母好家教》，漓江出版社 2005 年版，第 59 页

每一个普通的孩子，如果能受到良好的教育，都可能成为优秀的人才。

> 引自［德国］卡尔·H. G. 威特《卡尔·威特的教育》，丽红译，京华出版社 2006 年版，第 14 页

一个普通的孩子，如果由一位高水平的、谨慎的教育者对他施以充满关爱的、正确的、特定的教育，那么，这个孩子将在某个领域达到一个较高的水平。从而他能超过那些智商很高，却经粗心又毫无经验的教育者漫不经心地、胡乱培养的孩子。

> 引自［德国］卡尔·H. G. 威特《卡尔·威特的教育》，丽红译，京华出版社 2006 年版，第 14 – 15 页

我们必须尽早对孩子进行教育，不仅如此，还要把他带进能使他尽量少受我们大人的缺点影响的世界，以免给他们的成长造成阻碍。

> 引自［德国］卡尔·H. G. 威特《卡尔·威特的教育》，丽红译，京华出版社 2006 年版，第 57 页

任何一个孩子身上都蕴藏着可供培养的能力的种子。

引自［日本］铃木镇一《用爱哺育》，许海燕 译，电子工业
出版社 2004 年版，第 10 页

家庭教育的优势

家庭教育与学校教育、社会教育相比，最大的优势是由于
特殊的血缘关系和亲情关系，父母对子女具有强烈的感化作
用，子女从感情上也乐于接受父母的教育，自觉地以自己的行
为满足父母的期望、取悦父母为己任。

引自［中国］赵忠心《"金钱投入"代替不了"感情投入"》，
见张能治 主编《孩子与家庭纵横谈》，华夏出版社 2020 年
版，第 280 页

5. 家风的内涵

概述

国家工作人员应当带头树立良好家风，履行家庭教育责任。

> 引自［中国］《中华人民共和国家庭教育促进法》，中国法制出版社 2021 年版，第 3 页

家庭是社会的基本细胞，千千万万个家庭的家风好，子女教育得好，社会风气好才有基础。

> 引自［中国］习近平《在同全国妇联新一届领导班子集体谈话时的讲话》（2013 年 10 月 31 日），见中共中央党史和文献研究院 编《习近平关于注重家庭家教家风建设论述摘编》，中央文献出版社 2021 年版，第 23 页

家风是社会风气的重要组成部分。家庭不只是人们身体的住处，更是人们心灵的归宿。家风好，就能家道兴盛、和顺美满；家风差，难免殃及子孙、贻害社会，正所谓"积善之家，必有余庆；积不善之家，必有余殃"。诸葛亮诫子格言、颜氏家训、朱子家训等，都是在倡导一种家风。毛泽东、周恩来、朱德同志等老一辈革命家都高度重视家风。

> 引自［中国］习近平《注重家庭，注重家教，注重家风》（2016 年 12 月 12 日在会见第一届全国文明家庭代表时讲话的一部分），《习近平谈治国理政．第二卷》，外文出版社 2017 年版，第 355 页

实施公民道德建设工程，弘扬中华传统美德，加强家庭家教家风建设，加强和改进未成年人思想道德建设，推动明大德、守公德、严私德，提高人民道德水准和文明素养。

引自［中国］习近平《高举中国特色社会主义伟大旗帜 为全面建设社会主义现代化国家而团结奋斗——在中国共产党第二十次全国代表大会上的报告》（2022 年 10 月 16 日），人民出版社 2022 年版，第 44 页

"家风"，我的理解应该是，一个家庭或家族在长期的生活中，逐步形成的被家庭、家族成员认可并共同遵循的生活方式、生活习惯、思想作风、审美观点、价值取向、精神追求等方面的总和。

引自［中国］赵忠心《家风是一种无言的教育》，《家风正，子孙兴：听赵忠心教授讲优秀家风故事》，北京理工大学出版社 2015 年版，第 1 页

不论贫穷与富有，也不论社会地位高低，每个家庭都有自己特定的家风。

引自［中国］赵忠心《家风是一种无言的教育》，《家风正，子孙兴：听赵忠心教授讲优秀家风故事》，北京理工大学出版社 2015 年版，第 1 页

所谓"家风"（门风），指的是一个家庭在多少代的繁衍过程中，逐步形成的较为稳定的生活作风、生活方式、传统习惯、家庭道德规范，以及待人接物、为人处世之道等等，其主要指的是一个家庭的思想意识方面的传统。

引自［中国］赵忠心《家庭教育学：教育子女的科学与艺

术》，人民教育出版社 2001 年版，第 122 页

家长要充分发挥主导作用，在日常生活中坚持正确的原则，以身作则，慎重从事，努力培养和形成良好的"家风"，给子孙后代创造一个良好的家庭生活环境。

引自［中国］赵忠心《家庭教育学：教育子女的科学与艺术》，人民教育出版社 2001 年版，第 123 页

作用

注重家风建设和维护是我国古人创造的优秀家庭文化传统，这是宝贵的精神财富，我们应该继承并将之发扬光大。

引自［中国］赵忠心《家风是一种无言的教育》，《家风正，子孙兴：听赵忠心教授讲优秀家风故事》，北京理工大学出版社 2015 年版，第 3 页

良好的家风可以使家人朝积极的方向发展，不良的家风会引导家人走向歧路。

引自［中国］赵忠心《家风是一种无言的教育》，《家风正，子孙兴：听赵忠心教授讲优秀家风故事》，北京理工大学出版社 2015 年版，第 2 页

"家风"好不好不单纯是家庭的私事，也直接关系到社会风气的建设。家风好，会对良好社会风气的形成发挥积极的作用，而家风不好，会给社会风气造成污染。

引自［中国］赵忠心《家风是一种无言的教育》，《家风正，子孙兴：听赵忠心教授讲优秀家风故事》，北京理工大学出版

社 2015 年版，第 2 页

家风对人的影响是终生起作用的，良好的家风有利于提高孩子的生存能力。

引自［中国］赵忠心《家风是一种无言的教育》，《家风正，子孙兴：听赵忠心教授讲优秀家风故事》，北京理工大学出版社 2015 年版，第 3 页

侨批，一种带有汇款的华侨家书；侨批，寻常百姓的传家宝；在那苦难的年代，侨批发挥着独特的作用。讲侨批，谈家风，从不同侧面抒发侨批及作者的家国情怀。暨南大学中文系黄卓才教授上央视讲侨批谈家风，和他的纪实著作《鸿雁飞越加勒比——古巴华侨家书纪事》一书，讲述了自家代代相传的家风——"勤奋进取，勇于开拓"，在今天有其独特的教育魅力。"勤奋进取，勇于开拓"的家风将激励广大家长、读者砥砺前行。

引自［中国］张能冶《主编的话》，见张能冶 主编《孩子与家庭纵横谈》，华夏出版社 2020 年版，第 217 页

"一个人伟大与否，取决于他给予了别人多少帮助。"

我再一次想起了父亲的这句话，同时这也是我和先生经常教育孩子们的话。我们全家人，都愿意为了实现这句话而努力，并且，我们愿意将此作为遗训而代代相传。

引自［韩国］全惠星《有奉献精神的父母培养大人物》，邵娟译，中国城市出版社 2009 年版，第 24 页

对尚未成熟的幼儿，家风是最好的教师。

引自［日本］福泽谕吉《教育论（二）》，《福泽谕吉教育论著选》144，见张纯美 洪静媛 编《中外教育思想荟萃》，上海文化出版社2014年版，第219页

治家

夫君子之行，静以修身，俭以养德。

引自［中国］诸葛亮《诫子书》，见文景 编著《历代家训》，中国人口出版社2018年版，第35页

欲造优美之家庭，须立良好之规则。
内外六间整洁，尊卑次序谨严。

引自［中国］钱镠《钱氏家训·家庭篇》，见牛晓彦 编著《钱氏家训新解》，北京理工大学出版社2014年版，第90页

父母伯叔孝敬欢愉，妯娌弟兄和睦友爱。
祖宗虽远，祭祀宜诚；子孙虽愚，诗书须读。

引自［中国］钱镠《钱氏家训·家庭篇》，见牛晓彦 编著《钱氏家训新解》，北京理工大学出版社2014年版，第95 - 100页

家富提携宗族，置义塾与公田；岁饥赈济亲朋，筹仁浆与义粟。

引自［中国］钱镠《钱氏家训·家庭篇》，见牛晓彦 编著《钱氏家训新解》，北京理工大学出版社2014年版，第115页

勤俭为本，自必丰亨；忠厚传家，乃能长久。

引自 ［中国］钱镠《钱氏家训·家庭篇》，见牛晓彦 编著《钱氏家训新解》，北京理工大学出版社 2014 年版，第 120 – 125 页

父之所贵者，慈也；子之所贵者，孝也；兄之所贵者，友也；弟之所贵者，恭也；夫之所贵者，和也；妇之所贵者，柔也。

引自 ［中国］朱熹《朱子家训》，见文景 编著《历代家训》，中国人口出版社 2018 年版，第 131 页

一粥一饭，当思来处不易；半丝半缕，恒念物力维艰。

引自 ［中国］朱用纯《朱柏庐治家格言》，见朱用纯 等 著《朱子家训·颜氏家训·孔子家语》，金源 编译，天地出版社 2019 年版，第 3 页

宜未雨而绸缪，毋临渴而掘井。

引自 ［中国］朱用纯《朱柏庐治家格言》，见朱用纯 等 著《朱子家训·颜氏家训·孔子家语》，金源 编译，天地出版社 2019 年版，第 3 页

器具质而洁，瓦缶胜金玉；饭食约而精，园蔬愈珍馐。

引自 ［中国］朱用纯《朱柏庐治家格言》，见朱用纯 等 著《朱子家训·颜氏家训·孔子家语》，金源 编译，天地出版社 2019 年版，第 4 页

祖宗虽远，祭祀不可不诚；子孙虽愚，经书不可不读。

引自 ［中国］朱用纯《朱柏庐治家格言》，见朱用纯 等 著《朱子家训·颜氏家训·孔子家语》，金源 编译，天地出版社

2019 年版，第 5 页

居身务期俭朴，教子要有义方。勿贪意外之财，勿饮过量之酒。

引自［中国］朱用纯《朱柏庐治家格言》，见朱用纯 等 著《朱子家训·颜氏家训·孔子家语》，金源 编译，天地出版社 2019 年版，第 5 - 6 页

大家仔细看一看"家"和"冢"这两个字，它们很像，区别就在于那个"点"摆在什么位置。这就像家庭建设一样，对家属子女要求高一点才能成为幸福之家，低一点就可能葬送一个好家庭。

引自［中国］习近平《在中央军委"三严三实"专题民主生活会上的讲话（节选)》(2016 年 1 月 27 日)，见中共中央党史和文献研究院 编《习近平关于注重家庭家教家风建设论述摘编》，中央文献出版社 2021 年版，第 35 页

我祝愿每个人都愈来愈能处理好自己的生活，身体健康、家庭和睦、邻里平安。齐家并非就能治国，但齐家起码有利于治国而不是相反。

引自［中国］王蒙《王蒙自述：我的人生哲学》，人民文学出版社 2003 年版，第 260 页

各人自扫门前雪，莫管他人瓦上霜当然不对，但专管他人瓦上霜，不扫自己门前雪，也很矫情可疑。应该是先扫必扫自己门前雪，然后尽量管他人的瓦上霜——这样似乎比较合乎逻辑。

引自 ［中国］王蒙《王蒙自述：我的人生哲学》，人民文学
出版社 2003 年版，第 261 页

积善

《易》曰：“积善之家，必有余庆。”

引自 ［中国］袁了凡《了凡四训·积善之方》，见尚荣 徐敏
赵锐 评注《了凡四训》，中华书局 2013 年版，第 100 页

《易》曰：“善不积，不足以成名；恶不积，不足以
灭身。”

引自 ［中国］袁了凡《了凡四训·积善之方》，见尚荣 徐敏
赵锐 评注《了凡四训》，中华书局 2013 年版，第 150 页

故志在天下国家，则善虽少而大；苟在一身，虽多亦小。

引自 ［中国］袁了凡《了凡四训·积善之方》，见尚荣 徐敏
赵锐 评注《了凡四训》，中华书局 2013 年版，第 158 页

善心真切，即一行可当万善。

引自 ［中国］袁了凡《了凡四训·立命之学》，见尚荣 徐敏
赵锐 评注《了凡四训》，中华书局 2013 年版，第 61 页

但当一心为善，正念现前，邪念自然污染不上。

引自 ［中国］袁了凡《了凡四训·改过之法》，见尚荣 徐敏
赵锐 评注《了凡四训》，中华书局 2013 年版，第 91 页

随缘济众，其类至繁，约言其纲，大约有十：第一，与人
为善；第二，爱敬存心；第三，成人之美；第四，劝人为善；

第五，救人危急；第六，兴建大利；第七，舍财作福；第八，护持正法；第九，敬重尊长；第十，爱惜物命。

> 引自［中国］袁了凡《了凡四训·积善之方》，见尚荣 徐敏 赵锐 评注《了凡四训》，中华书局 2013 年版，第 162 页

何谓成人之美？玉之在石，抵掷则瓦砾，追琢则圭璋。故凡见人行一善事，或其人志可取而资可进，皆须诱掖而成就之。或为之奖借，或为之维持；或为白其诬而分其谤；务使成立而后已。

> 引自［中国］袁了凡《了凡四训·积善之方》，见尚荣 徐敏 赵锐 评注《了凡四训》，中华书局 2013 年版，第 169 页

家世是算不清的糊涂账，只有乐善好施的积德之家才是高贵的。

> 引自［西班牙］塞万提斯《堂吉诃德》（下）46，见梁适 编《中外名言分类大辞典》，复旦大学出版社 1997 年版，第 133 页

和睦

家门和顺，虽饔飧不继，亦有余欢；国课早完，即囊橐无余，自得至乐。

> 引自［中国］朱用纯《朱柏庐治家格言》，见朱用纯 等 著《朱子家训·颜氏家训·孔子家语》，金源 编译，天地出版社 2019 年版，第 11 页

和睦的家庭空气是世上的一种花朵，没有东西比它更温

柔，没有东西比它更适宜于把一家人的天性培养得坚强、正直。

引自［美国］德莱塞《嘉莉妹妹》82，见梁适 编《中外名言分类大辞典》，复旦大学出版社 1997 年版，第 133 页

孝顺

子曰："弟子入则孝，出则悌，谨而信，泛爱众，而亲仁。"

引自［中国］孔丘《论语·学而》，见学之 译释《论语》，陕西师范大学出版社 2010 年版，第 6 页

子曰："父母之年，不可不知也。一则以喜，一则以惧。"

引自［中国］孔丘《论语·里仁》，见学之 译释《论语》，陕西师范大学出版社 2010 年版，第 64 页

孟武伯问孝。子曰："父母唯其疾之忧。"

引自［中国］孔丘《论语·为政》，见学之 译释《论语》，陕西师范大学出版社 2010 年版，第 21 页

子游问孝。子曰："今之孝者，是谓能养。至于犬马，皆能有养，不敬，何以别乎？"

引自［中国］孔丘《论语·为政》，见学之 译释《论语》，陕西师范大学出版社 2010 年版，第 22 页

子夏问孝。子曰："色难。有事，弟子服其劳；有酒食，先生馔，曾是以为孝乎？"

引自〔中国〕孔丘《论语·为政》，见学之 译释《论语》，陕西师范大学出版社 2010 年版，第 22 页

夫孝，德之本也，教之所由生也。

引自〔中国〕《孝经·开宗明义章第一》，见唐品 主编《孝经全集》，天地出版社 2017 年版，第 5 页

身体发肤，受之父母，不敢毁伤，孝之始也。立身行道，扬名于后世，以显父母，孝之终也。

引自〔中国〕《孝经·开宗明义章第一》，见唐品 主编《孝经全集》，天地出版社 2017 年版，第 5 页

用天之道，分地之利，谨身节用，以养父母，此庶人之孝也。

引自〔中国〕《孝经·庶人章第六》，见唐品 主编《孝经全集》，天地出版社 2017 年版，第 51 页

孝悌之至，通于神明，光于四海，无所不通。

引自〔中国〕《孝经·感应章第十六》，见唐品 主编《孝经全集》，天地出版社 2017 年版，第 193 页

子曰："夫孝，天之经也，地之义也，民之行也。天地之经，而民是则之。"

引自〔中国〕《孝经·三才章第七》，见唐品 主编《孝经全集》，天地出版社 2017 年版，第 61 页

故不爱其亲而爱他人者，谓之悖德；不敬其亲，而敬他人者，谓之悖礼。

引自［中国］《孝经·圣治章第九》，见唐品 主编《孝经全集》，天地出版社 2017 年版，第 94 页

子曰："教民亲爱，莫善于孝。教民礼顺，莫善于悌。"

引自［中国］《孝经·广要道章第十二》，见唐品 主编《孝经全集》，天地出版社 2017 年版，第 129 页

子曰："孝子之事亲也，居则致其敬，养则致其乐，病则致其忧，丧则致其哀，祭则致其严，五者备矣，然后能事亲。"

引自［中国］《孝经·纪孝行章第十》，见唐品 主编《孝经全集》，天地出版社 2017 年版，第 102 页

孔子曰："今之孝者，是谓能养。至于犬马，皆能有养。不敬，何以别乎？"

引自［中国］司马光《温公家范·子》，见夏家善 主编，王宗至 王微 注释《温公家范》，天津古籍出版社 2016 年版，第 72 页

为人子者，出必告，反必面。所游必有常，所习必有业，恒言不称老。

引自［中国］司马光《温公家范·子》，见夏家善 主编，王宗至 王微 注释《温公家范》，天津古籍出版社 2016 年版，第 73 页

何谓敬重尊长？家之父兄，国之君长，与凡年高、德高、位高、识高者，皆当加意奉事。在家而奉侍父母，使深爱婉容，柔声下气，习以成性，便是和气格天之本。

引自［中国］袁了凡《了凡四训·积善之方》，见尚荣 徐敏 赵锐 评注《了凡四训》，中华书局 2013 年版，第 179 页

感恩

投我以桃，报之以李。

引自［中国］《诗经·大雅》，见王正平 主编《人生格言辞典》，上海辞书出版社 2004 年版，第 363 页

远思扬祖宗之德，近思盖父母之愆；上思报国之恩，下思造家之福；外思济人之急，内思闲己之邪。

引自［中国］袁了凡《了凡四训·立命之学》，见尚荣 徐敏 赵锐 评注《了凡四训》，中华书局 2013 年版，第 65 页

施惠勿念，受恩莫忘。

引自［中国］朱用纯《朱柏庐治家格言》，见朱用纯 等 著《朱子家训·颜氏家训·孔子家语》，金源 编译，天地出版社 2019 年版，第 10 页

我应该感谢母亲，她教给我与困难作斗争的经验。我在家庭中已经饱尝艰苦，这使我在三十多年的军事生活和革命生活中再没感到过困难，没被困难吓倒。母亲又给我一个强健的身体，一个勤劳的习惯，使我从来没感到过劳累。

我应该感谢母亲，她教给我生产的知识和革命的意志，鼓励我以后走上革命的道路。在这条路上，我一天比一天更加认识了：只有这种知识，这种意志，才是世界上最可宝贵的财产。

引自［中国］朱德《母亲的回忆》，见建华 选编《母亲》，湖南文艺出版社1993年版，第103页

母亲是一个"平凡"的人，她只是中国千百万劳动人民中的一员，但是，正是这千百万人创造了和创造着中国的历史。我用什么方法来报答母亲的深恩呢？我将继续尽忠于我们的民族和人民，尽忠于我们的民族和人民的希望——中国共产党，使和母亲同样生活着的人能够过快乐的生活。这是我能做到的，一定能做到的。

引自［中国］朱德《母亲的回忆》，见建华 选编《母亲》，湖南文艺出版社1993年版，第103页

你并非是一个不知感恩的人，但你很少向人表达谢意。朋友对我们的帮助、照应与爱护，不必一定要报以物质，而往往只需写几封亲切的信，使他们快乐，觉得人生充满温暖。

引自［中国］傅雷《傅雷家书》，见王正平 主编《人生格言辞典》，上海辞书出版社2004年版，第209页

我看见他戴着黑布小帽，穿着黑布大马褂，深青布棉袍，蹒跚地走到铁道边，慢慢探身下去，尚不大难。可是他穿过铁道，要爬上那边月台，就不容易了。他用两手攀着上面，两脚再向上缩；他肥胖的身子向左微倾，显出努力的样子。这时我看见他的背影，我的泪很快地流下来了。我赶紧拭干了泪，怕他看见，也怕别人看见。我再向外看时，他已抱了朱红的橘子往回走了。过铁道时，他先将橘子散放在地上，自己慢慢爬下，再抱起橘子走。到这边时，我赶紧去搀他。

引自［中国］朱自清《背影》，见朱自清 著《背影：朱自清

经典散文集》，台海出版社 2020 年版，第 103 页

他和我走到车上，将橘子一股脑儿放在我的皮大衣上。于是扑扑衣上的泥土，心里很轻松似的。过一会说："我走了；到那边来信！"我望着他走出去。他走了几步，回过头看见我，说，"进去吧，里边没人。"等他的背影混入来来往往的人里，再找不着了，我便进来坐下，我的眼泪又来了。

引自［中国］朱自清《背影》，见朱自清 著《背影：朱自清经典散文集》，台海出版社 2020 年版，第 103 – 104 页

我北来后，他写了一信给我，信中说道："我身体平安，惟膀子疼痛利害，举箸提笔，诸多不便，大约大去之期不远矣。"我读到此处，在晶莹的泪光中，又看见那肥胖的青布棉袍、黑布马褂的背影。唉！我不知何时再能与他相见！

引自［中国］朱自清《背影》，见朱自清 著《背影：朱自清经典散文集》，台海出版社 2020 年版，第 104 页

娘去了，远去了，永远地去了……

在 50 多岁上失去娘，和许多人相比，我也是幸福的，在 50 多岁上成为没娘的孩子，痛苦更加刻骨铭心。

山重？海深？都无法与半个多世纪的母子情相比。

引自［中国］李肇星《送娘远行》，见李肇星 著《李肇星散文集》，青岛出版社 2017 年版，第 1 页

这些年，我走过不少地方，最爱去的还是娘住的那方土地；参加过不少宴会，最爱吃的还是娘熬的米汤；听过不少豪言，最爱听的还是娘那些家常话。对经常外出的我来说，娘是

伟大祖国最可爱的一部分，我心头最敏感的一部分。

引自［中国］李肇星《送娘远行》，见李肇星 著《李肇星散文集》，青岛出版社 2017 年版，第 1 - 2 页

我爱祖国，爱自己的工作，注重平等待人……这都是娘生前身体力行教导过的，这也该是些能让娘宽心的话，如今想说，晚了。

引自［中国］李肇星《送娘远行》，见李肇星 著《李肇星散文集》，青岛出版社 2017 年版，第 3 页

感恩，教育的真谛，更是家庭教育的真谛。
我永远感恩暨南大学，感恩中文系！
我爱暨南大学，我爱中文系！

引自［中国］张能治《我的情和爱》，见张能治 主编《孩子与家庭纵横谈》，华夏出版社 2020 年版，第 282 页

感恩是一种美好的情怀，是一种温暖的回报。经历过一次感激，灵魂就会得到一次升华。感恩是一杯清醇的酒，使人生醺醉；感恩是一首浪漫的诗，使人生丰富；感恩是动人的乐曲，使人生快乐！

引自［中国］魏书生《好父母好家教》，漓江出版社 2005 年版，第 90 页

世界上的伟人，对人类有大贡献的人，都是有感恩思想的人，他们觉得自己受了父母的恩，亲人的恩，友人的恩，老师的恩，人民的恩，他们想报答，便自强不息，努力奋斗。感恩成为他们工作学习的动力，报恩成为他们的人生目的之一。

引自［中国］魏书生《好父母好家教》，漓江出版社 2005 年版，第 90 页

如果日子充满感恩，你投送出去的心情都将回报给你；为孩子营造一个健康的成长氛围，家长自己更受滋养。

引自［中国］尹建莉《最美的教育最简单》，作家出版社 2014 年版，第 267 页

更难得的是，孩子在送我礼物的时候，没有随便买了一个送来，而是进一步考虑到我的需要和心意。这种体贴，让我倍觉珍贵和快乐。而孩子看到他为我带来的这种快乐，也会由衷地感到为别人着想，是一种美妙的享受。

引自［韩国］全惠星《有奉献精神的父母培养大人物》，邵娟 译，中国城市出版社 2009 年版，第 24 页

每当我想到，有些人总是怀着一颗感恩的心，而不是不断索取的时候，我就不由自主地想起了我的父亲。他教导我，通往完满人生的门要自己开启，而不是依靠别人。

引自［日本］铃木镇一《用爱哺育》，许海燕 译，电子工业出版社 2004 年版，第 105 页

如果父母想让自己的孩子学会感恩，他们自己应该具有一颗感恩之心，这样，孩子就可以在潜移默化中学会感恩。

引自［日本］铃木镇一《用爱哺育》，许海燕 译，电子工业出版社 2004 年版，第 134 页

6. 家庭教育的目的

概述

有了明确的正确的具体清晰的家庭教育目的，就会使自己的教育活动朝着所确定的教育目的努力，教育活动就更加自觉，教育效果自然会好。

> 引自［中国］赵忠心《家庭教育学：教育子女的科学与艺术》，人民教育出版社 2001 年版，第 169 页

正确、全面反映社会要求的家庭教育目的，能促使家庭教育成功，子女长大能立足于社会；而错误地片面地反映社会要求的家庭教育目的，会导致家庭教育的失败，子女长大不能立足于社会，甚至会被社会淘汰。

> 引自［中国］赵忠心《家庭教育学：教育子女的科学与艺术》，人民教育出版社 2001 年版，第 171 页

目标

以义方训其子，以礼法齐其家。

> 引自［中国］司马光《温公家范·祖》，见夏家善 主编，王宗至 王微 注释《温公家范》，天津古籍出版社 2016 年版，第 31 页

父慈而教，子孝而箴，兄爱而友，弟敬而顺，夫和而义，妻柔而正，姑慈而从，妇听而婉，礼之善物也。

引自［中国］司马光《温公家范·治家》，见夏家善 主编，王宗至 王微 注释《温公家范》，天津古籍出版社 2016 年版，第 13 页

夫爱之，当教之使成人。爱之而使陷于危辱乱亡，乌在其能爱子也？人之爱其子者，多曰："儿幼未有知耳，俟其长而教之。"是犹养恶木萌芽，曰"俟其合抱而伐之"，其用力顾不多哉！

引自［中国］司马光《温公家范·父》，见夏家善 主编，王宗至 王微 注释《温公家范》，天津古籍出版社 2016 年版，第 41 页

家庭教育，尽管不可避免地要受社会与时代的影响和制约，但在培养目标的确定上，并不完全相同于学校教育，它在很大程度上取决于家长，特别是父母的意志，受父母的经历、思想觉悟、文化素养、职业、志趣和爱好的影响。

引自［中国］赵忠心《家庭教育学：教育子女的科学与艺术》，人民教育出版社 2001 年版，第 98 页

使孩子将来能自立于社会，这是家庭教育的最终目的。从幼儿开始，潜移默化地培养孩子的良好习惯，是达到这个目的最有效方法。

引自［中国］张能治《父母的职责：培养子女的良好习惯》，见张能治 编著《爱，让孩子快乐成长——e 时代家庭教育真谛》，广东人民出版社 2011 年版，第 7 页

家长培养孩子的目标是什么？孩子要成为什么样的人？《叩开孩子心扉的艺术：谈家庭教育那些事》这本书告诉你，

应该让孩子成为有责任感、有独立性、有耐挫力、有创造力、懂感恩、善交友、能宽容、讲诚信的人。

> 引自［中国］张能治《我的情和爱》，见张能治 主编《孩子与家庭纵横谈》，华夏出版社 2020 年版，第 281－282 页

家庭教育应该进一步明确目标，我们培养孩子的目标应该是使之成为适应未来各种复杂环境挑战，能够具有独立生存能力的社会人。

> 引自［中国］杨韶刚《第七章 多元化背景下的家庭教育选择》，见赵刚 王以仁 主编《中华家庭教育学》，研究出版社 2016 年版，第 349 页

家庭教育要以孩子的健康发展为本，要把能力培养放在比学习成绩更重要的位置上。

> 引自［中国］杨韶刚《第七章 多元化背景下的家庭教育选择》，见赵刚 王以仁 主编《中华家庭教育学》，研究出版社 2016 年版，第 349 页

我希望把他培养成一个具有高贵气质的人，而且我也确实这样做了。但是，凭着我的认识与经验，他首先应该成为一个健康、强壮、快乐的年轻人，正如大家所看到的，我做到了。

> 引自［德国］卡尔·H. G. 威特《卡尔·威特的教育》，丽红译，京华出版社 2006 年版，第 28 页

无论她将来成为什么样的人，从事什么职业，我都希望她快乐、幸福。

> 引自［美国］斯托夫人《斯托夫人自然教子书》，亚北 译，

中国妇女出版社 2009 年版，第 191 页

我认为，做一个幸福的人有很多条件，其中一条就是必须敢于追求快乐和幸福。我不能完全肯定自己能给女儿幸福，但我相信我能够给予她对幸福的正确认识，还有追求幸福的信心和能力。这也是我最想做到的。

引自 ［美国］斯托夫人《斯托夫人自然教子书》，亚北 译，中国妇女出版社 2009 年版，第 191－192 页

7. 家庭教育的特点

概述

家长是一个什么样的职业？在中国，家长是一个不必经过培训就可以上岗，永远不会因为考核不合格而下岗的职业。天下最简单的职业就是为人父母——把孩子养大，这是与生俱来的本能；天下最难的职业也是为人父母——必须把孩子教育成才，它体现出家长的教育水平。

> 引自［中国］张能治《父母的职责：培养子女的良好习惯》，
> 见张能治 编著《爱，让孩子快乐成长——e 时代家庭教育真
> 谛》，广东人民出版社 2011 年版，第 6 页

家庭教育有什么特点呢？

1. 个性化的教育。家庭教育是针对自己的孩子的特点而进行的教育，具有个性化的倾向。

2. 潜移默化的教育。父母主要通过言传身教对孩子产生影响，父母的一举一动在孩子的潜意识中产生深远的影响，有的甚至影响孩子一生。

> 引自［中国］张能治《父母的职责：培养子女的良好习惯》，
> 见张能治 编著《爱，让孩子快乐成长——e 时代家庭教育真
> 谛》，广东人民出版社 2011 年版，第 7 页

血缘

家庭教育中的教育者和受教育者之间所固有的血缘关系，

决定了他们之间的感情非常深厚、真挚；他们之间根本利益一致的关系，决定家长教育子女的责任感和迫切感更为强烈。

引自［中国］赵忠心《家庭教育学：教育子女的科学与艺术》，人民教育出版社 2001 年版，第 96 页

学校的教育者可以更换，可以选择，而对于子女来说，家庭的教育是不容更换和选择的，不管合格不合格，称职不称职，是家长，是父母，就是子女的教育者，而且一般都是终生的。

引自［中国］赵忠心《家庭教育学：教育子女的科学与艺术》，人民教育出版社 2001 年版，第 97 页

每个人的心灵都与他的面孔一样，各有自己的特点，才能把人与人区别开来；我们很难找到两个儿童，可以用完全相同的方法去进行教导。

引自［英国］约翰·洛克《教育漫话》，徐大建 译，上海人民出版社 2005 年版，第 252 页

高贵的出身是一种凑巧的事情，并不是一种德行！白手成家才算是真本领！

引自［意大利］维尔加《杰苏阿多工匠老爷》52，见梁适 编《中外名言分类大辞典》，复旦大学出版社 1997 年版，第 133 页

细节

家庭教育一般没有什么计划，在日常的家庭生活中，通过

家长的言传身教和家庭生活的实践，随时随地进行；而且在许多情况下，教育工作是在家长无意之中进行的。就是说，家庭教育工作往往寓于日常的家庭生活之中。

> 引自［中国］赵忠心《家庭教育学：教育子女的科学与艺术》，人民教育出版社 2001 年版，第 99 页

"教育"不在宏大话语中，也不在遥远的目标中，而在当下的细节中，做好了细节，就是做好了教育。

> 引自［中国］尹建莉《最美的教育最简单》，作家出版社 2014 年版，第 246 页

家庭教育里没有大概念，全部都是细节。

> 引自［韩国］全惠星《有奉献精神的父母培养大人物》，邵娟译，中国城市出版社 2009 年版，第 211 页

教育不是科学，而是一门艺术，每个家庭都有各自不同的环境，每个孩子的性格也不相同，甚至同一个孩子在成长的不同阶段，心理特征也有很大的差别。成熟的父母会时刻关注孩子的成长阶段和发展状态，并保持高度的警觉。只有针对具体情况进行具体分析，才能找出适合自己的特殊的教育方法。

> 引自［韩国］全惠星《有奉献精神的父母培养大人物》，邵娟译，中国城市出版社 2009 年版，第 212 页

能力突出意味着心思缜密、考虑问题周到。如果你们想提高自己的才能，你们首先要丰富自己的心灵。当你看到地上有碎纸屑的时候，如果你能把它捡起来放进垃圾箱里，你的演奏就会更加细腻、美妙。

引自［日本］铃木镇一《用爱哺育》，许海燕 译，电子工业出版社 2004 年版，第 107 页

在教育工作中是没有小事情的。……好的组织工作就是不忽略最细小的细节和小事。琐碎的小事每天、每时、每刻都在经常地起着作用，生活就是由无数的小事组成的。指导这种生活，组织这种生活，这将是您的最重要的任务。

引自［苏联］A.C. 马卡连柯《家庭和儿童教育》，丽娃 译，上海人民出版社 2005 年版，第 31 页

感化

家庭成员之间的情感具有强烈的感染性，有巨大的感化作用。

引自［中国］赵忠心《家庭教育学：教育子女的科学与艺术》，人民教育出版社 2001 年版，第 106 页

子女对父母有一种特殊的信任感，父母支持什么，反对什么，喜欢什么，厌弃什么，期望什么，否定什么，子女最能心领神会，即或是不说，凭自己的直觉也会体察到，并且深信不疑。

引自［中国］赵忠心《家庭教育学：教育子女的科学与艺术》，人民教育出版社 2001 年版，第 107 页

要充分发挥家庭教育中情感的感染作用，家长要真诚地爱孩子，亲近孩子，体贴、关心孩子，密切与孩子的感情，设法取得孩子的信赖，并且为子女所依恋。

引自［中国］赵忠心《家庭教育学：教育子女的科学与艺术》，人民教育出版社 2001 年版，第 108 页

"言传身教"这四个字很有道理，我甚至觉得父母的这种言传身教和家庭的氛围，在孩子的成长过程中起着比学校教育更加重要的作用。

引自［韩国］全惠星《有奉献精神的父母培养大人物》，邵娟译，中国城市出版社 2009 年版，第 211 页

模仿

儿童（不，成人也一样）的举止大半是模仿得来的。我们都是一种模仿性很强的动物，是近朱者赤、近墨者黑的；而孩子们的耳闻不如目见，也是不足为怪的。

引自［英国］约翰·洛克《教育漫话》，徐大建译，上海人民出版社 2005 年版，第 57 – 58 页

8. 家庭教育的原则

概述

我现在再把本章所说的几种教导原则汇集起来，以使阅者得一目了然之便。

1. 对于教育小孩子，做父母的最好用积极的暗示，不要用消极的命令。

2. 积极的鼓励比消极的刺激好得多。

3. 小孩子既好模仿，做父母的一方面要以身作则，一方面还要替他选择环境以支配他的模仿。

4. 做父母的不可常常用命令式的语气去指挥他们的小孩子。

5. 做父母的不应当对小孩子多说"不！不！"事属可行，就叫他行；事不可行，就禁止他行。

6. 别人做好的事情或坏的事情的时候，做父母的应当以辞色来表示赞许或不赞许的意思给小孩子听，给小孩子看。

7. 我们应当按照小孩子的年龄、知识予以适当的作事动机。

8. 待小孩子不要姑息也不要严厉。

9. 不要骤然命令小孩子停止游戏或停止工作。

10. 做父母的应当同小孩子做伴侣。

11. 游戏式的教育法。

引自［中国］陈鹤琴《家庭教育》，华东师范大学出版社2006年版，第40页

要坚持灌输性和启发性相统一，注重启发性教育，引导学生发现问题、分析问题、思考问题，在不断启发中让学生水到渠成得出结论。

引自［中国］习近平《用新时代中国特色社会主义思想铸魂育人》(2019 年 3 月 18 日在学校思想政治理论课教师座谈会上的讲话要点)，《习近平谈治国理政．第三卷》，外文出版社 2020 年版，第 331 页

要给学生心灵埋下真善美的种子，引导学生扣好人生第一粒扣子。

引自［中国］习近平《用新时代中国特色社会主义思想铸魂育人》(2019 年 3 月 18 日在学校思想政治理论课教师座谈会上的讲话要点)，《习近平谈治国理政．第三卷》，外文出版社 2020 年版，第 330 页

儿童教育有一个最基本的原则，也是最神圣的原则，就是千方百计让孩子相信自己是个好人，是个能人，是个充满希望的人，是个幸福快乐的人。

引自［中国］孙云晓《习惯决定孩子一生》，北京师范大学出版社 2013 年版，第 130 页

全部儿童教育的使命，可以用 12 个字来概括："发现儿童、解放儿童、发展儿童。"发现儿童就是发现儿童的成长规律，发现孩子的潜能；解放儿童就是打破对孩子的束缚，让孩子身心获得自由；发展儿童就是引导儿童充满自信健康协调的成长。

引自［中国］孙云晓《习惯决定孩子一生》，北京师范大学

出版社 2013 年版，第 74 页

各国基本一致的家庭教育原则

1. 适应性原则

家庭教育一定要适应每一名儿童的身心发展水平，因为儿童在很多方面是有个别差异的。……

2. 发展性原则

这里的发展主要是指儿童思维的发展。家庭教育一定要适应儿童的思维发展水平，决不能拔苗助长。与此同时，要采用"最近发展区"的教育理念，给孩子提出经过自己的适当努力才能达到的新目标，帮助孩子掌握越来越复杂的思维方法，使其思维得到健康有序的发展。……

3. 自主性原则

正确的家庭教育不应该单向度地把父母或长辈的理念强加于人。只有在儿童愿意主动配合的情况下进行家庭教育，促进儿童健康成长的家庭意愿才能得到满足和发展。……

4. 能力培养原则

在家庭教育中，能力培养要重于知识学习。父母要鼓励儿童凭借自己的努力去探索和发现周围五彩缤纷的世界，用自己的感官来丰富对人类社会的认识。只有培养起儿童良好的注意力、感知能力、观察力、记忆力、想象力、推理和判断能力、语言能力和审美能力等，才能使儿童所学的知识成为活的、有用的知识。……

5. 未来性原则

……家庭教育要重视培养儿童的创造性，应引导儿童思考，发现并鼓励儿童不断产生新的想法，通过创造性方法的运用来提高儿童的创造能力。……

6. 平衡性原则

全面发展、全人教育应该成为家庭教育发展的方向。培养儿童全面、和谐、健康的发展，培养儿童形成良好的人格，是当前世界各国儿童教育的一个重要趋势。儿童的人格特质只有在社会团体的活动中，依靠集体的力量才能得到全面发展。……

> 引自［中国］杨韶刚《第七章 多元化背景下的家庭教育选择》，见赵刚 王以仁 主编《中华家庭教育学》，研究出版社2016 年版，第 350－351 页

向孩子学习有五个原则：向孩子学习的前提是了解孩子，了解时代的变化；欣赏孩子的优点是向孩子学习的首要条件；向孩子学习应以真诚为本；努力做孩子的好伙伴；建立对话式、交互式、融合式的教育模式。

> 引自［中国］孙云晓《习惯决定孩子一生》，北京师范大学出版社 2013 年版，第 183 页

请大家记住三句话：

第一句话：不要在众人面前指责孩子，揭孩子的短，要呵护孩子的自尊心。

第二句话：要善于发现孩子的闪光点，当孩子有了转机、有了进步的时候，要当着孩子的面，公开地、大声地赞扬孩子的优点。

第三句话：我们教育孩子，千教万教，目的只有一个——

就是教孩子学会在离开父母之时能够具备独立生存的能力和智慧。

引自［中国］陈成浩《走出家庭教育的误区》，见张能治 主编《家庭教育那些事儿》，暨南大学出版社 2014 年版，第 6 页

光有事业成功是不够的，除了事业成功，还得子女出息，礼仪文明，天伦之乐才有真实的内涵。另外，留给下一代强健的身体、高尚的道德、坚定的意志和继承父辈事业超群卓著的生存智慧，为父母者才可心安理得、高枕无忧。

引自［中国］杨国强《最有价值的投资是培养子女成才》，见赵刚 主编《100 位企业家给家长的忠告》，东方出版社 2012 年版，第 54 页

很难想象一个只有六岁的孩子竟有如此神奇的"自制力"，美食面前却无动于衷！

……有了这些（编者注，指"自制力"），可以做很多事，没有这些，只能做很少的事。

第二个原则是尽可能发展他的体力和别的能力。他能感觉到自己的各种感官能力越来越强。

第三个原则是从一开始就最大限度地开发他的心智，这包括几种能力：推理能力、敏锐的观察能力、记忆力、想象力等。……

这些都得从学习文学语言开始。要教他使用正确的思维、正确的提问、正确的回答、正确的反驳等。

引自［德国］卡尔·H. G. 威特《卡尔·威特的教育》，丽红

译，京华出版社2006年版，第52页

使孩子成为一个独立的人

高等教育的大众化，使今天的大学门容易进了，但就业的门却难进了。企业是讲业绩、讲效益的地方，谁都不会雇用只有漂亮分数的人。溺爱、包办，已使今天的很多孩子没法成为一个独立的人。缺乏让孩子生存立世的素质教育，已使他们失去了人生的一次次机遇，值得我们成人反思。

> 引自［中国］赵刚《"在第四届新东方家庭教育高峰论坛"上的发言》，见赵刚 主编《100位企业家给家长的忠告》，东方出版社2012年版，封底

今天的家长要警醒：一个只能考出高分而不能自立、不会合作、缺乏爱心的人，注定是要失败的。

> 引自［中国］赵刚《前言》，见赵刚 主编《100位企业家给家长的忠告》，东方出版社2012年版，第2页

许多成功的企业家宣告了这样一个人生经验：能力比分数重要，经历重于学历，职场才是真正的考场。

> 引自［中国］赵刚《前言》，见赵刚 主编《100位企业家给家长的忠告》，东方出版社2012年版，第2页

我想说的是，若你过分强调分数，孩子分数可能会高，但他的人格、人品和未来的可持续发展力会非常差。反过来说，一个有健全的人品、人格和积极向上精神的人，他会有一个比较不错的未来，比只有好分数的人更有美好的前途。

引自［中国］俞敏洪《"在第四届新东方家庭教育高峰论坛"上的发言》，见赵刚 主编《100 位企业家给家长的忠告》，东方出版社 2012 年版，封底

以身作则

夫风化者，自上而行于下者也，自先而施于后者也。是以父不慈则子不孝，兄不友则弟不恭，夫不义则妇不顺矣。

引自［中国］颜之推《颜氏家训·治家》，见檀作文 译注《颜氏家训》，中华书局 2007 年版，第 32 页

身教亲于言教。

引自［中国］魏源《默觚·学篇》，见梁适 编《中外名言分类大辞典》，复旦大学出版社 1997 年版，第 654 页

要以身作则。凡一举一动，都要作儿童的模范，因为儿童的脑筋是纯洁的，而且又是富于模仿性的，看到好的举动，无形之中，就得到好的印象，看到不良举动，无形之中，就得到坏的印象，所谓"习于善则善，习于恶则恶"。

引自［中国］陈鹤琴《儿童教育的根本问题》，见陈鹤琴著《家庭教育》，华东师范大学出版社 2006 年版，第 202 页

要小孩子对长者有礼貌，做父母的自己对待长者须先要有礼貌。如你自己待父母好，那么小孩子对待你也会好的。古语所谓己正而后能正人，就是这个意思。

引自［中国］陈鹤琴《家庭教育》，华东师范大学出版社 2006 年版，第 141 页

　　我们做父母的一面事事要以身作则，一面处处要留心小孩子所处的环境，使他所听的所看的都是好的事物。这样，他自然而然也受了好的影响。

> 引自［中国］陈鹤琴《家庭教育》，华东师范大学出版社2006年版，第24页

　　做父母的要使得子女畏敬，并不是以严厉而能够得到的，需要在行为上举动上处处能够使做子女的佩服你、尊敬你，那么做子女的就不约而同的会畏敬你了。

> 引自［中国］陈鹤琴《家庭教育》，华东师范大学出版社2006年版，第125页

　　做父母的行为好，做小孩子的行为大概也是好的。反过来说，做父母的行为坏，他小孩子的行为大概也是坏的。所以做父母的教养子女第一条原则，就是要尊重"以身作则"这条原则。

> 引自［中国］陈鹤琴《怎样做父母》，见陈鹤琴著《家庭教育》，华东师范大学出版社2006年版，第207页

　　孩子对于父母的言行举止，都是努力去模仿、去效法，不管是好的，还是不好的，他们都不加选择取舍地模仿。所以，要提高教育效率，取得理想的教育效果，家长以身作则是最为要紧的事。

> 引自［中国］赵忠心《家庭教育学：教育子女的科学与艺术》，人民教育出版社2001年版，第270页

　　从某种意义上来说，家长以身作则本身就是一种教育艺

术，或者说是最重要、最高超的教育艺术。

引自［中国］赵忠心《家庭教育学：教育子女的科学与艺术》，人民教育出版社 2001 年版，第 271 页

父母在日常生活中处处严格要求自己，事事起表率作用，要孩子做到的，自己首先做好，孩子会更加相信、仰慕、崇拜，自觉自愿地按家长的意志行事。……家长的以身作则本身就是一种巨大的教育力量。

引自［中国］赵忠心《家庭教育学：教育子女的科学与艺术》，人民教育出版社 2001 年版，第 390 页

没有爱，把孩子或学生视同草芥或机器；不示范，家长或老师没有担当好的楷模、善的榜样，要想尽到教育的职责，恐怕是痴人说梦。

引自［中国］李晓《教育之道，爱与榜样》，见张能治 著《爱的期许：家庭教育及其他》，中山大学出版社 2020 年版，"专家导读"第 5 页

父母要教会孩子们为自己的自尊经验负责，为自己的感受负责，而不是随意地为发生在自己身上的事情而责怪别人。这首先就要求父母以身作则，在家庭生活中表现出为自己的行为负责，出现问题时不埋怨他人、不埋怨单位、不埋怨社会，而是积极想办法解决问题，孩子才会受到积极上进的影响。

引自［中国］杨韶刚《第七章 多元化背景下的家庭教育选择》，见赵刚 王以仁 主编《中华家庭教育学》，研究出版社 2016 年版，第 394 页

家长自己要守规则、给孩子做出榜样。假如家长一方面给孩子讲交通安全，另一方面带孩子闯红灯，那你是无法教会孩子遵守秩序的。

引自［中国］尹建莉《最美的教育最简单》，作家出版社2014年版，第179页

您怎样穿衣服，您怎样与别人交谈和怎样谈论别人，您怎样高兴和忧愁，您怎样对待朋友和敌人，您怎样笑，怎样读报——所有这一切对孩子都具有重要意义。

引自［苏联］A. C. 马卡连柯《家庭和儿童教育》，丽娃 译，上海人民出版社2005年版，第27页

如果您在家里很粗暴，或者爱吹牛，或者酗酒，甚至更坏，您侮辱孩子的母亲，那么您就不必再考虑教育问题了：您已经在教育您的孩子们了，而且在教坏他们，任何最好的忠告和方法对您都是无济于事的。

引自［苏联］A. C. 马卡连柯《家庭和儿童教育》，丽娃 译，上海人民出版社2005年版，第27－28页

教育儿童需要的是最严肃的、最朴实的、最真诚的态度。这三种品质应包含您的生活的最高真谛。搀杂些微的虚伪、做作、嘲讽、轻率，都注定会使教育工作失败。

引自［苏联］A. C. 马卡连柯《家庭和儿童教育》，丽娃 译，上海人民出版社2005年版，第28页

父母对自己的要求，父母对自己家庭的尊重，父母对自己的一举一动的检点——这就是首要的和最主要的教育方法！

引自［苏联］A. C. 马卡连柯《家庭和儿童教育》，丽娃 译，上海人民出版社 2005 年版，第 28 页

爱国（见 15. 家庭的爱国主义教育）

诚信（见 32. 家庭的品格教育/诚信）

爱与自由（见 23. 婴幼儿的家庭教育/爱与自由）

尊重（又见 29. 家庭的心理教育/尊重）

我母亲管束我最严，她是慈母兼任严父。但她从来不在别人面前骂我一句，打我一下，我做错了事，她只对我一望，我看见了她的严厉眼光，便吓住了。

引自［中国］胡适《我的母亲》，见建华 选编《母亲》，湖南文艺出版社 1993 年版，第 41 页

我们应该尊重保姆的劳动，尊重保姆的人格。做父母的应当自己善视保姆，做小孩子的榜样，使小孩子也善视保姆。做父母的尤不应当使小孩子从小受人侍奉。凡小孩子能做的事，叫他们自己去做，保姆不过代做小孩子所不能做的事罢了。倘使件件事情都替小孩子去做，那么小孩子非但不能发达他的肌肉，而且他的虚骄之气也从此滋长了。

引自［中国］陈鹤琴《家庭教育》，华东师范大学出版社 2006 年版，第 143－144 页

没有尊重就没有教育。我们经常抱怨孩子，实际上，我觉得调整心态更重要，学会享受孩子，欣赏孩子，和孩子共同

成长。

> 引自［中国］孙云晓《习惯决定孩子一生》，北京师范大学
> 出版社 2013 年版，第 190 页

一个生命对另一个生命表达关爱的方式，首先应该是尊重，而不是改造。

> 引自［中国］尹建莉《最美的教育最简单》，作家出版社
> 2014 年版，第 302 页

父母对待自己的孩子，应该像对待别人的孩子一样和颜悦色。这意味着尊重生命，即使是一个小孩子的生命也同样需要尊重。

> 引自［日本］铃木镇一《用爱哺育》，许海燕译，电子工业
> 出版社 2004 年版，第 64 页

把爱与尊重结合起来，才能建立起彼此之间的感情纽带。

> 引自［日本］铃木镇一《用爱哺育》，许海燕译，电子工业
> 出版社 2004 年版，第 66 页

人应该尊重他人的感情，应该珍惜家庭内部人与人之间的关系，就像珍惜与外人的关系一样。

> 引自［日本］铃木镇一《用爱哺育》，许海燕译，电子工业
> 出版社 2004 年版，第 87 页

凡行为良好而受人尊重、得到他人赞扬的人，必定为人人所喜爱，结果自然会得到其他各种美好的事物；与此相反，凡行为不端而被人看不起、不爱惜自己名誉的人，就不可避免地

要遭受别人的冷淡和轻视；结果，无论什么能使他满足或使他高兴的东西他都得不到。

> 引自［英国］约翰·洛克《教育漫话》，徐大建 译，上海人民出版社 2005 年版，第 45 页

假如在他稚嫩的心灵中充满了对父母师长的敬爱，不敢违背他们；同时对其他人也怀抱着尊重和善意；那么，这种尊重他人的心理本身就会使他去模仿别人的最受欢迎的举止，来表达这种心理。

> 引自［英国］约翰·洛克《教育漫话》，徐大建 译，上海人民出版社 2005 年版，第 56 页

准确回答孩子的提问

无论儿童提出什么问题，都不可加以制止或羞辱，也不可对他的问题进行嘲弄，而应回答他的一切问题，并根据他的年龄大小和认识能力，把他想要知道的东西向他解释清楚。不过，你的解释或使用的概念不可超过他的理解能力，解释时也不要提及不相干的各种事物，免得反而把他弄糊涂。

> 引自［英国］约翰·洛克《教育漫话》，徐大建 译，上海人民出版社 2005 年版，第 136 页

你要注意他提问的目的是什么，而不要注意他提问时用了什么语词。一旦你回答了他的问题，使他得到了满足，你就会发现，他的思想能够自我扩展，恰当的回答能够引导他举一反三，由此获得的进步甚至是你所想象不到的。因为知识之为理智所喜，正如光线之为眼睛所喜，儿童极其喜欢知识，尤其是

当他们发觉，自己的问题引起了注意、自己的求知欲受到了鼓励与赞扬时，就更是如此。

> 引自［英国］约翰·洛克《教育漫话》，徐大建 译，上海人民出版社 2005 年版，第 136 页

　　我相信，许多儿童之所以沉浸于无聊的游戏，乏味地消磨掉自己的全部时间，其中的一大原因，就是他们感到，自己的好奇心受到了阻碍，自己的提问遭到了冷落。我相信，如果他们能够得到比较和善的对待，能够受到更多的尊重，他们的问题能够得到应有的满意答复，那么，较之一而再再而三地玩同一种游戏或玩具，他们会更加乐于学习和增进知识，因为那里始终有他们所喜爱的新奇多变的东西。

> 引自［英国］约翰·洛克《教育漫话》，徐大建 译，上海人民出版社 2005 年版，第 136 页

陪伴

　　没有隔膜，父子间就会产生浓厚的爱情；父子一同做伴侣，那么常常在一起就没有隔膜。做父亲的知道小孩子的性情，而小孩子也知道他父亲的性情。大家既知道性情，彼此就发生适当的反应，不会有什么恶感发生。

> 引自［中国］陈鹤琴《家庭教育》，华东师范大学出版社 2006 年版，第 36 页

　　陪伴是一种最好的家庭教育。之所以这样讲，是因为孩子的身心发展需要这种陪伴，孩子的情感发展需要这种陪伴，孩子的人格发展更需要这种陪伴。

引自〔中国〕陈利彬《慢慢来，不要急》，见张能治 主编《孩子与家庭纵横谈》，华夏出版社 2020 年版，第 249 - 250 页

要让陪伴、沟通、示范成为父母的神圣使命。

引自〔中国〕陈利彬《由"葛优躺"、〈从前慢〉说起……》，见张能治 主编《孩子与家庭纵横谈》，华夏出版社 2020 年版，第 263 页

陪伴。通过一起吃饭、体锻、旅游、运动、逛书店、听音乐这些方式，把孩子聚拢在父母的身边，父母对孩子的注视本身具有一种显在或潜在的教育力量；同时父母也是在通过自己生命的示范，潜移默化地影响着孩子的成长，这是克服"情感沙漠化"的有效手段。

引自〔中国〕陈利彬《由"葛优躺"、〈从前慢〉说起……》，见张能治 主编《孩子与家庭纵横谈》，华夏出版社 2020 年版，第 263 页

陪孩子玩应该是一项轻松而令人高兴的事情，它可以唤醒、引导和加强孩子潜藏的力量。我们应该从最普通、最容易感觉到的东西开始，因为那些精美的事物对小孩子来说不起任何作用。

引自〔德国〕卡尔·H. G. 威特《卡尔·威特的教育》，丽红 译，京华出版社 2006 年版，第 67 页

与孩子一起做他所喜欢的事情，购物啊、看电影啊、看电视啊等，自然地营造一个两人时间，氛围变得轻松自然了，聊天就可以开始了。

引自［韩国］全惠星《有奉献精神的父母培养大人物》，邵娟译，中国城市出版社 2009 年版，第 158 页

平等

教育子女最好的方式是平等对话，共同讨论，共同协商，努力做到使教育内容和教育方式都能为子女所接受。

引自［中国］赵忠心《家庭教育学：教育子女的科学与艺术》，人民教育出版社 2001 年版，第 391 页

面对一个未成年人，成年人最大的文明所在，就是站在儿童的角度，努力理解他的所想所为，以他乐意接受的方式对他的成长进行引导。你必须要把他当作一个"人"来平等对待，而不是当作一个"弱小的人"来征服。

引自［中国］尹建莉《好妈妈胜过好老师》，作家出版社 2009 年版，第 238 页

在一个管束型的家庭，儿童没有任何权利；在一个溺爱型的家庭，儿童拥有一切权利；一个健全的家庭是属于这样一种类型，即儿童和家长享有平等的权利。

引自［英国］尼尔《外国教育家评传》3/414，见张纯美 洪静媛编《中外教育思想荟萃》，上海文化出版社 2014 年版，第 219 页

体验

小孩子生来好动。因为好动，他就能与事物相接触；与事

物相接触，那他就知道事物的性质，他的动作能力因此得着发展。若我们代替他做，他总是学不会的。

引自［中国］陈鹤琴《家庭教育》，华东师范大学出版社2006年版，第17页

好动是经验的原动力，是知识的发动机，我们要让小孩子去运用双手，睁开眼睛，张开耳朵，与大自然、大社会发生接触，获得具体的经验。

引自［中国］陈鹤琴《怎样做父母》，《家庭教育》，华东师范大学出版社2006年版，第240页

什么是体验？经过实践而体会到的经验就是体验。

引自［中国］张能治《父母的职责：培养子女的良好习惯》，见张能治编著《爱，让孩子快乐成长——e时代家庭教育真谛》，广东人民出版社2011年版，第10页

孩子是在体验中长大的，体验得越多感受越深。

引自［中国］孙云晓《习惯决定孩子一生》，北京师范大学出版社2013年版，第12页

童年时代的每一种体验都可以在生命中留下痕迹，孩子没有"小事"，每件小事都是深刻地影响着他成长的大事。

引自［中国］尹建莉《好妈妈胜过好老师》，作家出版社2009年版，第240页

儿童青少年是有内在主体性的自我，通过让他们学会有计划、有目的地参与家庭事务，可以使他们产生深刻的道德体

验，这不失为一种有效的家庭道德教育方法。

> 引自［中国］杨韶刚《第七章 多元化背景下的家庭教育选
> 择》，见赵刚 王以仁 主编《中华家庭教育学》，研究出版社
> 2016 年版，第 394 页

应让孩子自己看到，由于他对物品的不爱惜的态度所带来的危害，并为自己的马虎感到懊恼。关于这一点当然必须对孩子说，必须向他解释粗心、马虎带来的全部后果，但更有益的是让孩子通过自己的经验感觉到这种后果。

> 引自［苏联］A. C. 马卡连柯《家庭和儿童教育》，丽娃 译，
> 上海人民出版社 2005 年版，第 83 页

快乐

希望便是快乐，创造便是快乐。

> 引自［中国］冰心《冰心选集》，见王正平 主编《人生格言
> 辞典》，上海辞书出版社 2004 年版，第 199 页

我们在他心中灌输了这样一种思想：勤奋努力地工作可以换来世间的快乐，高尚的行为使人获得满足。

> 引自［德国］卡尔·H. G. 威特《卡尔·威特的教育》，丽红
> 译，京华出版社 2006 年版，第 101 页

如果让他们读那些他们能够理解的有趣的小故事，就像一些经过精心准备的读物那样，那么，那些接受过正确指导的孩子就会十分渴望去学习写成这部作品的语言。他们会非常乐意在脑力和记忆力上付出必要的努力，并且会很快、不费力地克

服遇到的困难，因为作品给他们带来了极大的快乐。

引自［德国］卡尔·H. G. 威特《卡尔·威特的教育》，丽红
译，京华出版社 2006 年版，第 110 页

卡尔常常轻而易举地就能学会很难的东西，因为我是用一种轻松而快乐的方式来教他的。

引自［德国］卡尔·H. G. 威特《卡尔·威特的教育》，丽红
译，京华出版社 2006 年版，第 112 页

对于人来说，没有比快乐和幸福更重要的了，而这种勇于面对痛苦并且在逆境中寻找快乐的品质就是坚强，女儿在 5 岁时就已经懂得了这个道理，用她的话说，一个既坚强又有想象力的人，才是一个幸福的人。

引自［美国］斯托夫人《斯托夫人自然教子书》，亚北 译，
中国妇女出版社 2009 年版，第 121 页

想从别人那里得到快乐，就必须先给别人快乐。

引自［英国］詹·汤姆逊《怠惰的堡垒》，见王正平 主编
《人生格言辞典》，上海辞书出版社 2004 年版，第 200 页

我希望儿童能够充分地享受到各种无害的快乐，使他们的生活尽可能地愉快和舒畅；不过要注意，他们获得的各种快乐，仅仅应当出于父母和导师对他们的尊重和赞赏；决不可因为他们不愿意去做某件事情、除非给予某种报酬才肯去做、因而为此给予他们各种报酬而使他们快乐。

引自［英国］约翰·洛克《教育漫话》，徐大建 译，上海人
民出版社 2005 年版，第 42 页

慢慢来

不要急，是一种心态，但首先是一种理念。我们不要急，否则容易制造压力；压力就会带来恐惧，学习的恐惧、生活的恐惧……为此，在生理方面，我们要尽可能地保证孩子的睡眠，保证孩子的三餐特别是早餐；在心理方面，我们要多鼓励，多赏识孩子；在生长环境方面，我们要创设一个和谐宽松的家庭环境。

> 引自［中国］陈利彬《慢慢来，不要急》，见张能治 主编《孩子与家庭纵横谈》，华夏出版社 2020 年版，第 249 页

首先，教育是三分教育七分等待，家庭教育更是如此。

其次，"慢慢来"的教育方能让孩子的身心充分成长。

……

最后，"慢慢来"的教育要寻找和创造孩子成长的"快乐中间地带"。

> 引自［中国］陈利彬《慢慢来，不要急》，见张能治 主编《孩子与家庭纵横谈》，华夏出版社 2020 年版，第 248 页

超越父母

学不可以已。青，取之于蓝而青于蓝；冰，水为之而寒于水。

> 引自［中国］荀况《荀子·劝学》，见方勇 李波 译注《荀子》，中华书局 2015 年第 2 版，第 1 页

倘若现在父母并没有将什么精神上体质上的缺点交给子

女，又不遇意外的事，子女便当然健康，总算已经达到了继续生命的目的。但父母的责任还没有完，因为生命虽然继续了，却是停顿不得，所以还须教这新生命去发展。凡动物较高等的，对于幼雏，除了养育保护以外，往往还教他们生存上必需的本领。例如飞禽便教飞翔，鸷兽便教搏击。人类更高几等，便也有愿意子孙更进一层的天性。这也是爱，上文所说的是对于现在，这是对于将来。只要思想未遭锢蔽的人，谁也喜欢子女比自己更强，更健康，更聪明高尚，——更幸福；就是超越了自己，超越了过去。

引自［中国］鲁迅《我们现在怎样做父亲》，见金隐铭 编，《鲁迅作品集．杂文卷》，现代出版社 2016 年版，第 43 页

因材施教

对于那些在兴趣、能力等方面尚无明显特点和倾向的子女，家长视情况为他们创造一定的环境和情境，有意识地引发他们的兴趣，使他们的能力得到充分发挥，为他们未来所从事的事业做一个向导，这也是符合因材施教原则的。

引自［中国］赵忠心《家庭教育学：教育子女的科学与艺术》，人民教育出版社 2001 年版，第 221 页

我们这些做家长的都该走出梦境，回到现实来，观察分析孩子的兴趣、爱好、个性、特长，然后因材施教。那样，我们中国一定会成倍地涌现出各行各业出类拔萃的杰出人才。

引自［中国］魏书生《好父母好家教》，漓江出版社 2005 年版，第 157 页

子女教育没有标准答案，每个孩子都很特别，都需要我们去特别对待。

> 引自［韩国］全惠星《有奉献精神的父母培养大人物》，邵娟 译，中国城市出版社 2009 年版，第 28 页

严慈并用

父母威严而有慈，则子女畏慎而生孝矣。

> 引自［中国］颜之推《颜氏家训·教子》，见檀作文 译注《颜氏家训》，中华书局 2007 年版，第 8 页

父子之严，不可以狎；骨肉之爱，不可以简。简则慈孝不接，狎则怠慢生焉。

> 引自［中国］颜之推《颜氏家训·教子》，见檀作文 译注《颜氏家训》，中华书局 2007 年版，第 11 页

家教宽中有严，家人一世安然。

> 引自［中国］吕近溪《不惑集》，见王正平 主编《人生格言辞典》，上海辞书出版社 2004 年版，第 176 页

爱其子而不教，犹为不爱也；教而不以善，犹为不教也。

> 引自［中国］黄宗羲《明儒学案》，见王正平 主编《人生格言辞典》，上海辞书出版社 2004 年版，第 176 页

教育儿童，应当严格的地方便须严格；应当放任的地方便须放任。美国的教育偏重放任，中国的教育偏重严格。太放任了虽是富于自由，不免溢出范围；太严格了，虽是谨守规则，

却有些枯干气味，都不是应当有的现象。

引自〔中国〕陶行知《美国活动教授之一段》，《陶行知全集.第一卷》，四川教育出版社1991年版，第296－297页

在家庭教育中严和慈都是必要的。没有严，就会失于放任自流；没有慈，父母子女关系就不会亲近，感情就不会融洽、亲密。

引自〔中国〕赵忠心《家庭教育学：教育子女的科学与艺术》，人民教育出版社2001年版，第225页

该严的时候就得严，要严得起来；该温和的时候就要温和，让孩子感到和蔼可亲。"严"会使家长在孩子心目中更有威望，说话更有分量。这样孩子才会服从家长的管教，养成良好的习惯，形成良好的品德。"慈"会使孩子感到亲切、信赖，使孩子愿意接近你，有心里话敢跟你讲。这样，家长才能更深入地了解孩子，教育才有针对性，也才管得了。

引自〔中国〕赵忠心《家庭教育学：教育子女的科学与艺术》，人民教育出版社2001年版，第225页

对于卡尔的德行的发展，我们一直实行和遵循的基本原则是：对他公正、讲理、既严厉又和蔼。……因为，从本质上来说，太严厉或太放纵都是不好的。

我们允许卡尔提出任何自然的、公正的和有益的要求。

引自〔德国〕卡尔·H.G.威特《卡尔·威特的教育》，丽红译，京华出版社2006年版，第90页

赏识

赏识是沟通，是平等，是生命之间交往的桥梁。让孩子找到好孩子的感觉，还孩子金色的童年。

> 引自［中国］周弘《赏识你的孩子》，四川少年儿童出版社2000年版，第113页

一个赏识的微笑，就像阳光照在含苞待放的花朵上。对一个渴望赏识的孩子而言，这很可能是孩子一生的转折点。

> 引自［中国］周弘《赏识你的孩子》，四川少年儿童出版社2000年版，第113页

在孩子的人生道路上，有时一个动作会改变人的一生。孩子的自信源于环境的培养，孩子的"行"源于环境的"行"。

> 引自［中国］周弘《赏识你的孩子》，四川少年儿童出版社2000年版，第106页

一个"行"字，消除了孩子的恐惧感；
一个"行"字，激发了孩子的求知欲；
一个"行"字，唤起了对生命的热爱；
一个"行"字，找到了学习的快乐感觉。

> 引自［中国］周弘《赏识你的孩子》，四川少年儿童出版社2000年版，第73页

赏识教育的奥秘就是让孩子觉醒，推掉压在无形生命上自卑的巨石，于是孩子的潜能像火山一样爆发了，排山倒海，势不可挡。所有的学习障碍在孩子巨大的潜能面前，都是微不足

道的。

引自［中国］周弘《赏识你的孩子》，四川少年儿童出版社 2000 年版，第 82 页

真正的赞扬，我说道，不是用语言来表达的。一个温柔的眼神、轻轻按一下手、真诚地发出几个表达赞叹的音符，甚至轻轻地拍一下脸，或者一个亲吻，都是赞扬的一种表达方式，最主要的是上面这些表示都出于爱和真诚，是表达对值得赞扬的人赞扬的一些可以接受的行为。

引自［德国］卡尔·H. G. 威特《卡尔·威特的教育》，丽红译，京华出版社 2006 年版，第 61 页

赞美别人就是把自己放在同他一样的水平上。

引自［德国］歌德《格言和感想集》，见王正平 主编《人生格言辞典》，上海辞书出版社 2004 年版，第 356 页

批评

有则改之，无则加勉。

引自［中国］朱熹《四书集注》，见王正平 主编《人生格言辞典》，上海辞书出版社 2004 年版，第 358 页

我们应该抑制自满，时时批评自己的缺点，好像我们为了清洁，为了去掉灰尘，天天要洗脸，天天要扫地一样。

引自［中国］毛泽东《组织起来》，《毛泽东选集. 第 3 卷》，人民出版社 1991 年第 2 版，第 935 页

我们如果有缺点，就不怕别人批评指出。不管是什么人，谁向我们指出都行。只要你说得对，我们就改正。

引自［中国］毛泽东《为人民服务》，《毛泽东选集.第3卷》，人民出版社1991年第2版，第1004页

批评惩罚是对孩子的不良思想、行为、品德给予否定的评价。其教育作用在于使孩子认识自己思想、行为、品德上的错误，促使其克服、纠正和根除不良的思想、行为和品德。

引自［中国］赵忠心《家庭教育学：教育子女的科学与艺术》，人民教育出版社2001年版，第252页

轻声细语地批评、嘱咐的时候，更多的是把孩子的利益放在了受尊重的位置上，保护了孩子的自尊心。父亲的心与孩子的心处于一种平等交流的位置上，当然孩子容易从内心深处受到触动，随之而产生的，是对父亲由衷的爱。

引自［中国］魏书生《好父母好家教》，漓江出版社2005年版，第42页

难得的是，很多家长改掉了大声训斥的习惯，采用了一种轻声细语的批评方法。其实这是一种既科学又艺术的批评方式，孩子当然容易被感动。这也体现出家长举止的高雅。

引自［中国］魏书生《好父母好家教》，漓江出版社2005年版，第44页

我们可以批评孩子，但一定要选择合适的方式批评，以保护孩子自尊心、树立自信心、培养他们能力为目的。凡对孩子自尊心、自信心和能力有损害的批评方式都是不好的，都是家

长要彻底戒除掉的。

引自［中国］尹建莉《好妈妈胜过好老师》，作家出版社
2009 年版，第 33 页

当我们听到别人对我们的某些长处表示赞赏之后，再听到
他的批评，心里往往会好受得多。

引自［美国］戴尔·卡耐基《人性的弱点》，见王正平 主编
《人生格言辞典》，上海辞书出版社 2004 年版，第 359 页

9. 父母的角色定位

责任者

心中的苦闷不在家信中发泄，又哪里去发泄呢？孩子不向父母诉苦向谁诉呢？我们不来安慰你，又该谁来安慰你呢？

> 引自〔中国〕傅雷《傅雷家书》，见傅敏 编《傅雷家书》，辽宁教育出版社2004年新1版，第63页

家庭是孩子们赖以生存的场所，家长是保证孩子生理健康的主要责任者。

> 引自〔中国〕赵忠心《家庭教育学：教育子女的科学与艺术》，人民教育出版社2001年版，第379页

父母的职责是让子女在体验中养成良好习惯。拥有好习惯的父母，才能培养出有好习惯的孩子。

> 引自〔中国〕张能治《父母的职责：培养子女的良好习惯》，见张能治 编著《爱，让孩子快乐成长——e时代家庭教育真谛》，广东人民出版社2011年版，第4页

孩子的成长，父亲和母亲都有共同的责任，母亲有母亲的角色，父亲有父亲的角色，不能代替。前外交部发言人章启月，她坐上回家的公共汽车上，就注意转换角色，在家里她是妻子，是母亲，是媳妇，是女儿，她要尽到一个妻子，一个母亲，一个媳妇，一个女儿的责任。母亲要处理好家庭的方方面面，尽到母亲应有的责任，让孩子得到真正的爱。母亲要说服

父亲少一点应酬，少一点玩乐，多一点时间给子女，这也是巩固家庭的必经之路，更是子女成长不可缺失之路。对于职业女性的母亲们，回家就要注意转换成母亲的角色，担负起教育子女的责任，不要将希望寄托在保姆、在家庭教师或别人身上。孩子是自己的，谁都代替不了。

引自〔中国〕张能治《做一个平凡的女性、智慧的母亲》，见张能治 编著《爱，让孩子快乐成长——e 时代家庭教育真谛》，广东人民出版社 2011 年版，第 124 - 125 页

财产今天损失了，明天可以挣回来，但孩子的成长中的幸福感、教育机会一旦损失了，就永远找不回来了。给孩子一个幸福的家，让孩子在生理和心理两方面都健康地成长，成为一个身心和谐发育的人，这才是父母所能给孩子最丰厚的、一生享用不完的财富。

引自〔中国〕尹建莉《好妈妈胜过好老师》，作家出版社 2009 年版，第 206 页

房子可以小一些，家具可以旧一些，电器可以少一些，但爱和亲密一定要多——幸福的家就是五星级宾馆。

引自〔中国〕尹建莉《好妈妈胜过好老师》，作家出版社 2009 年版，第 206 页

父母就是栽培者。他们有责任带着爱心去培养他们的孩子。

引自〔日本〕铃木镇一《用爱哺育》，许海燕译，电子工业出版社 2004 年版，第 136 页

引导者

长者须是指导者、协商者，却不该是命令者。不但不应该责幼者供奉自己；而且还须用全副精神，专为他们自己，养成他们有耐劳作的体力，纯洁高尚的道德，广博自由能容纳新潮流的精神，也就是能在世界新潮流中游泳，不被淹没的力量。

引自［中国］鲁迅《我们现在怎样做父亲》，见金隐铭 编，《鲁迅作品集．杂文卷》，现代出版社 2016 年版，第 44 页

家长特别是父母对子女的影响很大，往往可以影响一个人的一生。

引自［中国］习近平《注重家庭，注重家教，注重家风》（2016 年 12 月 12 日在会见第一届全国文明家庭代表时讲话的一部分），《习近平谈治国理政．第二卷》，外文出版社 2017 年版，第 354－355 页

作为父母和家长，应该把美好的道德观念从小就传递给孩子，引导他们有做人的气节和骨气，帮助他们形成美好心灵，促使他们健康成长，长大后成为对国家和人民有用的人。

引自［中国］习近平《注重家庭，注重家教，注重家风》（2016 年 12 月 12 日在会见第一届全国文明家庭代表时讲话的一部分），《习近平谈治国理政．第二卷》，外文出版社 2017 年版，第 355 页

更新教育理念，做 e 时代的合格父母，这是网络时代对每位家长提出的新要求。父母要成为孩子运用网络的参与者、辅导者，成为孩子玩网络游戏的玩伴，学习网络的学伴，平时无

话不说的朋友，孩子快乐成长的引路人。这样，孩子的潜能必定得到充分开发，个性必定得到充分张扬，学业成绩和综合素质必定得到全面提高，成为一个快乐的人，灿烂的人；每个家庭都成为和谐的家庭，幸福的家庭。

> 引自［中国］张能治《让孩子学会自我教育》，见张能治 编著《爱，让孩子快乐成长——e 时代家庭教育真谛》，广东人民出版社 2011 年版，第 2 页

作为父母，关键在于如何能够成为孩子们的引导者，帮助他们看到未来，走上属于自己的人生道路。

> 引自［韩国］全惠星《有奉献精神的父母培养大人物》，邵娟 译，中国城市出版社 2009 年版，第 42 页

要想成为最好的引导者，父母首先要思考自己的人生目标。为了目标，计划好自己的人生，日积月累，始终进步，并有能力去帮助和影响他人，方能成为孩子的好榜样。

> 引自［韩国］全惠星《有奉献精神的父母培养大人物》，邵娟 译，中国城市出版社 2009 年版，第 42 页

我觉得，教育并不仅仅是给予孩子知识，这个是最初级的教育；更高级的教育是给予孩子引导，让他的内在发生转化。

> 引自［韩国］全惠星《有奉献精神的父母培养大人物》，邵娟 译，中国城市出版社 2009 年版，第 76 页

最好的引导方式，是不要说教，要让孩子亲自去经历和体验。通过露营、展览馆、博物馆、美术馆、电影、表演、演讲、资源奉献等来教育孩子，让他亲自经历和思考，我觉得成

效显著。

> 引自 ［韩国］ 全惠星《有奉献精神的父母培养大人物》，邵娟 译，中国城市出版社 2009 年版，第 76 - 77 页

榜样者

父母怎样做，他就怎样学。做父母的一举一动都直接或间接影响小孩子。所以做父母的是怎样的一种人，他们的小孩子大概也做怎样的一种人。

> 引自 ［中国］ 陈鹤琴《怎样做父母》，见陈鹤琴著《家庭教育》，华东师范大学出版社 2006 年版，第 207 页

你要小孩子怎样做，你自己先要怎样做。你要小孩子怎样待人，你先得自己怎样待人。小孩子是你的镜子，你的一举一动，都在小孩子的镜子里可以反映出来的。

> 引自 ［中国］ 陈鹤琴《怎样做父母》，见陈鹤琴著《家庭教育》，华东师范大学出版社 2006 年版，第 238 页

孩子在父亲和母亲的潜移默化中启蒙成长，父母是什么样，孩子就会跟着学什么样。

> 引自 ［中国］ 张能治《做一个平凡的女性、智慧的母亲》，见张能治 编著《爱，让孩子快乐成长——e 时代家庭教育真谛》，广东人民出版社 2011 年版，第 124 页

我发现，孩子无时无刻不在用他们敏感的眼睛观察着父母。他们会从父母身上寻找具体的角色榜样，效仿，并且把吸引他们的品质慢慢变成自己的。

引自〔韩国〕全惠星《有奉献精神的父母培养大人物》，邵娟 译，中国城市出版社 2009 年版，第 48 页

看到在家里要求严格的父亲在社会上堂堂正正的形象，孩子们会自然地尊重他，从他身上寻找值得学习的地方。

引自〔韩国〕全惠星《有奉献精神的父母培养大人物》，邵娟 译，中国城市出版社 2009 年版，第 191 页

家长还应该就日常生活、自己的言谈举止进行反省。他们必须经常扪心自问，自己是否是孩子的好榜样。……因为孩子体内有无穷无尽的生命力，他们会源源不断地吸收父母身上的任何高尚品质。

引自〔日本〕铃木镇一《用爱哺育》，许海燕 译，电子工业出版社 2004 年版，第 45 页

激励者

一般人，受激励而改过，是容易的，受责骂而改过，比较的是不大容易的，而小孩子尤其喜欢听好话，而不喜欢听恶言。

引自〔中国〕陈鹤琴《家庭教育》，华东师范大学出版社 2006 年版，第 20 页

总之，不论冰心做事或读书，母亲总是用积极的方法去鼓励的，因此冰心就格外喜欢做事，格外喜欢学习了。

引自〔中国〕陈鹤琴《家庭教育》，华东师范大学出版社 2006 年版，第 21 页

倾听者

好的父母要始终记住两个词语：聆听、建议。

> 引自［韩国］全惠星《有奉献精神的父母培养大人物》，邵娟译，中国城市出版社2009年版，第68页

再疼爱孩子、关注孩子，父母也没有权力插手孩子的每一件私事。孩子有他们自己的路要走，这些选择，跟父母没有关系。

> 引自［韩国］全惠星《有奉献精神的父母培养大人物》，邵娟译，中国城市出版社2009年版，第29页

父母的角色别人不能代替

年轻的父母们，无论你从事什么职业，无论你的职务多么重要，无论你的工作多么繁忙，请你不要忘记，你有一个别人无法代替的职业——孩子的父亲或母亲。

> 引自［中国］张能治《家庭教育也承载着中国梦》，见张能治著《叩开孩子心扉的艺术：谈家庭教育那些事》，暨南大学出版社2017年版，第2页

比尔·加尔斯顿是美国克林顿总统时代的高级经济顾问，他的工作很出色，但很忙，往往回到家里时儿子已经睡了。儿子向爸爸提建议，希望多点时间陪伴他。比尔·加尔斯顿向总统提出辞职。克林顿总统再三挽留他。比尔·加尔斯顿对总统说："我的工作您可以请别人代替，而我的儿子不能。"此事轰动全美国。

爱子女，教育子女，这是父母的责任，任何人都代替不了。

引自［中国］张能治《更新教育理念，做 e 时代的合格父母》，见张能治 编著《爱，让孩子快乐成长——e 时代家庭教育真谛》，广东人民出版社 2011 年版，第 42－43 页

10. 智 慧 父 母

智慧父亲

依据生物界的现象，一，要保存生命；二，要延续这生命；三，要发展这生命（就是进化）。生物都这样做，父亲也就是这样做。

引自〔中国〕鲁迅《我们现在怎样做父亲》，见金隐铭 编，《鲁迅作品集．杂文卷》，现代出版社 2016 年版，第 41 页

凡是不爱己的人，实在欠缺做父亲的资格。

引自〔中国〕鲁迅《我们现在怎样做父亲》，见金隐铭 编，《鲁迅作品集．杂文卷》，现代出版社 2016 年版，第 43 页

母性教育是一种"叶"和"根"的教育，目标是达到生命的滋润、丰满；而父性教育是一种"主干"的教育，目标是建立人生的主心骨，实现生命向空中的充分伸展。

引自〔中国〕陈利彬《由"葛优躺"、〈从前慢〉说起……》，见张能治 主编《孩子与家庭纵横谈》，华夏出版社 2020 年版，第 262 页

孩子是看着父亲的背影长大的。父亲扮演着多重角色，父亲、男人、丈夫，独立、勇敢、责任。

引自〔中国〕陈利彬《由"葛优躺"、〈从前慢〉说起……》，见张能治 主编《孩子与家庭纵横谈》，华夏出版社 2020 年版，第 262 页

对于成功的孩子来说，父亲给予的爱和激励有多么重要，甚至都是无法想象的。

引自［韩国］全惠星《有奉献精神的父母培养大人物》，邵娟译，中国城市出版社 2009 年版，第 188 页

我先生即使再忙再累，也会陪孩子一起学习。孩子们好的学习习惯及实质性的基础学习能力，都是先生教出来的。先生从来不会单方面地给孩子们布置任务和课题，而是与孩子们共同提出课题，一起研究，指导他们共同完成。

引自［韩国］全惠星《有奉献精神的父母培养大人物》，邵娟译，中国城市出版社 2009 年版，第 190 页

要努力融入孩子的生活，多了解孩子，跟得上孩子的脚步，父亲才能够适应孩子的变化，与他的关系也不会被距离拉得太开。

引自［韩国］全惠星《有奉献精神的父母培养大人物》，邵娟译，中国城市出版社 2009 年版，第 194 页

如果父亲角色缺失，孩子在成长过程中只接触到母亲，即使母亲的关怀再无微不至，也不能同时扮演好两个角色，那么，这样的孩子就会显得柔弱、"女子气"重。

引自［韩国］全惠星《有奉献精神的父母培养大人物》，邵娟译，中国城市出版社 2009 年版，第 62 页

如果父亲能够每天安慰、鼓励母亲，那就是最好不过了。在这样一个家庭里，父母和孩子将幸福地生活在一起，孩子们能迅速成长。

引自［日本］铃木镇一《用爱哺育》，许海燕 译，电子工业出版社 2004 年版，第 135 页

一个做父亲的，当他生养了孩子的时候，还只不过是完成的三分之一。他对人类有生育人的义务，他对社会有培养合群的人的义务；他对国家有造就公民的义务。

引自［法国］卢梭《爱弥儿，论教育》，见王正平 主编《人生格言辞典》，上海辞书出版社 2004 年版，第 183 页

如果做父亲的人一点也不愿费神教养自己的儿子，那是最坏的治家办法；无论他的境遇如何，亲自教养子女都是父亲能够留给子女的最好的事物。

引自［英国］约翰·洛克《教育漫话》，徐大建 译，上海人民出版社 2005 年版，第 65 页

父亲应当以身作则，教导孩子尊敬导师，导师也应以身作则，引导孩子去做他希望孩子做的事情。

引自［英国］约翰·洛克《教育漫话》，徐大建 译，上海人民出版社 2005 年版，第 84－86 页

智慧母亲

慈母手中线，游子身上衣。临行密密缝，意恐迟迟归。

引自［中国］孟郊《游子吟》，见中华书局上海编辑所编辑《唐诗一百首》，中华书局 1959 年版，第 61 页

母亲在家庭里极能任劳任怨。她性格和蔼，没有打骂过我们，也没有同任何人吵过架。因此，虽然在这样的大家庭里，

长幼伯叔妯娌相处都很和睦。母亲同情贫苦的人——这是朴素的阶级意识，虽然自己不富裕，还周济和照顾比自己更穷的亲戚。

引自［中国］朱德《母亲的回忆》，见建华 选编《母亲》，
湖南文艺出版社 1993 年版，第 100－101 页

母亲那种勤劳俭朴的习惯，母亲那种宽厚仁慈的态度，至今还在我心中留有深刻的印象。

引自［中国］朱德《母亲的回忆》，见建华 选编《母亲》，
湖南文艺出版社 1993 年版，第 101 页

母亲没有灰心，她对穷苦农民的同情和对为富不仁者的反感却更加强烈了。母亲沉痛的三言两语的诉说以及我亲眼见到的许多不平事实，启发了我幼年时期反抗压迫追求光明的思想，使我决心寻找新的生活。

引自［中国］朱德《母亲的回忆》，见建华 选编《母亲》，
湖南文艺出版社 1993 年版，第 101 页

母亲最大的特点是一生不曾脱离过劳动。母亲生我前一分钟还在灶上煮饭。虽到老年，仍然热爱生产。去年另一封外甥的家信中说："外祖母大人因年老关系，今年不比往年健康，但仍不辍劳作，尤喜纺棉。……"

引自［中国］朱德《母亲的回忆》，见建华 选编《母亲》，
湖南文艺出版社 1993 年版，第 103 页

但这九年的生活，除了读书之外，究竟给了我一点做人的训练。在这一点上，我的恩师便是我的慈母。

引自〔中国〕胡适《我的母亲》，见建华 选编《母亲》，湖南文艺出版社 1993 年版，第 40 页

我在我母亲的教训之下住了九年，受了她的极大极深的影响。我十四岁（其实只有十二岁零两三个月）便离开她了，在这广漠的人海里独自混了二十多年，没有一个人管束过我。如果我学得了一丝一毫的好脾气，如果我学得了一点点待人接物的和气，如果我能宽恕人，体谅人——我都得感谢我的慈母。

引自〔中国〕胡适《我的母亲》，见建华 选编《母亲》，湖南文艺出版社 1993 年版，第 44 页

我母亲心里又悔又急，听说眼翳可以用舌头舔去，有一夜她把我叫醒，她真用舌头舔我的病眼。这是我的严师，我的慈母。

引自〔中国〕胡适《我的母亲》，见建华 选编《母亲》，湖南文艺出版社 1993 年版，第 42 页

我母亲待人最仁慈，最温和，从来没有一句伤人感情的话。但她有时候也很有刚气，不受一点人格上的侮辱。

引自〔中国〕胡适《我的母亲》，见建华 选编《母亲》，湖南文艺出版社 1993 年版，第 44 页

教育者要像爱迪生母亲那样宽容爱迪生，在爱迪生被开除回家的时候，把地下室让给他去做实验。我们要像利波老板宽容法拉第。法拉第在利波的铺子里作徒弟，订书订得最慢，但是利波了解他是一面钉书一面读书，终于让法拉第在电学上造

成辉煌的功绩。

引自 ［中国］陶行知《创造的儿童教育》，《陶行知全集．第四卷》，四川教育出版社 1991 年版，第 544 页

幸而他有一位贤明的母亲，了解他，把家里的地下室让给他做实验。爱迪生得到了母亲的了解，才一步步地把自己造成发明之王。

引自 ［中国］陶行知《创造的儿童教育》，《陶行知全集．第四卷》，四川教育出版社 1991 年版，第 541 页

爱迪生的母亲不服气，她以为她的儿子并不是"坏蛋"，"蛋"并没有"坏"，她就教他先在地窖里研究化学，后来研究物理，结果成了一个闻名的科学家。所以爱迪生的成功，幸而有他的妈妈，否则老早就把他的天才牺牲了。

引自 ［中国］陶行知《创造的教育》，《陶行知全集．第三卷》，四川教育出版社 1991 年版，第 528 页

对于孩子，母亲的教育、情绪的教育、性格的教育应该优先于知识的教育。

引自 ［中国］杨澜《唠叨对孩子的杀伤力很大》，见赵刚 主编《100 位企业家给家长的忠告》，东方出版社 2012 年版，第 85 页

成功的女性，必须是事业与家庭同步。除了在事业中付出，家庭更需要你的关注与经营，因为家庭是你的支撑。工作再忙，也要抽时间陪家人，跟他们交流、沟通。维系家庭关系很重要，只有物质的交流、维系，感情会越来越疏远，你的生

活将会没有亲情。

引自〔中国〕郑明明《在家庭的关键时刻你不能缺席》，见赵刚 主编《100 位企业家给家长的忠告》，东方出版社 2012 年版，第 56 页

儿童和世界的第一个联结通道是由母亲建立的。母乳喂养、肌肤相亲、一言一语、一歌一笑，等等，都是在打通和拓宽这个通道。亲密母子关系是亲密父子关系的前提，孩子与父母间亲子关系的质量，又决定了孩子未来和整个世界的相处质量。

引自〔中国〕尹建莉《最美的教育最简单》，作家出版社 2014 年版，第 147 页

在孩子们眼里，我是慈爱的母亲，是被他们所尊敬的母亲，而不是放弃自己的幸福、完全为了他们而牺牲自己的愚蠢的母亲。

引自〔韩国〕全惠星《有奉献精神的父母培养大人物》，邵娟译，中国城市出版社 2009 年版，第 30 页

作为女人，作为妻子，作为母亲，要表现出自己成长、变化的一面，孩子们看到，自然会想"妈妈都那么用心，我也应该学习妈妈"。所以，妈妈的自我发展，其实也是为了使孩子更好地成长。

引自〔韩国〕全惠星《有奉献精神的父母培养大人物》，邵娟译，中国城市出版社 2009 年版，第 179 页

在事业和家庭的先后顺序上，孩子理所当然成了我的

首选。

引自［韩国］全惠星《有奉献精神的父母培养大人物》，邵娟 译，中国城市出版社 2009 年版，第 182 页

温暖孩子的心，拥抱孩子，跟孩子一起看世界，成为孩子可以说话聊天的对象，这才是母亲该发挥的作用。

引自［韩国］全惠星《有奉献精神的父母培养大人物》，邵娟 译，中国城市出版社 2009 年版，第 184 页

在我心目中，理想的母亲应该永远镇定自若，永远慈爱地对待孩子，永远懂得用最好的方法去管教孩子，永远舍得在孩子身上花足够的时间，永远对孩子抱着乐观的态度，永远知道怎样回答孩子的问题。

引自［美国］斯托夫人《斯托夫人自然教子书》，亚北 译，中国妇女出版社 2009 年版，第 19 页

一位母亲做任何事都必须检点，在孩子心目中，既不应过于随便，也不要太注重打扮。否则母亲的威信就会下降，而教育孩子的失败正是从这种状况开始的。

引自［美国］斯托夫人《斯托夫人自然教子书》，亚北 译，中国妇女出版社 2009 年版，第 9 页

善于灵活运用知识的母亲，做起事来往往事半功倍，也能使自己摆脱很多不必要的烦恼。

引自［美国］斯托夫人《斯托夫人自然教子书》，亚北 译，中国妇女出版社 2009 年版，第 29 页

在孩子的人格和气质形成的幼儿期，家庭环境中的母亲作为孩子的教育者来说，是没有人能够代替的。

引自［美国］汤因比《选择生命》，见王正平 主编《人生格言辞典》，上海辞书出版社 2004 年版，第 184 页

所有的人都是母亲所生，并在母亲抚育下成长着，所以人类的命运操在母亲手中。因此，教育应从改造母亲开始。

引自［日本］木村久一《早期教育和天才》191，见张纯美 洪静媛 编《中外教育思想荟萃》，上海文化出版社 2014 年版，第 224 页

不管母亲有意与否，总之，她一天到晚都对幼儿起着某种作用，幼儿正是通过母亲的作用，逐步地认识外界，并与照顾自己的成人之间发生关系，从而使头脑发展起来，培养出适应能力。

引自［日本］多湖辉《幼儿才能开发：铃木的早期教育方法》，李镜流 译，教育科学出版社 1984 年版，第 6 页

父母与孩子的早期相处

母亲是孩子早期生活中不可或缺的角色。生命最初的几年，是人生的黄金期，几乎奠定了孩子一生发展的基础。

引自［中国］尹建莉《最美的教育最简单》，作家出版社 2014 年版，第 148 页

如果和孩子早期相处不足，彼此间的情感联结就会比较稀疏，而这种联结是有时间段的，错过了就很难再建立新的联

结。这一点也已被现代心理学研究所发现和证实。

引自〔中国〕尹建莉《最美的教育最简单》，作家出版社
2014年版，第148页

幼年的孩子如果缺失了这两样东西：丰富的语言交流和母爱的温暖，正常的生命潜能就有可能无法被激活。

引自〔中国〕尹建莉《最美的教育最简单》，作家出版社
2014年版，第148页

孩子出生前几年，往往正是父母们在事业上打拼最忙的时候，但这不能成为自己对孩子大撒手的理由。须知想做一件事总能找到理由，只要想对孩子用心，时间总会找出来，办法总是有的。如果此时的奋斗是为了将来有更好的生活，那么对孩子的陪伴，实际是一种收益极高的投资，受益者不仅是孩子，也是父母。

引自〔中国〕尹建莉《最美的教育最简单》，作家出版社
2014年版，第150页

只要父子间常听到对方的声音，母子间常闻到彼此的气味，家中就会形成甜蜜的气场，这种气场包围着孩子，让他内心安全而滋润。

引自〔中国〕尹建莉《最美的教育最简单》，作家出版社
2014年版，第158页

父母言行要谨慎

家庭教育无小事，件件都是大事。家庭教育来自点滴生

活，来自父母的一言一行。家有未成年人，父母的言行一定要谨慎，一定要和你的教育目的联系起来。

引自［中国］张能治《家庭教育的误区与对策》，见张能治编著《爱，让孩子快乐成长——e 时代家庭教育真谛》，广东人民出版社 2011 年版，第 61 页

满足孩子对亲情的需求

1. 用心陪伴孩子

用心陪伴是高质量的陪伴。父母要学会表达对孩子的爱，满足孩子对亲情的需求。

要舍得花时间与孩子在一起，这是父母的职责，再忙也要安排时间陪伴孩子。

要鼓励孩子提问题。向父母提问，向家里其他人提问，向老师提问，向周围的人提问，形成积极思索，敢于提问，善于提问的良好习惯。

要善于观察、了解孩子的感受，和孩子有心灵的沟通。

要全身心投入，让孩子享受与父母在一起的乐趣。

要向孩子了解，父母怎么做，孩子才能感受到父母的爱。

如果陪伴缺失，没有照顾与陪伴孩子，或是陪伴中缺乏心灵的沟通及爱的表达，这都是对孩子缺乏爱的表现。

2. 无条件爱孩子

父母应无条件爱孩子，全力支持孩子，做孩子的坚强后盾。有的父母爱孩子有条件，常常与要求孩子达到某种目标联系起来。例如："只要你……妈妈就……""如果你不……妈妈就不爱你。"有条件的结果：孩子因担心达不到父母的要求

会失去父母的爱，而产生压力和焦虑。过度的压力、焦虑会导致孩子出现撒谎等不良行为。

3. 理性爱孩子

让孩子健康成长，发展自己，照顾自己，提高孩子的能力是父母最大的心愿。

父母不应替孩子做孩子该做的事情，父母无法代替孩子成长。

溺爱会把孩子身上的能力拿掉，使孩子无法充分成长。

成长需要交学费，需要付出代价，孩子的尝试——错误就是代价，从错误中学习是孩子得以成长的契机。

4. 全面关心孩子

要关心孩子的全部生活，特别是孩子的情感、态度、价值观，而不仅仅是关心他的成绩。

要善于欣赏孩子的每一个特点，不以别人的标准看自己的孩子，要以积极的心态看待孩子的弱点、缺陷。

要充满期待，学会等待。

要善于肯定孩子的每一点进步。

要鼓励孩子尝试，给孩子成长的空间。

要鼓励孩子面对挫折，看到错误的正面价值，从错误中学习。

5. 让孩子合理分配时间，善用网络资源

良好的作息是孩子健康成长不可缺少一环，不会控制的孩子不是智慧的孩子。网络上虽然有用之不完的资源，但也要合理分配好上网、学习、生活的时间，不要只顾在网上流连，应当把上网作为一种学习方式和娱乐方式而不是消磨时间的方法。家长要严格控制孩子上网的时间，明确上网目的，制定上网条约，逐步让孩子自觉遵守，逐步培养孩子控制的能力。

> 引自［中国］张能治《更新教育理念，做 e 时代的合格父
> 母》，见张能治 编著《爱，让孩子快乐成长——e 时代家庭教
> 育真谛》，广东人民出版社 2011 年版，第 43 – 44 页

11. 合格父母的行为表现

新的儿童观

1989 年 11 月 20 日，联合国大会通过了《儿童权利公约》。

《儿童权利公约》提出儿童有四大权利——生存权、保护权、发展权、参与权。

新的儿童观承认儿童的特殊性，但不因儿童弱小，而轻视他们，而是把儿童看作有能力的积极的权利的主体。

1. 生存权

《儿童权利公约》第 7 条：儿童有获得姓名、国籍以及知道谁是其父母并受其父母照料的权利。儿童的生存权包括生命安全权和生活保障权等。

2. 保护权

《儿童权利公约》第 16 条："儿童的隐私、家庭、住宅或通信不受任意或非法干涉，其荣誉和名誉不受非法攻击。"第19 条：保护儿童在受父母或其他人照料时，"不致受到任何形式的身心摧残、伤害或凌辱，忽视或照料不周，虐待或剥削，包括性侵犯。"儿童之所以要受到保护，是因为儿童弱小，更容易受到伤害；儿童由于年龄的限制，其生理、心理处在发展阶段，需要外部提供一个良好的环境和条件。

3. 发展权

《儿童权利公约》第 13 条："儿童应有自由发表言论的权利，有寻求、接受和传递各种信息和思想的自由。"儿童的发展包括身体、智力、道德、情感、社会性等多方面的发展。要让儿童成为健康的、快乐的、能自食其力的人。要让儿童全面发展、充分发展，个性得到张扬，智能得到有效激活。每个孩子都是独一无二的，世上没有一片相同的叶子，也没有一个相同的孩子，每个人的 DNA 不同，个性不同。人有 8 种智能，每个人的智能不尽相同，因此形成不同的智能曲线。对孩子的要求要因人而异，不必强求一致。

4. 参与权

《儿童权利公约》第12条："儿童有权对影响到其本人的一切事项自由发表自己的意见，对儿童的意见应按照其年龄和成熟程度给以适当的看待。"参与不仅是儿童的基本权利，也是儿童成长与发展的基本需要。儿童参与机会越多，他的能力越强。要鼓励儿童大胆发表意见，要认真倾听和考虑儿童的意见。

要树立现代家长观。家长一定要注重学习，用现代的儿童观、科学的儿童观指导孩子，与孩子一起成长。儿童随时随地都在学习。游戏是幼儿最佳的学习方式，家长要积极参加到幼儿的游戏活动中，通过游戏促进幼儿的成长。

> 引自［中国］张能治《更新育儿观念，培养孩子良好品格》，
> 见张能治 编著《爱，让孩子快乐成长——e 时代家庭教育真
> 谛》，广东人民出版社2011年版，第101－103页

积极陪伴

父母要挤出时间，陪伴孩子。所谓陪伴，就是父母每天有一定时间与孩子做同一事情，如游戏、读书、看电视等，不与

孩子做同一事情，不算陪伴。每天陪伴时间要多长，应在 2 小时以上，否则就叫作缺乏陪伴。要充分利用幼儿回家的时间，陪幼儿活动，如饭后散步，星期六、星期天带他走进大自然等。

父母要轮流陪伴。在陪伴中，父母要学会倾听，听听孩子是怎么想的，怎么说的，怎么做的。

在陪伴中，学会理解，理解孩子的喜怒哀乐，理解孩子的兴趣，理解孩子发展的情况。……

在陪伴中，学会与孩子沟通。要让孩子讲得多，父母讲得少。通过沟通训练孩子的语言能力、表达能力。长此下去，孩子就会把在幼儿园碰到的事情，都讲给你听；他在外面做错了事，就敢对你说，从而培养孩子真诚、坦诚的品格。

引自［中国］张能治《更新育儿观念，培养孩子良好品格》，见张能治 编著《爱，让孩子快乐成长——e 时代家庭教育真谛》，广东人民出版社 2011 年版，第 103 页

均衡营养

父母要懂得什么是健康食品，什么是垃圾食品，要给孩子提供健康食品。

3 个月内不吃盐，1 岁之内不吃蜜，3 岁以内不喝茶。茶中含有大量的鞣酸，会干扰人体对食物中蛋白质、矿物质及钙、锌、铁的吸收，导致婴幼儿缺乏蛋白质和矿物质而影响其正常生长发育。茶叶中的咖啡因是一种很强的兴奋剂，会影响幼儿的睡眠，诱发少儿多动症。

5 岁以内不要吃补品。补品中含有许多激素或类激素物

质，可引起骨骺提前闭合，缩短骨骺生长期，结果导致孩子个子矮小；激素会干扰生长系统，导致性早熟，此外，年幼进补，还会引起牙龈出血、口渴、便秘、血压升高、腹胀等症状。

10岁以内不要吃腌制品（10岁以上也要少吃）。咸鱼、咸肉、咸菜等腌制品含盐量太高，高盐容易诱发高血压病。腌制品中含有大量的亚硝酸盐，它和黄曲霉素、苯并（a）芘是世界上公认的三大致癌物质。研究资料表明，10岁以前开始吃腌制品的孩子，成年后患癌的可能性比一般人高3倍。

要注意吃粗粮、蔬菜、水果，不吃垃圾食品，形成合理的、均衡的营养结构，避免吃出来的疾病，如肥胖症或营养不良。要通过日常的饮食，使孩子懂得什么是健康食品，什么是垃圾食品。油炸食品被世界卫生组织定为第一号的垃圾食品，而现在很多孩子非常喜欢吃，这就要引起家长的特别注意。

……

儿童饮食应"四少"。

少糖。多吃糖易患龋齿。食糖过多，会使儿童冲动、任性、爱发脾气、好哭易闹，但可适量食用红糖，红糖可增加食欲，补充身体必需的核黄素、胡萝卜素和钙、锌、铁。

少盐。由于儿童的肾脏发育还未完善，不能排除体内多余的钠，因此吃得过咸，会为今后诱发肾病和高压血埋下祸根。

少酱油。酱油经过发酵，含有多种微生物。而儿童胃酸分泌少，肠的吸收功能不强，多种微生物作为变应原，容易引起儿童产生变态反应性疾病，如肠炎、腹泻等。

少味精。味精过多，会影响儿童的食欲，导致消化功能紊乱，影响有关营养素的摄取。

引自［中国］张能治《更新育儿观念，培养孩子良好品格》，见张能治编著《爱，让孩子快乐成长——e时代家庭教育真谛》，广东人民出版社2011年版，第103－105页

优化环境

要创设良好的环境，使环境不致伤害孩子，保证孩子的健康成长。

刀子、剪刀等利器，不要随便放，防止意外伤害。

各种电器开关，要选择安全性能高的，叫孩子不要随便去抚摸电器；要因不同年龄，控制对电器的使用，保证幼儿安全。

开水、热汤要放在安全地方，防止烫伤。

过马路，要走人行横道，不能冲红灯，防止车祸。

到河边、海边，到游泳池游泳，要防止溺水。

家庭室内装修，要注意环保，要有利于儿童的成长。

要给儿童留有活动的空间，创造一个安静环境，让孩子在这个环境中尽情地玩耍、游戏、学习。

儿童房装修要简单，特别要注意环保、安全、安静，有适宜的睡床、衣橱、书桌、椅子、图书角，随着年龄长大，有图书柜，给儿童提供适宜的读物。

父母的房间，要高雅、朴实，家里要设置书柜或书房，营造一种浓厚的学习氛围。

家庭的各个角落，包括阳台、厨房、卫生间，处处应成为育儿的好地方。

引自［中国］张能治《更新育儿观念，培养孩子良好品格》，

见张能治 编著《爱，让孩子快乐成长——e 时代家庭教育真谛》，广东人民出版社 2011 年版，第 105 页

说到做到

你要孩子有礼貌，和气待人，父母对人就应有礼貌，和气待人，如和气对待家里老人，对待亲戚，对待保姆、清洁工。

你要孩子向小朋友学习，父母就要善于向别人学习。父母要约定，在孩子面前不议论别人的短处，而是谈别人的长处，如何向他人学习等。父母善于向他人学习，孩子自然也会注意向周围的人学习。

你要孩子认真读书，在家里父母要带头读书，营造一种浓浓的读书氛围。孩子今天在幼儿园，将来进了学校，就会像爸爸妈妈一样认真读书，认真学习。

……

为了哄孩子而骗孩子，孩子就会从父母那里学到欺骗的本领，你想要孩子真诚，父母就得真诚，说到做到。

引自［中国］张能治《更新育儿观念，培养孩子良好品格》，见张能治 编著《爱，让孩子快乐成长——e 时代家庭教育真谛》，广东人民出版社 2011 年版，第 105 - 106 页

父亲与母亲齐努力

孩子的成长，父亲和母亲都有共同的责任，父亲有父亲的角色，母亲有母亲的角色，不能代替。父亲往往因为忙于公务，忙于赚钱，而忽视对孩子的教育。但是父亲们要知道，父亲的角色是不能代替的，孩子的教育是不能等待的，培养好自

己的孩子，这是一种家庭责任，也是一种社会责任。……

在培养孩子的工作中，父亲和母亲要互相配合，科学地安排家庭事务，形成合力，那么，家庭再大的困难也能克服。父母齐努力，孩子快乐成长，会给家庭带来无限幸福。

> 引自［中国］张能治《更新育儿观念，培养孩子良好品格》，见张能治 编著《爱，让孩子快乐成长——e 时代家庭教育真谛》，广东人民出版社 2011 年版，第 106 页

营造和谐的家庭氛围

两代人在教育孩子的观念上往往不同，作为孩子的父母，要主动与祖父母、外祖父母交流，介绍当今教子的观念和方法，防止粗暴训斥祖父母。……

如果父母、祖父母、外祖父母，以及家里的亲人都观念一致，步调一致，将会营造一种和睦的家庭氛围，它必将促进孩子茁壮成长。

> 引自［中国］张能治《更新育儿观念，培养孩子良好品格》，见张能治 编著《爱，让孩子快乐成长——e 时代家庭教育真谛》，广东人民出版社 2011 年版，第 107 页

12. 父母行为模式对子女人格的影响

概述

　　父母与子女是建立在血缘关系基础上的社会角色。父母对子女的角色有着终生性的要求与期待。一方面，父母把基因传递给后代；另一方面，社会上各种现象都通过父母影响子女，父母是子女的第一任老师，第一责任人。社会要求父母应有对子女履行与这个角色相匹配的责任和义务，而父母在行使自己的权利和责任时，必须有符合这个角色所需要的知识、言行和教养。父母在子女面前，应是宽厚、权威的长辈，知识渊博的老师，无可替代的责任人，无话不谈的朋友。不同类型父母的行为模式对子女的人格会产生不同的影响。

　　引自［中国］张能治《儿童的六大解放与当今的家庭教育》，见张能治 编著《爱，让孩子快乐成长——e 时代家庭教育真谛》，广东人民出版社 2011 年版，第 133 页

民主型

父母的行为表现：

对孩子有充分的爱意和接受的姿态；

善于与孩子进行有效沟通；

尊重孩子，使孩子的头脑、双手、双眼、嘴巴、空间和时间得到解放；

有事多征求孩子的意见，不随便代替孩子，凡孩子能做的

和应该做的事，都由孩子做；

对孩子有适度的要求，能让孩子理解父母的要求和标准；

时时处处用言论和行动影响孩子的活动方向，纠正他们的不良行为，让他们内化为父母的标准和要求；

注重潜意识教育，培养孩子良好习惯。

孩子的表现：

独立性强，活跃；

善于自律，充满自信；

有良好学习习惯；

对人友好，善于合作；

成熟度较高；

综合素质较好，有较强创造力；

长大成就率高。

引自［中国］张能治《儿童的六大解放与当今的家庭教育》，见张能治 编著《爱，让孩子快乐成长——e 时代家庭教育真谛》，广东人民出版社 2011 年版，第 133－134 页

强迫型

父母的行为表现：

强迫孩子学习，过分注重分数，轻视人格培养；

只要你学习好，其他都不要管；

请家教，加班加点，学习时间排得满满；

不尊重孩子，不让孩子选择，强迫孩子参加各种补习班、培训班、兴趣班；

希望孩子科科考 100 分，次次得第一。

孩子的表现：

情绪低落、紧张、焦虑；

自理能力差，事事依靠父母；

生活经验和社会知识较贫乏；

人际关系也较差；

独立性差。

引自［中国］张能治《儿童的六大解放与当今的家庭教育》，见张能治 编著《爱，让孩子快乐成长——e 时代家庭教育真谛》，广东人民出版社 2011 年版，第 134 页

专制型

父母的行为表现：

与孩子不平等，凡事要孩子绝对服从；

对孩子的学习、生活、情感、爱好，不闻不问；

与孩子沟通较差，多用强制手段管理孩子，经常打骂孩子；

有些家长本身有不良行为，如通宵达旦打牌、搓麻将、酗酒、斗殴、赌博、盗窃等。

孩子的表现：

自律性差；

自信度低；

对父母不满，对家庭不满；

凡事退缩、怀疑；

成熟性和能力较差。

引自〔中国〕张能治《儿童的六大解放与当今的家庭教育》，见张能治 编著《爱，让孩子快乐成长——e 时代家庭教育真谛》，广东人民出版社 2011 年版，第 134 - 135 页

溺爱型

父母的行为表现：

对孩子没有要求，没有约束；

对孩子百依百顺，衣来伸手，饭来张口，几代人围着孩子转；

无止境地呵护，无节制地满足，无边际地许诺，无原则地让步；

包办代替，事事替孩子干；

父母无法与孩子沟通，无法管理孩子。

孩子的表现：

不能自律，自信度差；

害怕困难，缺乏抗挫折能力；

孩子任性，为所欲为；

综合素质、独立性和成熟性最差。

引自〔中国〕张能治《儿童的六大解放与当今的家庭教育》，见张能治 编著《爱，让孩子快乐成长——e 时代家庭教育真谛》，广东人民出版社 2011 年版，第 135 页

结论

随着物质生活的丰富和一孩化政策的推行，很多家长都希

望给子女更多的关怀，无度地满足孩子的物质需求，事事替孩子干。过度呵护剥夺了孩子承担困难、抗击挫折的机会，而这些恰恰是形成良好意志品质与行为习惯必由之路。结果，越是溺爱，孩子越任性，为所欲为，这是当今最危险的一种倾向。

引自［中国］张能治《儿童的六大解放与当今的家庭教育》，见张能治 编著《爱，让孩子快乐成长——e 时代家庭教育真谛》，广东人民出版社 2011 年版，第 135 页

上述四种类型的父母，你是属于哪一类型，是第一类，还是第二类，第三类，第四类，或者四种类型都不是，而是界于某两类之间。究竟属于哪一类，并不很重要，在中国，目前还没有人对你进行考核，关键在于每个为人父母者应清醒地认识到：哪些言论和行动对子女会产生良好的影响，使孩子的头脑、双手、双眼、嘴巴、空间和时间都得到解放，形成良好人格，哪些会造成不良的影响，形成不良人格，而尽量给孩子以良好的影响，摒弃不良影响。孩子的健康人格，良好习惯比什么都重要，它将影响孩子的一生，也影响着父母的后半生。

引自［中国］张能治《儿童的六大解放与当今的家庭教育》，见张能治 编著《爱，让孩子快乐成长——e 时代家庭教育真谛》，广东人民出版社 2011 年版，第 135 页

13. 将儿童解放出来

概述

要解放儿童的创造力，首先要解放父母的创造力。苏霍姆林斯基认为："人的全面发展取决于母亲和父亲在儿童面前是怎样的人，取决于儿童从父母的榜样中怎样认识人与人之间的关系和社会环境。"可见父母的意识和行为对孩子影响多么重要。陶行知在《创造的社会教育》中说："要'止于大众之幸福'，就必须解放老百姓的创造力。"要解放老百姓的创造力，也同样要解放老百姓的头脑、双手、眼睛、嘴巴、空间和时间六个方面。只有头脑、双手、双眼、嘴巴、空间和时间得到解放的父母，才能使孩子的头脑、双手、双眼、嘴巴、空间和时间得到真正的解放。父母要和孩子在体验中一同成长，一同获得创造力的解放。

引自［中国］张能治《儿童的六大解放与当今的家庭教育》，见张能治 编著《爱，让孩子快乐成长——e 时代家庭教育真谛》，广东人民出版社 2011 年版，第 136 页

解放我们的头脑

最要紧的是学习，学习世界前沿的科学理论，如多元智能理论，情商理论等，摒弃落后的陈旧的、束缚人们思想的观念。现代的青少年，生活在 21 世纪科学技术突飞猛进的信息时代，他们获取信息的能力很强，速度很快，大大超出父母的

想象。我们要给孩子做出榜样，带头学习，和孩子一起学习，和孩子一起上网查阅资料，一起讨论问题，使自己的头脑和孩子的头脑真正得到解放。要和孩子一起走进新课程，知道新课程的基本理念，知道什么是探究性学习，什么是创造性学习，我们才不会对孩子瞎指挥。

> 引自［中国］张能治《儿童的六大解放与当今的家庭教育》，见张能治 编著《爱，让孩子快乐成长——e 时代家庭教育真谛》，广东人民出版社 2011 年版，第 136 页

解放我们的双手

中国教育的最大缺点是不让孩子动手，美国教育的最大特点就是鼓励孩子动手。让孩子动手玩沙、玩水，动手拆装玩具、制作玩具，动手布置环境，动手做家务，动手做实验……"手和脑在一块儿干，是创造教育的开始；手脑双全，是创造教育的目的。"父母要有宽容心，允许孩子失败，"像爱迪生母亲那样宽容爱迪生，在爱迪生被开除回家的时候，把地下室让给他去做实验。"由于爱迪生母亲的贤明、宽容，对孩子的了解，才使爱迪生一步一步地把自己造就成发明之王。宽容和了解，让孩子动手干，手脑双全，就会出现中国的爱迪生，千千万万的爱迪生。

> 引自［中国］张能治《儿童的六大解放与当今的家庭教育》，见张能治 编著《爱，让孩子快乐成长——e 时代家庭教育真谛》，广东人民出版社 2011 年版，第 136 页

解放我们的眼睛

让孩子阅读，博览群书，在阅读中培养孩子选择的能力，在阅读中了解各种自然现象和社会现象，在阅读中吸收古今中外有益的知识。要让孩子在阅读中养成阅读的习惯，向媒体学习，向周围的人学习的习惯。

> 引自［中国］张能治《儿童的六大解放与当今的家庭教育》，见张能治 编著《爱，让孩子快乐成长——e 时代家庭教育真谛》，广东人民出版社 2011 年版，第 137 页

解放我们的嘴

不懂要问，要敢于质疑，敢于发问。一个好的提问，比一个好的回答更有意义。学问，学问，既要学，又要问，不会问，不敢问，就没有学问。要鼓励孩子向老师提问，向家长提问，向周围的人提问，向大人物提问。要提问，就要思索，只有积极思索，才会提出问题。要鼓励孩子敢于异想天开，标新立异，让孩子的创造潜能激发出来。

> 引自［中国］张能治《儿童的六大解放与当今的家庭教育》，见张能治 编著《爱，让孩子快乐成长——e 时代家庭教育真谛》，广东人民出版社 2011 年版，第 137 页

解放我们的空间

父母要带着孩子经常到大自然中去，到社会中去，"让他们去接触大自然中的花草，树木，青山，绿水，日月，星辰以

及大社会中之士，农，工，商，三教九流，自由地对宇宙发问，与万物为友，并且向中外古今三百六十行学习。"要鼓励孩子到社区中去，到农村去，到工厂去，到部队去，搞社会调查，研究社会现象，发现社会问题，思考社会问题，不断提高发现问题和解决问题的能力。

> 引自［中国］张能治《儿童的六大解放与当今的家庭教育》，见张能治 编著《爱，让孩子快乐成长——e 时代家庭教育真谛》，广东人民出版社 2011 年版，第 137 页

解放我们的时间

要鼓励孩子科学安排时间，独立安排时间，努力提高时间的利用率。不要事事替孩子安排，不要把孩子的时间排满了。这样孩子就没有自己可支配的时间，就没有选择的机会。解放孩子的时间，就是解放孩子的创造力。

> 引自［中国］张能治《儿童的六大解放与当今的家庭教育》，见张能治 编著《爱，让孩子快乐成长——e 时代家庭教育真谛》，广东人民出版社 2011 年版，第 137 页

结论

让孩子的头脑、双手、双眼、嘴巴、空间和时间都解放出来，在干中学，在干中用，使家庭真正成为培养孩子创造力的场所，使家长真正成为孩子创造力迸发出来的老师，这就是我们今天学习陶行知的儿童"六大解放"的目的，而真正把陶行知的儿童"六大解放"落实到行动中，我们的孩子的创造力就一定会迸发出来。

引自［中国］张能治《儿童的六大解放与当今的家庭教育》，见张能治 编著《爱，让孩子快乐成长——e 时代家庭教育真谛》，广东人民出版社 2011 年版，第 137 页

14. 家庭的价值观教育

价值观

针对中国社会的现实，应把核心价值观教育视为家庭文化教育的主要任务。既然人是一种类价值存在，就必然具有这个类所特有的核心价值观，因此，核心价值观是任何一个人类群体都普遍具有的。

引自［中国］杨韶刚《第七章 多元化背景下的家庭教育选择》，见赵刚 王以仁 主编《中华家庭教育学》，研究出版社2016年版，第330页

社会主义核心价值观

要在家庭中培育和践行社会主义核心价值观，引导家庭成员特别是下一代热爱党、热爱祖国、热爱人民、热爱中华民族。

引自［中国］习近平《注重家庭，注重家教，注重家风》（2016年12月12日在会见第一届全国文明家庭代表时讲话的一部分），《习近平谈治国理政．第二卷》，外文出版社2017年版，第355页

社会主义核心价值观是凝聚人心、汇聚民力的强大力量。弘扬以伟大建党精神为源头的中国共产党人精神谱系，用好红色资源，深入开展社会主义核心价值观宣传教育，深化爱国主义、集体主义、社会主义教育，着力培养担当民族复兴大任的

时代新人。

> 引自［中国］习近平《高举中国特色社会主义伟大旗帜 为全面建设社会主义现代化国家而团结奋斗——在中国共产党第二十次全国代表大会上的报告》（2022 年 10 月 16 日），人民出版社 2022 年版，第 44 页

社会主义核心价值观是社会主义核心价值体系的内核，体现社会主义核心价值体系的根本性质和基本特征，反映社会主义核心价值体系的丰富内涵和实践要求，是社会主义核心价值体系的高度凝练和集中表达。

> 引自［中国］《关于培育和践行社会主义核心价值观的意见》，2013 年 12 月 24 日 01 版《人民日报》，人民出版社 2013 年版，第 3 页

培育和践行社会主义核心价值观，是推进中国特色社会主义伟大事业、实现中华民族伟大复兴中国梦的战略任务。党的十八大提出，倡导富强、民主、文明、和谐，倡导自由、平等、公正、法治，倡导爱国、敬业、诚信、友善，积极培育和践行社会主义核心价值观。这与中国特色社会主义发展要求相契合，与中华优秀传统文化和人类文明优秀成果相承接，是我们党凝聚全党全社会价值共识作出的重要论断。

> 引自［中国］《关于培育和践行社会主义核心价值观的意见》，2013 年 12 月 24 日 01 版《人民日报》，人民出版社 2013 年版，第 3 - 4 页

富强、民主、文明、和谐是国家层面的价值目标，自由、平等、公正、法治是社会层面的价值取向，爱国、敬业、诚

信、友善是公民个人层面的价值准则，这 24 个字是社会主义核心价值观的基本内容，为培育和践行社会主义核心价值观提供了基本遵循。

> 引自［中国］《关于培育和践行社会主义核心价值观的意见》，2013 年 12 月 24 日 01 版《人民日报》，人民出版社 2013 年版，第 4 页

面对世界范围思想文化交流交融交锋形势下价值观较量的新态势，面对改革开放和发展社会主义市场经济条件下思想意识多元多样多变的新特点，积极培育和践行社会主义核心价值观，对于巩固马克思主义在意识形态领域的指导地位、巩固全党全国人民团结奋斗的共同思想基础，对于促进人的全面发展、引领社会全面进步，对于集聚全面建成小康社会、实现中华民族伟大复兴中国梦的强大正能量，具有重要现实意义和深远历史意义。

> 引自［中国］《关于培育和践行社会主义核心价值观的意见》，2013 年 12 月 24 日 01 版《人民日报》，人民出版社 2013 年版，第 4－5 页

培育和践行社会主义核心价值观要从小抓起、从学校抓起。

> 引自［中国］《关于培育和践行社会主义核心价值观的意见》，2013 年 12 月 24 日 01 版《人民日报》，人民出版社 2013 年版，第 6 页

广泛开展道德实践活动。以诚信建设为重点，加强社会公德、职业道德、家庭美德、个人品德教育，形成修身律己、崇

德向善、礼让宽容的道德风尚。

引自［中国］《关于培育和践行社会主义核心价值观的意见》，2013 年 12 月 24 日 01 版《人民日报》，人民出版社 2013 年版，第 14 页

深化学雷锋志愿服务活动。大力弘扬雷锋精神，广泛开展形式多样的学雷锋实践活动，采取措施推动学雷锋活动常态化。……形成我为人人、人人为我的社会风气。

引自［中国］《关于培育和践行社会主义核心价值观的意见》，2013 年 12 月 24 日 01 版《人民日报》，人民出版社 2013 年版，第 15 页

培育和践行社会主义核心价值观是全社会的共同责任。

引自［中国］《关于培育和践行社会主义核心价值观的意见》，2013 年 12 月 24 日 01 版《人民日报》，人民出版社 2013 年版，第 20 页

中华民族传统美德

要积极传播中华民族传统美德，传递尊老爱幼、男女平等、夫妻和睦、勤俭持家、邻里团结的观念，倡导忠诚、责任、亲情、学习、公益的理念，推动人们在为家庭谋幸福、为他人送温暖、为社会作贡献的过程中提高精神境界、培育文明风尚。

引自［中国］习近平《注重家庭，注重家教，注重家风》（2016 年 12 月 12 日在会见第一届全国文明家庭代表时讲话的一部分），《习近平谈治国理政．第二卷》，外文出版社 2017

年版，第 355 页

中华民族是世界上伟大的民族，有着 5000 多年源远流长的文明历史，为人类文明进步作出了不可磨灭的贡献。

引自［中国］习近平《在庆祝中国共产党成立一百周年大会上的讲话》（2021 年 7 月 1 日），《习近平谈治国理政．第四卷》，外文出版社 2022 年版，第 3 - 4 页

发挥优秀传统文化怡情养志、涵育文明的重要作用。中华优秀传统文化积淀着中华民族最深沉的精神追求，包含着中华民族最根本的精神基因，代表着中华民族独特的精神标识，是中华民族生生不息、发展壮大的丰厚滋养。

引自［中国］ 《关于培育和践行社会主义核心价值观的意见》，2013 年 12 月 24 日 01 版《人民日报》，人民出版社 2013 年版，第 16 - 17 页

增加国民教育中优秀传统文化课程内容，分阶段有序推进学校优秀传统文化教育。开展移风易俗，创新民俗文化样式，形成与历史文化传统相承接、与时代发展相一致的新民俗。

引自［中国］ 《关于培育和践行社会主义核心价值观的意见》，2013 年 12 月 24 日 01 版《人民日报》，人民出版社 2013 年版，第 17 页

发挥重要节庆日传播社会主流价值的独特优势。开展革命传统教育，加强对革命传统文化时代价值的阐发，发扬党领导人民在革命、建设、改革中形成的优良传统，弘扬民族精神和时代精神。

引自〔中国〕《关于培育和践行社会主义核心价值观的意见》，2013 年 12 月 24 日 01 版《人民日报》，人民出版社 2013 年版，第 17 页

人生价值

今人不见古时月，今月曾经照古人。

引自〔中国〕李白《把酒问月》，见梁适 编《中外名言分类大辞典》，复旦大学出版社 1997 年版，第 92 页

古往今来共一时，人生万事无不有。

引自〔中国〕杜甫《可叹》，见梁适 编《中外名言分类大辞典》，复旦大学出版社 1997 年版，第 92 页

人生有情泪沾臆，江水江花岂终极。

引自〔中国〕杜甫《哀江头》，见梁适 编《中外名言分类大辞典》，复旦大学出版社 1997 年版，第 92 页

少年安得长少年，海波尚变为桑田。

引自〔中国〕李贺《嘲少年》，见梁适 编《中外名言分类大辞典》，复旦大学出版社 1997 年版，第 92 页

寄蜉蝣于天地，渺沧海之一粟。哀吾生之须臾，羡长江之无穷。

引自〔中国〕苏轼《前赤壁赋》，见梁适 编《中外名言分类大辞典》，复旦大学出版社 1997 年版，第 93 页

事如芳草春长在，人似浮云影不留。

引自［中国］辛弃疾《鹧鸪天·和人韵有所赠》，见梁适 编《中外名言分类大辞典》，复旦大学出版社 1997 年版，第93 页

人生代代无穷已，江月年年只相似。

引自［中国］张若虚《春江花月夜》，见梁适 编《中外名言分类大辞典》，复旦大学出版社 1997 年版，第 92 页

吾人固不可不有一种普通职业，以应利用厚生之需要；而于工作的余暇，又不可不读文学，听音乐，参观美术馆，以谋知识与感情的调和。这样，才算是认识人生的价值了。

引自［中国］蔡元培《蔡元培美育论集》，湖南教育出版社1987 年版，第 267 页

人类总不会寂寞，因为生命是进步的，是乐天的。

引自［中国］鲁迅《随感录六十六》，《鲁迅全集．第一卷》，人民文学出版社 1981 年版，第 368 页

我自己，是什么也不怕的，生命是我自己的东西，所以我不妨大步走去，向着我自以为可以走去的路；即使前面是深渊，荆棘，狭谷，火坑，都由我自己负责。

引自［中国］鲁迅《北京通信》，《鲁迅全集．第三卷》，人民文学出版社 1981 年版，第 51 页

倘若一定要问我青年应当向怎样的目标，那么，我只可以说出我为别人设计的话，就是：一要生存，二要温饱，三要发展，有敢来阻碍这三事者，无论是谁，我们都反抗他，扑灭他！

引自［中国］鲁迅《北京通信》,《鲁迅全集.第三卷》,人民文学出版社1981年版,第51页

人生便是这样的野蔷薇。硬说它没有刺,是无聊的自欺;徒然憎恨它有刺,也不是办法。应该是看准那些刺,把它拔下来!

引自［中国］茅盾《写在〈野蔷薇〉的前面》,《茅盾全集.第九卷》,人民文学出版社1984年版,第525页

一个人是要生活的,是要从事生产的生活,能够利己利人才对。……不过还是从小处做起,运用必要的技巧,去营生活,去从事一切,才是正当的做人。

引自［中国］郁达夫《青年的出路和做人》,《郁达夫文集.第八卷》,花城出版社1982年版,第210页

人生意义

人生的意义不在于何以有生,而在于自己怎样生活。你若情愿把这六尺之躯葬送在白昼做梦之上,那就是你这一生的意义。你若发愤振作起来,决心去寻求生命的意义,去创造自己的生命的意义,那么,你活一日便有活一日的意义,做一事便添一事的意义,生命无穷,生命的意义也无穷了。

引自［中国］胡适《人生有何意义》,见胡适 著《人生有何意义:胡适谈人生》,华东师范大学出版社2015年版,第10页

人生目标

孔子曰：“君子有三戒：少之时，血气未定，戒之在色；及其壮也，血气方刚，戒之在斗；及其老也，血气既衰，戒之在得。”

> 引自［中国］孔丘《论语·季氏》，见学之 译释《论语》，陕西师范大学出版社 2010 年版，第 264 页

子曰：“君子不以言举人，不以人废言。”

> 引自［中国］孔丘《论语·卫灵公》，见学之 译释《论语》，陕西师范大学出版社 2010 年版，第 250 页

孔子曰：“益者三友，损者三友。友直，友谅，友多闻，益矣。友便辟，友善柔，友便佞，损矣。”

> 引自［中国］孔丘《论语·季氏》，见学之 译释《论语》，陕西师范大学出版社 2010 年版，第 262 页

子曰：“君子成人之美，不成人之恶。小人反是。”

> 引自［中国］孔丘《论语·颜渊》，见学之 译释《论语》，陕西师范大学出版社 2010 年版，第 195 页

15. 家庭的爱国主义教育

概述

对每一个中国人来说，爱国是本分，也是职责，是心之所系、情之所归。对新时代中国青年来说，热爱祖国是立身之本、成才之基。当代中国，爱国主义的本质就是坚持爱国和爱党、爱社会主义高度统一。

> 引自［中国］习近平《发扬五四精神，不负伟大时代》（2019 年 4 月 30 日在纪念五四运动 100 周年大会上讲话的一部分），《习近平谈治国理政．第三卷》，外文出版社 2020 年版，第 334 页

中国共产党领导是中国特色社会主义最本质的特征，是中国特色社会主义制度的最大优势，是党和国家的根本所在、命脉所在，是全国各族人民的利益所系、命运所系。

> 引自［中国］习近平《在庆祝中国共产党成立一百周年大会上的讲话》（2021 年 7 月 1 日），《习近平谈治国理政．第四卷》，外文出版社 2022 年版，第 8 页

中国人民是崇尚正义、不畏强暴的人民，中华民族是具有强烈民族自豪感和自信心的民族。

> 引自［中国］习近平《在庆祝中国共产党成立一百周年大会上的讲话》（2021 年 7 月 1 日），《习近平谈治国理政．第四卷》，外文出版社 2022 年版，第 12 页

加强爱国主义教育基地建设，形成实体展馆与网上展馆相结合、涵盖各个历史时期的爱国主义教育基地体系。

引自［中国］《关于培育和践行社会主义核心价值观的意见》，2013年12月24日01版《人民日报》，人民出版社2013年版，第18页

少年强则国强

少年智则国智，少年富则国富，少年强则国强。少年独立则国独立，少年自由则国自由，少年进步则国进步，少年胜于欧洲，则国胜于欧洲，少年雄于地球，则国雄于地球。

引自［中国］梁启超《少年中国说》，见梁启超 著《少年中国说》，长江文艺出版社2019年版，第126页

美哉我少年中国，与天不老！壮哉我中国少年，与国无疆！

引自［中国］梁启超《少年中国说》，见梁启超 著《少年中国说》，长江文艺出版社2019年版，第127页

我们要救国保民必定从教育小孩子爱人着手，小孩子今日能爱人，他年就能够爱国了。

引自［中国］陈鹤琴《家庭教育》，华东师范大学出版社2006年版，第153页

青年强，则国家强。当代中国青年生逢其时，施展才干的舞台无比广阔，实现梦想的前景无比光明。

引自［中国］习近平《高举中国特色社会主义伟大旗帜 为全

面建设社会主义现代化国家而团结奋斗——在中国共产党第二十次全国代表大会上的报告》（2022 年 10 月 16 日），人民出版社 2022 年版，第 71 页

国家是大家的

位卑未敢忘忧国。

> 引自 ［中国］陆游《病起书怀》，见王正平 主编《人生格言辞典》，上海辞书出版社 2004 年版，第 88 页

天下兴亡，匹夫有责。

> 引自 ［中国］吴趼人《痛史》，见王正平 主编《人生格言辞典》，上海辞书出版社 2004 年版，第 88 页

国家是大家的。爱国是每个人的本分。顾亭林先生说得好："天下兴亡，匹夫有责。"

> 引自 ［中国］陶行知《预备钢头碰铁钉》，《陶行知全集．第八卷》，四川教育出版社 1991 年版，第 54 页

大智兴邦

执法如山，守身如玉，爱民如子，去蠹如仇。

> 引自 ［中国］钱镠《钱氏家训·国家篇》，见牛晓彦 编著《钱氏家训新解》，北京理工大学出版社 2014 年版，第 176 页

利在一身勿谋也，利在天下者必谋之；利在一时固谋也，利在万世者更谋之。

引自［中国］钱镠《钱氏家训·国家篇》，见牛晓彦 编著
《钱氏家训新解》，北京理工大学出版社 2014 年版，第 191 -
196 页

大智兴邦，不过集众思；大愚误国，只为好自用。

引自［中国］钱镠《钱氏家训·国家篇》，见牛晓彦 编著
《钱氏家训新解》，北京理工大学出版社 2014 年版，第 201 页

务本节用则国富；进贤使能则国强；兴学育才则国盛；交
邻有道则国安。

引自［中国］钱镠《钱氏家训·国家篇》，见牛晓彦 编著
《钱氏家训新解》，北京理工大学出版社 2014 年版，第 236 -
241 页

最后一课

"今天的事，"我说道，"你们都已经知道了罢，"学生们
都点点头。"我们已经议决，一看到一个日本兵或一面日本旗
经过校门，立刻便停课，并且立即地将学校关闭结束。"

学生们的脸上都显现着坚毅的神色，坐得挺直的，但没有
一句话。

"但是我这一门课还要照常地讲下去，一分一秒钟也不停
顿，直到看见了一个日本兵或一面日本旗为止。"

我不荒废一秒钟的工夫，开始照常地讲下去。学生们照常
地笔记着，默默无声的。

引自［中国］郑振铎《最后一课》，见张能治主编《情满暨
南》，天马出版有限公司 2016 年版，第 63 页（选自郑振铎

《蛰居散记》，上海出版公司 1951 年版）

这一课似乎讲得格外的亲切，格外的清朗，语音里自己觉得有点异样，似带着坚毅的决心，最后的沉着；像殉难者的最后的晚餐，像冲锋前的士兵们的上了刺刀，"引满待发"。

> 引自［中国］郑振铎《最后一课》，见张能治主编《情满暨南》，天马出版有限公司 2016 年版，第 63 页（选自郑振铎《蛰居散记》，上海出版公司 1951 年版）

谁都明白这"最后一课"的意义。我愿意讲得愈多愈好；学生们愿意笔记得愈多愈好。

讲下去，讲下去，讲下去。恨不得把所有的应该讲授的东西，统统在这一课里讲完了它，学生们也沙沙地不停地在抄记着。心无旁用，笔不停挥。

> 引自［中国］郑振铎《最后一课》，见张能治主编《情满暨南》，天马出版有限公司 2016 年版，第 63 页（选自郑振铎《蛰居散记》，上海出版公司 1951 年版）

我一眼看见了这些车子走过去，立刻挺立了身体，作着立正的姿势，沉毅地合上了书本，以坚决的口气宣布道：

"现在下课！"

> 引自［中国］郑振铎《最后一课》，见张能治主编《情满暨南》，天马出版有限公司 2016 年版，第 64 页（选自郑振铎《蛰居散记》，上海出版公司 1951 年版）

赤热的心，像钢铁铸成似的坚固，像走着鹅步的仪仗队似的一致。

从来没有那天无纷纭的一致的坚决过，从校长到工役。

这样的，光荣的国立暨南大学在上海暂时结束了她的生命，默默地在忙着迁校的工作。

引自［中国］郑振铎《最后一课》，见张能治主编《情满暨南》，天马出版有限公司 2016 年版，第 64 页（选自郑振铎《蛰居散记》，上海出版公司 1951 年版）

赤子之心

故志在天下国家，则善虽少而大；苟在一身，虽多亦小。

引自［中国］袁了凡《了凡四训·积善之方》，见尚荣 徐敏 赵锐 评注《了凡四训》，中华书局 2013 年版，第 158 页

我们也因为你替祖国增光而快乐！更因为你能借音乐而使多少人欢笑而快乐！想到你将来一定有更大的成就，没有止境的进步，为更多的人更广大的群众服务，鼓舞他们的心情，抚慰他们的创痛，我们真是心都要跳出来了！能够把不朽的大师的不朽的作品发扬光大，传布到地球上每一个角落去，真是多神圣，多光荣的使命！孩子，你太幸福了，天待你太厚了。

引自［中国］傅雷《傅雷家书》，见傅敏 编《傅雷家书》，辽宁教育出版社 2004 年新 1 版，第 89 - 90 页

永远保持赤子之心，到老也不会落伍，永远能够与普天下的赤子之心相接相契相抱！

引自［中国］傅雷《傅雷家书》，见傅敏 编《傅雷家书》，辽宁教育出版社 2004 年新 1 版，第 90 页

中国正到了"复旦"的黎明时期，但愿你做中国的——新中国的——钟声，响遍世界，响遍每个人的心！滔滔不竭的流水，流到每个人的心坎里去，把大家都带着，跟你一块到无边无岸的音响的海洋中去吧！

> 引自［中国］傅雷《傅雷家书》，见傅敏 编《傅雷家书》，辽宁教育出版社 2004 年新 1 版，第 90 页

名闻世界的扬子江与黄河，比莱茵的气势还要大呢！……黄河之水天上来，奔流到海不复回！

> 引自［中国］傅雷《傅雷家书》，见傅敏 编《傅雷家书》，辽宁教育出版社 2004 年新 1 版，第 90 页

对祖国的认同感

作为父母，仅仅把孩子教育好是不够的，一定要做些努力，改变世界对自己祖国的认识和态度，建立起孩子对祖国的自豪感，保护好孩子的身份意识。

> 引自［韩国］全惠星《有奉献精神的父母培养大人物》，邵娟 译，中国城市出版社 2009 年版，第 15 – 16 页

凡是不爱自己国家的人，什么都不会爱。

> 引自［英国］拜伦《福斯卡里父子》，见王正平 主编《人生格言辞典》，上海辞书出版社 2004 年版，第 90 页

16. 初心与使命

概述

不忘初心，方得始终。中国共产党人的初心和使命，就是为中国人民谋幸福，为中华民族谋复兴。

> 引自［中国］习近平《决胜全面建成小康社会，夺取新时代中国特色社会主义伟大胜利》（2017年10月18日习近平在中国共产党第十九次全国代表大会上的报告），《习近平谈治国理政.第三卷》，外文出版社2020年版，第1页

一百年前，中国共产党的先驱们创建了中国共产党，形成了坚持真理、坚守理想，践行初心、担当使命，不怕牺牲、英勇斗争，对党忠诚、不负人民的伟大建党精神，这是中国共产党的精神之源。

> 引自［中国］习近平《在庆祝中国共产党成立一百周年大会上的讲话》（2021年7月1日），《习近平谈治国理政.第四卷》，外文出版社2020年版，第7页

初心易得，始终难守。

> 引自［中国］习近平《在庆祝中国共产党成立一百周年大会上的讲话》（2021年7月1日），《习近平谈治国理政.第四卷》，外文出版社2020年版，第8页

守初心，就是要牢记全心全意为人民服务的根本宗旨，以坚定的理想信念坚守初心，牢记人民对美好生活的向往就是我

们的奋斗目标；以真挚的人民情怀滋养初心，时刻不忘我们党来自人民、根植人民，人民群众的支持和拥护是我们胜利前进的不竭力量源泉；以牢固的公仆意识践行初心，永远铭记人民是共产党人的衣食父母，共产党人是人民的勤务员，永远不能脱离群众、轻视群众、漠视群众疾苦。

引自［中国］习近平《准确把握"不忘初心、牢记使命"主题教育的目标要求》（2019 年 5 月 31 日习近平在"不忘初心、牢记使命"主题教育工作会议上讲话的一部分），《习近平谈治国理政．第三卷》，外文出版社 2020 年版，第 523 页

担使命，就是要牢记我们党肩负的实现中华民族伟大复兴的历史使命，勇于担当负责，积极主动作为，用科学的理念、长远的眼光、务实的作风谋划事业；保持斗争精神，敢于直面风险挑战，知重负重、攻坚克难，以坚忍不拔的意志和无私无畏的勇气战胜前进道路上的一切艰难险阻；在实践历练中增长经验智慧，在经风雨、见世面中壮筋骨、长才干。

引自［中国］习近平《准确把握"不忘初心、牢记使命"主题教育的目标要求》（2019 年 5 月 31 日习近平在"不忘初心、牢记使命"主题教育工作会议上讲话的一部分），《习近平谈治国理政．第三卷》，外文出版社 2020 年版，第 523 - 524 页

为中华民族伟大复兴而团结奋斗

大会的主题是：高举中国特色社会主义伟大旗帜，全面贯彻新时代中国特色社会主义思想，弘扬伟大建党精神，自信自强、守正创新，踔厉奋发、勇毅前行，为全面建设社会主义现

代化国家、全面推进中华民族伟大复兴而团结奋斗。

> 引自［中国］习近平《高举中国特色社会主义伟大旗帜 为全
> 面建设社会主义现代化国家而团结奋斗——在中国共产党第
> 二十次全国代表大会上的报告》（2022 年 10 月 16 日），人民
> 出版社 2022 年版，第 1 页

全党同志务必不忘初心、牢记使命，务必谦虚谨慎、艰苦奋斗，务必敢于斗争、善于斗争，坚定历史自信，增强历史主动，谱写新时代中国特色社会主义更加绚丽的华章。

> 引自［中国］习近平《高举中国特色社会主义伟大旗帜 为全
> 面建设社会主义现代化国家而团结奋斗——在中国共产党第
> 二十次全国代表大会上的报告》（2022 年 10 月 16 日），人民
> 出版社 2022 年版，第 1－2 页

中国智慧

科学社会主义在二十一世纪的中国焕发出新的蓬勃生机，中国式现代化为人类实现现代化提供了新的选择，中国共产党和中国人民为解决人类面临的共同问题提供更多更好的中国智慧、中国方案、中国力量，为人类和平与发展崇高事业作出新的更大的贡献！

> 引自［中国］习近平《高举中国特色社会主义伟大旗帜 为全
> 面建设社会主义现代化国家而团结奋斗——在中国共产党第
> 二十次全国代表大会上的报告》（2022 年 10 月 16 日），人民
> 出版社 2022 年版，第 16 页

马克思主义中国化

马克思主义是我们立党立国、兴党兴国的根本指导思想。实践告诉我们，中国共产党为什么能，中国特色社会主义为什么好，归根到底是马克思主义行，是中国化时代化的马克思主义行。

> 引自［中国］习近平《高举中国特色社会主义伟大旗帜 为全面建设社会主义现代化国家而团结奋斗——在中国共产党第二十次全国代表大会上的报告》（2022 年 10 月 16 日），人民出版社 2022 年版，第 16 页

推进马克思主义中国化时代化是一个追求真理、揭示真理、笃行真理的过程。

> 引自［中国］习近平《高举中国特色社会主义伟大旗帜 为全面建设社会主义现代化国家而团结奋斗——在中国共产党第二十次全国代表大会上的报告》（2022 年 10 月 16 日），人民出版社 2022 年版，第 16 页

坚持和发展马克思主义，必须同中华优秀传统文化相结合。只有植根本国、本民族历史文化沃土，马克思主义真理之树才能根深叶茂。

> 引自［中国］习近平《高举中国特色社会主义伟大旗帜 为全面建设社会主义现代化国家而团结奋斗——在中国共产党第二十次全国代表大会上的报告》（2022 年 10 月 16 日），人民出版社 2022 年版，第 18 页

实践没有止境，理论创新也没有止境。不断谱写马克思主

义中国化时代化新篇章，是当代中国共产党人的庄严历史责任。

> 引自［中国］习近平《高举中国特色社会主义伟大旗帜 为全面建设社会主义现代化国家而团结奋斗——在中国共产党第二十次全国代表大会上的报告》（2022 年 10 月 16 日），人民出版社 2022 年版，第 18 页

中国式现代化

中国式现代化，是中国共产党领导的社会主义现代化，既有各国现代化的共同特征，更有基于自己国情的中国特色。

> 引自［中国］习近平《高举中国特色社会主义伟大旗帜 为全面建设社会主义现代化国家而团结奋斗——在中国共产党第二十次全国代表大会上的报告》（2022 年 10 月 16 日），人民出版社 2022 年版，第 22 页

中国式现代化是人口规模巨大的现代化。我国十四亿多人口整体迈进现代化社会，规模超过现有发达国家人口的总和，艰巨性和复杂性前所未有，发展途径和推进方式也必然具有自己的特点。

> 引自［中国］习近平《高举中国特色社会主义伟大旗帜 为全面建设社会主义现代化国家而团结奋斗——在中国共产党第二十次全国代表大会上的报告》（2022 年 10 月 16 日），人民出版社 2022 年版，第 22 页

中国式现代化的本质要求是：坚持中国共产党领导，坚持中国特色社会主义，实现高质量发展，发展全过程人民民主，

丰富人民精神世界，实现全体人民共同富裕，促进人与自然和谐共生，推动构建人类命运共同体，创造人类文明新形态。

引自〔中国〕习近平《高举中国特色社会主义伟大旗帜 为全面建设社会主义现代化国家而团结奋斗——在中国共产党第二十次全国代表大会上的报告》（2022 年 10 月 16 日），人民出版社 2022 年版，第 23 – 24 页

主动识变应变求变

今天，我们比历史上任何时期都更接近、更有信心和能力实现中华民族伟大复兴的目标，同时必须准备付出更为艰巨、更为艰苦的努力。全党必须坚定信心、锐意进取，主动识变应变求变，主动防范化解风险，不断夺取全面建设社会主义现代化国家新胜利！

引自〔中国〕习近平《高举中国特色社会主义伟大旗帜 为全面建设社会主义现代化国家而团结奋斗——在中国共产党第二十次全国代表大会上的报告》（2022 年 10 月 16 日），人民出版社 2022 年版，第 27 – 28 页

时代呼唤着我们，人民期待着我们，唯有矢志不渝、笃行不怠，方能不负时代、不负人民。

引自〔中国〕习近平《高举中国特色社会主义伟大旗帜 为全面建设社会主义现代化国家而团结奋斗——在中国共产党第二十次全国代表大会上的报告》（2022 年 10 月 16 日），人民出版社 2022 年版，第 70 页

17. 精神与力量

中国精神

社会主义核心价值观是当代中国精神的集中体现，凝结着全体人民共同的价值追求。

> 引自［中国］习近平《决胜全面建成小康社会，夺取新时代中国特色社会主义伟大胜利》（2017 年 10 月 18 日习近平在中国共产党第十九次全国代表大会上的报告），《习近平谈治国理政. 第三卷》，外文出版社 2020 年版，第 33 页

中国力量

敢于斗争、敢于胜利，是中国共产党不可战胜的强大精神力量。

> 引自［中国］习近平《在庆祝中国共产党成立一百周年大会上的讲话》（2021 年 7 月 1 日），《习近平谈治国理政. 第四卷》，外文出版社 2022 年版，第 12 页

红船精神

在浙江工作期间，我曾经把"红船精神"概括为开天辟地、敢为人先的首创精神，坚定理想、百折不挠的奋斗精神，立党为公、忠诚为民的奉献精神。我们要结合时代特点大力弘扬"红船精神"。

引自〔中国〕习近平《在瞻仰中共一大会址时的讲话》（2017 年 10 月 31 日），见王炳林 主编《初心：重读革命精神》，人民出版社 2018 年版，第 1 页

抗战精神

在中国人民抗日战争的壮阔进程中，形成了伟大的抗战精神，中国人民向世界展示了天下兴亡、匹夫有责的爱国情怀，视死如归、宁死不屈的民族气节，不畏强暴、血战到底的英雄气概，百折不挠、坚忍不拔的必胜信念。

引自〔中国〕习近平《在纪念中国人民抗日战争暨世界反法西斯战争胜利 69 周年座谈会上的讲话》（2014 年 9 月 3 日），见王炳林 主编《初心：重读革命精神》，人民出版社 2018 年版，第 109 页

长征精神

伟大长征精神，就是把全国人民和中华民族的根本利益看得高于一切，坚定革命的理想和信念，坚信正义事业必然胜利的精神；就是为了救国救民，不怕任何艰难险阻，不惜付出一切牺牲的精神；就是坚持独立自主、实事求是，一切从实际出发的精神；就是顾全大局、严守纪律、紧密团结的精神；就是紧紧依靠人民群众，同人民群众生死相依、患难与共、艰苦奋斗的精神。

引自〔中国〕习近平《在纪念红军长征胜利 80 周年大会上的讲话》（2016 年 10 月 21 日），见王炳林 主编《初心：重读革命精神》，人民出版社 2018 年版，第 131 页

红岩精神

风雨如磐的革命斗争岁月，培育和形成了伟大的红岩精神。红岩精神充分体现了老一辈无产阶级革命家、共产党人和革命志士的崇高思想境界、坚定理想理念、巨大人格力量和浩然革命正气。红岩精神同井冈山精神、长征精神、延安精神一样，都是中国共产党人和中华民族的宝贵精神财富。在新的历史条件下，全党全社会要大力弘扬红岩精神，使之成为我们在新世纪继续推进建设有中国特色社会主义事业的强大精神力量。

引自［中国］江泽民《在重庆考察时的讲话》（2002 年 5 月 23 日），见王炳林 主编《初心：重读革命精神》，人民出版社 2018 年版，第 173 页

"两弹一星"精神

伟大的事业，产生伟大的精神。在为"两弹一星"事业进行的奋斗中，广大研制工作者培育和发扬了一种崇高的精神，这就是热爱祖国、无私奉献，自力更生、艰苦奋斗，大力协同、勇于登攀的"两弹一星"精神。

引自［中国］江泽民《在表彰为研制"两弹一星"作出突出贡献的科技专家大会上的讲话》（1999 年 9 月 18 日），见王炳林 主编《初心：重读革命精神》，人民出版社 2018 年版，第 231 页

雷锋精神

要大力加强思想道德建设。雷锋、郭明义、罗阳身上所具

有的信念的能量、大爱的胸怀、忘我的精神、进取的锐气，正是我们民族精神的最好写照。他们都是我们"民族的脊梁"。要充分发挥各方面英模人物的榜样作用，大力激发社会正能量，为实现"中国梦"提供强大精神动力。

引自［中国］习近平《参加十二届全国人大一次会议辽宁代表团审议时的讲话》（2013 年 3 月 6 日），见王炳林 主编《初心：重读革命精神》，人民出版社 2018 年版，第 253 页

塞罕坝精神

55 年来，河北塞罕坝林场的建设者们听从党的召唤，在"黄沙遮天日，飞鸟无栖树"的荒漠沙地上艰苦奋斗、甘于奉献，创造了荒原变林海的人间奇迹，用实际行动诠释了绿水青山就是金山银山的理念，铸就了牢记使命、艰苦创业、绿色发展的塞罕坝精神。

全党全社会要坚持绿色发展理念，弘扬塞罕坝精神，持之以恒推进生态文明建设，一代接着一代干，驰而不息，久久为功，努力形成人与自然和谐发展新格局，把我们伟大的祖国建设得更加美丽，为子孙后代留下天更蓝、山更绿、水更清的优美环境。

引自［中国］习近平《对河北塞罕坝林场建设者感人事迹作出的重要指示》（2017 年 8 月），见王炳林 主编《初心：重读革命精神》，人民出版社 2018 年版，第 263 页

特区精神

只有敢于走别人没有走过的路，才能收获别样的风景。经

济特区要勇于扛起历史责任，适应国内外形势新变化，按照国家发展新要求，顺应人民新期待，发扬敢闯敢试、敢为人先、埋头苦干的特区精神，始终站在改革开放最前沿，在各方面体制机制改革方面先行先试、大胆探索，为全国提供更多可复制可推广的经验。

> 引自［中国］习近平《在庆祝海南建省办经济特区 30 周年大会上的讲话》（2018 年 4 月 13 日），见王炳林 主编《初心：重读革命精神》，人民出版社 2018 年版，第 273 页

女排精神

中国女排不畏强手、英勇顽强，打出了风格、打出了水平，时隔 12 年再夺奥运金牌，充分展现了女排精神，全国人民都很振奋。我国体育健儿在里约奥运会上的表现，展示了强大正能量，展示了"人生能有几回搏"的奋斗精神。实现"两个一百年"奋斗目标、实现中华民族伟大复兴的中国梦，就需要这样的精神。要在全社会广泛宣传我国体育健儿在奥运会赛场上展现的拼搏精神，使之化为全党全国各族人民团结奋斗的强大精神力量。

> 引自［中国］习近平《在会见第 31 届奥运会中国体育代表团时的讲话》（2016 年 8 月 25 日），见王炳林 主编《初心：重读革命精神》，人民出版社 2018 年版，第 285 页

载人航天精神

空间实验室飞行任务启动以来，我们坚持自力更生、自主

创新，突破了一大批核心和关键技术，首次实现我国航天员中期在轨驻留，为建设航天强国奠定了坚实基础。我们尊重和积极调动广大航天科技工作者的创造精神，锻炼和培养了一支能够站在世界航天科技前沿、勇于开拓创新的高素质人才队伍特别是青年才俊。我们注重传承优良传统，发扬特别能吃苦、特别能战斗、特别能攻关、特别能奉献的载人航天精神，彰显了坚定的中国特色社会主义道路自信、理论自信、制度自信、文化自信，为坚持和发展中国特色社会主义增添了强大精神力量。

> 引自［中国］习近平《在会见天宫二号和"神舟"十一号载人飞行任务航天员及参研参试人员代表时的讲话》（2016 年12 月20 日），见王炳林 主编《初心：重读革命精神》，人民出版社 2018 年版，第 297 页

抗震救灾精神

在同特大地震灾害的艰苦搏斗中，我们的民族和人民展示出了十分崇高的精神。这就是万众一心、众志成城，不畏艰险、百折不挠，以人为本、尊重科学的伟大抗震救灾精神。

> 引自［中国］胡锦涛《在抗震救灾先进基层党组织和优秀共产党员代表座谈会上的讲话》（2008 年6 月30 日），见王炳林 主编《初心：重读革命精神》，人民出版社 2018 年版，第309 页

18. 梦想与复兴

伟大梦想

从那时起，实现中华民族伟大复兴，就成为中国人民和中华民族最伟大的梦想。

引自［中国］习近平《在庆祝中国共产党成立一百周年大会上的讲话》（2021 年 7 月 1 日），《习近平谈治国理政．第四卷》，外文出版社 2022 年版，第 4 页

实现伟大梦想就要顽强拼搏、不懈奋斗。

引自［中国］习近平《在庆祝中国共产党成立一百周年大会上的讲话》（2021 年 7 月 1 日），《习近平谈治国理政．第四卷》，外文出版社 2022 年版，第 12 页

伟大复兴

一百年来，中国共产党团结带领中国人民进行的一切奋斗、一切牺牲、一切创造，归结起来就是一个主题：实现中华民族伟大复兴。

引自［中国］习近平《在庆祝中国共产党成立一百周年大会上的讲话》（2021 年 7 月 1 日），《习近平谈治国理政．第四卷》，外文出版社 2022 年版，第 4 页

中国共产党和中国人民以英勇顽强的奋斗向世界庄严宣告，中华民族迎来了从站起来、富起来到强起来的伟大飞跃，

实现中华民族伟大复兴进入了不可逆转的历史进程！

> 引自［中国］习近平《在庆祝中国共产党成立一百周年大会上的讲话》（2021 年 7 月 1 日），《习近平谈治国理政．第四卷》，外文出版社 2022 年版，第 6 页

伟大成就

为了实现中华民族伟大复兴，中国共产党团结带领中国人民，自信自强、守正创新，统揽伟大斗争、伟大工程、伟大事业、伟大梦想，创造了新时代中国特色社会主义的伟大成就。

> 引自［中国］习近平《在庆祝中国共产党成立一百周年大会上的讲话》（2021 年 7 月 1 日），《习近平谈治国理政．第四卷》，外文出版社 2022 年版，第 6 页

伟大光荣

经过全党全国各族人民持续奋斗，我们实现了第一个百年奋斗目标，在中华大地上全面建成了小康社会，历史性地解决了绝对贫困问题，正在意气风发向着全面建成社会主义现代化强国的第二个百年奋斗目标迈进。这是中华民族的伟大光荣！这是中国人民的伟大光荣！这是中国共产党的伟大光荣！

> 引自［中国］习近平《在庆祝中国共产党成立一百周年大会上的讲话》（2021 年 7 月 1 日），《习近平谈治国理政．第四卷》，外文出版社 2022 年版，第 3 页

19. 家庭的中国经典教育

家庭

孟子曰："人有恒言，皆曰天下、国、家。天下之本在国，国之本在家，家之本在身。"

> 引自［中国］孟轲《孟子》，见中共中央宣传部 中央广播电视总台《平"语"近人：习近平总书记用典》，人民出版社2019年版，第72页

中华民族历来重视家庭，正所谓"天下之本在国，国之本在家"，家和万事兴。国家富强，民族复兴，最终要体现在千千万万个家庭都幸福美满上，体现在亿万人民生活不断改善上。千家万户都好，国家才能好，民族才能好。

> 引自［中国］习近平《在2018年春节团拜会上的讲话》，见中共中央宣传部 中央广播电视总台《平"语"近人：习近平总书记用典》，人民出版社2019年版，第71－72页

家教

爱子，教之以义方。

> 引自［中国］《左传》，见中共中央宣传部 中央广播电视总台《平"语"近人：习近平总书记用典》，人民出版社2019年版，第78页

爱之不以道，适所以害之也。

引自 ［中国］《资治通鉴》，见中共中央宣传部 中央广播电视总台《平"语"近人：习近平总书记用典》，人民出版社2019年版，第78页

古人说的"爱子，教之以义方"，"爱之不以道，适所以害之也"。青少年是家庭的未来和希望，更是国家的未来和希望。古人都知道，养不教，父之过。家长应该担负起教育后代的责任。家长特别是父母对子女的影响很大，往往可以影响一个人的一生。

引自 ［中国］习近平《注重家庭，注重家教，注重家风》（2016年12月12日在会见第一届全国文明家庭代表时讲话的一部分），《习近平谈治国理政．第二卷》，外文出版社2017年版，第354－355页

家风

积善之家，必有余庆；积不善之家，必有余殃。

引自 ［中国］《周易·坤·文言》，见中共中央宣传部 中央广播电视总台《平"语"近人：习近平总书记用典》，人民出版社2019年版，第82－83页

家风是社会风气的重要组成部分。家庭不只是人们身体的住处，更是人们心灵的归宿。家风好，就能家道兴盛、和顺美满；家风差，难免殃及子孙、贻害社会，正所谓"积善之家，必有余庆；积不善之家，必有余殃"。诸葛亮诫子格言、颜氏家训、朱子家训等，都是在倡导一种家风。毛泽东、周恩来、朱德同志等老一辈革命家都高度重视家风。

引自〔中国〕习近平《注重家庭，注重家教，注重家风》（2016年12月12日在会见第一届全国文明家庭代表时讲话的一部分），《习近平谈治国理政·第二卷》，外文出版社2017年版，第355页

亲情

慈母手中线，游子身上衣。临行密密缝，意恐迟迟归。谁言寸草心，报得三春晖。

引自〔中国〕孟郊《游子吟》，见中共中央宣传部 中央广播电视总台《平"语"近人：习近平总书记用典》，人民出版社2019年版，第98页

中华民族自古以来就重视家庭、重视亲情。家和万事兴、天伦之乐、尊老爱幼、贤妻良母、相夫教子、勤俭持家等，都体现了中国人的这种观念。"慈母手中线，游子身上衣。临行密密缝，意恐迟迟归。谁言寸草心，报得三春晖。"唐代诗人孟郊的这首《游子吟》，生动表达了中国人深厚的家庭情结。

引自〔中国〕习近平《在2015年春节团拜会上的讲话》（2015年2月17日），见中共中央宣传部 中央广播电视总台《平"语"近人：习近平总书记用典》，人民出版社2019年版，第95－96页

尊老

弟子规，圣人训，首孝悌，次谨言。泛爱众，而亲仁，有余力，则学文。父母呼，应勿缓，父母命，行勿懒。父母教，

须敬听，父母责，须顺承。

引自［中国］《弟子规》，见中共中央宣传部 中央广播电视总台《平"语"近人：习近平总书记用典》，人民出版社 2019 年版，第 113 页

尊老爱幼、妻贤夫安，母慈子孝、兄友弟恭，耕读传家、勤俭持家，知书达礼、遵纪守法，家和万事兴等中华民族传统家庭美德，铭记在中国人的心灵中，融入中国人的血脉中，是支撑中华民族生生不息、薪火相传的重要精神力量，是家庭文明建设的宝贵精神财富。

引自［中国］习近平《注重家庭，注重家教，注重家风》（2016 年 12 月 12 日在会见第一届全国文明家庭代表时讲话的一部分），《习近平谈治国理政．第二卷》，外文出版社 2017 年版，第 353 页

修德

君子以见善则迁，有过则改。

引自［中国］《周易》，见中共中央宣传部 中央广播电视总台《平"语"近人：习近平总书记用典》，人民出版社 2019 年版，第 32 页

修德，既要立意高远，又要立足平实。要立志报效祖国、服务人民，这是大德，养大德者方可成大业。同时，还得从做好小事、管好小节开始起步，"见善则迁，有过则改"，踏踏实实修好公德、私德，学会劳动、学会勤俭，学会感恩、学会助人，学会谦让、学会宽容，学会自省、学会自律。

引自［中国］习近平《青年要自觉践行社会主义核心价值观》（2014 年 5 月 4 日在北京大学师生座谈会上的讲话），《习近平谈治国理政．第一卷》，外文出版社 2018 年第 2 版，第 173 页

笃行

功崇惟志，业广惟勤。

引自［中国］《尚书·周书》，见中共中央宣传部 中央广播电视总台《平"语"近人：习近平总书记用典》，人民出版社 2019 年版，第 142 – 143 页

"功崇惟志，业广惟勤。"我国仍处于并将长期处于社会主义初级阶段，实现中国梦，创造全体人民更加美好的生活，任重而道远，需要我们每一个人继续付出辛勤劳动和艰苦努力。

引自［中国］习近平《在第十二届全国人民代表大会第一次会议上的讲话》（2013 年 3 月 17 日），《习近平谈治国理政．第一卷》，外文出版社 2018 年第 2 版，第 41 页

劝学

学如弓弩，才如箭镞。识以领之，方能中鹄。

引自［中国］袁枚《续诗品·尚识》，见中共中央宣传部 中央广播电视总台《平"语"近人：习近平总书记用典》，人民出版社 2019 年版，第 165 页

学习是成长进步的阶梯，实践是提高本领的途径。青年的

素质和本领直接影响着实现中国梦的进程。古人说："学如弓弩，才如箭镞。"说的是学问的根基好比弓弩，才能好比箭头，只要依靠厚实的见识来引导，就可以让才能很好地发挥作用。青年人正处于学习的黄金时期，应该把学习作为首要任务，作为一种责任、一种精神追求、一种生活方式，树立梦想从学习开始、事业靠本领成就的观念，让勤奋学习成为青春远航的动力，让增长本领成为青春搏击的能量。

引自［中国］习近平《在实现中国梦的生动实践中放飞青春梦想》（2013 年 5 月 4 日在同各界优秀青年代表座谈时讲话的一部分），《习近平谈治国理政．第一卷》，外文出版社 2018 年第 2 版，第 51 页

交友

子曰："学而时习之，不亦说乎？有朋自远方来，不亦乐乎？人不知，而不愠，不亦君子乎？"

引自［中国］孔丘《论语·学而》，见中共中央宣传部 中央广播电视总台《平"语"近人：习近平总书记用典》，人民出版社 2019 年版，第 263 页

"有朋自远方来，不亦乐乎？"这是两千多年前中国的哲人孔子说的话，表达了中国人民对朋友到来的愉悦之情。我们邀请中外朋友相聚一堂，就是要感谢大家为中外友好事业做出的不懈努力，回顾为共同目标而奋斗的峥嵘历程，畅谈长期合作结下的深情厚谊。

引自［中国］习近平《在中国国际友好大会暨中国人民对外

友好协会成立60周年纪念活动时的讲话》（2014 年 5 月 15 日），见中共中央宣传部 中央广播电视总台《平"语"近人：习近平总书记用典》，人民出版社 2019 年版，第 262 页

人才

才者，德之资也；德者，才之帅也……是故才德全尽谓之圣人，才德兼亡谓之愚人，德胜才谓之君子，才胜德谓之小人。

引自［中国］司马光《资治通鉴·周纪》，见中共中央宣传部 中央广播电视总台《平"语"近人：习近平总书记用典》，人民出版社 2019 年版，第 214－231 页

"才者，德之资也；德者，才之帅也。"人才培养一定是育人和育才相统一的过程，而育人是本。人无德不立，育人的根本在于立德。这是人才培养的辩证法。

引自［中国］习近平《在北京大学和师生座谈时的讲话》（2018 年 5 月 2 日），见中共中央宣传部 中央广播电视总台《平"语"近人：习近平总书记用典》，人民出版社 2019 年版，第 214 页

自省

反听之谓聪，内视之谓明，自胜之谓强。

引自［中国］司马迁《史记·商君列传》，见中共中央宣传部 中央广播电视总台《平"语"近人：习近平喜欢的典故·第二季》，人民出版社 2021 年版，第 21 页

"反听之谓聪，内视之谓明，自胜之谓强。"对自己的缺点错误，要敢于正视、主动改正。对别人的缺点错误，要敢于指出、帮助改进。对同志的提醒批评，要闻过则喜、虚心接受。

引自［中国］习近平《在第十八届中央纪律检查委员会第六次全体会议上的讲话》（2016 年 1 月 12 日），见中共中央宣传部 中央广播电视总台《平"语"近人：习近平喜欢的典故 . 第二季》，人民出版社 2021 年版，第 20 – 21 页

信念

志不立，天下无可成之事。

引自［中国］王阳明《教条示龙场诸生》，见中共中央宣传部 中央广播电视总台《平"语"近人：习近平喜欢的典故 . 第二季》，人民出版社 2021 年版，第 33 页

"志不立，天下无可成之事。"理想信念动摇是最危险的动摇，理想信念滑坡是最危险的滑坡。

引自［中国］习近平《在庆祝中国共产党成立 95 周年大会上的讲话》（2016 年 7 月 1 日），见中共中央宣传部 中央广播电视总台《平"语"近人：习近平喜欢的典故 . 第二季》，人民出版社 2021 年版，第 32 页

担当

颍川从我者皆逝，而子独留，始验疾风知劲草。

引自［中国］《东观汉记 · 王霸传》，见中共中央宣传部 中央

广播电视总台《平"语"近人：习近平喜欢的典故．第二季》，人民出版社 2021 年版，第 92 页

无私才能无畏，无私才敢担当，心底无私天地宽。担当就是责任，好干部必须有责任重于泰山的意识，坚持党的原则第一、党的事业第一、人民利益第一，敢于旗帜鲜明，敢于较真碰硬，对工作任劳任怨、尽心竭力、善始善终、善作善成。"疾风识劲草，烈火见真金。"为了党和人民事业，我们的干部要敢想、敢做、敢当，做我们时代的劲草、真金。

引自［中国］习近平《着力培养选拔党和人民需要的好干部》，(2013 年 6 月 28 日在全国组织工作会议上讲话的一部分)，《习近平谈治国理政．第一卷》，外文出版社 2018 年第 2 版，第 416 页

报国

利于国者爱之，害于国者恶之。

引自［中国］《晏子春秋》，见中共中央宣传部 中央广播电视总台《平"语"近人：习近平喜欢的典故．第二季》，人民出版社 2021 年版，第 125 页

我们是中华儿女，要了解中华民族历史，秉承中华文化基因，有民族自豪感和文化自信心。要时时想到国家，处处想到人民，做到"利于国者爱之，害于国者恶之"。

引自［中国］习近平《在北京大学师生座谈会上的讲话》(2018 年 5 月 2 日)，见中共中央宣传部 中央广播电视总台《平"语"近人：习近平喜欢的典故．第二季》，人民出版社

2021 年版，第 124 页

创新

周虽旧邦，其命维新。

> 引自［中国］《诗经·大雅·文王》，见中共中央宣传部 中央
> 广播电视总台《平"语"近人：习近平喜欢的典故．第二
> 季》，人民出版社 2021 年版，第 158 页

天行健，君子以自强不息。

> 引自［中国］《周易》，见中共中央宣传部 中央广播电视总台
> 《平"语"近人：习近平喜欢的典故．第二季》，人民出版社
> 2021 年版，第 158 页

苟日新，日日新，又日新。

> 引自［中国］《礼记·大学》，见中共中央宣传部 中央广播电
> 视总台《平"语"近人：习近平喜欢的典故．第二季》，人民
> 出版社 2021 年版，第 159 页

中华民族是富有创新精神的民族。我们的先人们早就提出："周虽旧邦，其命维新。""天行健，君子以自强不息。""苟日新，日日新，又日新。"可以说，创新精神是中华民族最鲜明的禀赋。

> 引自［中国］习近平《在中国科学院第十七次院士大会、中
> 国工程院第十二次院士大会上的讲话》（2014 年 6 月 9 日），
> 见中共中央宣传部 中央广播电视总台《平"语"近人：习近
> 平喜欢的典故．第二季》，人民出版社 2021 年版，第 157 –

158 页

生态

夫地力之生物有大限，取之有度，用之有节，则常足。取之无度，用之无节，则常不足。

> 引自［中国］司马光《资治通鉴·唐纪五十·德宗神武圣文皇帝十年》，见中共中央宣传部 中央广播电视总台《平"语"近人：习近平喜欢的典故. 第二季》，人民出版社2021年版，第195页

我们应该追求热爱自然情怀。"取之有度，用之有节"，是生态文明的真谛。我们要倡导简约适度、绿色低碳的生活方式，拒绝奢华和浪费，形成文明健康的生活风尚。要倡导环保意识、生态意识，构建全社会共同参与的环境治理体系，让生态环保思想成为社会生活中的主流文化。

> 引自［中国］习近平《在中国北京世界园艺博览会开幕式上的讲话》（2019年4月28日），见中共中央宣传部 中央广播电视总台《平"语"近人：习近平喜欢的典故. 第二季》，人民出版社2021年版，第194 – 195页

践行

道虽迩，不行不至；事虽小，不为不成。

> 引自［中国］荀况《荀子·修身》，见中共中央宣传部 中央广播电视总台《平"语"近人：习近平喜欢的典故. 第二季》，人民出版社2021年版，第225页

"道虽迩，不行不至；事虽小，不为不成。"这是永恒的道理。做人做事，最怕的就是只说不做，眼高手低。不论学习还是工作，都要面向实际、深入实践，实践出真知。我在长期工作中最深切的体会就是：社会主义是干出来的。

> 引自［中国］习近平《在北京大学师生座谈会上的讲话》（2018 年 5 月 2 日），见中共中央宣传部 中央广播电视总台《平"语"近人：习近平喜欢的典故．第二季》，人民出版社2021 年版，第 225 页

自信

我报路长嗟日暮，学诗谩有惊人句。九万里风鹏正举。风休住，蓬舟吹取三山去！

> 引自［中国］李清照《渔家傲》，见中共中央宣传部 中央广播电视总台《平"语"近人：习近平喜欢的典故．第二季》，人民出版社2021 年版，第 245 页

四十载惊涛拍岸，九万里风鹏正举。江河之所以能冲开绝壁夺隘而出，是因其积聚了千里奔涌、万壑归流的洪荒伟力。在近代以来漫长的历史进程中，中国人民经历了太多太多的磨难，付出了太多太多的牺牲，进行了太多太多的拼搏。现在，中国人民和中华民族在历史进程中积累的强大能量已经充分爆发出来了，为实现中华民族伟大复兴提供了势不可挡的磅礴力量。

> 引自［中国］习近平《在庆祝改革开放 40 周年大会上的讲话》（2018 年 12 月 18 日），见中共中央宣传部 中央广播电视

总台《平"语"近人：习近平喜欢的典故．第二季》，人民出版社 2021 年版，第 244 页

奋斗

为山者，基于一篑之土，以成千丈之峭；凿井者，起于三寸之坎，以就万仞之深。

引自［中国］刘昼《刘子·崇学》，见中共中央宣传部 中央广播电视总台《平"语"近人：习近平喜欢的典故．第二季》，人民出版社 2021 年版，第 276 页

"凿井者，起于三寸之坎，以就万仞之深。"社会主义建设者和接班人，既要有高尚品德，又要有真才实学。

广大青年要培养奋斗精神，做到理想坚定，信念执着，不怕困难，勇于开拓，顽强拼搏，永不气馁。为实现中华民族伟大复兴的中国梦而奋斗，是我们人生难得的际遇。每个青年都应该珍惜这个伟大时代，做新时代的奋斗者。

引自［中国］习近平《在北大师生座谈会上的讲话》（2018 年 5 月 2 日），见中共中央宣传部 中央广播电视总台《平"语"近人：习近平喜欢的典故．第二季》，人民出版社 2021 年版，第 276 页

梦想

事者，生于虑，成于务，失于傲。

引自［中国］《管子·乘马》，见中共中央宣传部 中央广播电视总台《平"语"近人：习近平喜欢的典故．第二季》，人民

出版社 2021 年版，第 302 页

　　古人说："事者，生于虑，成于务，失于傲。"伟大梦想不是等得来、喊得来的，而是拼出来、干出来的。在这个千帆竞发、百舸争流的时代，我们绝不能有半点骄傲自满、固步自封，也绝不能有丝毫犹豫不决、徘徊彷徨，必须统揽伟大斗争、伟大工程、伟大事业、伟大梦想，勇立潮头、奋勇搏击。

引自〔中国〕习近平《在庆祝改革开放 40 周年大会上的讲话》（2018 年 12 月 18 日），见中共中央宣传部 中央广播电视总台《平"语"近人：习近平喜欢的典故．第二季》，人民出版社 2021 年版，第 301 页

20. 家庭的外国经典教育

攀登

马克思曾经写道："在科学上没有平坦的大道，只有不畏劳苦沿着陡峭山路攀登的人，才有希望达到光辉的顶点。"

引自［中国］习近平《在纪念马克思诞辰 200 周年大会上的讲话》（2018 年 5 月 4 日），见人民日报评论部 编著《习近平用典·第三辑，马克思主义经典篇》，人民日报出版社 2020 年版，第 12 页

在科学上没有平坦的大道，只有不畏劳苦沿着陡峭山路攀登的人，才有希望达到光辉的顶点。

引自［德国］马克思《〈资本论〉第一卷·法文版序言》，见人民日报评论部 编著《习近平用典·第三辑，马克思主义经典篇》，人民日报出版社 2020 年版，第 13 页

科学

马克思说："科学绝不是一种自私自利的享乐，有幸能够致力于科学研究的人，首先应该拿自己的学识为人类服务。"

引自［中国］习近平《在中国科学院第十七次院士大会、中国工程院第十二次院士大会上的讲话》（2014 年 6 月 9 日），见人民日报评论部 编著《习近平用典·第三辑，马克思主义经典篇》，人民日报出版社 2020 年版，第 54 页

马克思曾说过："科学绝不是一种自私自利的享乐，有幸能够致力于科学研究的人，首先应该拿自己的学识为人类服务。"他最喜欢说的名言之一是"为人类工作"。

引自［法国］保尔·拉法格《忆马克思》，见人民日报评论部 编著《习近平用典．第三辑，马克思主义经典篇》，人民日报出版社 2020 年版，第 55 页

学习

列宁在一九二〇年向共青团提出了学习的任务，指出："只有了解人类创造的一切财富以丰富自己的头脑，才能成为共产主义者。"

引自［中国］习近平《在中央党校 2009 年春季学期第二批进修班开学典礼上的讲话》（2009 年 5 月 13 日），见人民日报评论部 编著《习近平用典．第三辑，马克思主义经典篇》，人民日报出版社 2020 年版，第 281 页

只有了解人类创造的一切财富以丰富自己的头脑，才能成为共产主义者。

引自［苏联］列宁《共青团的任务》，见人民日报评论部 编著《习近平用典．第三辑，马克思主义经典篇》，人民日报出版社 2020 年版，第 282 页

幸福

乌兹别克斯坦著名诗人纳沃伊有这样一句诗："但愿我们的人民生活得幸福富有。"这是我们共同的目标和永恒的

追求。

> 引自［中国］习近平《携手共创丝绸之路新辉煌——在乌兹
> 别克斯坦最高会议立法院的演讲》（2016 年 6 月 22 日），见
> 人民日报评论部 编著《习近平用典．第四辑，外国经典篇》，
> 人民日报出版社 2020 年版，第 20 页

但愿我们的人民生活得幸福富有。

> 引自［乌兹别克斯坦］尼扎玛丁·米尔·阿里舍尔·纳沃伊
> 《但愿我们的人民生活得幸福》，见人民日报评论部 编著《习
> 近平用典．第四辑，外国经典篇》，人民日报出版社 2020 年
> 版，第 21–22 页

读书

"生存还是毁灭，这是一个问题。"哈姆雷特的这句话，给我留下了极为深刻的印象。我不到 16 岁就从北京来到了中国陕北的一个小村子当农民，在那里度过了 7 年青春时光。那个年代，我想方设法寻找莎士比亚的作品，读了《仲夏夜之梦》《威尼斯商人》《第十二夜》《罗密欧与朱丽叶》《哈姆雷特》《奥赛罗》《李尔王》《麦克白》等剧本。莎士比亚笔下跌宕起伏的情节、栩栩如生的人物、如泣如诉的情感，都深深吸引着我。

> 引自［中国］习近平《共倡开放包容　共促和平发展——在
> 伦敦金融城市长晚宴上的演讲》（2015 年 10 月 21 日），见人
> 民日报评论部 编著《习近平用典．第四辑，外国经典篇》，
> 人民日报出版社 2020 年版，第 29 页

生存还是毁灭，这是一个问题。

引自［英国］威廉·莎士比亚《哈姆雷特》，见人民日报评论部 编著《习近平用典·第四辑，外国经典篇》，人民日报出版社 2020 年版，第 30 页

海明威《老人与海》对狂风和暴雨、巨浪和小船、老人和鲨鱼的描写给我留下了深刻印象。我第一次去古巴，专程去了海明威当年写《老人与海》的栈桥边。第二次去古巴，我去了海明威经常去的酒吧，点了海明威爱喝的朗姆酒配薄荷叶加冰块。

引自［中国］习近平《在华盛顿州当地政府和美国友好团体联合欢迎宴会上的演讲》（2015 年 9 月 22 日），见人民日报评论部 编著《习近平用典·第四辑，外国经典篇》，人民日报出版社 2020 年版，第 32 页

可以被消灭，但不能被打败。

引自［美国］欧纳斯特·海明威《老人与海》，见人民日报评论部 编著《习近平用典·第四辑，外国经典篇》，人民日报出版社 2020 年版，第 33 页

在德国，我讲了自己读《浮士德》的故事。那时候，我在陕北农村插队，听说一个知青有《浮士德》这本书，就走了 30 里路去借这本书，后来他又走了 30 里路来取回这本书。

引自［中国］习近平《在文艺工作座谈会上的讲话》（2014 年 10 月 15 日），见人民日报评论部 编著《习近平用典·第四辑，外国经典篇》，人民日报出版社 2020 年版，第 40 页

"浮士德身上有一种活力，使他日益高尚和纯洁化。"

> 引自［德国］歌德谈浮士德，见人民日报评论部 编著《习近平用典．第四辑，外国经典篇》，人民日报出版社 2020 年版，第 42 页

胸怀

雨果说，世界上最宽阔的是海洋，比海洋更宽阔的是天空，比天空更宽阔的是人的胸怀。对待不同文明，我们需要比天空更宽阔的胸怀。

> 引自［中国］习近平《在联合国教科文组织总部的演讲》（2014 年 3 月 27 日），见人民日报评论部 编著《习近平用典．第四辑，外国经典篇》，人民日报出版社 2020 年版，第 55 页

世界上最宽阔的是海洋，比海洋更宽阔的是天空，比天空更宽阔的是人的胸怀。

> 引自［法国］维克多·雨果《悲惨世界》，见人民日报评论部 编著《习近平用典．第四辑，外国经典篇》，人民日报出版社 2020 年版，第 56 页

文明

古希腊哲学和文学泰斗辈出的黄金时代，恰恰也是中国"百家争鸣"的思想迸发期。曾两次访问中国的希腊文学巨匠卡赞扎基斯有一句名言，"苏格拉底和孔子是人类的两张面具，面具之下是同一张人类理性的面孔"。古希腊"智者学派"萌发的人本主义思想同中国儒家坚持的"以民为本"理

念有异曲同工之妙。第欧根尼同中国道家代表人物庄子倡导类似的生活方式和生活理念。

> 引自〔中国〕习近平《让古老文明的智慧照鉴未来》（2019年11月10日在希腊《每日报》的署名文章），见人民日报评论部 编著《习近平用典·第四辑，外国经典篇》，人民日报出版社2020年版，第69页

苏格拉底和孔子是人类的两张面具，面具之下是同一张人类理性的面孔。

> 引自〔希腊〕尼科斯·卡赞扎基斯《中国日本之旅》，见人民日报评论部 编著《习近平用典·第四辑，外国经典篇》，人民日报出版社2020年版，第70页

发明

英国哲学家培根这样讲到：印刷术、火药、指南针，这3种发明曾改变了整个世界事物的面貌和状态，以致没有一个帝国、教派和人物能比这3种发明在人类事业中产生更大的力量和影响。

> 引自〔中国〕习近平《在省部级主要领导干部学习贯彻党的十八届五中全会精神专题研讨班上的讲话》（2016年1月18日），见人民日报评论部 编著《习近平用典·第四辑，外国经典篇》，人民日报出版社2020年版，第107页

发明的力量、效能和后果，是会充分看得到的，这从古人所不知且来源不明的俨然是较近的三项发明中表现得再明显不过了，这就是印刷术、火药和磁针。因为这三项发明已经改变

了整个世界的面貌和事物的状态。第一项发明表现在学术方面，第二项在战争方面，第三项在航海方面，从这里又引起无数的变化，以致任何帝国、任何教派、任何名人对人类事务方面似乎都不及这些机械发明更有力量和影响。

> 引自［英国］弗兰西斯·培根《新工具论》，见人民日报评论部 编著《习近平用典．第四辑，外国经典篇》，人民日报出版社 2020 年版，第 108 – 109 页

朋友

瑞士著名诗人、诺贝尔文学奖获得者施皮特勒说："找到同呼吸、共命运的朋友是人世间最大的幸福。"

> 引自［中国］习近平《深化务实合作　共谋和平发展》（2017 年 1 月 13 日在瑞士媒体的署名文章），见人民日报评论部 编著《习近平用典．第四辑，外国经典篇》，人民日报出版社 2020 年版，第 239 页

找到同呼吸、共命运的朋友是人世间最大的幸福。

> 引自［瑞士］卡尔·施皮特勒《伊玛果》，见人民日报评论部 编著《习近平用典．第四辑，外国经典篇》，人民日报出版社 2020 年版，第 240 页

1942 年到 1943 年，胡志明主席在中国从事革命活动期间，写下了"登山登到高峰后，万里舆图顾盼间"的诗句。

> 引自［中国］习近平《共同谱写中越友好新篇章——在越南国会的演讲》（2015 年 11 月 6 日），见人民日报评论部 编著《习近平用典．第四辑，外国经典篇》，人民日报出版社 2020

年版，第 252 页

走路才知走路难，重山之外又重山。登山登到高峰后，万里舆图顾盼间。

引自 [越南] 胡志明《狱中日记·走路》，见人民日报评论部编著《习近平用典．第四辑，外国经典篇》，人民日报出版社2020年版，第253页

友谊

智利文学家米斯特拉尔说，"友谊是相互信任，是长存于心"。

引自 [中国] 习近平《共同开创中国和智利关系更加美好的未来》（2016年11月22日在智利〈信使报〉的署名文章），见人民日报评论部 编著《习近平用典．第四辑，外国经典篇》，人民日报出版社2020年版，第244页

友谊是相互信任，是长存于心。

引自 [智利] 加夫列拉·米斯特拉尔《这片土地有女性态度》，见人民日报评论部 编著《习近平用典．第四辑，外国经典篇》，人民日报出版社2020年版，第245页

21. 家庭教育的环境

概述

染于苍则苍，染于黄则黄。

引自［中国］《墨子·所染》，见梁迶 编《中外名言分类大辞典》，复旦大学出版社 1997 年版，第 1 页

"环境"两字，普通是指儿童所接触的那些静的、呆板的物质。其实，凡是可以给小孩子刺激的都是他的环境，一切物质是他的环境，人也是他的环境，而且人的环境，比较物的环境还要重要。

引自［中国］陈鹤琴《家庭教育》，华东师范大学出版社2006 年版，第 189 页

如若他所居的环境是很优美的，所听见的音乐是很好的，他就不知不觉地很高兴地唱起来。他看见美丽的图画，他也来画画看；他看见别人说话文雅，走路轻快，他也会慢慢儿说话文雅，走路轻快的。

引自［中国］陈鹤琴《家庭教育》，华东师范大学出版社2006 年版，第 188 页

教育环境，是指教育者和受教育者共同生活、实施教育、施加影响的具体场合。教育环境直接影响教育工作的进行和效果；同时，环境本身就是一种教育因素，对人起着潜移默化的作用。

引自［中国］赵忠心《家庭教育学：教育子女的科学与艺术》，人民教育出版社 2001 年版，第 94 页

孩子是在大人的闲聊中接受家庭教育的。闲聊对孩子会产生潜移默化的影响。我们一定要注重家庭舆论环境的建设，更多地给孩子一些正面的东西，增加家庭闲聊的含金量。

引自［中国］张能治《更新教育理念，做 e 时代的合格父母》，见张能治 编著《爱，让孩子快乐成长——e 时代家庭教育真谛》，广东人民出版社 2011 年版，第 51 页

孩子成长中会遇到很多问题，家长不可能为孩子营造出每一种理想的生长条件。培养孩子适应环境的能力，就等于为他提供了能随身携带的好环境。

引自［中国］尹建莉《好妈妈胜过好老师》，作家出版社 2009 年版，第 263 页

生活就是最好的课堂，每一种经历都是财富。我们要让孩子更多地感受生活的美好，也应该让他们知道生活还有阴暗面，还有危险。这样，他们才能更好地保护自己。

引自［中国］尹建莉《好妈妈胜过好老师》，作家出版社 2009 年版，第 288 页

父母要关心孩子，要发现孩子的兴趣，要为孩子布置良好的成长环境，要能看到孩子在这个社会立足所需要的素质，并有意识地去培养。

引自［韩国］全惠星《有奉献精神的父母培养大人物》，邵娟 译，中国城市出版社 2009 年版，第 25 页

房间里充满家庭亲情的氛围，可能就是最好的装饰吧。

> 引自［韩国］全惠星《有奉献精神的父母培养大人物》，邵娟 译，中国城市出版社2009年版，第169页

人是环境之子

怎样的环境，就得到怎样的刺激，怎样的印象！从所得的印象中，常常发生与印象有关的动作。所以从前孟母要三迁其居，是深深明了小孩子到了哪种环境，就会做出哪种动作来的。

> 引自［中国］陈鹤琴《家庭教育》，华东师范大学出版社2006年版，第188页

作为家长，有责任为我们独有的孩子营造一个尽可能良好的教育环境。

> 引自［中国］尹建莉《好妈妈胜过好老师》，作家出版社2009年版，第166页

如果做父母的明白，孩子是在适应环境的过程中成长的，那么当他注意到孩子身上有什么缺点的时候，他就会对自己的所作所为进行反思。因为他知道，孩子的言行举止是父母言传身教的结果。

> 引自［日本］铃木镇一《用爱哺育》，许海燕 译，电子工业出版社2004年版，第53页

如果父母希望培养出品格高尚的孩子，他们就要通过反省来改正自己的缺点。这样，家里的整个环境就会更加和谐，孩

子的成长环境也会更加愉快。

> 引自〔日本〕铃木镇一《用爱哺育》，许海燕 译，电子工业
> 出版社 2004 年版，第 54 页

我经常这样写："人是环境之子。"这是我所有理论的基础。问题儿童是问题父母的产物。

> 引自〔日本〕铃木镇一《用爱哺育》，许海燕 译，电子工业
> 出版社 2004 年版，第 57 页

和谐的环境

家庭生活环境的熏陶，是家长有意识地创造一个和谐、良好、优美的家庭生活环境，使子女置身于其中，在日常生活中受到潜移默化的影响。这种教育方法主要是为了培养子女良好的生活习惯和思想品德，形成高尚的道德情操和行为规范，使子女在德、智、体、美诸方面都得到发展。

> 引自〔中国〕赵忠心《家庭教育学：教育子女的科学与艺
> 术》，人民教育出版社 2001 年版，第 237 页

和谐的家庭氛围是孩子学习成功的前提条件，是父母应该提供和必须提供的条件。这里包括安静的学习环境、和谐的心理环境、效能的智力环境等。

> 引自〔中国〕张能治《提高学习效能的诀窍》，见张能治 编
> 著《爱，让孩子快乐成长——e 时代家庭教育真谛》，广东人
> 民出版社 2011 年版，第 32 页

安静的学习环境。要孩子安心学习，家长首先要安下心

来，读书看报，做一些不出声或少出声、不转移孩子注意力的事，为孩子创造一个安静的学习空间，营造一个良好的学习氛围。平时看电视要控制声音，不要高声议论而影响孩子。孩子学习时，家长不要唠叨。……要控制好客人来往的时间。大人聊天最容易影响孩子的注意力，父母要尽量不安排在孩子学习时间接待客人，如果事情特别重要非接待不可，则应选择一个对孩子的学习影响不大的地方，谈话应尽量小声。客人到来与辞别不要喧哗，以免干扰孩子的情绪。

> 引自［中国］张能治《提高学习效能的诀窍》，见张能治 编著《爱，让孩子快乐成长——e 时代家庭教育真谛》，广东人民出版社 2011 年版，第 32 页

和谐的心理环境。父母恩爱，互帮互学；对祖父母互敬互爱；与亲朋好友和谐相处，家庭人际关系和谐，孩子心里踏实，有一种归属感，安全感。

> 引自［中国］张能治《提高学习效能的诀窍》，见张能治 编著《爱，让孩子快乐成长——e 时代家庭教育真谛》，广东人民出版社 2011 年版，第 32 页

效能的智力环境。父母自身的智力活动水平，也就是父母动脑的水平，影响着孩子的智力水平。父母爱不爱动脑，会不会动脑，直接关系到孩子的智力发展。生活中，跟孩子接触的时候，就是你需要动脑筋的时候；和孩子谈话，要有逻辑，要清楚地表达；要舍得时间陪孩子散步，要认真回答孩子的问题；要与孩子一起上网探索思考……这些构成孩子成长的智力环境，父母要为子女提供效能的智力环境。

引自［中国］张能治《提高学习效能的诀窍》，见张能治 编著《爱，让孩子快乐成长——e 时代家庭教育真谛》，广东人民出版社 2011 年版，第 32－33 页

行动是习惯的最好老师，是培养子女良好习惯的最有效途径，父母应在家庭中营造一种和谐的气氛，让孩子在体验中养成良好学习习惯。

引自［中国］张能治《提高学习效能的诀窍》，见张能治 编著《爱，让孩子快乐成长——e 时代家庭教育真谛》，广东人民出版社 2011 年版，第 33 页

教育的环境

环境好，小孩子就容易变好；环境坏，小孩子就容易变坏。一个小孩子生长在诡诈恶劣的环境里，到大来也会变成诡诈恶劣的。一个小孩子生长在忠厚勤俭的环境里，到大来也是忠厚勤俭的。

引自［中国］陈鹤琴《家庭教育》，华东师范大学出版社 2006 年版，第 187 页

刺激就是从环境来的，好的刺激，就得到好的印象；坏的刺激，就得到坏的印象。他听见家庭里常常骂人的声音，他后来就不知不觉的也会骂人，他虽然不晓得骂人是好是坏，他看见成人是这样做，就这样学。他看见成人随地吐痰，他也不知不觉地随地吐痰，他不晓得随地吐痰是好是坏，他看见成人这样做，就这样做。

引自［中国］陈鹤琴《家庭教育》，华东师范大学出版社

2006 年版，第 188 页

做父母的不准小孩子玩冰玩雪，这明明是父母不知道利用环境来教导小孩子，哪里可以说小孩子的不好呢！等到小孩子吵闹起来，还说他是会哭会吵，这岂不是冤煞人吗？所以做父母的，应当给小孩子预备适当的环境，充分的设备，使小孩子得着正当的游戏。

引自［中国］陈鹤琴《家庭教育》，华东师范大学出版社2006 年版，第 191 页

孩子像镜子一样，反映着父母的思想与能力。这是由于父母在起着作为环境——特别是教育环境的作用。孩子一年到头，生活在父母的身边，父母对孩子重复说出各种各样的话，与他进行各种接触，所有这一切，从广义上说，都是在进行着教育。这种以父母为中心的家庭环境，养育成孩子的能力。

引自［日本］多湖辉《幼儿才能开发——铃木的早期教育方法》，李镜流 译，教育科学出版社 1984 年版，第 24 页

阅读的环境

在外国不少地方，看书的环境，到处皆然。在火车上、电车上、轮船上，差不多个个人不是看书，就是阅报。

引自［中国］陈鹤琴《家庭教育》，华东师范大学出版社2006 年版，第 195 页

要小孩子喜欢阅读，我们的家庭，我们的社会，必定要先有阅读的环境。在家庭里，做父母的，自己一天之间，总要看

看书，看看报；对于小孩子，我们也应当买给他各种相当的儿童读物。开始的时候，做父母的还应当好好的指导他，引起他的兴趣，使他喜欢阅读哩。

引自［中国］陈鹤琴《家庭教育》，华东师范大学出版社2006年版，第196页

儿童的天性都喜欢阅读，凡那些表现出不喜欢阅读的孩子，都是因为家长没有在合适的时机给他们提供合适的阅读环境。

引自［中国］尹建莉《好妈妈胜过好老师》，作家出版社2009年版，第79页

在学习环境方面，既不需要故意制造喧闹，也不需要过分追求安静，顺其自然才是最好。

引自［中国］尹建莉《好妈妈胜过好老师》，作家出版社2009年版，第262页

每天晚上刷完碗之后，我就坐在书桌前学习；哄着孩子们睡觉之后，我也会坐在书桌前继续学习。看到母亲努力学习的样子，孩子们自然而然将学习当作生活的一部分。

引自［韩国］全惠星《有奉献精神的父母培养大人物》，邵娟译，中国城市出版社2009年版，第167页

不用强求他们去学，孩子们的眼里只能看到书桌和正在学习的家人，他们就会觉得学习是我们家庭日常生活的一部分。

引自［韩国］全惠星《有奉献精神的父母培养大人物》，邵娟译，中国城市出版社2009年版，第168页

劳动的环境

要知道做父母的主要工作，是培养儿童自己劳动的习惯，培养儿童自己独立的能力。

> 引自［中国］陈鹤琴《家庭教育》，华东师范大学出版社2006年版，第192页

做父母的总喜欢自己劳动而不愿小孩子去帮助他们。如小孩子的起居饮食种种的事情，做父母的常常要为小孩子代劳。当小孩子年龄小能力薄弱的时候，当然要父母帮忙。不过在小孩子渐渐地长大的时候，做父母的应当渐渐地使小孩子自动，从旁帮他们独立。譬如穿衣服这件事来说，小孩子若不会扣纽扣，做父母的尽可以帮他扣，但是他自己能够穿袜子，你就让他自己穿，我们不要因为他穿得慢，穿得不好，就去帮他穿。其他如吃饭、扫地、叠被，甚至浇花、洗衣、烧饭种种活动，在可能范围内，我们应当让小孩子有劳动的机会来发展他做事的能力。

> 引自［中国］陈鹤琴《家庭教育》，华东师范大学出版社2006年版，第192页

要求孩子们适当地做一些家务活儿。这样有助于培养自己的责任感，增进对父母的感情。在做家务活的过程中，还能使紧张学习的大脑某些部位得到休息，虽然占用了一点时间，但反倒培养了孩子的效率感，更加珍惜学习时间。

> 引自［中国］魏书生《好父母好家教》，漓江出版社2005年版，第186页

给孩子分一点力所能及的家务活，每天家务活总量一般控制在 30 分钟左右，并且持之以恒，养成习惯，孩子的责任感和工作能力一定会越来越强，学习成绩一定会更加突出。

引自〔中国〕魏书生《好父母好家教》，漓江出版社 2005 年版，第 187 页

科学的环境

根据小孩子好动的心理，我们又应当在家庭里给他一种科学的环境，以引起他研究科学的兴趣。当小孩子四五岁的时候，我们就可以给他小木片、小钉、小锤，教小孩子做各种极简单的玩具，如小椅子、小床、小飞机、小汽车等等，使他有初步构造玩具的能力。我常见乡间的小孩子在野外三五成群的在那里玩弄烂泥，把烂泥做成糕饼请客人。西洋的小孩子到夏天常在海边玩沙。可见不论中西小孩子他们对于泥沙都是非常喜欢玩弄的。

引自〔中国〕陈鹤琴《家庭教育》，华东师范大学出版社 2006 年版，第 192 页

小孩子到了八九岁的时候，我们可以教他玩玩水枪，玩玩弓箭，还可以教他自己用竹筒或纸筒和线来做成极简单极简陋的电话。更可以拿磁石或磁针教他们做各种有趣味的把戏。再大一些的小孩子，就可以教他们怎样做电铃，怎样自己来做无线电收音机。小孩子最喜欢自己做成他自己心爱的事物。所以我们从小就给他关于科学上各种活动的机会和设备，使小孩子有适当的科学环境，以发展他关于科学的技能和兴趣。

引自 ［中国］ 陈鹤琴《家庭教育》，华东师范大学出版社2006 年版，第 193 页

科学方面的辅导我已准备了好长时间，主要就是通过讨论、参观，让他记住那些需要记忆的东西，通过旅行，通过古代和现代的历史故事，通过让他阅读用各种语言写的著作等方法来引导他。

引自 ［德国］ 卡尔·H.G. 威特《卡尔·威特的教育》，丽红译，京华出版社 2006 年版，第 53 页

栖息着各种动物、蕴藏着各种矿物和油气资源的海洋，熔炉，蒸汽机的引擎，气泵，玄武岩，山顶上像火山口似的窟窿，这一切都给了我向卡尔介绍和传授自然科学知识的机会。即便在家中，一滴露珠，气压计，温度计，给火炉加燃料时发出的噼噼啪啪的气流声，窗格玻璃上的水汽等等——如果我们自己已经从博物学、物理学和化学中学到了有用的知识，那么我们有多少东西可以讲述给孩子们听啊。

引自 ［德国］ 卡尔·H.G. 威特《卡尔·威特的教育》，丽红译，京华出版社 2006 年版，第 119 页

艺术的环境

父母能够随时随地唱唱吹吹，使家庭里充满了音乐的空气，这样小孩子不知不觉也喜欢音乐了。倘使家庭中有乐器设备，如无线电、留声机、风琴、钢琴、提琴、笙、箫、笛等，那就更好。总之，小孩子应有音乐的环境。小孩子学音乐，要从小学的，世界上的音乐家，可以说没有一个不是从小学起

的，就是普通的小孩子，要学音乐，也必须从小学起；大时学起来，是学不好的。

引自［中国］陈鹤琴《家庭教育》，华东师范大学出版社2006年版，第193页

有时候，小孩子要画图，他就拿了木炭或毛笔在墙壁上或桌椅上乱涂，做父母的看见了，就要骂他、打他。这样一来，小孩子就不敢尝试了。其实这种现象是给做父母的一个很好的机会。墙壁上是不应画的，桌椅上是不应画的，这是我们都承认的，但是他的图画兴趣，我们是不应该摧残的。我们可以给他几张纸，几支蜡笔，一支毛笔或一支铅笔，好好地教他画，他就可以发表他的意思，得着相当的快乐；将来他或许变成一个艺术家，也未可知。

引自［中国］陈鹤琴《家庭教育》，华东师范大学出版社2006年版，第194－195页

审美的环境

在家庭里面，墙壁上的布置，桌子上的摆设，都应该有种审美的意味；甚至房间里的各种用品衣服等等，都应当放得整整齐齐，不应该随便乱摊乱挂。审美的观念，不到1岁的小孩子已经有了，就是三四个月的小孩子，看见红绿可爱的东西，也就显出快乐的样子。假使房间里的装饰布置，都是杂乱无章的，小孩子不知不觉也会犯这种毛病。反过来说，家庭里有较好的布置，有审美的意味，小孩子也就不知不觉受到审美的影响，养成一种审美的习惯。

引自〔中国〕陈鹤琴《家庭教育》，华东师范大学出版社 2006 年版，第 195 页

创造的环境

敢探未发明的新理，即是创造精神；敢入未开化的边疆，即是开辟精神。创造时，目光要深；开辟时，目光要远。总起来说，创造、开辟都要有胆量。

引自〔中国〕陶行知《第一流的教育家》，《陶行知全集．第一卷》，四川教育出版社 1991 年版，第 26 页

像屋檐水一样，一点一滴，滴穿阶沿石。点滴的创造固不如整体的创造，但不要轻视点滴的创造而不为，呆望着大创造从天而降。

引自〔中国〕陶行知《创造宣言》，《陶行知全集．第四卷》，四川教育出版社 1991 年版，第 6 页

只要有一滴汗，一滴血，一滴热情，便是创造之神所爱住的行宫，就能开创造之花，结创造之果，繁殖创造之森林。

引自〔中国〕陶行知《创造宣言》，《陶行知全集．第四卷》，四川教育出版社 1991 年版，第 7 页

脑与手联合起来才能产生力量。

引自〔中国〕陶行知《手脑相长》，《陶行知全集．第三卷》，四川教育出版社 1991 年版，第 523 页

我们培植儿童的时候，若拘束太过，则儿童形容枯槁；如果让他跑，让他跳，让他玩耍，他就能长得活泼有精神。

引自〔中国〕陶行知《学生自治问题之研究》,《陶行知全集·第一卷》,四川教育出版社 1991 年版,第 32 页

儿童的世界是要由儿童自己动手去创造。我们要停止一切束缚,使儿童可以自由活动,这儿童的世界,才有出现的可能。

引自〔中国〕陶行知《儿童的世界》,《陶行知全集·第三卷》,四川教育出版社 1991 年版,第 645 页

失败是成功之母。单有母亲不能生子。成功之父为谁?吾友曾俊侯说:"奋斗是成功之父。"愿我们一同牢记着。

引自〔中国〕陶行知《失败是成功之母 奋斗是成功之父》,《陶行知全集·第八卷》,四川教育出版社 1991 年版,第 610 页

22. 胎教与优生

胎教

古者，圣王有胎教之法：怀子三月，出居别宫，目不邪视，耳不妄听，音声滋味，以礼节之。

> 引自［中国］颜之推《颜氏家训·教子》，见檀作文 译注《颜氏家训》，中华书局 2007 年版，第 8 页

君子谓大任能胎教。古者妇人任子，寝不侧，坐不边，立不跸，食不邪味，割不正不食，席不正不坐，目不视邪色，耳不听淫声。夜则令瞽诵诗道正事。如此，则生子形容端正，才艺博通矣。

> 引自［中国］司马光《温公家范·母》，见夏家善 主编，王宗至 王微 注释《温公家范》，天津古籍出版社 2016 年版，第 52 页

母亲怀孕后，要注意妊娠卫生保健，要实行胎教，不嗜烟酒和其他有刺激性的不利于胎儿成长的食物，注意保持情绪稳定等。

> 引自［中国］赵忠心《家庭教育学：教育子女的科学与艺术》，人民教育出版社 2001 年版，第 180 页

胎儿和母亲是完整的一体，相当于母体的一个器官，一切需要都必须依母体为介质来转化吸纳。犹如胎儿需要的营养必须首先吃进孕妇嘴里，由母体输送给胎儿，不能用针管打进子

宫里一样，"胎教"的落脚点也应该在孕妇的情绪和感觉上，而不是采用某种物理手段，跨过母体，直接给肚里胎儿递去点什么。

引自［中国］尹建莉《最美的教育最简单》，作家出版社 2014 年版，第 48 页

胎教的影响是由情绪作为纽带产生的。凡让母亲愉悦的东西就是好的，就适宜用来做胎教，否则就是无效的或负面效果的。

引自［中国］尹建莉《最美的教育最简单》，作家出版社 2014 年版，第 49 页

胎教的最高原则是让自己身心舒泰，基本判断标准是：凡内心向往，有轻松感和愉悦感的事就是对的，凡有些勉为其难，感觉有压力或有些烦躁的事都应该是不对的。

引自［中国］尹建莉《最美的教育最简单》，作家出版社 2014 年版，第 49 页

我怀孕的时候，为了让未出世的宝宝将来具有爱美、爱正义、爱真理的精神和善良的品质，我特别注意读有益的书，想美好的事，听使心情平静的音乐，和丈夫一起出去欣赏美丽的自然风光和艺术作品，并且常常行善事。

引自［美国］斯托夫人《斯托夫人自然教子书》，亚北 译，中国妇女出版社 2009 年版，第 4 页

婴儿听力的发展比视力更早，早在母亲肚子里的时候，她就能聆听声音了。

引自〔美国〕斯托夫人《斯托夫人自然教子书》，亚北 译，
中国妇女出版社 2009 年版，第 45 页

优生

做父母的，要想把孩子养得好，在未做父母之前，应该问
问自己：是否懂得养孩子的方法？有什么资格做孩子的父亲或
母亲？怎样养育孩子，使得孩子身心两方面都充分而又正当地
发育？这些，都该弄得明白，才配做孩子的父亲或母亲。

引自〔中国〕陈鹤琴《怎样做父母》，见陈鹤琴著《家庭教
育》，华东师范大学出版社 2006 年版，第 212 页

男人应该尽最大可能锻炼自己，并应该为自己找一个健康
的、心智发育良好的、善良的妻子，这样，孩子就会健康、心
智强健并且善良。

引自〔德国〕卡尔·H.G.威特《卡尔·威特的教育》，丽红
译，京华出版社 2006 年版，第 57 页

饮食和性生活要适度、节制，多在室外活动，多喝水、保
持身体干净清洁，不要干重活，还要心理满足、快乐。

这些都是孕妇们必须注意的事项，这么做才能给腹中的小
宝宝提供一个良好的生长环境，给他提供充足的养料和养分。
如果父亲也以同样的方式使孕妇体验到生活的甜蜜，那么，上
帝肯定会赐予他们一个健康的孩子，最起码会给他们一个身体
和智力发育都很正常的孩子。

引自〔德国〕卡尔·H.G.威特《卡尔·威特的教育》，丽红
译，京华出版社 2006 年版，第 58 页

23. 婴幼儿的家庭教育

概述

父善教子者，教于孩提。

引自［中国］林逋《省心录》，见梁适 编《中外名言分类大辞典》，复旦大学出版社1997年版，第691页

人生百年，立于幼学。

引自［中国］梁启超《变法通议·论幼学》，见王涵 等 编《名人名言录》（新世纪版），上海人民出版社2004年版，第346页

凡是小孩子可以做的事，不妨教他们自己做；凡是小孩子可以帮助别人的事，不妨教他去帮助人。不要太溺爱儿童，不要使儿童安逸，而要使儿童如何得到真正的快乐。

引自［中国］陈鹤琴《怎样做父母》，见陈鹤琴著《家庭教育》，华东师范大学出版社2006年版，第211页

教人要从小教起。幼儿比如幼苗，必须培养得宜，方能发荣滋长；否则幼年受了损伤，即不夭折，也难成材。所以小学教育是建国之根本，幼稚教育尤为根本之根本。小学教育应当普及，幼稚教育也应当普及。

引自［中国］陶行知《如何使幼稚教育普及》，《陶行知全集·第一卷》，四川教育出版社1991年版，第136页

幼儿教育实为人生之基础，不可不乘早给他建立得稳。

> 引自［中国］陶行知《创设乡村幼稚园宣言书》，《陶行知全集．第一卷》，四川教育出版社1991年版，第83页

我们必须唤醒国人明白幼年的生活是最重要的生活，幼年的教育是最重要的教育。

> 引自［中国］陶行知《如何使幼稚教育普及》，《陶行知全集．第一卷》，四川教育出版社1991年版，第137页

我希望大家把儿童康健当作幼稚园里面第一重要的事情，幼稚园教师应当作康健之神。

> 引自［中国］陶行知《幼稚园之新大陆》，《陶行知全集．第一卷》，四川教育出版社1991年版，第111页

启蒙教育可以让孩子成为人才，而不合适的"提前学习"只能让孩子变得平庸无才。

> 引自［中国］尹建莉《好妈妈胜过好老师》，作家出版社2009年版，第299页

我认为在孩子三岁以前把他们送到任何全日的托儿站对其早期发展都不如在家庭进行教育更为有益。

> 引自［美国］伯顿·L·怀特《人生的头三年》255，见张纯美 洪静媛 编《中外教育思想荟萃》，上海文化出版社2014年版，第224页

爱与自由

父母爱小孩的真正方法，要顾到小孩的需要。比如：

（一）孩子会自己吃饭，做父母的应该让他自己吃，不要嚼烂了喂他；并且要购置一套桌子、凳子、碗、碟等适合孩子的吃饭用具，不要叫孩子站在椅子上或在椅子上放小凳子给孩子坐着吃饭，这是很不妥的。

（二）孩子穿的衣服，应该顾到孩子所喜欢的颜色和式样，只要穿得舒服而且寒暖适度就行了。……

（三）孩子睡觉，应该让他单独地睡在小床上，不要和父母同睡一床，而且小孩子的睡觉时间，至少要在 10 小时以上。……

（四）父母带着孩子出去游玩，应该让他自由地跑跳、歌唱，切勿牵着孩子的手。

（五）家庭一切设备，如门上的拉手、窗口的插销以及面盆、手巾等都应该顾到小孩子的使用。

父母爱小孩，应该根据上面所举的例，施行合理的爱，才可以免去错爱。

引自〔中国〕陈鹤琴《怎样做父母》，见陈鹤琴著《家庭教育》，华东师范大学出版社 2006 年版，第 214 - 215 页

在某个敏感期中，儿童对敏感的对象因为感兴趣而投入，因为投入便持久、专一；他不仅热爱，而且要出成果；不仅要出成果，而且要结合生活；不仅要结合生活，而且要求被欣赏和承认。在爱和自由的教育中，要培养和保护的就是这种品质，这种专注、投入的品质。

引自〔中国〕孙瑞雪《捕捉儿童敏感期》，中国妇女出版社 2010 年版，第 40 页

养育孩子需要付出巨大的爱心、耐心、精力、时间，需要常常面对被放下的自我。这就是母亲，无论怎样忙，怎样累，只要孩子需要……

> 引自［中国］孙瑞雪《捕捉儿童敏感期》，中国妇女出版社2010 年版，第 35 页

自由的心理、爱的氛围、丰富的教具和大的活动空间是儿童正常发展的充分条件。

> 引自［中国］孙瑞雪《捕捉儿童敏感期》，中国妇女出版社2010 年版，第 61 页

我们需要知道，通过创造自我建立强大的人格力量和心理力量，是 0～6 岁成长的主旋律。错过了这个时期，也许这一辈子都无法弥补。

> 引自［中国］孙瑞雪《捕捉儿童敏感期》，中国妇女出版社2010 年版，第 240 页

面对幼小的孩子，如果家长不能首先想到如何给孩子自由，而是如何对孩子进行规范，尤其在一些无关紧要的生活细节上，向孩子提出大大小小的各种规则和要求，并且经常为孩子不能达到这些目标、不遵守这些规则而去批评孩子、惩罚孩子，那么他几乎不可能培养出一个健康的孩子，只可能打造出一个刻板者、自卑者和偏执狂。

> 引自［中国］尹建莉《最美的教育最简单》，作家出版社2014 年版，第 113 页

什么是健康美好的教育？包含着爱和自由的教育都是健康

美好的教育，它是人类精神财富最具体的表达，也是永恒的教育定律。

引自〔中国〕尹建莉《最美的教育最简单》，作家出版社
2014 年版，第 342 页

这种爱不是由一大堆的物质堆成，而是由充足的相处、深厚的感情、自由的氛围、良好的榜样等这些构成。其中，少立规矩，就是保障自由，提高爱的质量的重要方式之一。有一个物质丰富的童年不是件坏事，但拥有心理丰盈的童年才是人生的幸运。"自由意志"是家长送给孩子的最大的奢侈品。

引自〔中国〕尹建莉《最美的教育最简单》，作家出版社
2014 年版，第 117 页

蒙台梭利教育思想的核心是"给孩子自由"，她发明的教具，只是一些外化手段，是辅助性的工具，只有当它们被恰当地运用，才能体现她的思想。而现在很多挂着她的大名的幼儿园，只借用了她的教具，却把这些教具使用到她思想的反面。

引自〔中国〕尹建莉《最美的教育最简单》，作家出版社
2014 年版，第 119 页

幼儿教育的任务是启蒙，不是灌注散碎的简单知识。启蒙教育必须是自由的、快乐的，儿童体内的智力能量才能被激发出来；如果是压抑的、束缚的，令孩子不快乐，则会走到启蒙教育的反面，变成给儿童成长使绊子。

引自〔中国〕尹建莉《最美的教育最简单》，作家出版社
2014 年版，第 189 – 190 页

幼儿园真正对孩子产生优质影响力的，是融洽的师生关系。幼儿园教师最核心的能力，不是她的学识、才艺等可见、可量化的东西，而是她爱的能力，即她发自内心的善良和对孩子们的尊重。

> 引自［中国］尹建莉《最美的教育最简单》，作家出版社2014年版，第171页

品德

人格教育端赖六岁以前之培养。凡人生之态度、习惯、倾向，皆可在幼稚时代立一适当基础。

> 引自［中国］陶行知《论幼稚园应有之改革及进行方法》，《陶行知全集. 第八卷》，四川教育出版社1991年版，第256页

六岁以前是人格陶冶最重要的时期。这个时期培养得好，以后只须顺着他继长增高的培养上去，自然成为社会优良的分子；倘使培养得不好，那么，习惯成了不易改，倾向定了不易移，态度决了不易变。这些儿童升到学校里来，教师需费尽九牛二虎之力去纠正他们已成的坏习惯、坏倾向、坏态度，真可算为事倍功半。

> 引自［中国］陶行知《创设乡村幼稚园宣言书》，《陶行知全集. 第一卷》，四川教育出版社1991年版，第83页

小孩子的情感、习惯、倾向，在六岁以前如果培养的不得当，将来要改那可费事啦。

引自〔中国〕陶行知《古庙敲钟录》，《陶行知全集.第三卷》，四川教育出版社1991年版，第50页

我认为，就像智力的培养要从孩子一出生就开始一样，优秀品德也必须从摇篮时期开始培养，否则就没有任何希望。

引自〔美国〕斯托夫人《斯托夫人自然教子书》，亚北 译，中国妇女出版社2009年版，第221页

在培养孩子优秀品德的过程中，母亲的作用是最关键的。之所以这样说，主要是因为母亲是最早陪伴孩子的人，也是陪伴时间最长的人，她会成为孩子的模仿对象，她的言行举止将对孩子产生深远的影响。

引自〔美国〕斯托夫人《斯托夫人自然教子书》，亚北 译，中国妇女出版社2009年版，第221页

我认为人们从婴儿的时候起就应当习惯于善待一切有感知的动物，不损坏或伤害任何东西。

引自〔英国〕约翰·洛克《教育漫话》，徐大建 译，上海人民出版社2005年版，第133页

母乳

最不济的母乳也强过最好的牛奶，母乳是奢侈品，优质牛奶是合格品，劣质牛奶就是危险品。

引自〔中国〕尹建莉《最美的教育最简单》，作家出版社2014年版，第50页

孩子在妈妈怀里，小嘴吸吮着母乳，这是母子间最自然最

原始的亲情交流。一股自母亲胸膛流出的奶水，像一条美丽的丝带，日复一日编辑着亲密的母子关系，这个价值又如何估量呢？

引自［中国］尹建莉《最美的教育最简单》，作家出版社2014年版，第50页

断奶时间应该和添加辅食的时间相辅相成，哺乳量和哺乳次数逐渐减少，自然断奶最好，尽量不要生硬断掉。

引自［中国］尹建莉《最美的教育最简单》，作家出版社2014年版，第52页

在卡尔出生后的九个月内，他一直都是由母乳喂养的，其他什么东西都没吃过。

引自［德国］卡尔·H. G. 威特《卡尔·威特的教育》，丽红译，京华出版社2006年版，第82页

没有什么比母乳更好，因为通过母亲的喂养，母子的生命紧紧地联系在一起，这样才会有母子之间的深刻的爱。

引自［日本］铃木镇一《用爱哺育》，许海燕译，电子工业出版社2004年版，第103页

吃饭

小孩子吃饭，没有适当的椅桌，即有许多害处；有适当的椅桌，即有许多好处，所以我劝做父母的大家替小孩子做两只罢。

引自〔中国〕陈鹤琴《家庭教育》，华东师范大学出版社 2006 年版，第 53－54 页

小孩子吃东西以前，一定要洗手的。至于吃东西以后，也要揩揩手的。

引自〔中国〕陈鹤琴《家庭教育》，华东师范大学出版社 2006 年版，第 50 页

孩子一岁以后，就应该让他自己吃饭。到孩子即将入园时，家长一定要不动声色地从孩子的吃饭中撤出，既不要强迫孩子吃饭，也不要给孩子喂饭。到吃饭时，大家各自吃各自的，不要在意孩子如何吃、吃多少，不要把吃饭这件事时时置于家长的关照之下。一定要给孩子时间和机会，让他自己练习和适应。

引自〔中国〕尹建莉《最美的教育最简单》，作家出版社 2014 年版，第 174－175 页

睡眠（又见 28. 家庭的健康教育/睡眠）

午饭后，稍睡片刻，必使精神焕发，神志清爽了。况且吃饭以后，胃须静养，使之消化，否则，饭后运动，恐怕有损于胃的。

引自〔中国〕陈鹤琴《家庭教育》，华东师范大学出版社 2006 年版，第 64 页

小孩子夜里睡眠的时候，应当穿睡衣。

引自〔中国〕陈鹤琴《家庭教育》，华东师范大学出版社

2006 年版，第 66 页

做父母的不应当因为小孩子不肯独自睡就去抱他，也不应当听他哭不去睬他，应当用种种方法去安慰他使他独自睡去。

引自 ［中国］ 陈鹤琴 《家庭教育》，华东师范大学出版社 2006 年版，第 68 页

点灯而睡是不好的习惯，做父母的须要当心，务使小孩子能脱离这种恶习。

引自 ［中国］ 陈鹤琴 《家庭教育》，华东师范大学出版社 2006 年版，第 70 页

小孩子不但应当独自一床，如能独自一室那就更好了。……小孩子有了一室，一方面他的独立精神格外容易养成；一方面尊重他人权利的思想，格外容易发展。

引自 ［中国］ 陈鹤琴 《家庭教育》，华东师范大学出版社 2006 年版，第 72 页

要知道小孩子哭哭是不要紧的，他一面哭，一面动着，于他身体上实在没有妨害的；倘使你一听见他哭就去抱他，那他以后就更加不肯睡了。

引自 ［中国］ 陈鹤琴 《家庭教育》，华东师范大学出版社 2006 年版，第 78 页

睡眠对婴幼儿的生长特别是长高和大脑的发育至关重要。人体的生长发育依赖于脑垂体前叶分泌的生长激素。人体睡眠时分泌出来的生长激素是醒时的 3 倍，一般晚上 10 时至凌晨 1 时为分泌的高峰期。幼儿睡觉以晚上 8 时前为宜，最迟不超过

晚上 9 时。这样，既保证幼儿有充足的睡眠，又不会错过生长激素分泌的高峰期。

> 引自〔中国〕张能治《儿童发展敏感期与家庭的早期教育》，见张能治 编著《爱，让孩子快乐成长——e 时代家庭教育真谛》，广东人民出版社 2011 年版，第 87 页

刷牙

小孩子的牙齿是一定要刷的；如果他不肯刷，做父母的要用种种方法去暗示他。

> 引自〔中国〕陈鹤琴《家庭教育》，华东师范大学出版社 2006 年版，第 44 页

大便

小孩子大便没有一定的时间，到了大便的时候，常常要患闭结的毛病，而且身体会受重大的影响。

> 引自〔中国〕陈鹤琴《家庭教育》，华东师范大学出版社 2006 年版，第 75 页

倘使做父母的叫小孩子按日做去，小孩子一定不以为苦的。到了后来他到解溲的时候而没有解溲，必定要觉得不舒服了。不到解溲的时候，除掉特别原因以外，他一定不会要解溲的。

> 引自〔中国〕陈鹤琴《家庭教育》，华东师范大学出版社 2006 年版，第 75 页

考虑到便秘的诸多害处，我真不知道还有什么比大便通畅更有益于身体的健康了。24 小时大便一次，我认为已经足够，我想也没有人会认为这样做太多。

引自 [英国] 约翰·洛克《教育漫话》，徐大建 译，上海人民出版社 2005 年版，第 25 页

体验

会坐的时候，就让他一个人自己坐。会爬的时候，我们就让他自己爬。会走的时候，让他一个人自己走。会玩的时候，让他一个人自己玩。

引自 [中国] 陈鹤琴《怎样做父母》，见陈鹤琴 著《家庭教育》，华东师范大学出版社 2006 年版，第 243 页

做父母的应当明了自己的责任。你们的责任，是帮助小孩子生活，是帮助小孩子自立，是帮助小孩子做人。

引自 [中国] 陈鹤琴《怎样做父母》，见陈鹤琴 著《家庭教育》，华东师范大学出版社 2006 年版，第 242 页

凡是小孩子自己能够做的，应当让他自己做。小孩子不能单独做的事，或者一时做不起来的事，我们才帮助他做。

引自 [中国] 陈鹤琴《怎样做父母》，见陈鹤琴 著《家庭教育》，华东师范大学出版社 2006 年版，第 242 页

小孩子要自己做，自己生活，自己从做中得着快乐，从做中获得各种知识，学习各种技能。所以关于一切的饮食起居，凡是小孩子自己能够做的，我们不要替他代做。做是他的权

利，这种权利，我们做父母的，不应该剥夺他的。

引自［中国］陈鹤琴《怎样做父母》，见陈鹤琴 著《家庭教育》，华东师范大学出版社 2006 年版，第 243 页

凡是小孩子自己能够想的，应当让他自己想。小孩子一时想不到或者不能够完全想到的，我们可以间接地帮他想。小孩子平常不大用思想的，我们应当积极指导小孩子去思想。

引自［中国］陈鹤琴《怎样做父母》，见陈鹤琴 著《家庭教育》，华东师范大学出版社 2006 年版，第 243 页

小孩子不玩雪，则不知道雪是冷的，雪是遇热而融化的；不玩沙石，则不知道沙石是硬的；不剪纸，不敲钉则不知道钉和纸的性质，锤和剪的用法。所以小孩子试验物质可以得到许多经验，长进许多知识。做母亲的也未尝不喜欢他们的儿童经验丰富，知识长进；但是因为恐怕小孩子衣服弄脏，皮肤受伤，所以常常去阻止他们。其实皮肤损伤是不要紧的，衣服弄湿弄脏，只要替他们换换罢了，何必阻止他们呢？化学家试验化学常常将衣服弄破，但是化学家不因此而废学；体育家运动常常皮肤受伤，但是体育家不因此不运动。是可知受一次损伤就有一次经验，弄一次血出即长一次知识。小孩子试验物质也是这样的。

引自［中国］陈鹤琴《家庭教育》，华东师范大学出版社 2006 年版，第 184 页

小孩子在家里，一定要有相当玩的东西，相当做的事情。要晓得不动不做，小孩子是不会发展的。譬如他不去玩水，哪里知道水的性质？不去玩冰，哪里会知道冰是冷的？不要因为

玩水、玩冰有危险就禁止他。外国的小孩子，在夏天常常到海滨去玩沙、玩水，那样小孩子何等快乐，到了冬天，有的穿了冰鞋去滑冰，有的拉了雪车去溜雪。这种小孩子，身体一定很强壮，精神一定很快乐。

> 引自［中国］陈鹤琴《家庭教育》，华东师范大学出版社
> 2006年版，第191页

最好的训练是什么？是家长平时就不包办。尤其到孩子快要上幼儿园时，家长更要有意识地让孩子自己去做事，把各种练习自理的机会留给孩子。

> 引自［中国］尹建莉《最美的教育最简单》，作家出版社
> 2014年版，第174页

体验中一定要用"问"来启发孩子自己的思考，而不是以"讲"来说明和灌输。两种方式，效果大不一样。

> 引自［中国］尹建莉《最美的教育最简单》，作家出版社
> 2014年版，第178页

我认为父母应该相信孩子的能力，相信很多事情孩子都能自己做好，只不过他们有时需要指导罢了。父母应该陪伴和指引孩子一起探索，不能让孩子永远躲在大人的身后，而应该让孩子学会适应生活，给他们体验生活和锻炼自己能力的机会。只有这样，孩子才会乐于做一些自己该做的事，养成勤劳的好习惯。

> 引自［美国］斯托夫人《斯托夫人自然教子书》，亚北 译，
> 中国妇女出版社2009年版，第241页

做事

现在且将小孩子自己去做事的好处说一下：（一）可以发展他的肌肉；（二）可以养成他勤俭的性格；（三）可以使小孩子知道做事的不易和世务的艰难；（四）可以养成独立的精神。……所以我希望做父母的凡小孩子能做的事情都让小孩子自己去做吧。

> 引自［中国］陈鹤琴《家庭教育》，华东师范大学出版社2006年版，第180－181页

小孩子每天应当替父母做一点事情，使他知道他也是家中的一个重要分子并且也能够替父母帮忙，这是于两方面都有好处的。

> 引自［中国］陈鹤琴《家庭教育》，华东师范大学出版社2006年版，第182页

小孩子是很喜欢做事情的，而且很喜欢其成功的。因为事情成功，一方面固然自己觉得很有趣，但是还有一方面可以得到父母或教师的赞许。这种心理是很好的，我们做父母或教师的应当利用这种心理去鼓励他做各种事情。

> 引自［中国］陈鹤琴《家庭教育》，华东师范大学出版社2006年版，第5页

一切的一切，凡是小孩子应当自己做、自己能够做的，做父母的总是替他代做。这样小孩子如何能生长呢？如何能学习呢？如何能独立呢？

引自 ［中国］陈鹤琴《怎样做父母》，见陈鹤琴著《家庭教育》，华东师范大学出版社 2006 年版，第 242 页

小孩子应当做的事，一定要他去做；小孩子不应当做的事，切不可允许他去做，断不可因为要博小孩子的欢心起见，就说他好，而归罪于他人。

引自 ［中国］陈鹤琴《家庭教育》，华东师范大学出版社 2006 年版，第 170 页

通常，只要是女儿自己能做的事，我决不会去帮她做。如果什么事都替她做，就等于取消了她自己动手的机会，还会使她养成对自己的行为不负责任的坏习惯，并且形成对别人的依赖性。我时常告诉女儿，能够做到不依赖外界的人，才有信心独立而骄傲地做人。我有意识地让她形成独立和勤劳的好品德。

引自 ［美国］斯托夫人《斯托夫人自然教子书》，亚北 译，中国妇女出版社 2009 年版，第 240 页

每个孩子起初都有表现自己能力的欲望。如果他们有表现的机会，比如自己照顾自己，帮父母做事，他们就会为自己有能力而感到骄傲。这样的孩子长大后，自然会很愿意为自己做事情，也乐于帮助别人。

引自 ［美国］斯托夫人《斯托夫人自然教子书》，亚北 译，中国妇女出版社 2009 年版，第 287–289 页

寻求同伴

寻求同伴关系是很多生物的一种本能，尤其人，天然是群

居动物。正常情况下，儿童对儿童是非常感兴趣的，特别是幼儿之间，他们有独属的交流系统，别人听不懂，这种交流能给幼儿带来极大的愉悦感，非常有利于身心发育。所以我们首先应该相信，孩子原本是愿意上幼儿园的——这个心理前提非常重要，可以影响到家长的很多言行，并给孩子很多正面暗示。

引自〔中国〕尹建莉《最美的教育最简单》，作家出版社
2014 年版，第 181 页

习惯（又见 30. 家庭教育的方法／怎样培养孩子的好习惯）

一个人假使养成了一种良好习惯的话，他将得到很多的益处，一生受用不尽。假使习惯不好的话，那么，将使他一生蒙受害处。

引自〔中国〕陈鹤琴《怎样做父母》，陈鹤琴著《家庭教育》，
华东师范大学出版社 2006 年版，第 249 页

一个好的习惯养成，父母是负有很大的责任，像父母的言行，暗示，对于儿女的习惯形成有极大的影响，因为父母与小孩在一起的时间长久，一举一动都很容易使小孩子模仿，其他在小孩子周围的人，也要影响到小孩子的习惯。所以，环境的教育对于习惯的养成，是有密切关系的。

引自〔中国〕陈鹤琴《怎样做父母》，陈鹤琴著《家庭教育》，
华东师范大学出版社 2006 年版，第 251 页

小孩子的坏习惯，都是由大人们养成的。譬如当睡醒的时候，看见旁边没有人就要哭起来，而大人也常常如此，非要等到小孩子哭了才会去抱他，若第一次如此，第二次如此，就养

成了小孩子睡醒时候哭的习惯。又如吃东西，小孩子总喜欢要吃这样，要吃那样，假使大人不答应他就哭，如果他哭了你就让他吃，那么以后凡是他要不到东西时，都会以哭作要挟。

引自［中国］陈鹤琴《怎样做父母》，陈鹤琴 著《家庭教育》，华东师范大学出版社 2006 年版，第 248 页

哭泣

哭是痛苦的一种表示。不论大人小孩决不会无故而哭的。当小孩子哭的时候，做父母的就应该去推求他哭的原因和止哭的方法。饥则为之食，寒则为之衣，疲乏劳苦则使之愉快，总之小孩子哭的原因不一，做父母的止哭的方法亦随机而变罢了。

引自［中国］陈鹤琴《家庭教育》，华东师范大学出版社 2006 年版，第 115 页

小孩子以哭来要挟的时候，做父母的应当绝对地拒绝他。

引自［中国］陈鹤琴《家庭教育》，华东师范大学出版社 2006 年版，第 117 页

小孩子对于环境的动作，常常有许多变化。做父母的切不可一一去允许他。可以允许的，就允许他；如不可以的，那就应当毅然拒绝他。如果不论可否一听见小孩子哭，就立刻去应许他，那他以后就要以哭为惯技了。

引自［中国］陈鹤琴《家庭教育》，华东师范大学出版社 2006 年版，第 118 页

跌倒

小孩子跌倒，要让他自己爬起来，不要去引他哭。若是他跌得并不厉害，我们就叫他自己起来，对他说："很好，很好。""起来，不要紧，不要紧。"倘使他跌得厉害，我们也只要说："不要紧。"回去替他洗洗敷点药就完事了，何必大惊小怪，使他也恐慌起来呢？

引自［中国］陈鹤琴《家庭教育》，华东师范大学出版社 2006 年版，第 119 页

礼貌

要使小孩子说话有礼貌，必须把握下面三把金钥匙。这三把金钥匙，第一把就是要教会小孩子说"谢谢"的习惯，当人家给他做好了一件事情的时候，要教他说"谢谢"；第二把是教会小孩子说"对不起"的习惯，当他对人做了一件不太好的事情的时候，要教他说"对不起"；第三把是要教会小孩子说"请"的习惯，当小孩子有求于人的时候要教他说"请"。有了这三把金钥匙，一定到处受人欢迎。

引自［中国］陈鹤琴《怎样做父母》，陈鹤琴 著《家庭教育》，华东师范大学出版社 2006 年版，第 253 页

我们中国现在社会上，教小孩子有礼貌的方法，弊病是逼他们去做。倘使他们不以礼待长辈，那么做父母的就当着客人面前责骂他，如骂他们"饭桶""废物"等等。小孩子因被骂而恼羞成怒，以后更不喜欢礼遇长辈了。

引自［中国］陈鹤琴《家庭教育》，华东师范大学出版社 2006
年版，第 142 – 143 页

做父母的应当教育小孩子对待保姆有相当的礼貌。做父母
的叫保姆去做一桩事，应当好好儿对她说，如果保姆事情做得
不好，也只要说她几句罢了，切不可骂她。这样一来小孩子也
会好好儿待保姆的。

引自［中国］陈鹤琴《家庭教育》，华东师范大学出版社 2006
年版，第 143 页

游戏

儿童是喜欢游戏的。游戏是儿童的第二生命。小孩子只喜
欢两桩事，一桩是吃，一桩是玩，玩比吃还重要。从游戏中，
小孩子可以得许多经验，兴趣就很浓厚了。

引自［中国］陈鹤琴《怎样做父母》，陈鹤琴著《家庭教育》，
华东师范大学出版社 2006 年版，第 240 页

游戏对小孩子有什么好处呢？游戏可以给小孩子快乐、经
验、学识、思想和健康，所以做父母的不得不注意小孩子的游
戏环境，给他有很好的设备，使小孩子得着充分的运动，更让
他有适宜的伴侣，使小孩子得着优美的影响。这样，小孩子的
身体就容易强健，心境就常常快乐，知识就容易增进，思想就
会发展了。

引自［中国］陈鹤琴《家庭教育》，华东师范大学出版社 2006
年版，第 190 页

父母要让幼儿参与各种各样的游戏活动，这是促进幼儿敏感期发展的最有效方法。蒙台梭利说，玩水、玩沙是宝宝们的天性，是一种"感知运动游戏"，既可以锻炼感知觉能力，锻炼小手的精确性，又能够从中发挥丰富的想象力和创造力，让孩子们在自由的游戏中获得无限的乐趣。

> 引自 ［中国］张能治《儿童发展敏感期与家庭的早期教育》，见张能治 编著《爱，让孩子快乐成长——e 时代家庭教育真谛》，广东人民出版社 2011 年版，第 79 - 80 页

游戏是婴幼儿最好的教育活动，它有利于婴幼儿视觉、听觉、嗅觉、触觉、前庭感觉等的发育，并将感觉统一起来，从而促进大脑功能的发展；游戏是婴幼儿生活的重要组成部分，是最基本最喜爱的活动，婴幼儿通过游戏可以自然地表达思想感情，按自己的意愿发挥想象力；游戏是婴幼儿了解周围事物，探索世界的一种积极的活动，可以增强婴幼儿的自信心。

> 引自 ［中国］张能治《婴幼儿教育应该注意的若干问题》，见张能治 著《叩开孩子心扉的艺术：谈家庭教育那些事》，暨南大学出版社 2017 年版，第 30 - 31 页

心理学认为智力由注意力、观察力、记忆力、想象力和思维力五个基本因素构成，这五个因素在游戏中都可以得到培养。例如，要用积木搭成一座大楼，幼儿的头脑就要有一座大楼的形象，这一形象来源于观察感知，如果感知是过去的，就要靠记忆力；操作要靠注意力的集中，展开丰富的想象。因此，搭积木的游戏能够促进幼儿的观察力、注意力、记忆力、想象力和思维力的发展。

引自〔中国〕张能治《婴幼儿教育应该注意的若干问题》，见张能治 著《叩开孩子心扉的艺术：谈家庭教育那些事》，暨南大学出版社 2017 年版，第 31 页

游戏能使婴幼儿的骨骼和肌肉得到充分的锻炼。例如，走、跑、跳、攀、爬、滚等动作，在游戏中可以使婴幼儿感知这些动作在姿势、方位、用力等方面的差异，这样有助于婴幼儿更好的学习和掌握有关动作的要领，把中枢神经系统的技能状态调整到最佳水平。父母要让孩子玩沙、玩水，这是一种感知运动游戏，既可以锻炼感知能力，锻炼小手的精确性，又能够从中挥发丰富的想象力和创造力，让孩子在自由的游戏中获得无限的乐趣。

引自〔中国〕张能治《婴幼儿教育应该注意的若干问题》，见张能治 著《叩开孩子心扉的艺术：谈家庭教育那些事》，暨南大学出版社 2017 年版，第 31 页

游戏能促进婴幼儿道德情感的发展。例如，"老鹰抓小鸡"的游戏，母鸡要保护好小鸡，小鸡行动要协调，才不会被老鹰抓到；若有小朋友摔倒，其他小朋友要积极帮助他，不能因为自己或别人的失误而导致其他的小鸡被老鹰抓到；在游戏中，整个集体只有相互帮助、相互协调才能取得胜利，从而培养幼儿的集体观念。

引自〔中国〕张能治《婴幼儿教育应该注意的若干问题》，见张能治 著《叩开孩子心扉的艺术：谈家庭教育那些事》，暨南大学出版社 2017 年版，第 31 页

良好的启蒙教育在形式上应该是游戏的、无拘无束的、变

化丰富的、与生活相关联的。内涵中应该有技能训练、语言发展、想象力激发等一系列智慧启蒙功能。

引自〔中国〕尹建莉《好妈妈胜过好老师》，作家出版社2009年版，第296页

把玩耍当作无价值的，认为玩耍可多可少，可有可无的，认为"学知识"是有价值的，学总比不学好。持这种思想的家长不知道，对于年幼的孩子来说，智力成长不是在书桌前进行，而是在游戏中进行。

引自〔中国〕尹建莉《好妈妈胜过好老师》，作家出版社2009年版，第298页

数学教育不要一下把孩子拉到抽象的数字上，不要拿一些干巴巴的枯燥的计算来为难孩子。要让孩子在游戏中感受数字，让他体会到计算不是抽象的东西，是存在于周围生活中的有用的东西，和我们的日常生活密切联系着。

引自〔中国〕尹建莉《好妈妈胜过好老师》，作家出版社2009年版，第52页

他积极参加孩子们所有的游戏，很活跃地和别的孩子一起玩耍，对此大家有目共睹。

引自〔德国〕卡尔·H. G. 威特《卡尔·威特的教育》，丽红译，京华出版社2006年版，第47页

游戏在儿童的生活中具有重要意义，其意义与活动、工作、服务对于成人的意义相同。儿童在游戏中是怎样的，当他长大后在工作中在很大程度上也将是这样的。所以，对未来活动家

的教育首先在游戏中进行。

引自 [苏联] A. C. 马卡连柯《家庭和儿童教育》，丽娃 译，
上海人民出版社 2005 年版，第 45 – 46 页

在每个好的游戏中首先都要努力工作，都要努力动脑子。
如果您给孩子买了一只带发条的玩具老鼠，整天都上紧了老鼠
的发条让它走，而孩子将整天看着这只老鼠并且非常高兴。这
个游戏没有任何好处。在这个游戏中孩子是消极的，他的全部
参与就是观看。如果您的孩子只是做一些这样的游戏，他将成
长为一个消极的人，习惯于观看别人的工作，缺乏主动性，而
对工作中的创新、对克服困难却很不习惯。

引自 [苏联] A. C. 马卡连柯《家庭和儿童教育》，丽娃 译，
上海人民出版社 2005 年版，第 47 页

不出力的游戏，没有积极活动的游戏，永远是坏的游戏。

引自 [苏联] A. C. 马卡连柯《家庭和儿童教育》，丽娃 译，
上海人民出版社 2005 年版，第 47 页

游戏给儿童带来快乐。这或者是创造的快乐，或者是胜利
的快乐，或者是审美的快乐——即有价值的快乐。

引自 [苏联] A. C. 马卡连柯《家庭和儿童教育》，丽娃 译，
上海人民出版社 2005 年版，第 47 – 48 页

儿童开始从喜欢一个人玩转到对伙伴，对群体游戏感兴趣
的年龄，有的早一些，有的晚一些。应该最有益地帮助儿童完
成这一相当困难的过渡。必须在最良好的环境中扩大同伴的圈
子。通常这一过渡是以提高儿童对户外的活动性游戏和院子里

的游戏的兴趣的形式进行的。我们认为，在院子里的儿童群体中有一个年龄较大的、有威信的孩子，由他充当年龄较小的孩子的组织者，这种情况是最有益的。

引自［苏联］A. C. 马卡连柯《家庭和儿童教育》，丽娃 译，上海人民出版社2005年版，第52页

游戏在人的生活中具有重要意义，它是劳动的准备并应逐渐被劳动取代。许多家长对游戏的指导没有予以足够的重视，或者放任孩子，或者让孩子的游戏处于被过多地关怀和过多的玩具之中。在游戏的不同阶段上家长应采取不同的方法，但始终应该让孩子有可能独立活动和正确地发展自己的才能，同时在孩子遇到困难时也不拒绝帮助孩子。

引自［苏联］A. C. 马卡连柯《家庭和儿童教育》，丽娃 译，上海人民出版社2005年版，第60页

玩耍

我们总起来说几句，狗、猫、兔子、鸽、芙蓉鸟种种动物，是儿童很好的玩物，也是儿童很好的伴侣。儿童有了这种伴侣，一方面可以发展他的同情心，一方面可以学得动物的习性，并且可以使他不致寂寞。不过动物必须清洁、无病，而且性情驯良，最好动物是从小豢养的。

引自［中国］陈鹤琴《家庭教育》，华东师范大学出版社2006年版，第84页

要知道小孩子生来是喜欢玩水的。一鸣小的时候常常喜欢在水盆、水缸里泼泼水、玩玩水。有一天，他拿了一只盛土的

小杯子从水桶里装了水倒在花盆里。有时候我带他到池塘边去游玩，他就拿着石子丢在塘里以听石击水的声音。

> 引自［中国］陈鹤琴《家庭教育》，华东师范大学出版社 2006 年版，第 88 页

我们应当注意的就是要"活"的玩物，不要"死"的玩物。所谓"活"的玩物就是变化很多的，小孩子玩了不容易生厌的；所谓"死"的玩物，就是呆板的，不会变化的，小孩子一玩就要生厌的。

> 引自［中国］陈鹤琴《家庭教育》，华东师范大学出版社 2006 年版，第 91 页

总而言之，玩物不是给小孩子看看的，乃是要给他玩的；若是玩物不是可玩的，那这个东西就不是玩物；若玩物可以激起小孩子的动作，那这个玩物就有价值了。所以我们可以说，玩物的作用，不仅博得小孩子的欢心，也要使他发生许多动作，丰富他的经验，发展他的个性。

> 引自［中国］陈鹤琴《家庭教育》，华东师范大学出版社 2006 年版，第 91 页

小孩子是好动的。锤击是一种好的运动。他很喜欢把钉头一根一根地敲在木板上，敲好之后，把钉头拔出来，他再把钉头一根一根地敲进去。这样，他就可以玩弄许多工夫。

> 引自［中国］陈鹤琴《家庭教育》，华东师范大学出版社 2006 年版，第 103 页

玩耍对于一个人的成长和成才非赏重要。现代心理学和教

育学研究早已证实，玩耍是儿童最重要的学习途径之一，儿童首先是在玩耍中去认识、模仿和体验各种常识的。剥夺玩耍，不仅是剥夺儿童童年的快乐，更是在剥夺他们有效的学习方式。

> 引自［中国］尹建莉《最美的教育最简单》，作家出版社 2014 年版，第 97 页

如果孩子能从小尽情地玩耍而从不因此被训斥和鄙视，那么他将来对工作和学习的认真和热情也会像对待玩耍一样，投入并富于激情。

> 引自［中国］尹建莉《最美的教育最简单》，作家出版社 2014 年版，第 105 页

认识他的孩子只要和他混熟了，就更喜欢和他玩，而不是和其他伙伴玩。因为他从不向他们提出无理的要求，不会毁坏他们的玩具，还总是让着他们。

> 引自［德国］卡尔·H. G. 威特《卡尔·威特的教育》，丽红译，京华出版社 2006 年版，第 47 页

他们的世界就是玩的世界，怎么高兴怎么玩。因为那里有明媚的阳光、清新的空气，还给了他们力量和各种让他们兴奋的东西。因此，小孩子都喜欢到外面去，特别是和同伴一起玩。

> 引自［德国］卡尔·H. G. 威特《卡尔·威特的教育》，丽红译，京华出版社 2006 年版，第 55 页

语言（又见 24. 儿童发展敏感期教育/语言和 35. 家庭的智力教育/语言）

家长或老师一定要注意自己的口头语言，要说文明的、规

范的、准确的、富有美感的口语。

> 引自［中国］孙瑞雪《捕捉儿童敏感期》，中国妇女出版社
> 2010 年版，第 99 页

许多父母和保姆用他们所谓的婴儿语言教孩子说话，我们无法忍受这些愚昧的做法，这种婴儿语言实际上应该被称为含糊语言。在教孩子说"奶牛"时，我们不能教他们说"哞"，"羊"不能说"咩"，"猫"不能说"喵"，"狗"不能说"汪汪"，也不能说"哞——奶牛，咩——羊，喵——猫，汪汪——狗"，我们只能教他们说"奶牛、羊、猫、狗"。

> 引自［德国］卡尔·H. G. 威特《卡尔·威特的教育》，丽红
> 译，京华出版社 2006 年版，第 32 页

卡尔很早就学会了认识和说出他周围所有事物的名字。

> 引自［德国］卡尔·H. G. 威特《卡尔·威特的教育》，丽红
> 译，京华出版社 2006 年版，第 33 页

不管在什么环境中，小卡尔都在学习纯正的德语：在房间里，在花园里，在草地上，在田野里，在树丛中，在社会中，在长途或短途旅行时，总之，在任何我可能为他营造的环境里，他学习的都是纯正的德语。在他出生后第一年里，我们外出时不管去哪儿都带着他，只要有可能，就给他详细讲解见到的每一件事物，尤其是他感兴趣的事物。

> 引自［德国］卡尔·H. G. 威特《卡尔·威特的教育》，丽红
> 译，京华出版社 2006 年版，第 35 页

许多事实证明，假如能在孩子 6 岁以前及时教准确的语言，

那么这个孩子的智力发展就一定会很快，而且其速度是别的孩子望尘莫及的。

引自［美国］斯托夫人《斯托夫人自然教子书》，亚北 译，中国妇女出版社 2009 年版，第 67 页

听和说是孩子学习语言的两只翅膀。因此，我尽量为女儿提供听的环境和说的机会。

引自［美国］斯托夫人《斯托夫人自然教子书》，亚北 译，中国妇女出版社 2009 年版，第 67 页

如果能把握好孩子的听和说两个方面，就掌握了教孩子说话的诀窍，孩子会因此变得越来越聪明，进而去实现更高更远的目标。

引自［美国］斯托夫人《斯托夫人自然教子书》，亚北 译，中国妇女出版社 2009 年版，第 68 页

孩子一生的语言发展是由婴儿期的语言教育决定的，因此，我一开始对维尼夫雷特说话就特别注意使用标准的发音、精选的语法和词句。

引自［美国］斯托夫人《斯托夫人自然教子书》，亚北 译，中国妇女出版社 2009 年版，第 74 页

一个婴儿从出生之日开始学习，到五六岁的时候就已经完全掌握了一门语言。这是一种伟大的教育方法。在我看来，世界上最好的教育方法就是母语教育法，它应该融入所有的教育方法之中。

引自［日本］铃木镇一《用爱哺育》，许海燕 译，电子工业出
版社 2004 年版，第 10 页

如果一个孩子能流利地说出自己的母语，那么他就有被培
养成才的可能性。其他能力的培养都应该按照他学习母语的方
法来进行。

引自［日本］铃木镇一《用爱哺育》，许海燕 译，电子工业出
版社 2004 年版，第 11 页

交流

让婴幼儿多与别的孩子接触交往，这不但可以促进孩子智
能的发展，同时也有利于培养他们的协调性和社会性。在接触
交往中认识自己，了解他人，体验欢乐和痛苦，并从中培养同
情、分享、合作、友爱等良好的情感和行为。在缺少人际交往
的环境中长大的孩子，无论在性格还是智能的形成上，都会遇
到很大的障碍。

引自［中国］张能治《儿童发展敏感期与家庭的早期教育》，
见张能治 编著《爱，让孩子快乐成长——e 时代家庭教育真
谛》，广东人民出版社 2011 年版，第 81 页

音乐

最佳的听觉刺激是什么呢？是音乐，听丰富而优雅的音乐
是最佳的听觉刺激。心理学家研究发现美妙的音乐能使孩子心
情愉快。这种愉快的情绪，能够有效地改善和调整大脑皮层及
边缘的生理功能，从而使孩子的神经系统发育得更加完善。音

乐欣赏包含了空间知觉和空间推理能力，这是数学能力的重要组成部分。有意识地加强音乐训练，能够促进右脑的活动，能更有效开发人脑的潜能。

引自 ［中国］ 张能治《儿童发展敏感期与家庭的早期教育》，见张能治 编著《爱，让孩子快乐成长——e 时代家庭教育真谛》，广东人民出版社 2011 年版，第 81 页

父母给孩子优美的、高雅的、丰富的古典音乐，孩子耳濡目染，全盘吸收，这些都会形成优美的、高雅的、丰富的心灵背景，在这种环境长大的孩子，自然性情优雅、乐观自信，聪明有爱心。

引自 ［中国］ 张能治《儿童发展敏感期与家庭的早期教育》，见张能治 编著《爱，让孩子快乐成长——e 时代家庭教育真谛》，广东人民出版社 2011 年版，第 81 页

听音乐要注意方法，不是全神贯注坐在那里对着录音机听，而是在最放松最自然的状态下听，不经意地听，如吃饭、嬉戏、入睡前等。总之，就是让孩子在日常生活中，像听家人谈话那样听音乐。孩子的耳朵是敏感的，越小的时候，越会全盘吸收，像海绵一样地吸收，全部存放于生命的深处，将来慢慢地释放。

引自 ［中国］ 张能治《儿童发展敏感期与家庭的早期教育》，见张能治 编著《爱，让孩子快乐成长——e 时代家庭教育真谛》，广东人民出版社 2011 年版，第 82 页

到户外去

孩子要聪明，应让他的大脑得到充分的良性刺激，包括视

觉的刺激，听觉的刺激，嗅觉的刺激，味觉的刺激，触觉的刺激。带孩子到户外去，让大脑得到良性的丰富的刺激，尤其是视觉的刺激，这是开发孩子潜能的重要方面。

> 引自［中国］张能治《儿童发展敏感期与家庭的早期教育》，见张能治 编著《爱，让孩子快乐成长——e 时代家庭教育真谛》，广东人民出版社 2011 年版，第 80 页

自出生到二三岁间的孩子，对外来刺激具有惊人的敏感吸收力，父母应经常带孩子到户外去，到大自然中去，让他的感官得到更多的良性刺激，这将会极大地促进智能的发展。

> 引自［中国］张能治《儿童发展敏感期与家庭的早期教育》，见张能治 编著《爱，让孩子快乐成长——e 时代家庭教育真谛》，广东人民出版社 2011 年版，第 81 页

运动（又见 28. 家庭的健康教育/运动）

在早期教育中，还应该特别注意培养孩子爱运动的习惯。就像运动可以促进肌肉骨骼生长一样，运动也可以促进大脑新细胞的生长，促进智力发育。

> 引自［中国］尹建莉《最美的教育最简单》，作家出版社 2014 年版，第 142 页

玩具

小孩子大概不会知道去整理他所玩过的东西的。做父母的应当常常督察他，诱导他，使他慢慢儿养成这种良好习惯。

引自〔中国〕陈鹤琴《家庭教育》，华东师范大学出版社 2006
年版，第 86 页

小孩子只喜欢玩东西，而不知玩了之后，应把东西收藏起来，或知道应当收藏而不肯去做。但为小孩子自身前途计，为爱护物力计，做父母的应当设法使他养成这个收藏物件的好习惯才好。

引自〔中国〕陈鹤琴《家庭教育》，华东师范大学出版社 2006
年版，第 141 页

婴幼儿的玩具不必太多，哪怕只有一种，他也能变换各种方式来玩。即使是个瓶盖，一块木头，在孩子看来，或许比从商店买来的昂贵玩具还要好玩。帮助婴幼儿发展种种创意，才是做父母的最大责任。

引自〔中国〕张能治《儿童发展敏感期与家庭的早期教育》，
见张能治 编著《爱，让孩子快乐成长——e 时代家庭教育真
谛》，广东人民出版社 2011 年版，第 84 页

晖晖两岁半时，他的父母在广州给他买了一辆工具卡车。这辆工具卡车包括的附件有：驾驶员、电钻、锤子、螺丝刀、扳手、2 个适配头、3 个螺丝、2 个钉子、6 个螺母、1 块游戏板块。这辆工具卡车 4 个轮子能拧坚和拧松，电钻能像真电钻一样工作，钳子是可以夹东西的，用扳手可以拧紧螺母，用锤子可以将钉子锤进孔里，所有的工具都可以安装在工作台上。这辆工具卡车可以让孩子在游戏过程中认识各种工具的功能，让孩子通过对车轮和发动机的拆装，培养思维能力，动手、动脑能力。晖晖很喜欢这辆工具卡车，他拆了又装，装了又拆。这

类玩具可以培养孩子的创造能力。

> 引自［中国］张能治《婴幼儿教育应该注意的若干问题》，见张能治 著《叩开孩子心扉的艺术：谈家庭教育那些事》，暨南大学出版社 2017 年版，第 32 页

我们很容易就会发现，只要细心琢磨，一个人能把任何事物都变成玩具，而且，我确信如果一个人能够按照这种方式来做的话，那远比给孩子们买一大堆玩具让他们随意去玩，却不给予他们任何细心的指导要好得多。

> 引自［德国］卡尔·H. G. 威特《卡尔·威特的教育》，丽红译，京华出版社 2006 年版，第 68 页

当他们发现玩具过多的时候，他们开始喜欢搞破坏。

这种破坏玩具的习惯非常糟糕，而且，这种坏习惯会长期存在于一个人身上，往往会引导他走上错误的道路，并且很难改掉这一坏习惯。

> 引自［德国］卡尔·H. G. 威特《卡尔·威特的教育》，丽红译，京华出版社 2006 年版，第 68 页

我们可以看到，我们周围最寻常、最普通的东西，往往都能成为玩耍和教育的工具，这些东西作为孩子生命中前五六年的精神食粮已经是绰绰有余了。

> 引自［德国］卡尔·H. G. 威特《卡尔·威特的教育》，丽红译，京华出版社 2006 年版，第 68 页

对孩子们最有益的玩具是一盒积木。在聪明的指导下，积木能让孩子快乐地忙碌很多年并能从中学到许多知识。

引自〔德国〕卡尔·H. G. 威特《卡尔·威特的教育》，丽红译，京华出版社2006年版，第74页

你还可以买来玩具风车和水车，还有孩子们见过的其他重要东西的仿造品。比如排水管、制盐厂、蒸汽机等等。但是，最重要的是这些东西能够被拆开并重新安装。同样，零件上的指示性数字也应该尽早被擦掉。

引自〔德国〕卡尔·H. G. 威特《卡尔·威特的教育》，丽红译，京华出版社2006年版，第75页

给孩子的玩具不要多，但要努力做到让他能用这些不多的玩具组织游戏。然后观察孩子，悄悄地听他的游戏，尽量让他独立地感觉到某种不足并想法予以弥补。如果您给孩子买了一匹玩具小马，他迷恋于搬运的任务，自然他将会感觉到还缺一辆马车。不要急忙去给他买马车。尽量让他自己用一些小盒子、线轴或硬纸板制成马车。如果他制作这样的马车，那就棒极了——目的达到了。

引自〔苏联〕A. C. 马卡连柯《家庭和儿童教育》，丽娃译，上海人民出版社2005年版，第56页

家长应该特别注意儿童对玩具的态度。儿童不应该破坏玩具，应该爱护玩具，但如果玩具坏了，也不应该没完没了地痛苦。如果儿童真的习惯于认为自己是个好主人，如果他不害怕个别的损失并感到自己有力量去挽回不幸，这个目的就会达到。父亲和母亲的任务是始终能在上述情况下帮助孩子，在他失望时支持他，向他证明人的机智和劳动永远能够改变处境。因此，我们建议家长们要经常采取措施去修理损坏了的玩具，任何时

候都不要过早地扔掉它。

> 引自［苏联］A. C. 马卡连柯《家庭和儿童教育》，丽娃 译，
> 上海人民出版社 2005 年版，第 57 页

一次只能玩一种玩具，当第一种玩具仍在手中时，不能得到另一种玩具。这是为了让他们从小学会爱惜东西，不要弄丢或毁坏了自己的东西；而如果允许他们同时摆弄许多各式各样的玩具，那就会使他们肆意随性、漫不经心，从小就学会挥霍浪费。

> 引自［英国］约翰·洛克《教育漫话》，徐大建 译，上海人民
> 出版社 2005 年版，第 147 页

生活用品也是玩具

孩子有时候爱玩这类成型的玩具，但有的时候更爱玩生活中的用品。凡是他弄得动、搬得动的东西，在他眼里都是玩具。比如拧瓶盖，对孩子就是一种很好的手部小肌肉的锻炼。父母把塑料瓶子洗干净后，教孩子一手握住瓶身，一手握住瓶盖，慢慢转动瓶盖，直到瓶盖脱离瓶身。还有水，孩子都很喜欢水。可以为孩子准备两个杯子，一个装半杯水，一个空着，让孩子将杯里的水倒进倒出，这对培养孩子手的协调性很有好处。

> 引自［中国］张能治《儿童发展敏感期与家庭的早期教育》，
> 见张能治 编著《爱，让孩子快乐成长——e 时代家庭教育真
> 谛》，广东人民出版社 2011 年版，第 85 页

我们应该根据孩子年龄，准备一些可以让手活动的材料，让他玩，让他动，以提高手的活动能力，实际上也就是孩子的

生活能力，也是他独立性的一个组成部分。……比如孩子爱抓豆子、抓米粒，我们可以把豆子或米粒放在小碗里，让他去抓。这样就满足了孩子玩生活物品的喜好，又不至于把家里弄得很乱。又可以将花生与绿豆放在碗里，让孩子从绿豆中挑出花生来，然后将花生摆在桌面上，摆成各种形状，或者数数。

引自［中国］张能治《儿童发展敏感期与家庭的早期教育》，见张能治 编著《爱，让孩子快乐成长——e 时代家庭教育真谛》，广东人民出版社 2011 年版，第 85 页

家务劳动

如果孩子们没有亲身体验过如何扫地、如何擦桌子、如何使用工具，他就不会获得真正的能力。经常参与家务劳动的孩子，往往在秩序感、责任心、独立性等方面的发展都较为突出。

2—3 岁的孩子可以学习收拾自己的玩具，帮助父母取放一些轻便的物品。4 岁的孩子可以在吃饭的时候分发碗筷，叠放自己的衣物。5 岁的孩子学习用饭勺盛饭，还可以在厨房里协助大人剥豆角、洗菜，尝试洗自己的小手帕，短袜等。

引自［中国］张能治《儿童发展敏感期与家庭的早期教育》，见张能治 编著《爱，让孩子快乐成长——e 时代家庭教育真谛》，广东人民出版社 2011 年版，第 86 页

不能迁就孩子

迁就孩子，孩子就会任性。孩子哭了，要了解哭的原因，不能一哭就抱。孩子跌倒了，只要没有危险，就要让孩子自己

爬起来，这样就不会助长孩子的依赖心理。孩子在幼儿园能做的事，回到家里，大人不要替他做。孩子故意闹着，不应该顺着他的意思迁就他，坚持几次他就不会再闹了。孩子没有依赖心理，就不会任性，独立性和责任感就强了。

> 引自［中国］张能治《儿童发展敏感期与家庭的早期教育》，见张能治 编著《爱，让孩子快乐成长——e 时代家庭教育真谛》，广东人民出版社 2011 年版，第 86 页

幼儿教育不能小学化

幼儿教育小学化，不利于幼儿敏感期的发展。敏感期得不到充分发展的孩子，头脑不清晰、思维不开阔、缺乏安全感，不能深入理解事物的特性和本质，严重影响幼儿潜能的开发。

> 引自［中国］张能治《儿童发展敏感期与家庭的早期教育》，见张能治 编著《爱，让孩子快乐成长——e 时代家庭教育真谛》，广东人民出版社 2011 年版，第 86 页

浇花

小孩子若没有受过教育，见花卉就任意乱采。若从小就教他爱护花卉，那长大也必爱护花卉的。这是浇花的第一好处。小孩子对于花木本是不知道的，现在若我们教他天天浇水，他就慢慢儿晓得花木一天一天地能长大起来，也晓得花木必须依赖水而生活。这种知识可从浇花动作得来。这是浇花的第二个好处。小孩子浇花的时候，我们可以教他花卉的颜色和花卉的名字以及花卉的结构。这是浇花的第三个好处。从这三种好处

看来，浇花确是一种很好的动作，做父母的岂可不注意呢？

引自［中国］陈鹤琴《家庭教育》，华东师范大学出版社 2006 年版，第 104 页

其实，两岁的孩子也是可以浇花的，就算把地弄湿了又有什么关系呢。孩子如果能够识别各种花卉，并且目睹自己浇的花更加美丽，她会充满自豪感，并对探索这个世界产生更大的兴趣。我们应该给孩子机会。

引自［美国］斯托夫人《斯托夫人自然教子书》，亚北 译，中国妇女出版社 2009 年版，第 274 页

涂鸦

1.5 岁到 4 岁的幼儿的绘画属于涂鸦期，可分为三个阶段。第一阶段为无意识的涂鸦期，1.5 岁幼儿会在纸上画不规则的线条和各种各样的点。第二阶段为控制涂鸦期，2 岁幼儿开始学习控制手的动作及注意手眼协调，能画有一定规则的线条和圆形物。第三阶段为命题涂鸦期，4 岁的幼儿已经可以用简化的形式，来表现他眼中所看到的物体，能给他笔下所画的形象命名。5 岁的幼儿能画完整的人，6 岁的幼儿注意到了人体的比例。

引自［中国］张能治《儿童发展敏感期与家庭的早期教育》，见张能治 编著《爱，让孩子快乐成长——e 时代家庭教育真谛》，广东人民出版社 2011 年版，第 82 页

从涂鸦期开始，孩子的创造力想象力从其笔下就已经源源而来。对孩子来说，画一条线要比大人想象的要困难得多，他必须花费很大的精力记住调整手的动作。因此，父母不能简单

地评价孩子涂鸦的好与坏，像与不像，而是要看是否充分表达了孩子的心理活动。如果手能运用自如，愉快地画出表达自己感情的美丽的线，这就表明孩子的巨大潜能已经发挥出来了。

> 引自 [中国] 张能治《儿童发展敏感期与家庭的早期教育》，见张能治 编著《爱，让孩子快乐成长——e 时代家庭教育真谛》，广东人民出版社 2011 年版，第 82 页

艺术

看画这件事，于小孩子实在有许多的利益包含着：一则可以提高鉴赏美术的能力，二则可以陶冶优美的的情绪，三则可以养成独自消遣的习惯。在幼稚园里及家庭中，对于小孩子"看画"的动作，是不可忽视的。

> 引自 [中国] 陈鹤琴《家庭教育》，华东师范大学出版社 2006 年版，第 100 页

我们大概都知道儿童是好动的，也是喜欢模仿的，所以最好教以"剪纸"的游戏。一可以使他模仿各式各样的人物，表现他的意思；二可以利用"剪纸"的动作，在无形中练习精细、忍耐、敏捷、沉静诸美德。所以，这虽也是一种游戏，于教育上也是很有关系的。

> 引自 [中国] 陈鹤琴《家庭教育》，华东师范大学出版社 2006 年版，第 102 页

着色和剪图有同样的功用，不过着色比剪图稍微难一点；但是小孩子到 3 岁半的时候，就可以开始做了。

引自〔中国〕陈鹤琴《家庭教育》，华东师范大学出版社 2006
年版，第 102 页

练习穿珠，虽是游戏的动作，却有教育的作用包含在内。
一方面小孩子可以认识红黄蓝白各种颜色，一方面使小孩子得
着快乐，借资消遣；至于练习手筋，尤其乐事了。

引自〔中国〕陈鹤琴《家庭教育》，华东师范大学出版社 2006
年版，第 103 页

小孩子能泥塑各种人物，可以养成他们的创造精神，提起
他们的兴趣，忘却许多恶劣的感想。他们做成一种人物，而且
可以使他们运用色彩，适合于人物的各种身份，加以点缀，这
大可增加他们想象的能力。

引自〔中国〕陈鹤琴《家庭教育》，华东师范大学出版社 2006
年版，第 105 页

戏泥玩沙，是小孩子喜欢做的。我们正可利用泥沙实地去
教授小孩子。

引自〔中国〕陈鹤琴《家庭教育》，华东师范大学出版社 2006
年版，第 105－106 页

画图、看图、剪图、剪纸、着色、穿珠、锤击、浇花、塑
泥、玩沙等与小孩子身心之发展是有密切关系的。这些动作小
孩子大概都喜欢玩的。做父母的正可以用这些动作去施行优良
的教育。

引自〔中国〕陈鹤琴《家庭教育》，华东师范大学出版社 2006
年版，第 106 页

画画是儿童的一种天性，到处乱画几乎是一种必然。

> 引自［中国］尹建莉《最美的教育最简单》，作家出版社 2014
> 年版，第 3 页

我越来越意识到，儿童都是绘画天才，也是创意天才。在他们拿着一支笔恣意涂画时，其实是在启动自己的艺术才华。我经常在端详一些儿童画时心生感动，那种真诚、朴素和表达上的自由洒脱，是任何人教不出来、任何技巧难以到达的境界。如果你真的能用心去看一幅孩子的画，就一定不会把孩子在墙面上的创作看成破坏。

> 引自［中国］尹建莉《最美的教育最简单》，作家出版社 2014
> 年版，第 4 页

从目标到手段，艺术教育都不应该是苦的，应该是甜的。

> 引自［中国］尹建莉《最美的教育最简单》，作家出版社 2014
> 年版，第 216 页

音乐的敏感期到来时，我们为孩子提供经典音乐，早晨，我们让音乐唤醒孩子；平时带孩子参加音乐活动，听音乐会、看芭蕾。没有条件的可以找 DVD 在家里和孩子一起欣赏。绘画敏感期到来时，可以带孩子看画展、和孩子一起欣赏画册……这些活动都可以进行。只是要持续进行。就像校园里常响着经典音乐，墙面上常挂着世界名画……这样你就为孩子提供了一个基本可以满足孩子需求的文化环境了。

> 引自［中国］孙瑞雪《捕捉儿童敏感期》，中国妇女出版社
> 2010 年版，第 33－34 页

我们常常一起演戏，这样可以使他对生活中的许多场景形成正确的概念。

引自［德国］卡尔·H. G. 威特《卡尔·威特的教育》，丽红译，京华出版社 2006 年版，第 72 页

责罚

做父母的在未责罚小孩子以前，也应当仔仔细细地考查他一番。他实在有过失，那就责罚他；倘使他没有过失，那就不应当责罚他了。

引自［中国］陈鹤琴《家庭教育》，华东师范大学出版社 2006 年版，第 160 页

大凡小孩子决不会无故而作恶的，作恶的原因，大概是由环境造成的。做父亲的待他太严厉，他因为恐怕受罚做了坏事，自然要说谎的；做母亲的不把食物给他吃，他因为为食欲所冲动，自然要偷食物的。倘使能够寻出小孩子作恶的原因，而且把这种原因铲灭，那么小孩子以后就不会再作恶了。如果不把他这种原因除去，而只责罚他作恶的结果，那么小孩子虽然怕你，一时不敢再作恶，但是他作恶的心，依旧存在，要他以后不再作恶，是很不容易的事情。

引自［中国］陈鹤琴《家庭教育》，华东师范大学出版社 2006 年版，第 158 页

现在我再把责罚小孩子的条件总起来，写在下面：

1. 诱导比恐吓、哄骗、打骂都来得好。若能以诱导法得到良好结果的，我们千万莫去打骂我们的小孩子。

2. 未责罚小孩子以前，做父母的应当探索小孩子作恶的原因，不要一味地瞎打瞎骂。

3. 做父母的在未责罚小孩子以前，还要详细考察他的过失，要深知他所犯的究竟是什么过失，不要不分皂白，乱施鞭笞。

4. 即使要责罚小孩子，做父母的也不要在众人面前去责罚他，以保存他的羞恶之心。

5. 即使要打骂小孩子，早晚不应该打骂他。若是早上打骂他，他一天要不舒服；若是晚上打骂他，他一夜要不得安睡。

6. 做父母的不可迁怒于其子女。

7. 做父母的责罚小孩子的时候，应当重责其所做错的事情而轻责其人，以予他自新之路，以保存他的人格。

8. 打骂的时候，旁人不宜帮着说："可怜！可怜！"等话，免使小孩子相信自己是对的，相信打他的人是错的。

9. 不宜痛打小孩子，以致打后懊悔不及。

10. 做父母的不要常常去责罚他们的小孩子，因为常常责罚也就失其效力了。

引自［中国］陈鹤琴《家庭教育》，华东师范大学出版社 2006 年版，第 175－176 页

不可恐吓

切不可恐吓他们，使他们发生无谓的恐惧，脑筋里无端的印入一种恐惧的印象。譬如禁止儿童哭泣，就说："暗地里有妖怪要来捉你。"禁止儿童外出，就说："外边有老虎要来吃你。"这种无意识的恫吓，大有妨害于儿童心理的健全，抚育儿童的须引为大戒。

引自［中国］陈鹤琴《儿童教育的根本问题》，见陈鹤琴著
《家庭教育》，华东师范大学出版社 2006 年版，第 202 页

在儿童年幼的时候，小心地不让他们受到各种惊吓。不要
让他们听到任何恐怖的谈话，也不要让他们受到可怕的东西的
惊扰。

引自［英国］约翰·洛克《教育漫话》，徐大建 译，上海人民
出版社 2005 年版，第 126 页

要注意的是，除了真正的危险之外，不可把更多的事情说
成是危险的；所以，只要看到他怕了不该害怕的东西，你就一
定要在不知不觉中，逐步引导他，直至他最后消除了恐惧，克
服了困难，受到了称誉。

引自［英国］约翰·洛克《教育漫话》，徐大建 译，上海人民
出版社 2005 年版，第 128–129 页

培养孩子胆量

小孩子的胆子大不大，勇敢不勇敢，大概要看做父母的是
怎样教的。做父母的自己怕这样，怕那样，哪里能望小孩子勇
敢呢？若要小孩子胆大，一方面做父母的要以身作则，一方面
要施行良好教育，以打消小孩子已有的惧怕和避免未来的惊吓。

引自［中国］陈鹤琴《家庭教育》，华东师范大学出版社 2006
年版，第 119 页

如果你的孩子一看到青蛙就会尖叫着跑开，那就让另一个
人捉住它，把它放在有一定距离的地方：首先让他习惯于看它；

看习惯了之后再让他走近它、不动情感地看它跳跃；然后再由别人将它抓住、让他轻轻地触摸；如此等等，直至他能够自信地拨弄它、如同拨弄一只蝴蝶或麻雀一样。采用同样的方法，任何其他不必要的恐惧，都可以被消除掉；只要你小心从事，做的时候不要过于性急，孩子的前一种恐惧还没有完全消除之前，不要把他推向新的自信。

引自［英国］约翰·洛克《教育漫话》，徐大建 译，上海人民出版社 2005 年版，第 128 页

背诵（见 27. 家庭的早期教育/背诵）

故事

德国著名教育家卡尔·H. G. 威特认为，培养孩子对世界的亲和力，最好的做法就是讲故事，讲故事还可以锻炼孩子的记忆力、启发想象、扩展知识。如果孩子喜欢听故事，会讲故事，对故事产生浓厚兴趣，对其一生会产生意想不到的作用。

引自［中国］张能治《儿童发展敏感期与家庭的早期教育》，见张能治 编著《爱，让孩子快乐成长——e 时代家庭教育真谛》，广东人民出版社 2011 年版，第 82 页

当今的父母可能很繁忙，但一定不要错过儿童发展敏感期，因为儿童的成长是不能等待的；一定要拿出时间来，认真选择故事，认真读故事，经常陪孩子，经常给孩子讲故事，这是孩子终生受益的大事。

引自［中国］张能治《儿童发展敏感期与家庭的早期教育》，

见张能治 编著《爱，让孩子快乐成长——e 时代家庭教育真谛》，广东人民出版社 2011 年版，第 82–83 页

卡尔最喜欢的一种娱乐是看图片。我们自然会给他解释画中所有值得了解的东西，之后我们就让他向我们描述一遍，我们既当他的老师，又当他的学生。……所以，他时常会根据图画自己编一个故事，然后讲给我们听，以便我们告诉他真正的故事。这样，我们渐渐增强了他想要读书的愿望。

引自［德国］卡尔·H. G. 威特《卡尔·威特的教育》，丽红 译，京华出版社 2006 年版，第 94 页

很好地讲故事——这是文化教育的开端。如果每个家庭的书架上都有童话故事集，那是非常好的。

引自［苏联］A. C. 马卡连柯《家庭和儿童教育》，丽娃 译，上海人民出版社 2005 年版，第 111 页

选择故事是很重要的。首先要筛选掉那些讲妖魔鬼怪、女巫、林妖、水怪、人鱼的故事。……在幼年时孩子有可能把妖魔鬼怪的代表形象当作现实的形象来接受，有可能把孩子的想象力引向阴暗恐怖的神秘主义。

对年幼的孩子来说，有关动物的故事是最好的故事。

引自［苏联］A. C. 马卡连柯《家庭和儿童教育》，丽娃 译，上海人民出版社 2005 年版，第 111 页

一般说来，必须优先选择那些能激发热情、自信心、乐观主义的生活态度和对胜利的期望的故事。

引自［苏联］A. C. 马卡连柯《家庭和儿童教育》，丽娃 译，

上海人民出版社 2005 年版，第 113 页

多阅读少看电视

从幼儿期培养孩子阅读的习惯，也是防止他患上电视瘾的好办法。如果一个孩子从小喜欢阅读，他的智力就会发育得更好，他会更容易发现别的有兴趣的事；同时他的思想会更成熟更理性，他知道事情的轻重缓急，不会舍得让电视浪费自己的时间。

> 引自［中国］尹建莉《好妈妈胜过好老师》，作家出版社 2009 年版，第 275 页

孩子是在阅读中成长，还是在电视机前长大，其所形成的智力差距和智慧差距是巨大的。

> 引自［中国］尹建莉《好妈妈胜过好老师》，作家出版社 2009 年版，第 275 页

在看电视的规定上，我认为不规定时间，只规定看哪几个节目较好，这样比较好掌控。规则一旦定出来，就要执行，父母首先不做破坏者，也要少看电视，抽时间看些书，这对孩子是无言的教育。这里面的核心也是不动声色地诱惑，不要有冲突。

> 引自［中国］尹建莉《好妈妈胜过好老师》，作家出版社 2009 年版，第 84 页

少看电视的行动如果从孩子很小的时候就做起，实现起来则容易得多。而且家长一定要以身作则。家长如果在孩子小时

候纵容他无度地看电视，实际上是在给孩子制造一个大麻烦。

引自［中国］尹建莉《好妈妈胜过好老师》，作家出版社2009年版，第272页

当孩子还不识字时，当他只能听懂别人朗读的东西，报纸就已应该在他的印象中占有牢固的地位。家庭应该订一份报纸。读报时不要远离孩子，家长不应每天只为自己翻阅报纸。要在孩子在场的情况下在每张报纸中找到可以朗读的、可以议论的东西，即使这些东西不是专为孩子写的。如果您在谈论读过的东西时的神态好像没有专门考虑孩子似的，那就更好。他反正什么都听到了，您越不做作，孩子的注意力就越集中。

引自［苏联］A.C. 马卡连柯《家庭和儿童教育》，丽娃 译，上海人民出版社2005年版，第115页

应该努力让孩子自己去读报，让报纸成为他日常生活中不可缺少的东西。

引自［苏联］A.C. 马卡连柯《家庭和儿童教育》，丽娃 译，上海人民出版社2005年版，第115页

对书的熟悉也应从朗读开始。以后不管孩子的识字程度有多高，朗读仍然是家庭使用得最广泛的措施之一。最好是要使这样的朗读成为家庭日常生活中大家都喜欢的、已成为习惯的、经常做的事。

引自［苏联］A.C. 马卡连柯《家庭和儿童教育》，丽娃 译，上海人民出版社2005年版，第116页

如果家长充分利用了报纸、书籍、电影、戏剧和博物馆，

那么他们就能在知识领域和性格培养方面给予自己的孩子很多东西。

引自 ［苏联］ A. C. 马卡连柯《家庭和儿童教育》，丽娃 译，上海人民出版社 2005 年版，第 120 页

耐心

维尼芙雷特还是个婴儿的时候，我就开始有意识地培养她的耐心。一听到她啼哭，我就知道她一定是饿了，但我不会立刻喂她东西，而是让她哭一会儿再喂，以培养她的耐心。

引自 ［美国］ 斯托夫人《斯托夫人自然教子书》，亚北 译，中国妇女出版社 2009 年版，第 176 页

随着孩子的逐渐长大，尤其是当他们学会用语言表达自己的要求之后，父母就应该有意识地训练他们的耐心了。应该让孩子懂得等待，懂得在适当的时候做某件事，懂得与他人协调。

引自 ［美国］ 斯托夫人《斯托夫人自然教子书》，亚北 译，中国妇女出版社 2009 年版，第 176 页

训练孩子的耐心，自己首先要有耐心，这一点是极为重要的。当孩子用不停的哭闹来迫使父母满足他的要求时，父母一定要沉得住气，提醒自己正在训练孩子，只有自己有耐心，才能把孩子培养成有耐心的人。

引自 ［美国］ 斯托夫人《斯托夫人自然教子书》，亚北 译，中国妇女出版社 2009 年版，第 179 页

24. 儿童发展敏感期教育

概述

人类发展敏感期的研究是从对动物行为发展规律的研究开始的。

引自［中国］张能治《儿童发展敏感期与家庭的早期教育》，见张能治 编著《爱，让孩子快乐成长——e 时代家庭教育真谛》，广东人民出版社 2011 年版，第 73 页

K. 洛伦兹（奥地利生物学家）把这种无需强化的、在一定时期容易形成的反应称为"铭记（impriting）现象"，又称"认母现象"，该现象发生的时期叫做"发展关键期"。随后洛伦兹提出动物行为模式理论，认为大多数动物在生命的开始阶段，都会无需强化而本能地形成一种行为模式，而且这种模式一旦形成就极难改变。K. 洛伦兹借此成为现代动物行为学的创始人。

K. 洛伦兹因为"发展关键期"理论的提出和研究，于 1973 年获得诺贝尔生理学医学奖。

引自［中国］张能治《儿童发展敏感期与家庭的早期教育》，见张能治 编著《爱，让孩子快乐成长——e 时代家庭教育真谛》，广东人民出版社 2011 年版，第 74 页

面对儿童的敏感期，父母应怎样教育才是最理想的呢？井深大认为有两个方面要着力去培养。一个方面是，人们常常谈到的对孩子进行语言、音乐、文字、图形等的训练，为孩子的

未来奠定智能活动的基础；另一个方面是，要在这一时期把做人应有的基本规范或态度灌输给孩子。例如，生命是可贵的，必须珍惜；不要只顾自己，同时要多为他人考虑；凡事不要依赖别人，要用自己的脑筋思考等，这些都是极为自然的做人原则。这些是父母对婴幼儿所能做的最大贡献。……在婴幼儿时期培养起来的良好生活习惯，能够成为一个人不可磨灭的生活模式，并使他的人生更丰富、更完美。

> 引自 ［中国］ 张能治《儿童发展敏感期与家庭的早期教育》，
> 见张能治 编著《爱，让孩子快乐成长——e 时代家庭教育真
> 谛》，广东人民出版社 2011 年版，第 78 - 79 页

如果能在发展的敏感期里进行适宜而有效的教育，将会极大地促进脑功能的发展并取得事半功倍的效果。

> 引自 ［中国］ 张能治《儿童发展敏感期与家庭的早期教育》，
> 见张能治 编著《爱，让孩子快乐成长——e 时代家庭教育真
> 谛》，广东人民出版社 2011 年版，第 79 页

敏感期得到充分发展的孩子，头脑清晰，思维开阔，安全感强，能深入理解事物的特性和本质。顺利通过一个敏感期后，儿童的心智水平便从一个层面上升到另一个层面。父母应学会观察婴儿，什么东西会使婴儿的眼睛亮起来，什么东西会使婴儿的脸笑起来，说什么话时他会靠过来，注意这些事，是做父母的不可忽视的责任与义务。

> 引自 ［中国］ 张能治《儿童发展敏感期与家庭的早期教育》，
> 见张能治 编著《爱，让孩子快乐成长——e 时代家庭教育真
> 谛》，广东人民出版社 2011 年版，第 79 页

对婴幼儿的教育不应该有太多限制，要多让他们到实际中去看、去听、去玩，婴幼儿就可以得到丰富的刺激。父母应该下意识地给婴幼儿各色各样的刺激，让婴幼儿对周围的物品感到稀奇而带着好玩的情形去抚弄它，有时即使将它推倒、弄坏，都是孩子的探索心理与创造心理的表现。父母要有爱心和耐心，全面地帮助儿童，使儿童所有敏感期都得到充分的发展。

> 引自［中国］张能治《儿童发展敏感期与家庭的早期教育》，见张能治 编著《爱，让孩子快乐成长——e 时代家庭教育真谛》，广东人民出版社 2011 年版，第 79 页

抓住儿童发展的敏感期，创造一个适合儿童成长的环境，科学有序地对儿童进行家庭的早期教育，这是每个为人父母者的责任！

> 引自［中国］张能治《儿童发展敏感期与家庭的早期教育》，见张能治 编著《爱，让孩子快乐成长——e 时代家庭教育真谛》，广东人民出版社 2011 年版，第 88 页

0～6 岁，儿童就是依靠一个接一个的敏感期来发展自己的。

> 引自［中国］孙瑞雪《捕捉儿童敏感期》，中国妇女出版社 2010 年版，第 1 页

出生的头两年，孩子们的敏感期基本是一致的。这期间孩子如果没有得到很好的发展，其他的敏感期会顺延。让孩子在 6 岁以前完成一系列敏感期是理想的成长状态。

> 引自［中国］孙瑞雪《捕捉儿童敏感期》，中国妇女出版社

2010 年版，第 61 页

儿童的敏感期很多很多，每个敏感期出现的时间都不固定，同一个敏感期中儿童的表现也不尽相同。

引自［中国］孙瑞雪《捕捉儿童敏感期》，中国妇女出版社 2010 年版，第 90 页

许多家长担忧，敏感期错过是否还能补救？回答是肯定的。

引自［中国］孙瑞雪《捕捉儿童敏感期》，中国妇女出版社 2010 年版，第 291 - 292 页

视觉

刚出生的婴儿，会到处寻找淡淡的阴影和阴影的边界，随着时间的延长，婴儿很快就能寻找到生活中那些明暗相交的地方；一幅画、窗帘或者书柜里的书产生的那些明暗相交的地方，婴儿会高度投入地一直注视着那些地方，直到疲倦为止。

引自［中国］孙瑞雪《捕捉儿童敏感期》，中国妇女出版社 2010 年版，第 47 - 48 页

婴儿视觉的敏感期是在出生时唤醒脑内神经元的工作，或者说，这是一种脑内完全的建构工作，所以这个时候，儿童的视觉从不会偏离在生活环境中的明暗相交的地方。

引自［中国］孙瑞雪《捕捉儿童敏感期》，中国妇女出版社 2010 年版，第 48 页

对一个头半年的新生儿来说，尽管他同时具备其他的感觉能力，例如：听觉、触觉、味觉，但是在头半年的发展中，视

觉和味觉在他的发展中就像一首交响乐中的主旋律一般，起着至关重要的作用。

> 引自［中国］孙瑞雪《捕捉儿童敏感期》，中国妇女出版社2010年版，第48－49页

口与手

在蒙特梭利看来，有两样东西和人的智慧紧密相关：口与手。当一个儿童能自由使用他的手时，手就成了智慧的工具。

> 引自［中国］孙瑞雪《捕捉儿童敏感期》，中国妇女出版社2010年版，第5页

人通过手来占有环境。婴儿出生时第一个能运动的器官就是口，婴儿就用这个他仅能支配的器官唤醒了手——他不停地吃手，从而发现自己有手。可以想象，当婴儿第一次将他的小手放入口中时，肯定会有"开天辟地"般的惊喜。当幼儿第一次有意识地向外界物体伸出他的手时，他对世界的探索就开始了。

> 引自［中国］孙瑞雪《捕捉儿童敏感期》，中国妇女出版社2010年版，第5－6页

儿童口腔的敏感期在半岁左右来临，婴儿首先要使口的功能建立并独立起来，其次才用口来认识世界。

> 引自［中国］孙瑞雪《捕捉儿童敏感期》，中国妇女出版社2010年版，第50页

口是他连接自己和这个世界的最自然通道。最初儿童仅仅

是用口认识手，发展到后面，儿童会用口认识周围所有的一切，什么东西都能放到嘴里。这个过程也完成和健全了口的功能。

引自［中国］孙瑞雪《捕捉儿童敏感期》，中国妇女出版社
2010 年版，第 56 页

八九个月的幼儿非常喜欢抓捏软的物体，手的活动不只是手的活动，而是有着智性的目标。成人常常因为无知，给儿童设置了很多障碍，剥夺了他用手的自由，也剥夺了他认识世界的机会。

引自［中国］孙瑞雪《捕捉儿童敏感期》，中国妇女出版社
2010 年版，第 59 页

童年期锻炼用手非常重要。我们常看到很多成年人不会用手或者很笨拙，不会拿筷子，不会按键，不会用手指夹围棋子，不会点钞，不会拴绳索。这都和他们童年时期这方面的发展受到障碍有关。

引自［中国］孙瑞雪《捕捉儿童敏感期》，中国妇女出版社
2010 年版，第 60 页

手是人类智慧的工具。表现在儿童身上，甚至可以这样说：儿童是用手来思考的，手的自由的使用不仅表达了儿童的思维，也表达了儿童思考的过程，禁止了儿童手的活动，就相当于禁止了儿童的思考。

引自［中国］孙瑞雪《捕捉儿童敏感期》，中国妇女出版社
2010 年版，第 62 页

手是身体功能中最伟大的智慧的工具。

引自〔中国〕孙瑞雪《捕捉儿童敏感期》，中国妇女出版社
2010年版，第64页

走路

走的敏感期大概从7个月开始出现。起先孩子拒绝坐，不
断要妈妈拉着双手跳，一段时间后，他开始走，看上去像是在
跑。这可能是父母最累的时候——不会走，但到处走；会走了，
就无处不走；上楼梯、下楼梯都要自己来，不管需要多长时间；
哪里不平偏要往哪里走……走路的敏感期中，儿童是一个自由、
活跃的个体，他对空间的把握能力从此跨出了一大步。

引自〔中国〕孙瑞雪《捕捉儿童敏感期》，中国妇女出版社
2010年版，第66页

上下坡是每个孩子都有的重要的走的敏感期的组成部分，
是走的敏感期的典型表现。当幼儿学会上下坡，他就真正地、
完全地学会走路了。

引自〔中国〕孙瑞雪《捕捉儿童敏感期》，中国妇女出版社
2010年版，第65页

攀爬楼梯的敏感期一般在2岁前出现。这时儿童开始喜欢
在楼梯上爬上爬下，先用手判断上下楼梯之间的空间距离，然
后试着用脚来判断。因为成人总担心这样危险，并觉得孩子用
手摸地不卫生，常常阻止、破坏了这一敏感期的正常发展，对
大多数孩子来说，这一敏感期往往滞后到2岁半甚至3岁才
出现。

引自〔中国〕孙瑞雪《捕捉儿童敏感期》，中国妇女出版社

2010 年版，第 66 页

空间

儿童空间敏感期的发展从 0 岁开始一直持续到 6 岁。

> 引自［中国］孙瑞雪《捕捉儿童敏感期》，中国妇女出版社
> 2010 年版，第 73 页

儿童见了洞洞就会把一个东西塞进去。这个活动在儿童 1 岁左右的时候非常频繁。

> 引自［中国］孙瑞雪《捕捉儿童敏感期》，中国妇女出版社
> 2010 年版，第 73 页

紧接着儿童开始不断垒高、推倒，再垒高、推倒，这是最典型的感知空间发展的一种能力，是对空间感受的过程。这个感受是儿童智能发展的关键所在。接着儿童会对一个狭小的空间非常感兴趣，比如钻到大衣柜里、桌子下面玩耍。之后儿童对爬到某个高处开始有兴趣，我们常常看见小朋友反复爬楼梯，实际上，这都是儿童在运用身体对空间把握的一个过程。

> 引自［中国］孙瑞雪《捕捉儿童敏感期》，中国妇女出版社
> 2010 年版，第 73 页

空间敏感期对空间的探索，是儿童一个自我创造的过程、一个突破极限的过程。

> 引自［中国］孙瑞雪《捕捉儿童敏感期》，中国妇女出版社
> 2010 年版，第 74 页

孩子需要在各种各样的空间中来感知不同的空间。上下、

里外、空旷与狭小、方圆。只有在小的空间中孩子才有明显的空间感。孩子透过感知不同的空间感进而建立空间的概念。

> 引自［中国］孙瑞雪《捕捉儿童敏感期》，中国妇女出版社 2010 年版，第 79 页

感受空间，发展到承受更大的空间，这实际同时也是一个心理承受能力发展的过程。

> 引自［中国］孙瑞雪《捕捉儿童敏感期》，中国妇女出版社 2010 年版，第 83 页

探索

儿童通过物体的位置探索空间，通过物体的运动探索空间，还通过弯曲的视界探索空间。

> 引自［中国］孙瑞雪《捕捉儿童敏感期》，中国妇女出版社 2010 年版，第 16 页

如果一个孩子在几个月时就知道如何战胜阻力、不断探索，你能够想象他的未来是什么样子吗？探索世界是人的自然天性，这一天性能否得到发展取决于是否得到了及时、足够的爱和能够探索的自由。

> 引自［中国］孙瑞雪《捕捉儿童敏感期》，中国妇女出版社 2010 年版，第 70 页

我们设想，幼儿早期可能以为自己和外界是一体化的，要明白自己和它物是分离的、物与物也是分离的道理，幼儿需要 2 年至 3 年的时间。当他能够行走、使用手、移动物体就成为幼

儿早期探索世界的集中表现。手的敏感期、走的敏感期、空间的敏感期接踵而至，使孩子开始"征服"他能够涉足的任何地方。

> 引自［中国］孙瑞雪《捕捉儿童敏感期》，中国妇女出版社2010 年版，第 71 页

对细微事物的敏感期

看微小的东西需要专注，需要耐心，需要聚精会神，需要时间。这些甚至比那观察的对象本身还重要。

> 引自［中国］孙瑞雪《捕捉儿童敏感期》，中国妇女出版社2010 年版，第 89 页

蒙特梭利说过，儿童在 1 岁半到 2 岁时会有一个对细微事物感兴趣的敏感期。

> 引自［中国］孙瑞雪《捕捉儿童敏感期》，中国妇女出版社2010 年版，第 89 页

秩序

秩序的敏感期到来时，我们应保护儿童、理解儿童、尊重儿童、协助儿童，尽可能给儿童提供一个有秩序的外在环境。

> 引自［中国］孙瑞雪《捕捉儿童敏感期》，中国妇女出版社2010 年版，第 96 页

秩序成习惯，习惯成自然，自然成人格，这一切来自童年。是童年造就了一个人的基本品格和素质。

引自〔中国〕孙瑞雪《捕捉儿童敏感期》，中国妇女出版社 2010 年版，第 94 页

秩序还是诚信的基础。一个孩子在秩序的环境中长大，会形成程序意识、规则意识、独立意识和契约意识……这样的孩子成年后，就成为一个有秩序的社会人。

引自〔中国〕孙瑞雪《捕捉儿童敏感期》，中国妇女出版社 2010 年版，第 96 页

如果没有对时间和空间的感知，就不会发展出更为抽象的秩序。

引自〔中国〕孙瑞雪《捕捉儿童敏感期》，中国妇女出版社 2010 年版，第 72 页

孩子不仅会把规则变成秩序固定在自己身上，还会把它变成一种通则；孩子喜欢规则，就会把规则当作礼物送给父母、教师和喜欢的朋友。一个个良好的规则积累起来，最后造就一个文明的成人。

引自〔中国〕孙瑞雪《捕捉儿童敏感期》，中国妇女出版社 2010 年版，第 138 页

玩沙与玩水

沙既是固体的，又是流体的，它变化无常又易被掌握，它那无穷尽的形态和用之不尽的玩法，从本质上满足了儿童内心的需求和操作中的创造性。加上水，水可以将沙固化，也可将沙液化，和沙一结合，就变得奇妙无穷。

引自［中国］孙瑞雪《捕捉儿童敏感期》，中国妇女出版社
2010 年版，第 110 页

每个孩子都有玩沙的敏感期。玩沙虽然简单，但意义绝不
寻常。

引自［中国］孙瑞雪《捕捉儿童敏感期》，中国妇女出版社
2010 年版，第 243 页

读优美故事书

临睡前，陪伴在孩子床前，在一束柔和、光亮的灯光下给
孩子读优美的童话故事书，让孩子的心积淀生活的诗意，积淀
妈妈爸爸的爱和对童年温馨的回忆。在这种氛围里，儿童发现
着、创造着、成长着。

引自［中国］孙瑞雪《捕捉儿童敏感期》，中国妇女出版社
2010 年版，第 37 页

儿童在临睡前的读书需求，是一个世界范围内的普遍现象。
可以给孩子读各种各样的书，童话书，写实的，科幻的，百科
全书等等，但必须是大师们写的，意识接近真善美，心态健康
美好，逻辑严谨，语言优美，内容适合儿童心灵发展的。

引自［中国］孙瑞雪《捕捉儿童敏感期》，中国妇女出版社
2010 年版，第 37 页

语言（又见 23. 婴幼儿的家庭教育/语言和 35. 家庭的智力教育/语言）

儿童的语言和成人的语言有差别。我们一直要求老师和家

长倾听孩子，让孩子把所有的纠纷自己说清楚，要求成人用更高的心灵和精神同孩子交流。

> 引自［中国］孙瑞雪《捕捉儿童敏感期》，中国妇女出版社2010年版，第122页

"为什么"也是孩子语言敏感期的一种表现。在一个个"为什么"面前，父母、教师一定要做正确、简洁的解答。答不出来，如实告诉孩子，可寻找获得正确答案的途径，如查百科全书等。这样就给了孩子一个更多选择的途径和出口，对孩子的未来有帮助。

> 引自［中国］孙瑞雪《捕捉儿童敏感期》，中国妇女出版社2010年版，第165－166页

专注

已经形成的自我，在以后的几年里会表现得更为充分——从排除他物，到说出"不"，到坚定不移地坚持自己的看法，到在形成自我的过程中，建立和派生出优秀的个人品质、专注和意志。

> 引自［中国］孙瑞雪《捕捉儿童敏感期》，中国妇女出版社2010年版，第123页

当儿童选择了他要做的事情，他就必然专注。

> 引自［中国］孙瑞雪《捕捉儿童敏感期》，中国妇女出版社2010年版，第123页

专注和充分工作是完整度过敏感期的前提。儿童从对事物

的专注中整理和发展自己。如果儿童生活在自由的环境中，拥有选择的权利，专注的品质自然就会形成了。这就是自由的意义。

> 引自［中国］孙瑞雪《捕捉儿童敏感期》，中国妇女出版社2010年版，第243页

儿童在专心致志于自己感兴趣的事物时，常常被无端打断。这不仅破坏了儿童成长的机会，长此以往，很可能造就一个无法专注的少年，一个对事情不感兴趣的青年，一个庸庸碌碌的成人。

> 引自［中国］孙瑞雪《捕捉儿童敏感期》，中国妇女出版社2010年版，第297页

模仿

"模仿"是0～3岁期间很重要的智力发展过程。

> 引自［中国］孙瑞雪《捕捉儿童敏感期》，中国妇女出版社2010年版，第100页

模仿是儿童对自己身体行为上的一种确认，就好像儿童可以停在某一种系列的动作中，然后将此动作重复出来，最终形成自己的能力。

> 引自［中国］孙瑞雪《捕捉儿童敏感期》，中国妇女出版社2010年版，第101页

尽量放慢自己的动作，满足儿童模仿的需要，给孩子成长的空间，使孩子平稳地度过这一时期。

引自［中国］孙瑞雪《捕捉儿童敏感期》，中国妇女出版社2010 年版，第 102 页

执拗

儿童执拗的敏感期，可能来源于秩序感。在建构秩序感这一特殊品质时，儿童的过分需求常常被认为是"任性"和"胡闹"，但我们觉得，用"执拗"这一概念来得更准确一些。

引自［中国］孙瑞雪《捕捉儿童敏感期》，中国妇女出版社2010 年版，第 143 页

解决儿童的执拗问题，一是要理解，二是要变通，三是要成功。

理解不是特别难，但变通需要智慧和技巧。只有变通得好，才能成功解决问题，才有随之而来的快乐。

引自［中国］孙瑞雪《捕捉儿童敏感期》，中国妇女出版社2010 年版，第 143 页

色彩

3～4 岁是儿童对色彩的敏感期，儿童喜欢认识色彩。

引自［中国］孙瑞雪《捕捉儿童敏感期》，中国妇女出版社2010 年版，第 151 页

儿童涂色的过程为以后书写做准备。通过最初的乱涂，他的书写才会逐渐趋于规律。

引自［中国］孙瑞雪《捕捉儿童敏感期》，中国妇女出版社

2010 年版，第 151 页

痴迷

敏感期中的幼儿往往对敏感对象表现出痴迷的热情。幼儿绘画敏感期到来时正是如此。这个敏感期在 4 ～ 5 岁之间到来，但也有例外。整个敏感期持续 1 个月到 1 年的时间。

引自［中国］孙瑞雪《捕捉儿童敏感期》，中国妇女出版社 2010 年版，第 169 页

痴迷、热忱的状态，使儿童达到一种出神入化的境界，使儿童深入事物的本质，掌握事物，最终改造和创造事物。

引自［中国］孙瑞雪《捕捉儿童敏感期》，中国妇女出版社 2010 年版，第 169 页

情感

为了孩子，要学会相爱，这样孩子因父母相爱，就知道什么是爱。这是孩子未来自己婚姻幸福的基础。

引自［中国］孙瑞雪《捕捉儿童敏感期》，中国妇女出版社 2010 年版，第 137 页

儿童对男人或者女人的首次理解是对自己爸爸妈妈的理解。女孩会说，我要跟我爸爸结婚，男孩会说我要跟我妈妈结婚，这是最早婚姻敏感期出现的一个雏形。

引自［中国］孙瑞雪《捕捉儿童敏感期》，中国妇女出版社 2010 年版，第 206 页

儿童时期是一个纯粹的情感培养和情感发展的过程，让儿童在童年顺利度过婚姻的敏感期，将为孩子成人后的婚姻关系奠定基础。

引自〔中国〕孙瑞雪《捕捉儿童敏感期》，中国妇女出版社2010年版，第208页

人际关系

人际交往的敏感期，是儿童成长和发展过程中一个很重要的需求。

引自〔中国〕孙瑞雪《捕捉儿童敏感期》，中国妇女出版社2010年版，第199页

在人际关系中，儿童最终会发现，真正的朋友是建立在志趣相投、彼此关爱、相互理解和相互倾听的基础上。

引自〔中国〕孙瑞雪《捕捉儿童敏感期》，中国妇女出版社2010年版，第200页

要让儿童把人际关系的敏感期发展好，就要让他自己完成这样一个周期。在这个周期中，给孩子空间，让孩子自己处理问题，直到孩子需要成人才介入。但介入的时候并不是告诉孩子应该怎么做，而是要倾听孩子，让孩子说出他们的纠纷，让他们自己找出关系中存在的问题。这就是我们所说的，儿童拥有权利发现问题、解决问题，并且设计出解决问题的计策和方案的自由。

引自〔中国〕孙瑞雪《捕捉儿童敏感期》，中国妇女出版社

2010 年版，第 201 – 202 页

5 岁以后儿童结束了一对一的交往，进入了三四人一组的交往中，并且在选择朋友上有了明显的精神倾向，也基本结束了以交换为目的的交友方式。

引自［中国］孙瑞雪《捕捉儿童敏感期》，中国妇女出版社 2010 年版，第 274 页

5 岁多 6 岁的时候，儿童对规则高度感兴趣，所以一起玩时，首先建立规则，对方同意后才玩。这实际是一个承诺和契约。有趣的是，这是在成长中自发完成的。

引自［中国］孙瑞雪《捕捉儿童敏感期》，中国妇女出版社 2010 年版，第 201 页

音乐

音乐的敏感期是螺旋发展的，4 岁时发展到真正意义的音乐的敏感期。在这个敏感期中，儿童等待或寻找特别的音乐环境，跟音乐亲近，发展潜在的音乐天赋。

引自［中国］孙瑞雪《捕捉儿童敏感期》，中国妇女出版社 2010 年版，第 231 页

有一个好的音乐环境很不容易，这个环境包括音乐本身、音乐设备以及共同感受音乐的人。

引自［中国］孙瑞雪《捕捉儿童敏感期》，中国妇女出版社 2010 年版，第 231 页

识字

我们采用了和生活结合的识字方法。为了使文字紧密结合于生活，我们在家具、电器、学习用品、生活用品上写上各自的名称。

引自［中国］孙瑞雪《捕捉儿童敏感期》，中国妇女出版社2010年版，第234页

"有准备的环境"，是蒙特梭利教学理论的经典用语，是儿童发展中的条件。儿童把文字和语音与它指称的对象在自己的生活中联系起来，使文字在儿童那里获得了它本来的意义。

引自［中国］孙瑞雪《捕捉儿童敏感期》，中国妇女出版社2010年版，第234页

认知

学习是人的天性，婴儿从出生那天就开始学习了。学习认识和母体不同的空间、声音、光线、物体的形状……使尽全身解数去听、看、触、嗅……

引自［中国］孙瑞雪《捕捉儿童敏感期》，中国妇女出版社2010年版，第246页

学习的方式，知识的难度，都必须和孩子生命的成长阶段、认知状态以及每个孩子的兴趣相吻合。

引自［中国］孙瑞雪《捕捉儿童敏感期》，中国妇女出版社2010年版，第246页

5 岁左右, 儿童对自然界的认识已经达到一个很高的程度。幼儿园、学校应该尽可能为儿童提供在生活中、自然中学习的机会, 让孩子们同自然产生联系。

引自［中国］孙瑞雪《捕捉儿童敏感期》, 中国妇女出版社 2010 年版, 第 269 页

书写

书写的敏感期到来时, 书写就像从孩子的生命深处走出来一样, 深深吸引着孩子, 不断促使孩子高度专注和持续不断地写。写, 变成了生活和乐趣, 写如同孩子去放风筝一样自发和快乐。这就是敏感期的作用, 把学习当做生活。

引自［中国］孙瑞雪《捕捉儿童敏感期》, 中国妇女出版社 2010 年版, 第 256 页

分享

到了 5 岁左右, 儿童必然开始喜欢和他人分享物品, 这是一种成长的规律, 但在此之前, 儿童的物品应归他自己所有, 不能强迫他放弃自己的东西。也要告诉其他孩子学会尊重他人的拒绝。

引自［中国］孙瑞雪《捕捉儿童敏感期》, 中国妇女出版社 2010 年版, 第 179 页

家长和学校应该给孩子分享的自由。有的孩子正处于"我的"占有敏感期, 他要靠拥有自己的东西将"我"与"他人"区别开来。如果强制这个时期的儿童分享他的东西, 会给他造

成巨大的恐惧感和危机感。孩子到了四五岁时必然会愿意分享，因为他的心理已经发展到了另一个层面。

引自［中国］孙瑞雪《捕捉儿童敏感期》，中国妇女出版社2010 年版，第 180 页

六七岁时，孩子才开始真正体会分享的乐趣，这时分享变成了一种快乐和良好的品质。

引自［中国］孙瑞雪《捕捉儿童敏感期》，中国妇女出版社2010 年版，第 180 页

25. 快乐孩子的品格

概述

我们的家长是不是经常替孩子做事，做那些孩子想做、又能做的事情，是不是经常剥夺孩子做事的机会。如果这样，孩子就会养成一种不愿干事情的习惯。相反，如果我们鼓励他，让他动手实践，动手实验，动手干，就会形成敢于干事情、敢于实践、敢于动脑筋、不怕挫折、不怕失败的良好心态，孩子就会得到极大的满足，得到极大的快乐。

引自 [中国] 张能治《更新育儿观念，培养孩子良好品格》，见张能治 编著《爱，让孩子快乐成长——e 时代家庭教育真谛》，广东人民出版社 2011 年版，第 91 页

活泼

又玩又学，又答又问，在玩中学，在玩中问。

1. 眼睛活泼：双眼炯炯有神，会观察，会看图画，会看书，会用自己双眼辨别事物。

2. 嘴巴活泼：会说故事，谈见闻，会主动回答别人的问题，会唱歌，声音洪亮，发音清晰。

3. 脸部活泼：表情丰富，会说会笑，会装鬼脸。

4. 双手活泼：双手灵活，会玩沙、玩水，会捉小虫，会摆弄玩具，会做手工，会弹乐器，会做家务。

5. 双脚活泼：能跑能跳，能歌善舞。

6. 头脑活泼：会观察自然，观察生活，喜欢提问题。

……

活泼，使孩子快乐。父母要让孩子快乐起来。

> 引自［中国］张能治《更新育儿观念，培养孩子良好品格》，见张能治 编著《爱，让孩子快乐成长——e 时代家庭教育真谛》，广东人民出版社 2011 年版，第 91－92 页

专注

与活泼同时，要让孩子学会安静、专注，专心做一件事情。

孩子玩玩具，既要与小朋友一起玩，又要独立玩，安静专注玩。

玩积木，让其摆出各种造型，此时，大人不要干预他，影响他，这对培养孩子专注做一件事情，专注学习很有帮助，长大了对专注干好某件事情，以至发明创造会带来巨大的作用。

观察蚂蚁，让孩子了解到：蚂蚁排队前进的情景；相遇时互相敬礼场面；能够背比自身重得多的力量等等。这对培养孩子的观察力、想象力、思维能力、探索能力将会产生极大的影响。专注会使孩子快乐起来。

> 引自［中国］张能治《更新育儿观念，培养孩子良好品格》，见张能治 编著《爱，让孩子快乐成长——e 时代家庭教育真谛》，广东人民出版社 2011 年版，第 92 页

勇敢

1. 跌倒了自己爬起来。

2. 不怕小虫，不怕蟑螂等。

3. 不怕打针，不怕吃药。

4. 半岁不认生，周岁会交往，三岁进幼儿园不哭鼻子，会跟妈妈说再见。

5. 不要吓孩子，不要给孩子讲鬼的故事，不要看恐怖片。

……

勇敢应从婴幼儿培养起，长大了才会成为勇敢的人，否则你就会把一切都失掉。

> 引自〔中国〕张能治《更新育儿观念，培养孩子良好品格》，见张能治 编著《爱，让孩子快乐成长——e 时代家庭教育真谛》，广东人民出版社 2011 年版，第 92 – 93 页

自信

要让孩子自我觉得：

1. 我聪明，我能干，我漂亮。

2. 我会劳动。会给爸爸妈妈拿鞋子，拿小凳子，做简单的家务。对孩子的行动，爸爸妈妈要说声"谢谢"。

3. 我会关心别人，帮助别人。妈妈累了，会拿凳子给妈妈坐；爸爸流汗了，会给爸爸擦擦汗；会给爷爷奶奶捶捶背；有好吃的东西，把一半分给小朋友；有玩具肯与小朋友一起玩。

4. 我能做很多事情。凡孩子自己能做的事自己做，不要依靠别人。

5. 我会改正错误，我喜欢改正错误。改正了错误，人就进步了。

上述各个方面，都体现出孩子的自信。自信可让孩子获得

成功的满足感。自信心的获得有赖于一个自由的思想活动的空间和他人的理解与鼓励。父母要创设环境，为孩子自信心的获得提供条件。

引自［中国］张能冶《更新育儿观念，培养孩子良好品格》，见张能冶 编著《爱，让孩子快乐成长——e 时代家庭教育真谛》，广东人民出版社 2011 年版，第 93 页

诚实

生活中孩子会碰到各种各样我们想不到的事情，父母一定要有一个宽容的心理，这样孩子才敢说实话，才能从小养成诚实的品格，才能从诚信中获得快乐。

引自［中国］张能冶《更新育儿观念，培养孩子良好品格》，见张能冶 编著《爱，让孩子快乐成长——e 时代家庭教育真谛》，广东人民出版社 2011 年版，第 94 页

独立性

1. 孩子出世就分床睡，让小床靠近大床，妈妈随时可以安抚他；逐步过渡，上小学就分房睡。

2. 自己穿衣服，穿袜子，穿鞋。

3. 逐步学会洗澡。

4. 与人谈话，眼睛要注视对方，站要站直，坐要坐正，声音要响亮。

5. 起床、吃饭、洗澡要按时，要主动，不要拖拉。

6. 要敢于说出自己的需要，冷了，热了，饿了，要主动跟

大人说，想要什么东西，需要什么帮助，也要主动告诉大人。

7. 要学会自己玩耍。不依赖成人的关注，自己玩耍，自娱自乐，父母要有意识给孩子创造独立玩耍的机会。孩子玩的时候，要确保周围环境的安全，并抽空看看他们，对他们玩出的花样给予夸奖和鼓励。自己玩耍与集体玩耍要相结合，自己玩耍，可以培养孩子的独立性；集体玩耍，可以培养孩子的交际能力。

8. 独自到邻居家做客。起初时间不要太长，慢慢地可以延长点时间。好处：和别的孩子玩，在一种比较宽松的环境里，让孩子适应让别人来管理；了解一些和自己家不一样的生活方式；学会等待，等待爸爸妈妈来接他等等。

上述各个方面都在培养孩子的独立性。孩子有了独立性，长大了就有较强的独立工作能力。孩子有了独立性，他就会从独立做事中获得快乐。

引自［中国］张能治《更新育儿观念，培养孩子良好品格》，见张能治 编著《爱，让孩子快乐成长——e 时代家庭教育真谛》，广东人民出版社 2011 年版，第 94 – 95 页

好奇心

好奇心是人类最宝贵的品格之一。有了好奇心，就能引发兴趣，有了兴趣，就有了动力，就有了创造的土壤。

1. 让生活中的小事引发孩子的兴趣

下雨了，让孩子到雨中戏水，溅水。水溅起来，刺激孩子的手脚、身躯，刺激孩子的五官，孩子会感受到刺激的开心、快乐。父母可引导孩子联想：雨是哪里来的，下雨有什么好处，

有什么害处等等。

带孩子到田间抓蚯蚓，养蚯蚓，让孩子观察联想：蚯蚓是生活在泥土的上面，还是在泥土里；看看它怎么松土，松土对植物有什么作用。让孩子动手，将蚯蚓切成两半，看蚯蚓会不会死，为什么会长成两条蚯蚓。

养两只小兔子，看看兔子喜欢吃什么，不喜欢吃什么；喂养小兔子，看看它吃东西的动作，观察它生长的全过程。

带孩子看魔术表演，感受魔术的魅力。

2. 父母要善于保护孩子的好奇心

孩子把玩具汽车拆开来，父母怎么办？要鼓励他，帮助他，一起研究，汽车有哪些零部件？它们有什么作用？零件坏了想办法给修理好。孩子把汽车弄坏了，但由于父母的宽容，孩子的好奇心和动手能力得到培养，他会从修理汽车的过程中获得快乐。

……

父母的责任在于培养孩子的好奇心，保护孩子的好奇心，千万不能以一时的冲动或个人的爱好，打掉孩子的好奇心。

> 引自［中国］张能冶《更新育儿观念，培养孩子良好品格》，见张能冶 编著《爱，让孩子快乐成长——e 时代家庭教育真谛》，广东人民出版社 2011 年版，第 95－96 页

责任感

家里的事，孩子会做的，应让他做，让他知道我是家里一员，这是我应该做的，培养他的责任感。孩子的玩具、学习用品、生活用品，用后要放回原位。吃饭不要拖拉，拖拖拉拉这

是一种没有责任感的表现。有了责任感，就不会感到做这些事是一种负担，反而会感到很快乐。

引自［中国］张能治《更新育儿观念，培养孩子良好品格》，见张能治 编著《爱，让孩子快乐成长——e 时代家庭教育真谛》，广东人民出版社 2011 年版，第 96 页

26. 在活动中造就孩子的良好品格

从餐桌做起

饮食是孩子出世就必要的物质需求，是培养孩子良好习惯的起点，事情虽小影响却很大，父母应予以足够的重视。

1. 饭前：大人要洗手，带动孩子洗手。二三岁的孩子，要让他动手擦餐桌，摆碗筷，端饭菜，使孩子懂得，我是家庭一员，应尽到一份责任，培养孩子爱卫生、爱劳动的品格。

2. 开饭：要叫齐家里人，大家一块吃，切忌独自一人先吃；一人一份，让孩子有一个份额意识，不能因为孩子年龄小，贪吃，父母就舍不得吃；以此培养孩子的亲情和尊重他人的品格。

3. 吃饭：要认真，不拖拉，时间约半小时；地点要固定，不要东走西跑；精神要集中，不要边吃饭边看电视；不挑吃，不偏食，避免吃出来的毛病。

4. 饭后：要漱口，保证口腔卫生；要帮忙收拾餐桌，父亲也要参与其中，使孩子懂得，我是家庭的小主人，也应尽到一份责任。

饭菜不要吃剩，外出到餐馆吃饭，如果剩有饭菜，要打包回家，培养孩子节约的品格。

引自 ［中国］张能冶《更新育儿观念，培养孩子良好品格》，见张能冶 编著《爱，让孩子快乐成长——e 时代家庭教育真谛》，广东人民出版社 2011 年版，第 96－97 页

尊重儿童

尊重是儿童的一种心理需求。人皆有自尊心，幼儿也如此。处在幼儿时期的孩子自尊心非常脆弱，需要父母的细心呵护。

> 引自［中国］张能治《更新育儿观念，培养孩子良好品格》，见张能治 编著《爱，让孩子快乐成长——e 时代家庭教育真谛》，广东人民出版社 2011 年版，第 97 页

尊重孩子，就得让孩子选择。

尽管孩子依附于父母、师长，但也有被人尊重的需要。一旦需要得到满足，就会有力量，就会前进，就会发展。

父母带孩子外出做客，主人拿出糖果、饼干等食物给孩子，招待客人，父母该怎么办？美国父母会让孩子选择，然后说声谢谢。中国父母往往会说：不要，不要，不吃。这种剥夺孩子选择的做法，实际上是对孩子的不尊重的表现。

> 引自［中国］张能治《更新育儿观念，培养孩子良好品格》，见张能治 编著《爱，让孩子快乐成长——e 时代家庭教育真谛》，广东人民出版社 2011 年版，第 97 页

尊重他人，从身边的人做起。

关心别人，从心疼妈妈开始。二三岁的孩子就可以开始训练他心疼妈妈。父母要教他，妈妈生病时给妈妈以体贴的表示："妈妈你哪里痛？""妈妈你好些吗？"在妈妈生气时过来给妈妈消消气。平时给妈妈做些力所能及的事情。一个不会尊重父母、关心父母的孩子，其结果不可能尊重他人，关心他人。

尊重保姆、清洁工。要让孩子懂得，他们是光荣的劳动者，

是值得尊重的人，要教育孩子懂得怎样称呼他们。有事要他们做，应用请求的语气、征求的语气，而不应该用命令的语气。如果他们在家里吃饭，应一起吃。他们有什么做不对的，不要粗暴指责他们，尤其不要当着孩子的面指责他们，而是要和气跟他们讲，明确正确做法和要求。很多留学生，在国外常做杂工挣钱，包括当保姆、清洁工，既养活自己，也培养尊重他人的品德。

要尊重祖父母、外祖父母及其他家庭成员；要尊重所有的亲戚、朋友；要尊重邻居，和邻居友好相处。

只有在家里，在幼儿园懂得尊重别人，孩子长大了才会尊重他的同事、上司和下属，才会和谐与别人相处，才会获得成功，获得快乐。

> 引自［中国］张能治《更新育儿观念，培养孩子良好品格》，见张能治 编著《爱，让孩子快乐成长——e 时代家庭教育真谛》，广东人民出版社 2011 年版，第 97－98 页

尊重自己，强调自主、自信。

尊重他人，强调平等。平等待人，宽容大度。

尊重自然，强调和谐。保护环境，从我做起，从身边做起。

尊重社会，强调规则。遵守规则，这是尊重社会的底线，这是法制社会的基础。

尊重应成为传统道德与现代道德的结合点。父母要用尊重成就孩子快乐的一生。

> 引自［中国］张能治《更新育儿观念，培养孩子良好品格》，见张能治 编著《爱，让孩子快乐成长——e 时代家庭教育真谛》，广东人民出版社 2011 年版，第 98 页

走进大自然

父母要经常带孩子到大自然中去。比如让孩子去池塘边观察小蝌蚪，看看它们是怎样变成活蹦乱跳的小青蛙的。抓蝴蝶，抓小虫，抓其他小动物。爸爸妈妈陪孩子去抓，他会感到更开心，这是对他能力的肯定，他会从抓小虫、抓小动物中发现什么，探索什么，从而培养孩子的创造精神。

观察大自然的各种颜色，天空是蓝的，太阳是红的，早晨的太阳和晚上的太阳有什么不同。

观察建筑物，什么是圆形、正方形、长方形、三角形等等。

带孩子观察夏夜的星空，让他对横亘的银河、闪烁的星星以及盈亏交替的月亮产生兴趣，也许未来的天文学家由此诞生。

让孩子注意昼夜的交替，四季的变化，阴晴雨雾、电闪雷鸣。

带孩子观察春天里各种花鸟虫草的变化。

总之，可以让神奇的大自然来容纳孩子无穷而强烈的好奇心，培养他勇于探索的精神。

> 引自［中国］张能治《更新育儿观念，培养孩子良好品格》，见张能治 编著《爱，让孩子快乐成长——e 时代家庭教育真谛》，广东人民出版社 2011 年版，第 98 页

认真回答孩子的问题

对于孩子的提问，做父母的不管有多忙多烦，都应该做到孩子问什么，就回答什么，要真实合理。在向孩子传播知识和

方法时，决不能嫌麻烦，敷衍塞责，应付了事，只有这样回答，才能使孩子成为对社会现象和自然现象有辨别能力的人，成为快乐的人。

> 引自〔中国〕张能治《更新育儿观念，培养孩子良好品格》，见张能治 编著《爱，让孩子快乐成长——e 时代家庭教育真谛》，广东人民出版社 2011 年版，第 100 页

生老病死，是自然规律，鲁迅耐心而准确回答孩子的问题，使孩子对死没有恐惧感。死是生病的缘故，它还可以让孩子探索治病的方法。

> 引自〔中国〕张能治《更新育儿观念，培养孩子良好品格》，见张能治 编著《爱，让孩子快乐成长——e 时代家庭教育真谛》，广东人民出版社 2011 年版，第 99 页

鲁迅很注意孩子的求知欲和想象力，他说过：孩子常常想到星星月亮上的境界；想到地面以下的情形；想到花卉的用处；想到昆虫的语言；他想飞上天空，他想潜入水底……因此对孩子提出的问题，做父母的应当耐心地给予解答，不应该搪塞、哄骗。

> 引自〔中国〕张能治《更新育儿观念，培养孩子良好品格》，见张能治 编著《爱，让孩子快乐成长——e 时代家庭教育真谛》，广东人民出版社 2011 年版，第 99 页

做力所能及的事

一岁之后，就要让孩子做事，如逐步让孩子学会吃饭、穿衣、穿袜子、穿鞋、自己起床、自己洗脸。

二三岁要逐步学会自己洗澡。

大一点要学会扫地、洗手巾。

帮助爸爸妈妈摘菜、洗菜。

帮助爸爸妈妈拿东西如鞋子、小椅子。

学习开门锁门。

……

让孩子做力所能及的事，在实践中增长才干，提高能力，这是学习的根本方法。

> 引自［中国］张能冶《更新育儿观念，培养孩子良好品格》，见张能冶 编著《爱，让孩子快乐成长——e 时代家庭教育真谛》，广东人民出版社 2011 年版，第 100－101 页

鼓励孩子观察和思考

父母陪伴孩子游戏，要有意识地启发孩子观察游戏，思考问题。

带孩子出去旅游，要启发孩子观察大自然，提问题，思考答案。

带孩子上街，会在街上、商店里看到一些字，要让孩子把在幼儿园、在家里认的字联系起来认，鼓励他去认其他的字。认字要与实物联系起来，从而培养他的兴趣。

孩子到了水果店，要让孩子细心观察：店里有什么水果，放在什么位置，是什么颜色。回家后可让他说出水果的名称，这可以培养他的记忆力。带孩子到果林参观，看看这些水果是长在树的什么地方。进一步思考，哪些水果是产于南方，哪些是产于北方。

引自［中国］张能治《更新育儿观念，培养孩子良好品格》，见张能治 编著《爱，让孩子快乐成长——e 时代家庭教育真谛》，广东人民出版社 2011 年版，第 101 页

27. 家庭的早期教育

概述

家长必须明白，孩子的学龄前阶段，不仅是智力发展的关键期，同样也是道德品质和行为习惯形成，身体发育和体质增强，劳动能力和习惯形成，以及正确的审美观念和审美能力形成的极好时期。孩子德、智、体、美和劳动等素质，是一个相互联系、相互依存、相互影响和制约的整体。只有诸方面素质全面协调地发展，才会有利于智力的发展，单纯进行智力开发，不可能使智力得到充分的发展。

> 引自［中国］赵忠心《家庭教育学：教育子女的科学与艺术》，人民教育出版社 2001 年版，第 349 页

关注儿童的家庭早期教育，父母应善于学习，对这个时期的孩子的心理发展做充分的了解，保持积极的态度；应善于观察，观察孩子的行动和变化，特别是心理变化；应善于研究，多提出几个为什么，与他人切磋，从书本和网络寻求答案；应善于应对，不要强制，要创造丰富的学习环境，鼓励孩子自由探索、勇敢尝试。

> 引自［中国］张能治《儿童发展敏感期与家庭的早期教育》，见张能治 编著《爱，让孩子快乐成长——e 时代家庭教育真谛》，广东人民出版社 2011 年版，第 84 页

作用

人生小幼，精神专利，长成已后，思虑散逸，固须早教，

勿失机也。

> 引自［中国］颜之推《颜氏家训·勉学》，见檀作文 译注
> 《颜氏家训》，中华书局 2007 年版，第 110 页

教妇初来，教儿婴孩。

> 引自［中国］颜之推《颜氏家训·教子》，见檀作文 译注
> 《颜氏家训》，中华书局 2007 年版，第 8 页

骄慢已习，方复制之，捶挞至死而无威，忿怒日隆而增怨，逮于成长，终为败德。

> 引自［中国］颜之推《颜氏家训·教子》，见檀作文 译注
> 《颜氏家训》，中华书局 2007 年版，第 8 页

我的结论是，如果我们愿意去做而且方法得当，即使一个一无所知的普普通通的小孩子也照样可以培养成超人。

> 引自［德国］卡尔·H. G. 威特《卡尔·威特的教育》，丽红
> 译，京华出版社 2006 年版，第 38 页

天赋才能对个人发展并不能产生太大的影响，但在孩子五六岁时就对他进行教育却可以为孩子以后的发展带来巨大的益处。

> 引自［德国］卡尔·H. G. 威特《卡尔·威特的教育》，丽红
> 译，京华出版社 2006 年版，第 6 页

方法

当及婴稚，识人颜色，知人喜怒，便加教诲，使为则为，

使止则止。

> 引自［中国］颜之推《颜氏家训·教子》，见檀作文 译注
> 《颜氏家训》，中华书局 2007 年版，第 8 页

在卡尔还被他妈妈和我抱在怀里的时候就学了很多东西，包括一些在别人看来孩子学不会的东西。他认识了各个房间里的所有物品，并且知道了它们是什么、叫什么。房间、楼梯、庭院、水井、马厩、谷仓——每一样东西，从最大的到最小的，都不断地展现在他面前，被告知它们确切的名称，他还被鼓励尽可能清晰地叫出每一样物品的名字。每一次他说对的时候，我们就抚摸他，赞扬他。

> 引自［德国］卡尔·H. G. 威特《卡尔·威特的教育》，丽红
> 译，京华出版社 2006 年版，第 32 页

我必须着重指出的是，他所了解的事物都是正确无误的，不偏不倚。这就要求我们，作为他的父母必须首先对该事物有正确的认识。如果我们达不到要求，还缺乏足够准确的信息，那我们就必须向那些知识渊博的人请教。

> 引自［德国］卡尔·H. G. 威特《卡尔·威特的教育》，丽红
> 译，京华出版社 2006 年版，第 36 页

听觉

不会唱歌也不会乐器的母亲，最好每天让孩子听唱片。孩子应在节奏和韵律中生活。他们能在雨声中感到节奏，从风声中听到音乐。

引自〔日本〕木村久一《早期教育和天才》153，见张纯美
洪静嫒 编《中外教育思想荟萃》，上海文化出版社2014年
版，第224页

要发展孩子的五官，最好从听力开始，这样会收到很好的
效果。

引自〔美国〕斯托夫人《斯托夫人自然教子书》，亚北 译，
中国妇女出版社2009年版，第45页

我不仅弹琴给她听，还经常为她放经典乐曲的唱片。我发
现，她对不同的音乐会有不同的反应，当听到巴赫的音乐时，
她平静而愉快，听到莫扎特的小夜曲她会显得很高兴，听到贝
多芬的音乐时，她会表现得特别激动和兴奋，当听到舒伯特的
《摇篮曲》时，又会安详地睡去。

引自〔美国〕斯托夫人《斯托夫人自然教子书》，亚北 译，
中国妇女出版社2009年版，第46页

我除了和女儿说话，还经常用轻柔的声音为她朗诵诗歌，
因为诗歌在很多地方和音乐有相同的作用，一个完全是声音，
一个则含有意义。事实证明，给女儿朗读诗歌非常有效，她刚
满一岁时就能背诵维吉尔的某些诗句了。

引自〔美国〕斯托夫人《斯托夫人自然教子书》，亚北 译，
中国妇女出版社2009年版，第49页

在女儿小的时候，我用钢琴的声音训练她的听力，以此来
开发她的大脑功能。实际上，在女儿的幼年生活中，钢琴伴随
着她度过了很大一部分时光。

引自［美国］斯托夫人《斯托夫人自然教子书》，亚北 译，
中国妇女出版社 2009 年版，第 87 页

视觉

他 6 岁的时候，我和他在德累斯顿待了 6 周，我让他充分
地与该地的自然风光及其周围的环境融为一体，尤其是许多艺
术珍品。通过不断的观察和反复的讨论来提高他的欣赏能力。

引自［德国］卡尔·H. G. 威特《卡尔·威特的教育》，丽红
译，京华出版社 2006 年版，第 36 页

我们把在以上这些地方看到的东西的名称都正确地告诉了
他，我们把这些名称说出来，读出来，还彼此交换对这些地方
的看法。我们的向导、朋友、熟人与我和卡尔分享他们的观
点。他把所有这些告诉他妈妈，也告诉他那些在梅德堡、哈
雷、莱比锡的朋友们，他还把他的感受写信告诉他远方的相
知。他就是这样竭尽全力、尽其所能地表达着自己的所见、
所感。

引自［德国］卡尔·H. G. 威特《卡尔·威特的教育》，丽红
译，京华出版社 2006 年版，第 37 页

女儿通过对周围色彩的观察，不仅得到了美的享受，更重
要的是形成了敏锐的观察力，建立了一种独特的视角感受力。
另外，这种善于观察的能力，对她智力的发展和潜力的开发都
非常有利。

引自［美国］斯托夫人《斯托夫人自然教子书》，亚北 译，
中国妇女出版社 2009 年版，第 54 页

运动（见23. 婴幼儿的家庭教育/运动和28. 家庭的健康教育/运动）

语言（见23. 婴幼儿的家庭教育/语言、24. 儿童发展敏感期教育/语言和35. 家庭的智力教育/语言）

专注

儿童的智力发育、注意力培养、兴趣发展都离不开这种"沉迷"。这看似无聊的玩耍，正是孩子对未来真正的学习研究进行"前期准备工作"。无端地经常性地打扰孩子，会破坏他的注意力，使他以后很难集中精力去做一件事情，同时也失去对事物的探究兴趣。

> 引自［中国］尹建莉《好妈妈胜过好老师》前言，作家出版社2014年版，第3-4页

孩子如果认了好多字，却不会专注地读一本书的话，那是很不妙的一件事。把识字和阅读割开了，可能早早地破坏孩子识字的兴趣和自信心。

> 引自［中国］尹建莉《好妈妈胜过好老师》，作家出版社2014年版，第49页

维尼芙雷特之所以能处理好学习与爱好之间的关系，完全是靠她从小养成的专心致志的学习习惯。她能弹琴、喜欢绘画，从小就读了大量的书，而且还掌握了多国语言，另外，她无论在数学、地理还是体育方面都非常出色。她从小就懂得专心致志的好处，深知不专心就不可能做好任何事情。

> 引自［美国］斯托夫人《斯托夫人自然教子书》，亚北 译，
> 中国妇女出版社 2009 年版，第 133 页

只有从小让孩子养成专心的习惯，她长大成人后才能够对自己的事业全身心投入，而不被其他事情所干扰。而且，养成了专心的习惯，她的记忆力和自我控制能力才会有所提高。对一个人来说，这是极为重要和必要的素质。

> 引自［美国］斯托夫人《斯托夫人自然教子书》，亚北 译，
> 中国妇女出版社 2009 年版，第 55 页

专心致志是个性的唯一基础，同样也是才干的唯一基础。

> 引自［美国］爱默生《论文集》，见王正平 主编《人生格言辞典》，上海辞书出版社 2004 年版，第 288 页

讨论

他所了解的这些事物，不是像其他孩子那样仅仅用眼睛盯着看，而是全面的，甚至比我们成人还要多、了解得还要深入。那是因为我和他妈妈每一次都会和他讨论这些事物，或者有目的地在他面前讨论这些事物。我们经常问他是否注意到了这个或那个，问他是不是喜欢。他很快就习惯了重复和讨论那些他听到和看到的事物，有时他还主动向我们询问，讲给我们听，还会反驳我们。

> 引自［德国］卡尔·H. G. 威特《卡尔·威特的教育》，丽红译，京华出版社 2006 年版，第 36 页

人们总会给他提一些小问题让他回答，给他提供一些新的

信息，他也很轻松就记住了——这为他的语言和其他方面的知识打下了基础，而这些我们成年人中也很少有人拥有。

> 引自［德国］卡尔·H.G.威特《卡尔·威特的教育》，丽红译，京华出版社2006年版，第36页

感到孩子表达能力有所提高了后，我就组织读书交流会，让他们把感想发表出来。在读书会上，他们会自然地讨论自己的想法、自己的读后感为什么这样写等等。虽然文章写得不好，但是从小就参加这样的讨论，他们的表现能力和思考能力都得到了锻炼。

> 引自［韩国］全惠星《有奉献精神的父母培养大人物》，邵娟译，中国城市出版社2009年版，第175页

如果儿童周围的人经常和他谈论他所读过的故事，听他讲述那些故事，那么，除了其他的好处之外，这种办法还会让他感受到读书的益处和快乐，这对他的阅读不啻是一种鼓励。

> 引自［英国］约翰·洛克《教育漫话》，徐大建译，上海人民出版社2005年版，第177页

阅读（又见35. 家庭的智力教育/阅读）

从我第一次拿起一本书给她讲故事时，就不"讲"，而是"读"。即不把故事内容转化成口语或"儿语"，完全按书上文字，一字字给她读。

> 引自［中国］尹建莉《好妈妈胜过好老师》，作家出版社2009年版，第46页

从由我指着一个字一个字地读，改成由她指着我来读。她指到哪，我读到哪。逐渐地，圆圆理解了文字的作用，把故事与文字联系到了一起。

引自［中国］尹建莉《好妈妈胜过好老师》，作家出版社2009 年版，第 47 页

把学习生字融汇在日常生活中，建立在大量的阅读基础上，是非常有效的教育方法。不仅孩子学起来轻松，大人实际上也轻松，事半功倍。

引自［中国］尹建莉《好妈妈胜过好老师》，作家出版社2009 年版，第 48 页

凡从小有大量课外阅读的孩子，他的智力状态和学习能力就会更好；凡缺少阅读的孩子，学习能力一般都表现出平淡；哪怕是写作业速度，一般来说他们也比那些阅读多的同学要慢得多。

引自［中国］尹建莉《好妈妈胜过好老师》，作家出版社2009 年版，第 62 页

好阅读尽量用书面语，坏阅读抛开书面文字大量使用口语。

引自［中国］尹建莉《好妈妈胜过好老师》，作家出版社2009 年版，第 74 页

儿童到了能够说话的时候，就应当开始学习阅读。

引自［英国］约翰·洛克《教育漫话》，徐大建 译，上海人民出版社 2005 年版，第 170 页

背诵

我们更应该珍惜童年时代的背诵，不要让孩子把时间浪费在一些平庸之作上。以唐宋诗词为主的古典诗歌，我觉得它值得一个人从小背到老。

> 引自〔中国〕尹建莉《好妈妈胜过好老师》，作家出版社2009年版，第37页

语言输入，背诵也是非常重要的一部分，它是一种能量储备。应该让孩子尽早进行母语经典背诵，这对他国孩子同样适用。把经典语言文化早早放进如白纸一样纯洁的大脑中，这些东西迟早会转化为孩子内在的文化财富。

> 引自〔中国〕尹建莉《最美的教育最简单》，作家出版社2014年版，第140页

童年是记忆的黄金期，抓住这个时期让孩子背诵一些母语经典作品，既是一种智力教育也是一种人格培养。

> 引自〔中国〕尹建莉《最美的教育最简单》，作家出版社2014年版，第140页

建议幼儿最好先背诵诗歌。因为人类最早的艺术形式就是诗歌，诗歌是和童年最接近的文学形式，它文字精美，平仄押韵，朗朗上口，很容易被孩子喜欢。并且它比较短，容易记忆。

> 引自〔中国〕尹建莉《最美的教育最简单》，作家出版社2014年版，第140页

训练

我认为，对孩子智力开发应该尽早开始，而且这种训练必须以游戏的方式进行。

> 引自［美国］斯托夫人《斯托夫人自然教子书》，亚北 译，
> 中国妇女出版社 2009 年版，第 85 页

女儿刚满 6 个月，我就在她的房间的四面墙上贴上白纸，再用红纸剪出文字和数字贴在白纸上，这样，她随时都可以看到它们，从小就对这些文字和数字留下较深的印象。

> 引自［美国］斯托夫人《斯托夫人自然教子书》，亚北 译，
> 中国妇女出版社 2009 年版，第 85 页

女儿在这种模仿电影和戏剧人物的游戏中学到了很多东西，比如勇敢、幽默、快乐等。由于对电影和戏剧中某些角色的模仿，女儿渐渐学会了与人交往的礼仪和技巧。

> 引自［美国］斯托夫人《斯托夫人自然教子书》，亚北 译，
> 中国妇女出版社 2009 年版，第 103 页

思考（又见 35. 家庭的智力教育/思考）

他可以自由地思考、自由地表达，但是，我们要求他必须先经过思考，之后再说出他想说的话。

> 引自［德国］卡尔·H. G. 威特《卡尔·威特的教育》，丽红
> 译，京华出版社 2006 年版，第 32 页

由于在刚开始学说话时就掌握了正确的发音，这让儿子在

早期就变得聪明，因为这把他所有的注意力和他的几种智力不断地用于行动。我们总是教他如何探求、辨别、比较、选择、取舍、拒绝，总而言之，他必须处于不断的活动中，这种活动就是思考。

> 引自［德国］卡尔·H. G. 威特《卡尔·威特的教育》，丽红译，京华出版社 2006 年版，第 33 页

由于他已经习惯了自己思考，这带给了他许多欢乐，因为他知道，每一次挑战他都能取得胜利，而每一次胜利所带来的快乐都是无穷的。

> 引自［德国］卡尔·H. G. 威特《卡尔·威特的教育》，丽红译，京华出版社 2006 年版，第 34 页

一个人思考得越多，他就越会思考。因此，如果我们能够让自己的孩子在行动或说话之前先学会思考，他的收获将是不可估量的。

> 引自［德国］卡尔·H. G. 威特《卡尔·威特的教育》，丽红译，京华出版社 2006 年版，第 37 页

一个人是否具有独立思考与判断的能力，往往是这个人能否成功的决定因素。为了使女儿从小养成独立思考的习惯，我的办法是尽量让她自己的事自己做，并耐心地听她讲自己的想法。

> 引自［美国］斯托夫人《斯托夫人自然教子书》，亚北译，中国妇女出版社 2009 年版，第 129 页

在学习方面，我不会随便帮女儿解决什么问题，甚至连提

示也很慎重。因为对孩子来说，通过独立思考去解决问题的过程才真正有意义，相比之下，是否能够正确地答题倒不是那么重要了。这样不仅能够使女儿养成主动学习和解决问题的好习惯，也有利于充分开发她的智力。

引自［美国］斯托夫人《斯托夫人自然教子书》，亚北 译，中国妇女出版社 2009 年版，第 129 页

想象（又见 29. 家庭的心理教育／想象）

孩子是可以敬服的，他常常想到星月以上的境界，想到地面下的情形，想到花卉的用处，想到昆虫的言语，他想飞上天空，他想潜入蚁穴……所以给儿童看的图书就必须十分慎重，做起来也十分烦难。

引自［中国］鲁迅《"看图识字"》，《鲁迅全集. 第六卷》，人民文学出版社 1981 年版，第 36 页

儿童本身都有丰富的想象力，如果他在生活中很少遇到这个不许动、那个不能那样做之类的限制，并且他早早地接触了书籍，能从书籍这扇窗中望出去，看到现实以外的世界，那么想象力就可以得到正常发展。

引自［中国］尹建莉《最美的教育最简单》，作家出版社 2014 年版，第 5 页

爱因斯坦说过："想象力比知识更重要，因为知识是有限的，而想象力概括着世界的一切，推动着进步，并且是知识进化的源泉。"

引自〔中国〕尹建莉《最美的教育最简单》，作家出版社2014年版，第9页

好奇（又见49. 孩子创造能力的培养/好奇）

要利用他们的好奇心，引导他们去研究他们的环境，教导他们自己去探索各种事物的原理，借此获得正常的经验，组织准确的想象。

引自〔中国〕陈鹤琴《儿童教育的根本问题》，见陈鹤琴著《家庭教育》，华东师范大学出版社2006年版，第202页

柏拉图说："好奇者，知识之门。"这句话是很对的。若小孩子不好奇，那就不去与事物相接触了；不与事物相接触，那他就不能明了事物的性质和状况了。倘使他看见了冰，不好奇，不去玩弄，那他恐怕不会知道冰是冷的；倘使他听见了外面路上的汽车声，不跑出去看看，那他恐不会晓得汽车是什么东西。所以，好奇动作是小孩子得着知识的一个最紧要的门径。

引自〔中国〕陈鹤琴《家庭教育》，华东师范大学出版社2006年版，第4页

好奇心是我们整个家庭运转的血液，有了它，我们才能活色生香地生活，孜孜不倦地学习。

引自〔韩国〕全惠星《有奉献精神的父母培养大人物》，邵娟译，中国城市出版社2009年版，第79页

孩子的好奇心和求知欲非常强烈，只要父母善于利用和引

导，那么无论什么知识他们都能学得很轻松。维尼夫雷特还不会说话的时候，我就开始抱着她在屋里走动，让她看屋里的摆设，并缓慢而清晰地说出这些物品的名称。我经常指着某件东西对她说："椅子、桌子、苹果、窗、床……"我认为，虽然那时她也许还不能说出来，但这些词汇已经在她的脑海里深深地留下了痕迹。

引自［美国］斯托夫人《斯托夫人自然教子书》，亚北 译，中国妇女出版社2009年版，第74页

儿童的好奇心，不过是一种追求知识的欲望，所以应当加以鼓励。这不仅因为好奇心是一种好现象，而且因为它是"自然"赋予他们的一种上佳工具，可用来帮助他们消除天生的无知。如果不是那么好问，无知就会把他们变成愚昧无用的动物。

引自［英国］约翰·洛克《教育漫话》，徐大建 译，上海人民出版社2005年版，第135－136页

兴趣（又见49. 孩子创造能力的培养/兴趣）

兴趣，是指一个人力求认识某种事物，探究某种事物，获得某种事物或接近某种事物的稳定的心理倾向。人与人之间的兴趣是存在差异的，这种差异表现在多方面。

引自［中国］赵忠心《家庭教育学：教育子女的科学与艺术》，人民教育出版社2001年版，第217页

兴趣是一种带有强烈的情绪色彩的心理倾向，广泛的兴趣爱好对于发展孩子的智力和能力是很有好处的。它可以激发求

知的欲望，丰富知识，开阔眼界，开拓思路，培养多种动手操作能力，还可以增强孩子的体质，养成高尚的审美情趣。

引自［中国］赵忠心《家庭教育学：教育子女的科学与艺术》，人民教育出版社 2001 年版，第 217 页

人的某种智能的发展与他所从事的活动的兴趣，是有密切关系的。广泛、稳定而有中心的兴趣，对于智能的发展极为重要。广泛的兴趣能促使人去获取多方面的知识，发展多方面的智能；兴趣稳定而有中心，能使人集中于某项活动，发展某方面的才能。

引自［中国］赵忠心《家庭教育学：教育子女的科学与艺术》，人民教育出版社 2001 年版，第 349 页

父母应该关注和支持孩子的兴趣爱好的培养，让孩子选择更多能带给他们成就感的事情。而在周末或假期也可以和孩子一起运动和旅行，既丰富了生活，又培养了感情。

引自［中国］孙云晓《习惯决定孩子一生》，北京师范大学出版社 2013 年版，第 162 页

儿童阅读兴趣第一，相信孩子会由兴趣入手敲开神奇的知识之门。

引自［中国］孙云晓《习惯决定孩子一生》，北京师范大学出版社 2013 年版，第 167 页

在每一种学习活动中，"兴趣"始终重要，呵护好了兴趣，才可能产生方法，有了兴趣和方法，才能生长出勤奋。

引自［中国］尹建莉《好妈妈胜过好老师》，作家出版社 2009 年版，第 177 页

我们一直认为小学期间最重要的是保护孩子对学习的兴趣。对考试分数的过分关注，对排名斤斤计较，其实都是对学习兴趣的消解。当孩子被大人引导着去关心分数、关心排名时，他就不会对学习本身有兴趣了。

引自［中国］尹建莉《好妈妈胜过好老师》，作家出版社 2009 年版，第 209 页

家长要做的，就是保护好孩子的学习兴趣，树立起他对学习的自信。有了兴趣和自信，你还怕他学不好吗，还怕他自己找不到方法吗。

引自［中国］尹建莉《好妈妈胜过好老师》，作家出版社 2009 年版，第 232 页

对自己智力上的信任和对学业的兴趣，是保证孩子在学习上投注感情和毅力的重要前提，没有这种信任和兴趣，想要获得杰出的知识成就是不可能的。只为不出错而获得的荣誉非常肤浅，无法给予孩子长久的自信，也无法让孩子对学习本身产生真正的兴趣。

引自［中国］尹建莉《最美的教育最简单》，作家出版社 2009 年版，第 25 页

当他对事物有了一定的了解，他会对这个事物产生浓厚的兴趣。如果他有什么地方不明白，他的兴趣会更浓，因为大人们谈论的东西对他来说是全新的，而他想把它弄懂，而且必须

把它搞明白。所以，他不会停止，直到他把那个"结"完全解开。

引自 [德国] 卡尔·H.G. 威特《卡尔·威特的教育》，丽红译，京华出版社 2006 年版，第 38 页

我教育女儿，最大的秘诀就是激发她的兴趣，尤其是学习语言，我总是在她充满兴趣的时候让她有效地完成学习计划。

引自 [美国] 斯托夫人《斯托夫人自然教子书》，亚北 译，中国妇女出版社 2009 年版，第 80 页

儿童学习任何东西的最合适的时机，是当他们兴致高、心里想学的时候；那时他们的精神不会不好，心思也不会放到别的事物上面，因此不会在学习时感到别扭与厌烦，这是无可怀疑的。

引自 [英国] 约翰·洛克《教育漫话》，徐大建 译，上海人民出版社 2005 年版，第 70 页

接受失败

我对女儿进行的早期教育有一个重点，就是训练她勇于接受生活中的失望和失败。我尽力让她不去依赖别人，不靠别人的怜悯生活，因为这一点在很大程度上决定了她将来是否能成为一个幸福的人。

引自 [美国] 斯托夫人《斯托夫人自然教子书》，亚北 译，中国妇女出版社 2009 年版，第 199 页

28. 家庭的健康教育

概述

孔子曰："君子有三戒：少之时，血气未定，戒之在色；及其壮也，血气方刚，戒之在斗；及其老也，血气既衰，戒之在得。"

> 引自［中国］孔丘《论语·季氏》，见学之 译释《论语》，陕西师范大学出版社 2010 年版，第 264 页

首先，我们每天应该要问的，是"自己的身体有没有进步？有，进步了多少？"为什么要这样问？因为"健康第一"。没有了身体，一切都完了！

> 引自［中国］陶行知《每天四问》，《陶行知全集·第四卷》，四川教育出版社 1991 年版，第 516 页

健康包括生理的健康与心理健康。

> 引自［中国］王蒙《王蒙自述：我的人生哲学》，人民文学出版社 2003 年版，第 129 页

我认为对孩子来说，成长中最重要的是积极乐观的生活态度和健康的体魄，这两点也许是培养所有其他能力的基础。

> 引自［美国］斯托夫人《斯托夫人自然教子书》，亚北 译，中国妇女出版社 2009 年版，第 218 页

关于身体的健康，我就谈到这里，总结起来可以归纳为下

面几条易于遵守的规则：多吸新鲜空气，要有充分的运动和睡眠，饮食要清淡，不喝酒或烈性饮料，药物要少用或不用，衣服不可过暖过紧，尤其头部和脚部要保持凉爽，脚要习惯于冷水并常常与水保持接触。

引自［英国］约翰·洛克《教育漫话》，徐大建 译，上海人民出版社 2005 年版，第 26 页

我们要有自己的事业，要得到幸福，必须先有健康的身体；而要功成名就，出人头地，更必须先有能够忍耐辛劳的强健体魄；这些道理十分明显，不需要任何证明。

引自［英国］约翰·洛克《教育漫话》，徐大建 译，上海人民出版社 2005 年版，第 2 页

饮食

民以食为天。

引自［中国］班固《汉书·郦食其传》，见梁适 编《中外名言分类大辞典》，复旦大学出版社 1997 年版，第 215 页

衣不求华，食不厌蔬。

引自［中国］王安石《长安县太君墓表》，见王正平 主编《人生格言辞典》，上海辞书出版社 2004 年版，第 450 页

培养孩子良好的饮食习惯，不厌食、不挑食、不偏食、不暴饮暴食，饮食定时定量。

引自［中国］赵忠心《家庭教育学：教育子女的科学与艺术》，人民教育出版社 2001 年版，第 180 页

我们告诉他不能挑食。在这件事上，也像对待他的教育一样，我们把认真和理智的态度融入了对他的爱中。每天我们都精心准备一日三餐，而且每天都做新鲜的食物。如果某种食物卡尔特别不喜欢吃，我们便会做些让步，不会强迫他吃很多这种东西。但是，这种时候我们会举出一些例子或是编一些故事来让他明白：如果他不喜欢吃这种食物，他就会丧失很多乐趣，因为我们以及其他所有的人都喜欢吃这种食物。我们会这样对他说："每次我们吃这种食物时心里都充满了喜悦，可你却这么讨厌它。来吧，试着习惯吃这种食物，那么你将会像我们一样感到快乐了。"作为他的父母，我们从不挑食，每当我们吃饭的时候，都为他做出一种好的榜样，这样就很容易使得他同我们做同样的事情，吃同样的东西。事实上，在很短的一段时间以后，卡尔就什么都吃，不再挑食了。

引自 ［德国］卡尔·H. G. 威特《卡尔·威特的教育》，丽红译，京华出版社 2006 年版，第 83 页

经常吃糖果就会在胃壁上形成一层膜，而且糖果中的脂肪对胃有害。这层膜不仅会为寄生虫提供生存条件，而且还会让人感觉不舒服，有时甚至会造成严重的胃痉挛。如果孩子们咀嚼和吞食大量的糖的话，他们幼小的牙齿就会受到损坏。因为，糖果会直接损害牙齿的珐琅质、牙床以及牙神经。即使不考虑糖对牙齿造成的伤害，仅仅是从那些被糖果所伤的胃中排出的气体就足以损坏孩子们的牙齿了。

引自 ［德国］卡尔·H. G. 威特《卡尔·威特的教育》，丽红译，京华出版社 2006 年版，第 87 页

至于糖和糖果，我们从开始就教育他要尽可能地少吃这两类食物，最好是不吃。糖和糖果与那些普通食物的不同之处是，它们会使孩子们上瘾，之后他们会对家常便饭不感兴趣。

> 引自 [德国] 卡尔·H. G. 威特《卡尔·威特的教育》，丽红译，京华出版社 2006 年版，第 87 页

鼓励女儿自己进食，让她觉得吃东西是一件很重要和很愉快的事，也是一件她能够轻松完成的事。

> 引自 [美国] 斯托夫人《斯托夫人自然教子书》，亚北 译，中国妇女出版社 2009 年版，第 39 页

如果想要孩子的大脑能够高效运行，胜任各种形式的脑力劳动的话，那么对饮食的合理安排，就可以更好地满足孩子的营养需求，从而维持其生理平衡。

> 引自 [美国] 斯托夫人《斯托夫人自然教子书》，亚北 译，中国妇女出版社 2009 年版，第 40 页

孩子可以有各种各样的饮食方式，父母应该根据孩子的年龄、体质和营养等方面的因素，认真选择适合自己孩子的方式，通过适度的控制，逐渐引导孩子树立健康的饮食观念，只有这样，才能使孩子健康成长，父母也不至于劳而无功。

> 引自 [美国] 斯托夫人《斯托夫人自然教子书》，亚北 译，中国妇女出版社 2009 年版，第 42 页

人应当善于鉴别哪些物品食用有益，哪些物品食用有害。这种智慧，是一味最好的保健药。

引自［英国］培根《论养生之道》，见王正平 主编《人生格言辞典》，上海辞书出版社 2004 年版，第 455 页

食欲与性欲

生物为保存生命起见，具有种种本能，最显著的是食欲。因有食欲才摄取食品，因有食品才发生温热，保存了生命。但生物的个体，总免不了老衰和死亡，为继续生命起见，又有一种本能，便是性欲。因性欲才有性交，因有性交才发生苗裔，继续了生命。所以食欲是保存自己，保存现在生命的事；性欲是保存后裔，保存永久生命的事。饮食并非罪恶，并非不净；性交也就并非罪恶，并非不净。饮食的结果，养活了自己，对于自己没有恩；性交的结果，生出子女，对于子女当然也算不了恩。

引自［中国］鲁迅《我们现在怎样做父亲》，见金隐铭 编《鲁迅作品集．杂文卷》，现代出版社 2016 年版，第 41 页

节制

让孩子学会节制，这是有意义的，这就是培养孩子养成自我管理的习惯，这就是培养健康人格。

引自［中国］孙云晓《习惯决定孩子一生》，北京师范大学出版社 2013 年版，第 177 页

他真诚地要我以后监督他不要过度饮食，而且他还保证他会完全地听从于我。

引自［德国］卡尔·H. G. 威特《卡尔·威特的教育》，丽红

译，京华出版社 2006 年版，第 86 页

在七、八、九岁的时候，他已是小有名气了，我们经常会被邀请到一些桌上摆满了美味的场合，如果他不能控制自己，早就被毁掉了。

引自 ［德国］卡尔·H. G. 威特《卡尔·威特的教育》，丽红译，京华出版社 2006 年版，第 87 页

有节制的饮食能延长生命，放纵食欲就缩短生命。

引自 ［墨西哥］韦·德·利萨尔迪《堂卡特林》，见王正平主编《人生格言辞典》，上海辞书出版社 2004 年版，第 455 页

大便（又见 23. 婴幼儿的家庭教育／大便）

解溲的时候，在我看起来，以早晨醒来为最宜，次之晚间睡眠以前。不过每天总要有一次，而那次时间总要有一定。这种习惯是容易养成的。如果他第一天做不到，那第二天再叫他去做；倘使第二天再做不到，那第三天叫他再做；这样慢慢儿做去，一定能够做得到的。

引自 ［中国］陈鹤琴《家庭教育》，华东师范大学出版社 2006 年版，第 75 页

只要坚持不懈，不论什么时候，也不管是否想要大便，每天在首次进餐之后就去厕所，竭力使"自然"尽职，那么任何人都会在数月之内获得预期的成功，养成按时大便的习惯。

引自 ［英国］约翰·洛克《教育漫话》，徐大建 译，上海人

民出版社 2005 年版，第 24 页

作息

黎明即起，洒扫庭除，要内外整洁。既昏便息，关锁门户，必亲自检点。

引自［中国］朱用纯《朱柏庐治家格言》，见朱用纯 等 著《朱子家训·颜氏家训·孔子家语》，金源 编译，天地出版社 2019 年版，第 3 页

适当的休息，是健身的主要秘诀之一，万不可忽略。忽略健康的人，就是等于在与自己的生命开玩笑。

引自［中国］陶行知《每天四问》，《陶行知全集. 第四卷》，四川教育出版社 1991 年版，第 518 页

天天能在兴致勃勃中工作学习，健康必然在愉快中进步了。

引自［中国］陶行知《每天四问》，《陶行知全集. 第四卷》，四川教育出版社 1991 年版，第 518 页

坚持科学的生活作息，家长要从孩子年幼时起就严格要求，不能迁就放任，比如，按时吃饭、睡觉、起床、上幼儿园、上学，不偏食、挑食，不暴饮暴食，注意个人卫生、家庭卫生，参加家务劳动，生活自理，讲究文明礼貌，按时按质按量完成学习作业，等等，都要努力做好，养成习惯。

引自［中国］赵忠心《家庭教育学：教育子女的科学与艺术》，人民教育出版社 2001 年版，第 265 页

运动（又见23. 婴幼儿的家庭教育／运动）

运动可以培养青少年的团队合作精神、责任感、荣誉感以及规则意识，更能锻炼顽强的意志。

引自［中国］孙云晓《习惯决定孩子一生》，北京师范大学出版社2013年版，第150－151页

孩子要有健康的身体，除了注意饮食、穿戴，有病及时治疗外，最重要的是坚持体育锻炼，跑步，打拳，打球。持之以恒地练，一定会有健康的身体。

引自［中国］魏书生《好父母好家教》，漓江出版社2005年版，第73页

睡眠（又见23. 婴幼儿的家庭教育／睡眠）

睡眠和休息丧失了时间，却取得了明天工作的精力。如果有什么蠢人，不知此理，拒绝睡觉，他明天就没有精神了，这是蚀本生意。

引自［中国］毛泽东《中国革命战争的战略问题》，《毛泽东选集. 第1卷》，人民出版社1991年第2版，第211页

唯有睡眠应当让儿童得到完全的满足；因为睡眠对儿童的成长和健康所起的作用，是没有别的东西比得上的。

引自［英国］约翰·洛克《教育漫话》，徐大建 译，上海人民出版社2005年版，第20页

早起有益于健康；而且，一个人从小就养成早起不贪床的

习惯，长大成人后就不会把一生中最好最有用的时光浪费在床上的昏睡中了。

引自 [英国] 约翰·洛克《教育漫话》，徐大建 译，上海人民出版社 2005 年版，第 20 页

29. 家庭的心理教育

概述

小孩子是好游戏的，是好模仿的，是好奇的，是喜欢成功的，是喜欢野外生活的，是喜欢合群的，是喜欢别人赞许他的。……若能依据小孩子的心理而施行教育，那教育必有良好的效果。

> 引自［中国］陈鹤琴《家庭教育》，华东师范大学出版社2006年版，第8页

我以为从幼年到青年，至少在某时期，某场合，实需要这多少有所畏惧的心理，使精神上有所约束，影响到他们行为上，使有所不敢为。同时做父母的十分检束自己的行为，凡不许儿女做的，父母不做，且禁止家庭中任何人做。

> 引自［中国］黄炎培《黄炎培教育文选》256，见梁适编《中外名言分类大辞典》，复旦大学出版社1997年版，第691页

凡是能形成儿童心理的事情，都是不可忽视、不可大意的，凡是能养成他们习惯的东西，都是值得儿童的管教者去关心、去注意的，因为它们可能产生的后果并不是什么小事情。

> 引自［英国］约翰·洛克《教育漫话》，徐大建译，上海人民出版社2005年版，第147页

需要

人生需要刺激，需要鼓励，更需要奋斗！

引自［中国］陶行知《为马思聪演奏会忙着》，《陶行知全集.第九卷》，四川教育出版社1991年版，第641页

我们要知道儿童的能力需要，必须走进小孩的队伍里去体验而后才能为小孩除苦造福。

引自［中国］陶行知《敲碎儿童的地狱，创造儿童的乐园》，《陶行知全集.第四卷》，四川教育出版社1991年版，第558页

家庭教育应根据孩子的需要去进行：孩子需要获得父母的爱；孩子需要父母经常和自己在一起；孩子需要和父母进行情感交流；孩子需要拥抱和爱抚；孩子需要尊重；孩子需要独立；孩子需要自由，有自己的活动空间；孩子需要充分发挥个人的潜能和才能。父母如能根据孩子需要的层次不断递进，而不仅仅停留在生理需要的层面上，那么孩子就可以在许可的范围内，充分施展他的聪明才智，就会干出一番不寻常的业绩来。

引自［中国］张能治《家庭教育的误区与对策》，见张能治编著《爱，让孩子快乐成长——e时代家庭教育真谛》，广东人民出版社2011年版，第67页

至少有五种目标，我们可称之为基本需要，扼要地说，这就是生理、安全、爱、尊重和自我实现。

引自〔美国〕马斯洛《人的动机理论》，见王正平 主编《人生格言辞典》，上海辞书出版社 2004 年版，第 39 页

安全需要是比爱的需要更占优势、更强烈、更迫切、更生死攸关的需要。

引自〔美国〕马斯洛《心理学的论据和人的价值》，见王正平 主编《人生格言辞典》，上海辞书出版社 2004 年版，第 39 页

假如生理需要和安全需要都很好满足了，就会产生爱、情感和归属的需要。

引自〔美国〕马斯洛《人的动机理论》，见王正平 主编《人生格言辞典》，上海辞书出版社 2004 年版，第 39 页

高级需要的追求与满足导致更伟大、更坚强，以及更真实的个性。

引自〔美国〕马斯洛《人的潜能和价值》，见王正平 主编《人生格言辞典》，上海辞书出版社 2004 年版，第 40 页

高级需要的满足能引起更合意的主观效果，即更深刻的幸福感、宁静感，以及内心生活的丰富感。

引自〔美国〕马斯洛《人的潜能和价值》，见王正平 主编《人生格言辞典》，上海辞书出版社 2004 年版，第 40 页

自信

不过叫小孩子做的事情不要太难；若太难，就不能有所成就；若没有成就，小孩子或者要灰心而下次不肯再做了。反而

言之，若所做的不甚难，小孩子能够胜任而有成就的；一有成就，就很高兴，就有自信力；所成就者愈多，自信力也愈大；自信力愈大，事情就愈容易成功。因此，自信力与成功就互相为用的了。

引自［中国］陈鹤琴《家庭教育》，华东师范大学出版社 2006 年版，第 5 页

自信就是自己相信自己。自信心就是对自己有信心的心理，是一个人做事时的主观心理状态。自信心的形成是一个动态的过程，是一个不断培养、不断树立的过程。就是说，一个人不能一劳永逸地永远有自信心，他必须每时每刻地培养自己的自信心。

引自［中国］张能治《与快乐为伴　做个自信的人》，见张能治编著《爱，让孩子快乐成长——e 时代家庭教育真谛》，广东人民出版社 2011 年版，第 159 页

明智的父母培养孩子自信、兴趣和习惯，而不是给孩子压力、专制和打骂。

引自［中国］孙云晓《习惯决定孩子一生》，北京师范大学出版社 2013 年版，第 55 页

当孩子考试成绩不佳，心理焦虑，甚至产生自卑情绪时，家长若帮他分析焦虑产生的原因、害处和清除的方法，引导回忆自己最成功、最辉煌的时刻，用那时的必胜心态激励自己去战胜自卑，孩子一定佩服您，说您善解人意。

引自［中国］魏书生《好父母好家教》，漓江出版社 2005 年

版，封底

一个人如果缺乏自信，也就缺乏发展各种能力的积极性，而这种积极性又对人的各项感官功能和综合能力的发挥起着决定性作用。

引自［美国］斯托夫人《斯托夫人自然教子书》，亚北 译，中国妇女出版社 2009 年版，第 257 页

一个家庭的可贵就在于注重培养孩子的独立生活能力，而不是过分地呵护孩子。因为给孩子过多的照顾会使孩子失去锻炼和进步的机会，而且还会使孩子觉得自己缺乏能力，因而对自己失去信心。

引自［美国］斯托夫人《斯托夫人自然教子书》，亚北 译，中国妇女出版社 2009 年版，第 260 页

明智的父母会松开对孩子的束缚，让孩子有更多探索的机会。我们应该鼓起孩子的自信心，让他们根据自己的条件，尽量地发展自己的能力，使自信心和能力相互提携，齐头并进。

引自［美国］斯托夫人《斯托夫人自然教子书》，亚北 译，中国妇女出版社 2009 年版，第 261 页

随着他年龄的增长，要让他去尝试一些为他的天性所不敢的事情；如果发现他不敢去做他只要有勇气就完全可以做好的事情，那么一开始要帮助他，然后要逐渐地使他感到惭愧而去做，直至他在实践中获得了自信，最后把它做好；如果他能够达到这一步，那就一定要大大地称赞他，其他的人也要给予好评。

引自［英国］约韩·洛克《教育漫话》，徐大建 译，上海人民出版社 2005 年版，第 131 页

自信心的获得

把走路的速度加快 25% 。心理学实验告诉我们，走路的速度可以改变心理状态。抬头挺胸走快一点，使用这种"走快 25% "的技术，你就会感到自信心在增长。有一种人表现出超凡的信心，走起路来比一般人快，像跑。他们的步伐告诉人们：我要到一个重要的地方，去做很重要的事情，更重要的是，我会在短期内获得成功。

引自［中国］张能治《与快乐为伴　做个自信的人》，见张能治 编著《爱，让孩子快乐成长——e 时代家庭教育真谛》，广东人民出版社 2011 年版，第 160 页

开怀大笑。科学研究表明，当人大笑的时候，心肺、脊背和身躯都得到快速锻炼，胳膊和腿部肌肉都受到了刺激。大笑之后，血压、心率和肌肉张力都会降低，从而使人放松。笑的过程还能使大脑皮层形成一个特殊的兴奋灶，使其他区域被抑制，从而使大脑得到休息。笑能给自己很实际的推动力，它是医治信心不足的良药。咧嘴大笑，你会觉得美好的日子又来了。要大笑，露出牙齿开怀地笑才有较大的功效。智慧的人就在于能强迫自己说："我要开始笑了。"然后，大笑起来。要每天对着镜子笑，人就会变得快乐，就会消除悲观情绪，消除恐惧感，使心情平静下来，增强自信心。

引自［中国］张能治《与快乐为伴　做个自信的人》，见张能治 编著《爱，让孩子快乐成长——e 时代家庭教育真谛》，

广东人民出版社 2011 年版，第 160 页

肯定自己，会使自己变得自信。人们对待生活往往有两种截然不同的态度，积极或消极，于是就有肯定自己和否定自己的现象发生。如果你想让自己有自信，那么从现在开始，你就要用肯定的方式对自己说，"我能！我行！"它会给你带来想不到的好处。

引自［中国］张能治《与快乐为伴　做个自信的人》，见张能治 编著《爱，让孩子快乐成长——e 时代家庭教育真谛》，广东人民出版社 2011 年版，第 161 页

写出自己十个优点。肯定自己，就得学会找出自己的优点，自己的长处。请同学们静下心来，拿出纸和笔，认认真真地写出自己十个优点，包括生活、学习、工作各个方面，你会发现，自己并不比别人差！即使是学习成绩比较差的同学，纪律比较散漫的同学，你同样也会发现，你并不比别人差，不信，你就试试看！

引自［中国］张能治《与快乐为伴　做个自信的人》，见张能治 编著《爱，让孩子快乐成长——e 时代家庭教育真谛》，广东人民出版社 2011 年版，第 162 页

自己与自己比，不要攀比。比有两种不同的比法，一种是拿自己的缺点与别人的优点比，这种比，可以比出学习的榜样，比出前进的方向；另一种比，拿出自己的优点与别人比，这种比，可以比出力量，比出自信。生活中，这两种比都是需要的，只有前者，没有后者，你会越比越没有信心。不要攀比，而要自己与自己比，在学习上，比过去认真了，就要敢于

肯定；学习成绩提高了，就要敢于承认。学习的进步是慢慢的，不可能一蹴而就，有进步就得肯定，不断的肯定会使自己变得自信。所谓考试成功就是考生能够考出自己的实际水平，这就是成功。

> 引自［中国］张能治《与快乐为伴　做个自信的人》，见张能治 编著《爱，让孩子快乐成长——e 时代家庭教育真谛》，广东人民出版社 2011 年版，第 162 页

积极的自我暗示。自我暗示是指自己将某种观念暗示给自己。暗示是一种强烈的心理定势，并引导潜在动机产生行为。积极的自我暗示，可以调整自己的心境、情绪、感情、意志乃至能力；积极的自我暗示有助于增强自信，排除焦虑，充分挖掘潜能，提高学习的效率。

> 引自［中国］张能治《与快乐为伴　做个自信的人》，见张能治 编著《爱，让孩子快乐成长——e 时代家庭教育真谛》，广东人民出版社 2011 年版，第 163 页

自我激励。……美国哈佛大学著名心理学家威廉·詹姆士研究发现，一个没有受到激励的人，仅能发挥其能力的 20% ～ 30%，而当他受到激励时，其能力可以发挥至 80% ～ 90%。这就是说，同样一个人，在充分激励之后，其能力所发挥的作用相当于激励前的 3 至 4 倍。我说的是自我激励，而不是别人的激励。自我激励，人人都可以办到，可以做到。

> 引自［中国］张能治《与快乐为伴　做个自信的人》，见张能治 编著《爱，让孩子快乐成长——e 时代家庭教育真谛》，广东人民出版社 2011 年版，第 163 页

科学作息，劳逸结合，不开夜车，不打疲劳战术。每个同学都要有一个科学的作息制度，学习、休息、锻炼都要坚持，这样才有清醒的头脑，充沛的精力，学习才能持久。

引自〔中国〕张能治《与快乐为伴　做个自信的人》，见张能治 编著《爱，让孩子快乐成长——e 时代家庭教育真谛》，广东人民出版社 2011 年版，第 163 页

开会挑前面的位子坐。……坐在前面会比较显眼，但能建立信心。要知道，成功的一切都是显眼的。不要怕显眼，因为显眼会给你带来信心和力量。请同学们把它当作一个规则试试看，从现在开始开会就尽量往前坐。

引自〔中国〕张能治《与快乐为伴　做个自信的人》，见张能治 编著《爱，让孩子快乐成长——e 时代家庭教育真谛》，广东人民出版社 2011 年版，第 163－164 页

缓解学习压力的方法

代偿迁移法。即通过另一种活动来弥补不能达到的愿望，使产生心理压力的情况迁移。

体育活动：如体操、散步、游泳、走路、慢跑、爬楼梯、爬山、打球、踢球、下棋等等。运动产生的"因多芬"能提升愉快感、自信心和排除压力。下课时要离开教室，到走廊走走，或爬楼梯；晚间在家复习功课，一个小时后一定要休息 10 分钟，到屋外散散步，它对于调整紧张的神经是非常有帮助的。

文娱活动：如唱歌、跳舞，听比较轻松的电台广播节目，

听节奏比较舒缓的轻音乐，看电影（少看电视连续剧）、看相声、小品表演等等。通过上述这些活动，转移视线，心理就不会老是想着考试的事，神经就会有效地得到放松。

引自〔中国〕张能治《与快乐为伴　做个自信的人》，见张能治 编著《爱，让孩子快乐成长——e 时代家庭教育真谛》，广东人民出版社 2011 年版，第 166 - 167 页

宣泄倾诉法，包括自我宣泄和找人倾诉。

自我宣泄：自己可以在不危害他人和社会的情况下，将自己内心的困扰发泄出来。如当你考试失败后，奋笔疾书，倾诉内心的痛苦，心情就轻松了，或向沙包拳击，流下汗水，心理就会轻松一些。当你遇到悲哀的事情，宜放声痛哭一场，不要强忍悲痛。

找人倾诉：找几个同学或亲友交流，在交流中发现别人解决问题的好思路、好方法、好心态，倾诉自己的想法、自己的痛苦，取得大家的理解认同。这种近距离交流倾诉，会使你和大家融为一体，心理压力将会得到有效减轻。

引自〔中国〕张能治《与快乐为伴　做个自信的人》，见张能治 编著《爱，让孩子快乐成长——e 时代家庭教育真谛》，广东人民出版社 2011 年版，第 167 页

视角放松法。自我构思想象中的一幅画面，创造一个舒适松弛的心境，从而抑制过度紧张的情绪。方法步骤：

闭目养神——在脑海中想象一个使自己感觉放松、恬静、愉快的姿势；描绘一幅优美的图画，如漫步在海滨的沙滩，倾听海浪拍岸的节奏，让清凉的风轻拂脸庞、头发；或是想象自

己在一个百花园里散步，微风吹拂，飘来各种花香，听着枝头的鸟儿在歌唱……

舒缓呼吸——让自己沉浸在对美好往事的回忆中，品味那幸福时刻的情景和心情。这样紧张的情绪就可以慢慢地松弛下来。

引自［中国］张能治《与快乐为伴 做个自信的人》，见张能治 编著《爱，让孩子快乐成长——e 时代家庭教育真谛》，广东人民出版社 2011 年版，第 167－168 页

想象（又见 27. 家庭的早期教育/想象）

想象自己是一个勇往直前、百折不挠的成功者，后来就真的取得了大成就。

想象自己是一个多灾多难、多愁善感、软弱无能的失败者，时间久了，他真的就变成了软弱无能、一事无成的人。

谁促成了这些变化？是潜意识。

引自［中国］魏书生《好父母好家教》，漓江出版社 2005 年版，第 103 页

维尼芙雷特四五岁时也喜欢画画，也经常像卡勒斯那样把自己充满想象力的画拿给我看。这时候，我总会极力赞扬她的想象力，至于画得像不像，根本就不重要。不仅如此，我还鼓励她充分发挥自己的想象力，让她再大胆一些。结果，维尼芙雷特不仅越画越好，而且心态和性格也越来越健康。

引自［美国］斯托夫人《斯托夫人自然教子书》，亚北 译，中国妇女出版社 2009 年版，第 110 页

从实际出发，凡是切合实际，这当然是对的；但是，有想象力并不意味着不现实。没有想象力的人做什么事都要以实际为准则，常常受到条条框框的限制。这样的人，没有创造新事物的能力和勇气，做什么都缩手缩脚，不可能取得什么成就，只能平庸地度过一辈子。

> 引自［美国］斯托夫人《斯托夫人自然教子书》，亚北 译，
> 中国妇女出版社 2009 年版，第 111 页

科学应该以事实为依据，但是，如果没有想象力，科学同样也不会有进步。

> 引自［美国］斯托夫人《斯托夫人自然教子书》，亚北 译，
> 中国妇女出版社 2009 年版，第 111 页

世界上一切美好事物都是从想象开始的，所以人人都要充分发挥想象力。

> 引自［美国］斯托夫人《斯托夫人自然教子书》，亚北 译，
> 中国妇女出版社 2009 年版，第 112 页

我经常给维尼芙雷特讲那些美丽的神话和传说，因为这是开发孩子想象力的有效方式。

> 引自［美国］斯托夫人《斯托夫人自然教子书》，亚北 译，
> 中国妇女出版社 2009 年版，第 114 页

就这样，维尼芙雷特从眺望星空开始喜欢上了天文学，进而掌握了大量的自然科学知识。她先是对神话和传说充满想象，然后逐渐变成了对科学的自觉探索。

引自［美国］斯托夫人《斯托夫人自然教子书》，亚北 译，
中国妇女出版社 2009 年版，第 117 页

孩子是想象的天才，他可以和洋娃娃交谈，也可以把积木
变成电车。为了培养孩子的想象力，做父母的就放心地让孩子
去处理他们的玩具吧！不要成天跟在孩子背后收拾玩具，不要
唠叨。

引自［日本］多湖 辉《头脑启蒙的技巧》151，见张纯美 洪
静媛 编《中外教育思想荟萃》，上海文化出版社 2014 年版，
第 230 页

想象力作为一种创造性的认识能力，是一种强大的创造力
量，它从实际自然所提供的材料中，创造出第二自然。在经验
看来平淡无味的地方，想象力却给我们提供了欢娱和快乐。

引自［德国］康德《判断力批判》，《西方文论选》上卷 564，
见梁适 编《中外名言分类大辞典》，复旦大学出版社 1997 年
版，第 859 页

接纳

从自我意识的角度说，心理健康的标准可以概括为 12 个
字：认识自己、接纳自己和控制自己。

引自［中国］孙云晓《习惯决定孩子一生》，北京师范大学
出版社 2013 年版，第 123 页

5 岁左右，几乎每个孩子都开始对自己的身体感兴趣，这
是他们开始认识"人"了。这种早期的认识，使女孩子发现

了女孩，男孩子发现了男孩，也让孩子第一次坦然地接纳自己，爱自己。

引自［中国］孙瑞雪《捕捉儿童敏感期》，中国妇女出版社2010年版，第229页

享受

把学习当成人生的第一享受吧！一个人经常这样思考，这样对待，他会学得轻松、愉快、效率高，也会成为一个把做工作、把干事业当成第一享受的人。那样，他一定会为祖国，为人民做出较大的贡献，自己也能经常生活在享受的心态之中。

引自［中国］魏书生《好父母好家教》，漓江出版社2005年版，第103页

称赞

一个人只要被称赞，心里一高兴，干劲一来，就可以发挥出超乎平常的能力。反过来说，一个人的努力和成绩不能得到应有的赞赏，就激不起兴趣，也就不可能爆发出超凡的能力。这是人类心理的一面，这就是称赞，尤其是父母的称赞会使孩子加倍努力的原因。父母称赞孩子的成绩，是对孩子努力的肯定，是为了鼓励孩子继续前进，所以父母要善于发现并肯定孩子的每一点滴进步。

称赞要恰如其分，就事论事，这样才能培养孩子务实的精神。……

称赞和表扬孩子的时候要具体，不能太抽象和笼统。

引自〔中国〕张能治《做一个平凡的女性、智慧的母亲》，见张能治 编著《爱，让孩子快乐成长——e时代家庭教育真谛》，广东人民出版社2011年版，第119-120页

我觉得没有什么东西能比喜欢受到表扬和称赞的心理起到更大的作用了，所以应当用尽一切可想之法，在他身上培养这种喜欢受表扬的心理。要尽量培养他的名誉感和羞耻感。

引自〔英国〕约翰·洛克《教育漫话》，徐大建 译，上海人民出版社2005年版，第236页

自由

儿童是喜爱自由的，所以应当引导他们去做适合于他们的事，而不让他们感到自己受了任何束缚。

引自〔英国〕约翰·洛克《教育漫话》，徐大建 译，上海人民出版社2005年版，第108页

儿童应当有自由向父母诉说自己的各种需要，父母们也应当尽量和善地听取儿童的诉说，并满足他们的需要，至少在儿童还很小的时候应当如此。

引自〔英国〕约翰·洛克《教育漫话》，徐大建 译，上海人民出版社2005年版，第109页

儿童在跟前的时候，应使他们感到舒适自如；他们在父母或导师的跟前应该获得与他们的年岁相适应的自由，而不可使他们受到不必要的约束。假如他们觉得在父母导师面前就像坐牢似的，那他们自然就不喜欢跟父母导师在一起了。

儿童毕竟是儿童，只要不做坏事，他们的孩子气的游戏或孩子气的行为举止，都不应该受到阻碍，其余的自由也都应给予他们。

> 引自［英国］约翰·洛克《教育漫话》，徐大建 译，上海人民出版社 2005 年版，第 59 页

尊重（又见 8. 家庭教育的原则/尊重）

孩子的高贵品质来源于他作为一个人得到了尊重，这尊重体现在每一天、每一个生活的细节中。

> 引自［中国］孙瑞雪《捕捉儿童敏感期》，中国妇女出版社 2010 年版，第 281 页

小孩子想和同伴在一起是很自然的，因为和同伴在一起，他们可以无拘无束，不必因为自己的想法、爱好、言论和行为而处处小心，也不会总是受到这样那样的庇护和监视。但是，要做到这一点，我们大人只需以小孩的身份跟他们相处，和他们说说笑笑，不时地让他们占些便宜，让他们处于一个更有尊严的地位，使他们变得更加活泼伶俐，他们便会觉得和大人玩耍也是很快乐的，这样，他们会慢慢学会避免做一些没规矩的事情，也不会轻易沾染坏习气。

> 引自［德国］卡尔·H. G. 威特《卡尔·威特的教育》，丽红译，京华出版社 2006 年版，第 77 − 78 页

有的父母总是让孩子等，而自己不愿意等孩子，往往会使孩子觉得自己没有得到尊重。这不仅对孩子起不到良好的教育作用，还会引起他们的反感。

引自［美国］斯托夫人《斯托夫人自然教子书》，亚北 译，中国妇女出版社 2009 年版，第 179 页

孩子有一颗稚嫩的心，必须小心呵护，尤其不能伤害他们的自尊心。我想，任何有责任心和爱心的父母都会注意这一点的。然而，许多父母往往会在不经意之中伤害孩子的自尊心，这的确是令人痛心的事。

引自［美国］斯托夫人《斯托夫人自然教子书》，亚北 译，中国妇女出版社 2009 年版，第 159 页

主动

今天，我们比历史上任何时期都更接近、更有信心和能力实现中华民族伟大复兴的目标，同时必须准备付出更为艰巨、更为艰苦的努力。全党必须坚定信心、锐意进取，主动识变应变求变，主动防范化解风险，不断夺取全面建设社会主义现代化国家新胜利！

引自［中国］习近平《高举中国特色社会主义伟大旗帜 为全面建设社会主义现代化国家而团结奋斗——在中国共产党第二十次全国代表大会上的报告》（2022 年 10 月 16 日），人民出版社 2022 年版，第 27 - 28 页

什么是"主动"？主动，就是自主自觉的行动。校长主动，充分发挥个体的主体作用，满怀自信，勤奋学习，认真工作，持之以恒，形成良好习惯，最大限度地提高工作效率；校长主动，充分发挥领导班子和行政一帮人的积极性，充分调动全体教师的主动性，这是办好珠厦学校的根本。

引自［中国］张能治《赞"主动"的办学理念》，见张能治著《爱的期许：家庭教育及其他》，中山大学出版社 2020 年版，第 242 页

主动，是彩塘中学校训"主动、和谐、求是、创新"开头的两个字。怎样才能主动呢？就是要充分发挥个体的主体作用，满怀自信，勤奋学习，认真工作，持之以恒，最大限度地提高工作效率，将事业办好，办到极致。与此同时，要主动关注家庭，关注家庭教育，关注自己孩子的学习和成长。

引自［中国］张能治《主动作为，家庭事业双丰收》，见张能治著《爱的期许：家庭教育及其他》，中山大学出版社 2020 年版，第 240－241 页

如何激发学生学习的主动性？可以从如下几方面去努力：树立天生其人必有才，天生其才必有用的人才观；充分信任每一位学生，给学生学习的主动权；营造一个民主、平等，敢想敢问，自由表达的空间；让每个学生都感受到成功的快乐。

引自［中国］张能治《赞"主动"的办学理念》，见张能治著《爱的期许：家庭教育及其他》，中山大学出版社 2020 年版，第 242 页

师生主动，还需要家长主动：懂得如何科学爱孩子，助推孩子的发展；懂得在体验中培养孩子良好的生活习惯；懂得指导孩子学习，注重阅读与实验；懂得期待，陪着孩子，让孩子慢慢成长……

引自［中国］张能治《赞"主动"的办学理念》，见张能治

著《爱的期许：家庭教育及其他》，中山大学出版社 2020 年
版，第 242 - 243 页

校长主动，带动教师主动，学生主动，家长主动。主动的
办学理念必将引领珠厦学校，成为一所优质高效而又生动活泼
的九年制学校。

引自［中国］张能治《赞"主动"的办学理念》，见张能治
著《爱的期许：家庭教育及其他》，中山大学出版社 2020 年
版，第 243 页

暗示（又见 30. 家庭教育的方法/暗示）

暗示是用含蓄、间接、简化的方式方法对孩子的心理实施
影响，并能迅速产生效用的教育过程。

引自［中国］赵忠心《家庭教育学：教育子女的科学与艺
术》，人民教育出版社 2001 年版，第 258 页

人是很容易受到暗示的，包括成人在内。如果一个人总被
别人暗示为品行端正，善良友爱，他就会在这种氛围里渐渐生
发出自我肯定的意识，他的品行就会朝着健康的方向发展；如
果一个人总被暗示为有某个问题，他就会在这方面不断地自我
否定，逐渐丧失自信，向坏的方向滑去。

引自［中国］尹建莉《好妈妈胜过好老师》，作家出版社
2009 年版，第 28 页

在孩子心目中，父母是他们绝对依赖的对象，自己信赖尊
敬的人，经常骂自己愚笨，孩子在不知不觉中接受这种负面的

暗示，当然使头脑的发育停滞。

> 引自［日本］多湖辉《头脑启蒙的技巧》26，见张纯美 洪静
> 媛 编《中外教育思想荟萃》，上海文化出版社 2014 年版，第
> 229 页

情绪

我们需要的是热烈而镇定的情绪，紧张而有秩序的工作。

> 引自［中国］毛泽东《中国革命战争的战略问题》，《毛泽东
> 选集·第 1 卷》，人民出版社 1991 年第 2 版，第 202 页

孩子是有血有肉的，每个孩子都独一无二，有着庄严的内在秩序。家长和教师的意图都无法直接注入孩子的意识，而要经过孩子心理的发酵和转化。情绪的力量是巨大的，几乎决定了教育的质量，这正是教育的微妙之处，也是教育的困难之处。

> 引自［中国］尹建莉《最美的教育最简单》，作家出版社
> 2014 年版，第 210 页

30. 家庭教育的方法

概述

第十七条　未成年人的父母或者其他监护人实施家庭教育，应当关注未成年人的生理、心理、智力发展状况，尊重其参与相关家庭事务和发表意见的权利，合理运用以下方式方法：

（一）亲自养育，加强亲子陪伴；

（二）共同参与，发挥父母双方的作用；

（三）相机而教，寓教于日常生活之中；

（四）潜移默化，言传与身教相结合；

（五）严慈相济，关心爱护与严格要求并重；

（六）尊重差异，根据年龄和个性特点进行科学引导；

（七）平等交流，予以尊重、理解和鼓励；

（八）相互促进，父母与子女共同成长；

（九）其他有益于未成年人全面发展、健康成长的方式方法。

引自［中国］《中华人民共和国家庭教育促进法》，中国法制出版社 2021 年版，第 6 - 7 页

教子教孙须教义，栽桑栽柘胜栽花。

引自［中国］罗大经《十铭》，《鹤林玉露》16/108，见张纯美 洪静媛 编《中外教育思想荟萃》，上海文化出版社 2014 年版，第 218 页

家庭教育是一门科学，更是一门艺术。家长如何指导幼儿生活——游戏；家长如何和孩子沟通——倾听；家长如何指导孩子学习——读写；家长如何让孩子成为一个充满正能量的人——感恩；家长如何让孩子更精彩——创造。

引自［中国］张能治《教育孩子的艺术》，见张能治 主编《孩子与家庭纵横谈》，华夏出版社 2020 年版，第 357 - 358 页

为了祖国的繁荣昌盛，为了人民的幸福安宁，为了我们的下一代能活得更充实，为了我们自己能生活得快乐，我们应该走进孩子广阔的心灵世界中去，在他们心灵的田野上播下真善美的种子，然后辛勤地耕耘，浇水，施肥。

引自［中国］魏书生《好父母好家教》自序，漓江出版社 2005 年版，第 2 - 3 页

用孩子心灵深处的能源，去照亮孩子的精神世界，显然是最节省能源的方法。

引自［中国］魏书生《好父母好家教》，漓江出版社 2005 年版，第 31 页

正确的教育方法是一把精美的刻刀；错误的教育方法就是一柄锄头——当我们手上有一块玉石时，我们必须做得正确。

引自［中国］尹建莉《好妈妈胜过好老师》前言，作家出版社 2009 年版，第 5 页

每天四问

现在我提出四个问题，叫作"每天四问"：

第一问：我的身体有没有进步？

第二问：我的学问有没有进步？

第三问：我的工作有没有进步？

第四问：我的道德有没有进步？

> 引自［中国］陶行知《每天四问》，《陶行知全集·第四卷》，
> 四川教育出版社 1991 年版，第 515 – 516 页

培养爱好

我爱好挺多，最大的爱好是读书，读书已成为我的一种生活方式。我也是体育爱好者，喜欢游泳、爬山等运动，年轻时喜欢足球和排球。

> 引自［中国］习近平《"治大国若烹小鲜"》（2013 年 3 月 19 日在接受金砖国家媒体联合采访时答问的一部分），《习近平谈治国理政·第一卷》，外文出版社 2018 年第 2 版，第 410 页

言传身教

广大家庭都要重言传、重身教，教知识、育品德，身体力行、耳濡目染，帮助孩子扣好人生的第一粒扣子，迈好人生的第一个台阶。

> 引自［中国］习近平《注重家庭，注重家教，注重家风》（2016 年 12 月 12 日在会见第一届全国文明家庭代表时讲话的一部分），《习近平谈治国理政·第二卷》，外文出版社 2017 年版，第 355 页

要孩子有礼貌，和气待人，父母对人就应有礼貌，和气待

人，如和气对待家里老人，对待亲戚，对待保姆、清洁工。

要孩子向人学习，就不得在孩子面前议论别人的短处，而是谈论别人的长处，如何向他人学习等。

要孩子认真读书，认真学习，在家里父母要带头读书，带头学习，营造一种浓浓的学习氛围。孩子在幼儿园，在学校，就会像爸爸妈妈一样认真读书，认真学习。

要孩子真诚，父母就得真诚，说到做到。为了哄孩子而骗孩子，孩子就会从父母那里学到欺骗的本领，这是万万不可以的。

> 引自［中国］张能治《做一个平凡的女性、智慧的母亲》，见张能治 编著《爱，让孩子快乐成长——e 时代家庭教育真谛》，广东人民出版社 2011 年版，第 119 页

示范。我们经常讲，身教重于言教，这是有科学依据的。因为模仿是人类的天性，它是促进人类社会发展的重要心理因素之一。不是说人长大了，就不模仿别人了。镜像神经元存在于我们每个人的脑中，我们成人之间也互相模仿，互为镜像。

> 引自［中国］陈利彬《由"葛优躺"、〈从前慢〉说起……》，见张能治 主编《孩子与家庭纵横谈》，华夏出版社 2020 年版，第 263 页

平等沟通

教育子女最好的方式是平等对话，共同讨论，共同协商，努力做到使教育内容和教育方式都能为子女所接受。

> 引自［中国］赵忠心《家庭教育学：教育子女的科学与艺

术》，人民教育出版社 2001 年版，第 391 页

在家庭中，父母与孩子所处的地位常常是不对等的，或者说是不平等的，父母往往习惯于居高临下。而如果父母缺乏关心、关注孩子以及与孩子平等沟通的意识，往往不能了解孩子的内心世界以及孩子成长的困惑与诉求。而在孩子写完作文后让父母阅读并作分享点评，无疑给父母提供了一个机会，去了解孩子。我们可以看到许多父母在这个过程中产生的触动、感动与行动。

引自［中国］王小棉《序 1 搭亲子沟通之桥，走共同成长之路》，见张能治 主编《孩子与家庭纵横谈》，华夏出版社 2020年版，第 1 页

我们需要在指导家庭教育的过程中有意识地搭建更多的桥梁来促进亲子互动，从而有效改变父母的教育观念，提升他们的教育能力，并在亲子共同营造的爱与关怀、奉献与感恩的家庭和谐氛围中实现父母与孩子的共同成长。我们相信，无论是对于父母，还是对于孩子，有家，有爱，就有未来；我们相信，《孩子与家庭纵横谈》必将给父母与孩子爱的启迪，共创美好的未来。

引自［中国］王小棉《序 1 搭亲子沟通之桥，走共同成长之路》，见张能治 主编《孩子与家庭纵横谈》，华夏出版社 2020年版，第 2 页

六大解放

第一，便是理解。……孩子的世界，与成人截然不同；倘

不先行理解，一味蛮做，便大碍于孩子的发达。第二，便是指导。时势既有改变，生活也必须进化；所以后起的人物，一定尤异于前，决不能用同一模型，无理嵌定。长者须是指导者协商者，却不该是命令者。不但不该责幼者供奉自己；而且还须用全副精神，专为他们自己，养成他们有耐劳作的体力，纯洁高尚的道德，广博自由能容纳新潮流的精神，也就是能在世界新潮流中游泳，不被淹末的力量。第三，便是解放。子女是即我非我的人，但既已分立，也便是人类中的人。因为即我，所以更应该尽教育的义务，交给他们自立的能力；因为非我，所以也应同时解放，全部为他们自己所有，成一个独立的人。

这样，便是父母对于子女，应该健全的产生，尽力的教育，完全的解放。

引自［中国］鲁迅《我们现在怎样做父亲》，见金隐铭 编《鲁迅作品集．杂文卷》，现代出版社 2016 年版，第 44 页

在现状下，尤须进行六大解放，把学习的基本自由还给学生：一、解放他的头脑，使他能想；二、解放他的双手，使他能干；三、解放他的眼睛，使他能看；四、解放他的嘴，使他能谈；五、解放他的空间，使他能到大自然大社会里去取得更丰富的学问；六、解放他的时间，不把他的功课表填满，不逼迫他赶考，不和家长联合起来在功课上夹攻，要给他一些空闲时间消化所学，并且学一点他自己渴望要学的学问，干一点他自己高兴干的事情。

引自［中国］陶行知《小学教师与民主运动》，《陶行知全集．第四卷》，四川教育出版社 1991 年版，第 635 页

小孩子得到言论自由，特别是问的自由，才能充分发挥他的创造力。

　　引自［中国］陶行知《创造的儿童教育》，《陶行知全集．第四卷》，四川教育出版社 1991 年版，第 542 页

我们要解放小孩子的空间，让他们去接触大自然中的花草，树木，青山，绿水，日月，星辰以及大社会中之士，农，工，商，三教九流，自由的对宇宙发问，与万物为友，并且向中外古今三百六十行学习。

　　引自［中国］陶行知《创造的儿童教育》，《陶行知全集．第四卷》，四川教育出版社 1991 年版，第 542 页

解放了空间，才能搜集丰富的资料，扩大认识的眼界，以发挥其内在之创造力。

　　引自［中国］陶行知《创造的儿童教育》，《陶行知全集．第四卷》，四川教育出版社 1991 年版，第 542 页

学校把儿童全部时间占据，使儿童失去学习人生的机会，养成无意创造的倾向，到成人时，即使有时间，也不知道怎样下手去发挥他的创造力了。创造的儿童教育，首先要为儿童争取时间之解放。

　　引自［中国］陶行知《创造的儿童教育》，《陶行知全集．第四卷》，四川教育出版社 1991 年版，第 543 页

教育如何解决创造力问题？靠儿童的"六大解放"。把儿童的头脑、双手、眼睛、嘴巴、空间和时间都解放出来，儿童的创造力就会释放出来。

遵循陶行知"六大解放"的原则去进行教育，我们的孩子就会学得主动、活泼，敢想、敢说、敢干；就可以成为一个真正的人，自由的人，有创造力的人。

> 引自［中国］张能治《儿童的六大解放与当今的家庭教育》，见张能治 编著《爱，让孩子快乐成长——e 时代家庭教育真谛》，广东人民出版社 2011 年版，第 132 页

教育时机

教育时机选择得恰当，孩子乐于听取，听得进去，接受得了，在不知不觉之中受到深刻教育。而教育时机选择得不好，在不恰当的时候进行教育，动机再好，内容再正确，方法再科学，也会事与愿违，弄不好还会使家长和孩子双方都不愉快。教育时机抓得准，抓得好，这是教育成功的重要条件，也是教育艺术的具体体现。

> 引自［中国］赵忠心《家庭教育学：教育子女的科学与艺术》，人民教育出版社 2001 年版，第 283 页

自我教育

自我教育是孩子不断成长的动力，也是孩子自立于社会的根本。父母要加强学习，通过自我教育改变自己，并以榜样的力量，让孩子在实践中学会自我教育，使孩子的头脑、双手、双眼、嘴巴、空间和时间都解放出来，使家庭真正成为培养孩子创造力的场所，家长真正成为孩子创造力迸发出来的老师。

> 引自［中国］张能治《让孩子学会自我教育》，见张能治 编

著《爱，让孩子快乐成长——e 时代家庭教育真谛》，广东人民出版社 2011 年版，第 2 页

家庭的书柜

说到阅读这件事情，我想引用两个人的观点。北大教授陈平原认为，父亲的书柜决定了孩子们的命运。韩山师范学院院长林伦伦改动了两个字，家庭的书柜决定了孩子们的命运。

引自 ［中国］ 陈利彬《由"葛优躺"、〈从前慢〉说起……》，见张能治 主编《孩子与家庭纵横谈》，华夏出版社 2020 年版，第 263 页

自学能力

我们曾开展中小学语文自学辅导的课题实验，并由长城出版社出版《把学习的主动权还给学生》一书，我在给该书写的《语文自学辅导是开发学生自学潜能的有效途径》的前言中提道："脑科学的研究表明，每个学生都有自学的潜能。学生的自学潜能必须通过学生的实践活动才能得到开发。中央科教所的重点课题——语文自学辅导教学实验研究，是培养学生语文自学能力的有效途径，是改革语文教学的有效方法。语文自学辅导教学的基本模式是：启、读、练、知、结。这种教学模式的指导思想是：以学生的自主学习为主体，以教师的引导点拨为主线，以优化学生的学力结构为主标，以大面积、大幅度提高学生学习效率为主旨，使语文教学成为在老师和教材辅导下的学生生动、活泼、自主、快乐的学习活动。其核心是把学习的主动权交给学生，让学生获得更多的自学机会，不断开

发自学的潜能，逐步掌握自学方法，锻炼自学能力。"

我认为学生的自学能力强，他的探究能力则强；自学能力弱，他的探究能力则弱。

> 引自［中国］张能治《以优质教育开启孩子的灿烂人生》，见张能治 编著《爱，让孩子快乐成长——e 时代家庭教育真谛》，广东人民出版社 2011 年版，第 253 页

培养智慧能量

我要做的是培养孩子的智慧能量，就是对知识的好奇心、爱钻研的精神，提出问题的能力，寻找答案的兴趣，有效的学习方法，平和的学习心态，持之以恒的毅力等等——这些才能成全孩子的成绩，才是在各种考试中胜出的决定性条件。

> 引自［中国］尹建莉《好妈妈胜过好老师》，作家出版社 2009 年版，第 186 页

发现强势智慧

智慧有强弱之分，有的强势智慧在于言语表达，有的强势智慧在于肢体动作，有的强势智慧在于空间想象……

每个人都有自己的强势智慧，关键是父母如何发现孩子的强势智慧，并提供机会让孩子的强势智慧得到充分的发挥，使其终生受益。

> 引自［中国］张能治《家庭教育的误区与对策》，见张能治编著《爱，让孩子快乐成长——e 时代家庭教育真谛》，广东人民出版社 2011 年版，第 64 - 65 页

良好的生活习惯

每年的春夏之交，夏秋之交，秋冬之交和冬春之交，各要变换一次衣服。但是人们往往在那"之交"不会变换衣服，要闹出些毛病来，这就是由于习惯的力量。

引自［中国］毛泽东《一个极其重要的政策》，《毛泽东选集·第3卷》，人民出版社1991年第2版，第882页

养成好习惯难，养成坏习惯易。做父母或做教师的要使小孩子养成良好的习惯，在好习惯未养成的时候，不准小孩子有例外的动作。

引自［中国］陈鹤琴《家庭教育》，华东师范大学出版社2006年版，第16页

教育的过程，从某种意义上来说，是一个培养习惯的过程。要形成某种习惯，即形成稳定的行为方式，必须经过连续而不间断的反复训练，不断重复，不断强化。

引自［中国］赵忠心《家庭教育学：教育子女的科学与艺术》，人民教育出版社2001年版，第118页

什么是习惯？习惯是人们在长期的生活、学习、工作中所形成的一种比较稳定的心理状态，一种行为表现，是一种忘不掉的东西，它受社会多方面因素的影响，而对一个未成年人来说，家庭的影响是最重要的。

引自［中国］张能治《父母的职责：培养子女的良好习惯》，见张能治编著《爱，让孩子快乐成长——e时代家庭教育真

谛》，广东人民出版社 2011 年版，第 6 页

父母要培养孩子良好的习惯。生活中，父母要舍得花时间
陪孩子，认真回答孩子的问题，为孩子提供效能的智力环境，
培养孩子勇于提问的习惯；学习中，父母要鼓励孩子求异的读
书，会选择的读书，坚持不懈的读书，让读书成为生活的一种
习惯。

引自［中国］张能治《让孩子学会自我教育》，见张能治 编
著《爱，让孩子快乐成长——e 时代家庭教育真谛》，广东人
民出版社 2011 年版，第 2 页

孩子的好习惯是家长平时一点一滴培养起来的，不是靠短
期突击所能奏效的。家长如果忽视对孩子学习效率的培养，必
然使孩子养成懒散的学习习惯，如果忽视对孩子坚强性格的培
养，必然使孩子养成懦弱的习惯。

引自［中国］张能治《父母的职责：培养子女的良好习惯》，
见张能治 编著《爱，让孩子快乐成长——e 时代家庭教育真
谛》，广东人民出版社 2011 年版，第 9 页

最好的也是最有效的儿童教育方法，就是培养良好的行为
习惯。

引自［中国］孙云晓《习惯决定孩子一生》序言，北京师范
大学出版社 2013 年版，第 1 页

训子千遍，不如培养一个好习惯。

引自［中国］孙云晓《习惯决定孩子一生》序言，北京师范
大学出版社 2013 年版，第 2 页

习惯培养的最高价值是人的解放而非束缚。

引自〔中国〕孙云晓《习惯决定孩子一生》，北京师范大学出版社 2013 年版，第 36 页

习惯养成的最高境界是形成人的自身需求，而不是外在的强制。

引自〔中国〕孙云晓《习惯决定孩子一生》，北京师范大学出版社 2013 年版，第 40 页

一个家庭如果不重视习惯的养成，就谈不上家庭教育；一所幼儿园、一所小学、一所中学，如果不重视习惯的养成，就谈不上教育教学。

引自〔中国〕孙云晓《习惯决定孩子一生》，北京师范大学出版社 2013 年版，第 210 页

一个孩子如果养成读书习惯，等于在心里头装了一台成长的发动机。养成读书习惯的人，一辈子不会寂寞；养不成读书习惯的人，一辈子都不知所措。

引自〔中国〕孙云晓《习惯决定孩子一生》，北京师范大学出版社 2013 年版，第 166 页

真正的好习惯，或者说最大的好习惯，是孩子有能力也有兴趣安排自己的一切事务。

引自〔中国〕尹建莉《最美的教育最简单》，作家出版社 2014 年版，第 299 页

父母能够做的最大的帮助，是帮助孩子养成好的学习

习惯。

> 引自［韩国］全惠星《有奉献精神的父母培养大人物》，邵
> 娟译，中国城市出版社 2009 年版，第 165 页

让他们养成习惯，依靠自己去努力追求自己想要的东西，并由此学会克制、专心、勤奋、思考、策划和节俭等等；这些品质在他们长大成人后对他们是非常有用的，所以越早培养越好，其根基也扎得越深越好。

> 引自［英国］约翰·洛克《教育漫话》，徐大建 译，上海人
> 民出版社 2005 年版，第 149 页

儿童的一切游戏与娱乐，都应当以养成良好有用的习惯为目的，否则游戏和娱乐便会给他们带来不良的习惯。儿童无论做什么，都会在其稚嫩的年龄留下一些印象，由此造成一种向善或者为恶的倾向，凡是具有这种影响的事情，都是不应忽略的。

> 引自［英国］约翰·洛克《教育漫话》，徐大建 译，上海人
> 民出版社 2005 年版，第 149 页

学习是不需要才能的。……只要有良好的生活习惯，什么样的孩子都可以成为学习好的孩子。

> 引自［日本］中畑千弘《优秀儿童的黄金时间表：揭开孩子
> 优秀成因之谜》，祁焱 译，漓江出版社 2010 年版，第 4 页

为了培养一个学习好的孩子，要让他从小就养成规律的生活习惯，定时定点地做事情，这是很重要的。

引自〔日本〕中畑千弘《优秀儿童的黄金时间表：揭开孩子优秀成因之谜》，祁焱 译，漓江出版社 2010 年版，第 122 页

怎样培养孩子的好习惯（又见 23. 婴幼儿的家庭教育/习惯）

行动是习惯的最好老师，是培养子女良好习惯的最有效途径，父母应在家庭中营造一种和谐的气氛，让孩子在体验中养成良好习惯。

引自〔中国〕张能治《父母的职责：培养子女的良好习惯》，见张能治 编著《爱，让孩子快乐成长——e 时代家庭教育真谛》，广东人民出版社 2011 年版，第 10 页

自己的事自己做，培养孩子的独立习惯。

教育孩子的最终目的是要让孩子拥有自立于社会的能力。独立性是孩子优良品格的重要方面。事事都要依靠父母，离开父母就不能生活、不能学习、不能工作的孩子，其人格是不健全的。

……

为此，父母要创设环境，培养孩子的独立性。

要根据孩子年龄大小和条件，分床、分房睡觉，从小培养孩子有胆量的习惯；

给孩子一个闹钟，让孩子自己调好起床时间，听着闹钟声自觉起床，培养孩子守时，不拖拉的习惯；

不替孩子背书包，从小学一年级起就让孩子背着书包上学放学，培养孩子从小不怕困难的习惯；

自己整理自己的床铺、房间、书桌、书包，培养孩子的责

任感；

与人说话要面向对方，站要站直，坐要坐正，声音要响亮，培养孩子活泼乐观的习惯。

上述各项体验都是在培养孩子的独立性。

引自［中国］张能治《父母的职责：培养子女的良好习惯》，见张能治 编著《爱，让孩子快乐成长——e 时代家庭教育真谛》，广东人民出版社 2011 年版，第 10 - 11 页

不要过度保护，培养孩子的抗挫折习惯。

过度保护，会造成孩子身体和心理脆弱，受不得半点身体的伤害和心理上的委屈，长此以往会产生心理疾病，甚至出现自杀的念头。父母要学会对孩子说“不”，培养他们的克制能力。过度保护，剥夺孩子独立承担困难与挫折的机会，而这恰恰是孩子形成良好意志品质与行为习惯的必由之路。家长退一步，孩子进一步，这是孩子成长的自然法则。要让孩子用自己的头脑想事，用自己的嘴巴说话，用自己的双手做事，用自己的双脚走路，在生活的磨练中提高抗挫折能力。挫折，对孩子的成长是一件好事，不经过挫折的人是不可能获得真正的成功。

引自［中国］张能治《父母的职责：培养子女的良好习惯》，见张能治 编著《爱，让孩子快乐成长——e 时代家庭教育真谛》，广东人民出版社 2011 年版，第 11 页

适当参与家务劳动，培养孩子的劳动习惯。

现在生活水平提高了，有不少家庭请了保姆或钟点工，帮忙做家务。为此，有不少家长认为不必让孩子做家务，怕影响

他们的学习。美国哈佛大学曾经对 456 个爱做家务与不爱做家务的孩子进行 20 年的跟踪调查。调查结果显示，爱做家务的与不爱做家务的，失业率是 1∶15，犯罪率是 1∶10，经济收入相差 20%，而且爱做家务的心理素质好，离婚率低。

这个调查证明了做家务对一个人的健康成长的重要性。孩子通过做家务，知道劳动的艰辛，懂得珍惜劳动成果，它从一个侧面培养孩子爱劳动的习惯。父母要根据家庭的实际情况，让孩子适当参与家务劳动，如洗菜、洗碗；做饭、炒菜；晾衣服、收衣服、整理衣服；扫地、拖地板、擦洗门窗等。这些家务可根据孩子年龄大小加以适当的安排，可固定一些项目给孩子做，更多的是父母与子女一起做，从中增进父母与子女之间的感情。

引自［中国］张能治《父母的职责：培养子女的良好习惯》，见张能治 编著《爱，让孩子快乐成长——e 时代家庭教育真谛》，广东人民出版社 2011 年版，第 12 页

善待他人，培养孩子尊重的习惯。

善待他人，应从善待身边的人做起。

孩子起床、吃饭、回家要主动与亲人打招呼。

要善待父母，帮助父母做一些力所能及的小事，这是孩子对父母的爱的一种回报。

善待保姆、钟点工，让孩子懂得，他们都是应该受到尊重的人，应该有礼貌称呼他们，不能吆喝他们，不能让保姆侍候孩子。

善待老人，包括祖父母、外祖父母等，尽量满足老人的需要，多和老人谈话，让孩子懂得，尊老是中华民族的美德。

善待伙伴，与他们友好合作，和谐相处。

善待老师，听从老师的教诲。

善待他人，在公共汽车上主动让位给有需要的人。

只要善待他人，就会感受到尊重与被尊重的浓浓情意。

……

从小善待他人，长大了才会善待同事，善待上级和下属，才会和人们友好合作。现代科学技术和企业生产，越来越需要团队的力量，不会善待他人，就不可能与别人合作，他必定被社会所抛弃。

> 引自［中国］张能治《父母的职责：培养子女的良好习惯》，见张能治 编著《爱，让孩子快乐成长——e 时代家庭教育真谛》，广东人民出版社 2011 年版，第 12－14 页

不乱扔垃圾，培养孩子的环保习惯。

环保工作已越来越引起人类的关注和重视，不懂得环保，就适应不了 21 世纪的社会。……我们要注意向文明国家学习，自觉养成不乱扔垃圾的习惯，孩子长大才会有良好的环保意识，才能更好地建设祖国。

养成将垃圾分类扔到垃圾箱里的习惯，在家里就不会将垃圾扔到室外，扔到楼下；在学校就不会将纸屑扔在教室、走廊、校道；外出就不会将垃圾扔到马路，扔到公共场所。父母和孩子外出，不论是乘坐公共汽车，还是游公园，逛商店，都要以身作则地将面巾纸、果皮、饮料瓶等废弃物扔到垃圾箱里，重复多次训练，并说明其中道理，孩子就会逐步养成环保习惯。

怎样才算形成不乱扔垃圾的习惯？其标准是在别人看不

见、没人监督的情况下，如能随时随地遵守，这才算形成不乱扔的好习惯。

尊重自然，强调和谐。保护环境，从我做起，从身边做起。

尊重社会，强调规则。遵守规则，这是尊重社会的底线，这是法制社会的基础。

> 引自［中国］张能冶《父母的职责：培养子女的良好习惯》，见张能冶 编著《爱，让孩子快乐成长——e 时代家庭教育真谛》，广东人民出版社 2011 年版，第 14 – 15 页

积极支持，培养孩子审美健体的习惯。

要创设环境，让孩子积极参加音乐、舞蹈、美术的活动，学会一种至几种乐器，学会欣赏美术、音乐、舞蹈等艺术，努力提高欣赏的水平，这是提高审美情趣，有效开发右脑的重要渠道。

积极锻炼身体，掌握几种健身的方法，长期坚持，形成习惯，这将使孩子终生受益。

> 引自［中国］张能冶《父母的职责：培养子女的良好习惯》，见张能冶 编著《爱，让孩子快乐成长——e 时代家庭教育真谛》，广东人民出版社 2011 年版，第 15 页

培养好习惯用加法，改正坏习惯用减法。

> 引自［中国］孙云晓《习惯决定孩子一生》，北京师范大学出版社 2013 年版，第 46 页

在培养习惯的过程当中，同样需要两代人能相互学习共同成长，因为这样的亲子互动是习惯成长的动力。

引自［中国］孙云晓《习惯决定孩子一生》，北京师范大学
出版社 2013 年版，第 191 页

培养习惯的原则应该是"顺应自然，适当推动"这八个
字。前四个字是培养者应有的心理基础，看不见却非常重要，
决定行为的大方向；后四个字是具体做法。

引自［中国］尹建莉《最美的教育最简单》，作家出版社
2014 年版，第 299 页

在培养孩子好习惯上，家长最有作为的办法是做个好示
范，一直坚持，并且从不为此和孩子发生冲突。

引自［中国］尹建莉《最美的教育最简单》，作家出版社
2014 年版，第 301 页

在培养习惯的过程中，如果总是制造孩子的主动性和成就
感，他就会在这方面形成一个好的习惯；如果经常让孩子有不
自由感和内疚感，他就会在这方面形成坏习惯。

引自［中国］尹建莉《好妈妈胜过好老师》，作家出版社
2009 年版，第 149 页

无论好习惯还是坏习惯都不是天生的，而是在生活中一点
一点地养成的。我认为，在使孩子养成好习惯的问题上，父母
应该耐心细致地给孩子以正确的引导。

引自［美国］斯托夫人《斯托夫人自然教子书》，亚北 译，
中国妇女出版社 2009 年版，第 133 页

你认为什么是他们必须做的，就应该利用一切机会，甚至
在可能的时候创造机会，让他们进行不可缺少的练习，使其在

他们身上固定下来。这就可以使他们养成一种习惯，这种习惯一旦养成之后，便用不着借助记忆，就能自然而然发生作用了。

> 引自〔英国〕约翰·洛克《教育漫话》，徐大建 译，上海人民出版社 2005 年版，第 51 页

不要试图一下子培养过多的习惯，否则花样太多，把他们搞得昏头胀脑，反而一种都培养不成。要等某一件事情经过经常的练习、变得容易自然、他们能够不假思索地做出来之后，才可以再去培养另外一种习惯。

> 引自〔英国〕约翰·洛克《教育漫话》，徐大建 译，上海人民出版社 2005 年版，第 52 页

在解决矛盾中前进

没有矛盾不会进步，不会演变，不会深入。有矛盾正是生机蓬勃的明证。

> 引自〔中国〕傅雷《傅雷家书》，见傅敏 编《傅雷家书》，辽宁教育出版社 2004 年新 1 版，第 91 页

解决一个矛盾，便是前进一步！矛盾是解决不完的，所以艺术没有止境，没有 perfect〔完美，十全十美〕的一天，人生也没有 perfect〔完美，十全十美〕的一天！惟其如此，才需要我们日以继夜，终生的追求、苦练；要不然大家做了羲皇上人，垂手而天下治，做人也太腻了！

> 引自〔中国〕傅雷《傅雷家书》，见傅敏 编《傅雷家书》，

辽宁教育出版社 2004 年版，第 91 页

阅读（又见 27. 家庭的早期教育/阅读和 35. 家庭的智力教育/阅读）

读经传则根柢深，看史鉴则议论伟。

> 引自 ［中国］ 钱镠《钱氏家训·个人篇》，见牛晓彦 编著
> 《钱氏家训新解》，北京理工大学出版社 2014 年版，第 68 -
> 73 页

写作（又见 35. 家庭的智力教育/写作）

能文章则称述多，蓄道德则福报厚。

> 引自 ［中国］ 钱镠《钱氏家训·个人篇》，见牛晓彦 编著
> 《钱氏家训新解》，北京理工大学出版社 2014 年版，第 78 -
> 83 页

倾听

倾听是一种尊重，一种艺术，也是一种能力，一种素养。父母要善于倾听子女的心声，才能知道孩子在想什么，需要什么，喜欢什么，反对什么，才能走进孩子的内心世界。

> 引自 ［中国］ 张能治《家庭教育的误区与对策》，见张能治
> 编著《爱，让孩子快乐成长——e 时代家庭教育真谛》，广东
> 人民出版社 2011 年版，第 61 页

倾听是一种尊重。孩子是一个活生生的人，需要得到尊

重。父母用心倾听孩子的意见，顺着孩子的意见，巧妙进行引导，孩子会获得受尊重的满足感，这是沟通的前提。因此，父母要沉住气，让孩子充分宣泄，发表意见；应该站在对方立场上真诚倾听，听清楚意见的内容，然后心平气和地跟孩子交换意见；让子女感受到自己被尊重，而且相信自己有解决问题的能力。

引自［中国］张能治《家庭教育的误区与对策》，见张能治编著《爱，让孩子快乐成长——e 时代家庭教育真谛》，广东人民出版社 2011 年版，第 61-62 页

倾听需要环境，父母要创造一个孩子敢说话、父母可以倾听的环境；倾听需要情感，父母要用眼神、表情、动作体现出倾听的快乐；倾听需要时间，父母再忙也要抽出一定的时间，倾听孩子的心声，因为孩子的成长是不能等待的，是不能再来的。倾听是孩子成长的润滑剂！

引自［中国］张能治《家庭教育的误区与对策》，见张能治编著《爱，让孩子快乐成长——e 时代家庭教育真谛》，广东人民出版社 2011 年版，第 62 页

倾听是一种艺术。孩子放学回家，父母要笑脸相迎，听孩子诉说校园新闻，让孩子感受到父母很在意他，他带来的信息很有用，他们喜欢听。倾听要专注，倾听过程可用"嗯""怎么样""后来呢"等词语与孩子呼应。倾听时注意不要随便打断孩子的话。不懂的问题，父母与子女通过上网等途径，一起寻找答案。

引自［中国］张能治《家庭教育的误区与对策》，见张能治

编著《爱，让孩子快乐成长——e时代家庭教育真谛》，广东
人民出版社2011年版，第62页

各种场合都应该倾听，坐着，站着，活动着，游戏着都应
该倾听。家里的事尽量让孩子参与，听听孩子的意见：双休日
怎么过，让孩子出出主意；每天的时间怎样安排，几点起床，
几点睡觉，让孩子按学校的要求自己定一个制度；如何上网，
上网时间要多久，让孩子拟出一个适当的时间表。每年的母亲
节、父亲节要倾听孩子的意见，看看孩子怎样为妈妈爸爸庆
祝，一张自制的贺卡，一条深情的短信，一句温馨的祝语，都
可以折射出孩子对父母的爱。

> 引自［中国］张能治《家庭教育的误区与对策》，见张能治
> 编著《爱，让孩子快乐成长——e时代家庭教育真谛》，广东
> 人民出版社2011年版，第62页

面对倾听，父母的责任在于创设环境，因势利导。
倾听是一种享受——分享孩子成长的喜怒哀乐。
倾听是一种素养——培养孩子的独立性和责任感。
倾听是一种方法——父母与子女沟通的诀窍。
倾听吧，渴望孩子快乐成长的天下父母们！
真正的教育是无痕的，倾听才是真正的教育。

> 引自［中国］张能治《家庭教育的误区与对策》，见张能治
> 编著《爱，让孩子快乐成长——e时代家庭教育真谛》，广东
> 人民出版社2011年版，第62页

发现闪光点

善于发现孩子的优点是培养良好亲子关系最有效的方法，

这不仅有利于建立孩子的自信心，而且会让孩子感受到父母对自己认可和喜爱，感觉到父母对自己的用心。

引自［中国］孙云晓《习惯决定孩子一生》，北京师范大学出版社 2013 年版，第 208 页

我雇用了一些搞杂耍的人来教我们他们在杂耍中所运用的技巧。这样我就达到了我的目的——卡尔不应只是观看表演，他同时应当努力和去发现每一个把戏的关键之处。

引自［德国］卡尔·H. G. 威特《卡尔·威特的教育》，丽红译，京华出版社 2006 年版，第 98 页

保护孩子的学习兴趣

家庭教育无小事，不论是爸爸还是妈妈，父母的一言一行都在对孩子产生潜移默化的影响，而这种影响是深远的，甚至是终生难忘的。家长要做的，就是保护孩子的学习兴趣，树立起他对学习的自信。有了兴趣和自信，孩子就有可能健康成长、快乐成长。

引自［中国］张能治《做一个平凡的女性、智慧的母亲》，见张能治 编著《爱，让孩子快乐成长——e 时代家庭教育真谛》，广东人民出版社 2011 年版，第 123 页

父母统一的态度

须知在小孩子面前，做父母的意见不合，不仅使小孩子无所适从，而且会引起他轻视父母之心，所以对于教育小孩子，做父母的不应当在小孩子面前取不统一的态度。

引自［中国］陈鹤琴《家庭教育》，华东师范大学出版社
2006 年版，第 124 页

真爱

你要热爱儿童，才能了解儿童。你了解他们越透彻，你便
会更热爱他们。因而热爱和了解是互相因果，互为发展的。

引自［中国］林砺儒《林砺儒教育文选》，北京师范大学出
版社 1984 年版，第 243 页

父母之爱给子女以亲切感、幸福感，爱是一种寄托，是期
望，是一种积极的驱动力，是一种教育手段，爱本身就是一种
教育。

引自［中国］赵忠心《家庭教育学：教育子女的科学与艺
术》，人民教育出版社 2001 年版，第 188 页

对于孩子的种种要求和需要，不能都满足。在一定情况
下，对于孩子物质上和精神上的需求不但不能给予满足，反而
要予以限制，这也是爱。

引自［中国］赵忠心《家庭教育学：教育子女的科学与艺
术》，人民教育出版社 2001 年版，第 189 页

年幼时让孩子参加一些力所能及的劳动，对孩子来说，可
能觉得是痛苦的事，但孩子长大了，离开父母走上社会，他的
生活自理能力很强，在生活上没有什么困难，他受益了，他的
生活将是幸福的。像这样从小让孩子参加一些力所能及的劳
动，似乎是不爱孩子，其实恰恰相反，这才是对孩子真正

的爱。

引自［中国］赵忠心《家庭教育学：教育子女的科学与艺术》，人民教育出版社 2001 年版，第 196 页

六要六不要

现代心理学和教育学研究证明，爱是两代人沟通的基础，没有爱就不可能有成功的教育。……我认为爱孩子首先是对他的尊重、信任，保障孩子身心健康，生动活泼，自由发展；其次是促进他学习和成长，成为合格公民，力争成为优秀人才。

引自［中国］骆风《爱之道爱之行的探索》，见张能治 著《爱的期许：家庭教育及其他》，中山大学出版社 2020 年版，"专家导读"第 8 - 9 页

我提出了爱孩子的"六要"和"六不要"：第一要关心孩子，而非忽略孩子；第二要照顾好孩子生活，但不包揽孩子的一切；第三要读懂孩子，但不主观臆断；第四要指导孩子，但不强迫孩子；第五要尊重孩子，但不屈从孩子；第六要锻炼孩子，但不要拔苗助长。这些建议，在张能治先生的《爱的期许：家庭教育及其他》一书中都有生动的体现。

引自［中国］骆风《爱之道爱之行的探索》，见张能治 著《爱的期许：家庭教育及其他》，中山大学出版社 2020 年版，"专家导读"第 9 页

实践

道德不是记熟几句格言，就可以了事，要重在实行。

引自［中国］蔡元培《蔡元培教育文选》117，见梁适 编《中外名言分类大辞典》，复旦大学出版社1997年版，第664页

道德教育关键在社会环境及学校生活训练。

引自［中国］林砺儒《林砺儒教育文选》66，见梁适 编《中外名言分类大辞典》，复旦大学出版社1997年版，第664页

你要有知识，你就得参加变革现实的实践。你要知道梨子的滋味，你就得变革梨子，亲口吃一吃。

引自［中国］毛泽东《实践论》，《毛泽东选集. 第1卷》，人民出版社1991年第2版，第287页

读书是学习，使用也是学习，而且是更重要的学习。

引自［中国］毛泽东《中国革命战争的战略问题》，《毛泽东选集. 第1卷》，人民出版社1991年第2版，第181页

总之，单是话不行，要紧的是做。

引自［中国］鲁迅《中外文谈》，《鲁迅全集. 第六卷》，人民文学出版社1981年版，第102页

言论的花儿开得愈大，行为的果子结得愈小。

引自［中国］冰心《繁星》，《冰心选集》340，见梁适 编《中外名言分类大辞典》，复旦大学出版社1997年版，第276页

实际锻炼是让孩子身体力行、亲自去做。一个人的技能技巧、实际才干、良好习惯和品德，不是先天就有的，不是自然

而然形成的。不管是多么简单的技能、技巧和才干，也不管是什么样的品德和习惯，不经过亲身实践是不行的。

> 引自［中国］赵忠心《家庭教育学：教育子女的科学与艺术》，人民教育出版社 2001 年版，第 246 页

实际锻炼应当由易到难，由简单到复杂，量力而行，循序渐进，逐步提高要求，不能操之过急。

> 引自［中国］赵忠心《家庭教育学：教育子女的科学与艺术》，人民教育出版社 2001 年版，第 248 页

指导孩子安排好日常生活，使之通过有条不紊的生活实践，受到教育，养成良好的生活习惯。

> 引自［中国］赵忠心《家庭教育学：教育子女的科学与艺术》，人民教育出版社 2001 年版，第 265 页

只有在广阔的天地里，父母才可发现孩子的潜质；只有在积极的实践中，孩子才能真正感受到人生的意义；只有使课内与课外的经验相统一，孩子的创造才会有良好的根基。

> 引自［中国］张能治《少年是无可估量的》，见张能治 主编《孩子与家庭纵横谈》，华夏出版社 2020 年版，第 240 页

秩序

教育孩子有秩序地生活，要多加强训练，坚持始终，不可半途而废，不能有始无终，而要持之以恒。指导孩子安排好日常生活秩序，不仅可以使孩子学会如何生活，养成良好的生活习惯，还可以培养孩子的意志品质。

引自［中国］赵忠心《家庭教育学：教育子女的科学与艺术》，人民教育出版社 2001 年版，第 266 页

选择

倘若他所听见的言语都是文雅而不粗俗的，那他将来说的话也一定是文雅而不粗俗的；倘若他所看见的东西都是整齐清洁的，那他定能爱护清洁整齐的东西。所以做父母的一方面必须事事以身作则，一方面必须选择优良的环境使小孩子得到优良的刺激和印象。

引自［中国］陈鹤琴《家庭教育》，华东师范大学出版社 2006 年版，第 13 页

成功不但在于奋斗，还在于选择，天才就是选择了最适合他的道路，蠢材就是选择了最不适合他的道路。

引自［中国］孙云晓《习惯决定孩子一生》，北京师范大学出版社 2013 年版，第 63 页

拥有知己

有朋自远方来，不亦乐乎？

引自［中国］孔丘《论语·学而》，见学之 译释《论语》，陕西师范大学出版社 2010 年版，第 1 页

与朋友交，言而有信。

引自［中国］孔丘《论语·学而》，见学之 译释《论语》，陕西师范大学出版社 2010 年版，第 7 页

孔子曰："益者三友，损者三友。友直，友谅，友多闻，益矣。友便辟，友善柔，友便佞，损矣。"

引自［中国］孔丘《论语·季氏》，见学之 译释《论语》，陕西师范大学出版社 2010 年版，第 262 页

海内存知己，天涯若比邻。

引自［中国］王勃《送杜少府之任蜀州》，见中华书局上海编辑所编辑《唐诗一百首》，中华书局 1959 年版，第 1 页

人生贵相知，何必金与钱。

引自［中国］李白《赠友人三首》，见王正平 主编《人生格言辞典》，上海辞书出版社 2004 年版，第 383 页

心心复心心，结爱务在深。

引自［中国］孟郊《结爱》，见王涵 等 编《名人名言录》（新世纪版），上海人民出版社 2004 年版，第 332 页

凡事皆贵专，求师不专则受益也不入；求友不专，则博爱而不亲。心有所专宗，而博观他途，以扩其识，亦无不可；无所专宗，而见异思迁，此眩彼夺，则大不可。

引自［中国］曾国藩《曾国藩家书·交友篇》，见《国学典藏书系》丛书编委会 主编《曾国藩家书》，吉林出版集团股份有限公司 2011 年版，第 213 页

度尽劫波兄弟在，相逢一笑泯恩仇。

引自［中国］鲁迅《题三义塔》，《鲁迅全集．第七卷》，人民文学出版社 1981 年版，第 151 页

孩子如果没有朋友，比他考试不及格还要严重。

> 引自［中国］孙云晓《习惯决定孩子一生》，北京师范大学
> 出版社 2013 年版，第 102 页

你要时刻接近、结交比你优秀的人。学生时代结交的朋友会使你在 40 岁以后的人生中受益多多。

> 引自［中国］赵刚《20 岁的生日礼物》，见张能治 主编《家
> 庭教育那些事儿》，暨南大学出版社 2014 年版，第 142 页

卡尔通常会和比他优秀的人站在一边，而那些比他优秀的人也很理解他，由此他们还是非常尊重和喜爱卡尔。他们之间的这种友情常常令我感动得潸然泪下。

> 引自［德国］卡尔·H. G. 威特《卡尔·威特的教育》，丽红
> 译，京华出版社 2006 年版，第 79 页

家教好的孩子与家教不良的孩子在一起玩耍，往往是后者轻易地把不良习气传染给了前者，而不是相反。这是因为人们学习美德时所需要的努力与自制是与人天生的感情倾向相对立的，至少一开始时是这样的。而坏习惯却很容易养成，因为我们的感官自然地倾向于这些坏习惯，小朋友的示范更是起了推波助澜的作用。

> 引自［德国］卡尔·H. G. 威特《卡尔·威特的教育》，丽红
> 译，京华出版社 2006 年版，第 78 页

一个没有朋友的人，即使其他方面再优秀，也是可悲和孤独的，不会有大的作为。

引自［韩国］全惠星《有奉献精神的父母培养大人物》，邵娟译，中国城市出版社 2009 年版，第 134 页

人生追求的就是拥有爱和朋友。

引自［日本］铃木镇一《用爱哺育》，许海燕 译，电子工业出版社 2004 年版，第 129 页

有知心朋友本身就是一种幸福。

引自［日本］武者小路实笃《母与子》，见王正平 主编《人生格言辞典》，上海辞书出版社 2004 年版，第 384 页

交往

独学而无友，则孤陋而寡闻。

引自［中国］《礼记·学记》，见梁适 编《中外名言分类大辞典》，复旦大学出版社 1997 年版，第 653 页

以财交者，财尽而交绝；以色交者，华落而受渝。

引自［中国］《战国策·楚策一》，见梁适 编《中外名言分类大辞典》，复旦大学出版社 1997 年版，第 306 页

行合趋同，千里相从。行不合，趋不同，对门不通。

引自［中国］《淮南子·说山训》，见梁适 编《中外名言分类大辞典》，复旦大学出版社 1997 年版，第 306 页

与善人居，如入芝兰之室，久而自芳也；与恶人居，如入鲍鱼之肆，久而自臭也。

引自〔中国〕颜之推《颜氏家训·慕贤第七》，见檀作文 译注《颜氏家训》，中华书局 2007 年版，第 87 页

信交朋友，惠普乡邻。

引自〔中国〕钱镠《钱氏家训·社会篇》，见牛晓彦 编著《钱氏家训新解》，北京理工大学出版社 2014 年版，第 132 页

近朱者赤，近墨者黑。

引自〔中国〕傅玄《傅鹑觚集·太子少傅箴》，见王涵 等编《名人名言录》（新世纪版），上海人民出版社 2004 年版，第 307 页

交往和任何习惯一样，当它错过童年这个关键期，它就没有一个深厚的交往的经验积累，难以养成较好的交往习惯。

引自〔中国〕孙云晓《习惯决定孩子一生》，北京师范大学出版社 2013 年版，第 105 页

只要他在和同伴玩耍时是快乐的、内心是纯净的，就是好的。良好的同伴关系本身就是成长的营养品，能让孩子的心理得到滋养，成长得健康。

引自〔中国〕尹建莉《最美的教育最简单》，作家出版社 2014 年版，第 37–38 页

卡尔与小伙伴相处得十分融洽，所以他们都很喜欢卡尔，离别时他们总是依依不舍，眼中甚至闪着泪花。卡尔养成了心平气和、心情愉悦、有条不紊、理性明智的心理习惯，在做游戏的时候，他都恪守这些习惯，和其他孩子待在一起时也是这么做的。

引自［德国］卡尔·H. G. 威特《卡尔·威特的教育》，丽红译，京华出版社 2006 年版，第 79 页

因为对人亲切，朋友自然就会有很多，朋友多了，学到的就会更多。互相帮助，彼此成为对方的力量，这就是人际关系的实质所在了。

引自［韩国］全惠星《有奉献精神的父母培养大人物》，邵娟 译，中国城市出版社 2009 年版，第 131 页

告诉我你常和什么人来往，我就能说出你是什么样的人。

引自［西班牙］塞万提斯《堂吉诃德》，见王正平 主编《人生格言辞典》，上海辞书出版社 2004 年版，第 336 页

只应与好人做朋友，不应与坏人做朋友，与坏人做朋友自己也要变坏，俗称近墨者黑。

引自［古希腊］亚里士多德《伦理学》，见王正平 主编《人生格言辞典》，上海辞书出版社 2004 年版，第 380 页

认错

每天天刚亮时，我母亲便把我喊醒，叫我披衣坐起。我从不知道她醒来坐了多久了。她看我清醒了，便对我说昨天我做错了什么事，说错了什么话，要我认错，要我用功读书。

引自［中国］胡适《我的母亲》，见建华 选编《母亲》，湖南文艺出版社 1993 年版，第 40－41 页

不要护短

护短的结果是孩子在外做坏事而不负责任，于是越学越

坏，做坏事的胆子也越来越大，甚至公然喊叫："你去告诉我父母好了，他们根本不会相信！"护短的后果不堪设想。

当然我们还必须记住一点：人在犯了错误时比任何时候都更需要关怀。在孩子认错之后，父母应安慰他，让他重新再来。

> 引自［中国］张能治《做一个平凡的女性、智慧的母亲》，见张能治 编著《爱，让孩子快乐成长——e 时代家庭教育真谛》，广东人民出版社 2011 年版，第 121 页

暗示（又见 29. 家庭的心理教育/暗示）

对于教育小孩子，做父母的最好用积极的暗示，不要用消极的命令。

> 引自［中国］陈鹤琴《家庭教育》，华东师范大学出版社 2006 年版，第 40 页

小孩子的许多惧怕，大部分是由父母的暗示养成的。做父母的自己怕这样，怕那样，哪里还希望他们的小孩胆大呢。小孩子固是很容易受人暗示的。惧怕性的暗示可以使小孩子发生惧怕；但反惧怕性的暗示可以使小孩子打消惧怕。所以，我们做父母的应当慎重我们自己的行为和言语，使我们的小孩子不至于胆小如鼠的样子。

> 引自［中国］陈鹤琴《家庭教育》，华东师范大学出版社 2006 年版，第 109 页

要养成小朋友的好性格及好习惯，用间接的暗示比直接的教训来得强。

引自〔中国〕孙铭勋《孙铭勋教育文选》121，见梁适 编
《中外名言分类大辞典》，复旦大学出版社 1997 年版，第
695 页

儿童特别容易受到暗示，也珍惜成人的赞美，他从中体会
到好习惯的乐趣，好习惯就开始成为他真正的一部分了。

引自〔中国〕尹建莉《最美的教育最简单》，作家出版社
2014 年版，第 300 页

在交流的时候还有一点要注意，不能给孩子"我是大人，
你是小孩，你要听我的话"之类的暗示，最好表现出相反的
态度，让孩子感觉他是在告诉你一些你不知道的事情，这样，
他会很愉快，也很有成就感。

引自〔韩国〕全惠星《有奉献精神的父母培养大人物》，邵
娟 译，中国城市出版社 2009 年版，第 160 页

宽容（又见 32. 家庭的品格教育/宽容）

我母亲的气量大，性子好，又因为做了后母后婆，她更事
事留心，事事格外容忍。

引自〔中国〕胡适《我的母亲》，见建华 选编《母亲》，湖
南文艺出版社 1993 年版，第 43 页

真正的强者，都能宽容别人，以把宽容节省下来的时间再
用于学习、工作、自强不息。

引自〔中国〕魏书生《好父母好家教》，漓江出版社 2005 年
版，第 85 页

这个故事（陶行知"四块糖"教育孩子的故事，编者注）告诉我们：对待犯错误的孩子，我们要有宽容的心态，要对孩子所犯的错误进行理智的客观的分析，要善于发现做了错事的孩子的优点，要用赏识唤醒孩子的良知，用科学的艺术的方法引导孩子，鼓励孩子主动承认错误，接受教育，从而在心灵深处产生改正错误、完善自己的愿望，并把这种愿望转变为实际的行动。这样做，家长的教育目的就水到渠成了。

引自［中国］余德元《孩子犯错时，家长要有宽容之心》，见张能治 主编《家庭教育那些事儿》，暨南大学出版社 2014 年版，第 243 页

家长在鼓励孩子发展个性的同时，要引导他理解和接纳各种各样的人和事，健康的批判精神应该是视野开阔的，是有高度的，所以应该是具有宽容气度的。

引自［中国］尹建莉《好妈妈胜过好老师》，作家出版社 2009 年版，第 129 页

儿童是脆弱的，成长只需要鼓励，不需要惩罚，一切严厉的对待都隐藏着某种伤害。父母不仅应该放下手中的棍棒，更要放下心中的棍棒，心中无棍棒是件比手中无棍棒更重要的事。宽容而饱含真诚的教育，总是最美、最动人的，对孩子也最有影响力。

引自［中国］尹建莉《最美的教育最简单》，作家出版社 2014 年版，第 73 页

越是具有宽容心和变通力的人，越容易成为社会主流人群。

引自［中国］尹建莉《最美的教育最简单》，作家出版社
2014年版，第113页

父母应该以一颗宽容的心来对待孩子，这样才能使孩子感
到父母的信任。孩子只有认为父母信任他，他才会完全向父母
敞开自己的心扉。这样，父母才有可能顺利地和孩子进行
交流。

引自［美国］斯托夫人《斯托夫人自然教子书》，亚北译，
中国妇女出版社2009年版，第309页

呵护

儿童是脆弱而无助的，他们的天赋需要激活也需要呵护，
家长在孩子的成长中既要成为孩子进步的助推器，又要成为他
们的保护伞。

引自［中国］尹建莉《最美的教育最简单》，作家出版社
2014年版，第91页

阅历

如果我的目的只是让卡尔去旅行，那么我宁愿待在这儿。
我这样做是为了提高他的身体素质，扩展他的思维并保持他的
良好的精神状态。至于学习，他有足够的时间。

引自［德国］卡尔·H. G. 威特《卡尔·威特的教育》，丽红
译，京华出版社2006年版，第129－130页

我给他以资助，推荐他在适当的季节到莱比锡和德累斯顿

及周围的旅游胜地去旅行。……让他见识各种自然和人工的艺术，让他遍访各大图书馆，拜访学者，增加人生的阅历——总而言之，就是让他为他今后的经历积累经验，做好准备。

引自［德国］卡尔·H.G. 威特《卡尔·威特的教育》，丽红译，京华出版社 2006 年版，第 13 页

经历的印象会比言语来得深刻，这就是我在养育孩子们时总结的经验。

引自［韩国］全惠星《有奉献精神的父母培养大人物》，邵娟译，中国城市出版社 2009 年版，第 75 页

威信

家长的威信是一种无形的教育力量，对子女来讲是一种坚持正确、纠正错误的驱动力。

引自［中国］赵忠心《家庭教育学：教育子女的科学与艺术》，人民教育出版社 2001 年版，第 387 页

家长威信的主要基础只可能是家长的生活和工作、他们的公民面貌、他们的行为。家庭是一项巨大的、责任重大的事业，家长领导着这项事业，并为它对社会、对自己的幸福和对孩子们的生活负责。如果家长诚实地、理智地从事这项事业，如果在家长的面前有着有意义的、美好的目的，如果家长自己能经常全面地、充分地认识自己的行动和行为，这就表明他们具有了家长的威信，不必再去寻找任何其他的根据，尤其不必去臆想出任何人为的根据。

引自［苏联］A.C. 马卡连柯《家庭和儿童教育》，丽娃 译，上海人民出版社 2005 年版，第 41 页

您作为公民所从事的活动、您的公民感、您对孩子生活的了解、您对他的帮助以及您对他的教育的责任心，是真正的威信的基础。

引自［苏联］A.C. 马卡连柯《家庭和儿童教育》，丽娃 译，上海人民出版社 2005 年版，第 45 页

舞蹈

我觉得跳舞最能使儿童具有适当的自信心与举止，使他们能够与年长的人交往，所以我认为他们一到能学跳舞的年岁就应该学习跳舞。因为跳舞虽然只是一种外表优美的动作，可是不知道为什么，它使儿童在思想上和姿态上具有男子汉气概的作用却比什么都强。

引自［英国］约翰·洛克《教育漫话》，徐大建 译，上海人民出版社 2005 年版，第 55－56 页

舞蹈可以使幼儿在此后的一生中保持优雅的动作，尤其可让他具备一种男子汉的气概和一种合宜的自信心，所以我觉得，只要年龄和力量允许，儿童应当尽早学习舞蹈。

引自［英国］约翰·洛克《教育漫话》，徐大建 译，上海人民出版社 2005 年版，第 233 页

欣赏

孩子还有一个特点，你越向他学习，你越欣赏他的优点，

孩子就跟你的关系越好。你越瞧不起他，他就越不能跟你好好地交流。你和孩子的关系越亲密，你的教育效果就越明显；你和孩子的关系越紧张，你的教育效果越差。

引自［中国］孙云晓《习惯决定孩子一生》，北京师范大学出版社 2013 年版，第 190－191 页

欣赏孩子不是只赞赏他的优点，更是如何看待他的缺点。你看他总是用"像牛顿一样"的眼光，他就会真的越来越像牛顿。

引自［中国］尹建莉《好妈妈胜过好老师》，作家出版社 2009 年版，第 34 页

一个人只有自身可爱，才值得别人去欣赏。如果一个同学学习不好，气质平平，能力一般，凭什么让别人欣赏他/她。对于中学生来说，最重要的是学习，气质与能力都是在学识的基础上产生的。只有好好学习，才能越来越可爱，得到别人的欣赏，同时自己也才能慢慢学会欣赏别人。

引自［中国］尹建莉《好妈妈胜过好老师》，作家出版社 2009 年版，第 26－27 页

"成人仪式"是一个了不起的标志，她是对你以前所有日子的赞美，更是对今后岁月的一个温馨提示。它标志着你的翅膀已经坚硬，可以独自飞向蓝天了。以前你是在家庭与学校的呵护下生活，今后就要对自己和家庭负有责任，对社会做贡献了。

引自［中国］尹建莉《好妈妈胜过好老师》，作家出版社 2009 年版，第 144 页

独立

在孩子的中小学阶段，尤其是小学阶段，一定要注意给孩子留出自由安排的时间，切不可让写作业、练琴、上课外班等这些事把孩子的时间占满。

引自〔中国〕尹建莉《好妈妈胜过好老师》，作家出版社2009年版，第162页

最重要的是经常让孩子有机会独自做事，独自承担责任，独自解决问题。

引自〔中国〕尹建莉《好妈妈胜过好老师》，作家出版社2009年版，第282页

书信

亲人之间，天天见面，语言交流，习以为常。偶然相互之间用笔交流，双方都会感到很新鲜，很激动。这等于在你们母女的心灵之间，除了说话的桥之外，又架设了一座新桥——书信之桥。

引自〔中国〕魏书生《好父母 好家教》，漓江出版社2005年版，第37页

知道，又不愿当面认错，那就写封信吧。只写两三句话也可以，早上夹在孩子常看的书里，或放在孩子的文具盒里。孩子在学校，看到这信，一定会非常激动，一定会为自己有这样豁达而又高雅的家长而自豪。

引自［中国］魏书生《好父母好家教》，漓江出版社 2005 年版，第 39 页

如果想看孩子的日记，就应当跟他们商量，征得他们同意后再看。家长可以把自己的想法写成信，也可以鼓励孩子经常给父母写信。互相交流看法，沟通感情。如果这样做了，您将会发现，你和孩子的思想和感情，在这座心灵的桥上，可以随便地走来走去了，家庭生活又多了许多乐趣，孩子的学习也一定会进步得更快。

引自［中国］魏书生《好父母好家教》，漓江出版社 2005 年版，第 39 页

信任

无论是教师还是父母，只有与孩子建立亲密而信任的关系，才真正具备教育的条件。

引自［中国］孙云晓《习惯决定孩子一生》，北京师范大学出版社 2013 年版，第 196 页

有了相互的信任，对孩子的教育才能有一个良好的开端。

引自［美国］斯托夫人《斯托夫人自然教子书》，亚北 译，中国妇女出版社 2009 年版，第 308 页

要想把孩子培养成一个优秀的人，必须首先给孩子足够的信任，这是教育的前提条件。我们应该相信孩子的能力，相信孩子的才华，相信孩子的品质，只有这样，才能使他们在人生的旅途上走好第一步。

引自〔美国〕斯托夫人《斯托夫人自然教子书》，亚北 译，中国妇女出版社 2009 年版，第 309 页

份额意识

在家里品尝美味，不管是什么好东西，千万不可让孩子吃独食，最低原则是每人一份。要让孩子有一种份额意识，你只能要一份，绝不是全部，更不能认为最好最多的那份就是你的。这样做，是让孩子懂得心中有他人。

引自〔中国〕孙云晓《习惯决定孩子一生》，北京师范大学出版社 2013 年版，第 13 页

惩罚

惩罚的核心是让孩子对自己的过失负责，其方法是唤醒孩子心中沉睡的巨人，其原则是尊重孩子。

引自〔中国〕孙云晓《习惯决定孩子一生》，北京师范大学出版社 2013 年版，第 138 页

早晨，在喝咖啡的时候，卡尔不小心把牛奶洒到了桌子上，通常在这种情况下，除了面包和盐之外，我们就不再让他吃别的东西，以示对他的惩罚。

引自〔德国〕卡尔·H. G. 威特《卡尔·威特的教育》，丽红 译，京华出版社 2006 年版，第 51 页

我认为，处罚也是表达爱的方法，需要处罚孩子的时候就一定要处罚，但要注意讲明理由。

引自［韩国］全惠星《有奉献精神的父母培养大人物》，邵娟 译，中国城市出版社 2009 年版，第 163 页

处罚的时候，核心并不是要不要打、要打几下等问题，核心在于要怎样让孩子明白错误和处罚的理由。再次强调，处罚不是以给孩子们痛苦为目的的，而是为了让孩子们正确地理解状况，以后不再犯同样的错误。

引自［韩国］全惠星《有奉献精神的父母培养大人物》，邵娟 译，中国城市出版社 2009 年版，第 164 页

我们不能为了惩罚孩子而惩罚孩子，应当使他们觉得这些惩罚正是他们不良行为的自然后果。

引自［法国］卢梭《爱弥儿，论教育》，见王正平 主编《人生格言辞典》，上海辞书出版社 2004 年版，第 178 页

因材施教

人各有才，各有所长，爱要得法，教要有方，教育的灵魂就是要了解孩子，要因材施教。

引自［中国］陈成浩《走出家庭教育的误区》，见张能治 主编《家庭教育那些事儿》，暨南大学出版社 2014 年版，第 7 页

孩子自理能力差，可以多安排他做一些力所能及的事，培养他独立处事的能力；孩子见识少，知识面窄，可以领他去旅游，参观当地的博物馆、科技馆、艺术馆，引导他关注周围的人和事；孩子不喜欢阅读，可以带他逛书店、进图书馆，感受

买书、借书、读书的氛围；孩子缺乏课余爱好，可以陪他到少年宫、文化馆、体育馆走走，引发他的好奇和兴趣；孩子学习习惯不好，可以引导他到学习习惯好的同学家串串门，了解别人是怎样学习的。

> 引自〔中国〕张能治《家庭教育的误区与对策》，见张能治编著《爱，让孩子快乐成长——e时代家庭教育真谛》，广东人民出版社2011年版，第66页

在我妻子的帮助下，我还用同样的方式来培养和训练儿子的其他能力，比如判断力、想象力、感觉细微事物的能力等，而这些往往为大多数人所忽略。

> 引自〔德国〕卡尔·H. G. 威特《卡尔·威特的教育》，丽红译，京华出版社2006年版，第28页

晚饭后的散步是我们一家最快乐的时光。我和丈夫牵着女儿的小手走在静谧的林荫道上，尽情地享受黄昏的美景和女儿给我们带来的欢乐。

> 引自〔美国〕斯托夫人《斯托夫人自然教子书》，亚北译，中国妇女出版社2009年版，第320页

我让她从小学会一切事情自己解决，以培养她的勇气和能力，因为只有勇敢者才是真正快乐的人。

> 引自〔美国〕斯托夫人《斯托夫人自然教子书》，亚北译，中国妇女出版社2009年版，第204页

沟通

父母要善于和孩子沟通。沟通时父母应少说多听，重视倾

听，善于倾听。只有倾听，才能走进孩子心里。父母要想改变孩子，首先要改变父母自己；没有父母的改变，就不可能有孩子的改变。

> 引自［中国］张能治《让孩子学会自我教育》，见张能治 编著《爱，让孩子快乐成长——e 时代家庭教育真谛》，广东人民出版社 2011 年版，第 2 页

沟通时要给孩子一定的自由度：

父母要把孩子看成和自己一样有独立人格的能动主体，倾听与尊重孩子的合理意愿；

满足孩子的合理需要，给孩子一定的自由度；

让孩子了解行为规范的标准和不可逾越的底线；

赏罚合理、清晰、一贯，给孩子表达申诉的机会……

如果过度控制孩子，一切按父母的意志办，没有给孩子一定的自由度，结果会造成孩子逆反的心理，父母无法与子女沟通，更谈不上教育。

> 引自［中国］张能治《更新教育理念，做 e 时代的合格父母》，见张能治 编著《爱，让孩子快乐成长——e 时代家庭教育真谛》，广东人民出版社 2011 年版，第 45 页

要注意沟通的态度。孩子是人，与父母一样，有自己的人格，需要别人尊重；孩子是成长中的人，从不成熟走向成熟，需要引导，但不能代替他成长；要避免把孩子推到网络上寻找精神寄托和情感安慰。

> 引自［中国］张能治《更新教育理念，做 e 时代的合格父母》，见张能治 编著《爱，让孩子快乐成长——e 时代家庭教

育真谛》，广东人民出版社 2011 年版，第 45 页

要注意沟通的技巧。倾听孩子的心声，不要想当然下结论，因为沟通是双向的；用孩子的眼光看世界，不要只依据成人世界的观点看待孩子；谈自己的感受，不要开口训人；多鼓励，不要随便否定；表扬批评要具体，不要简单"乖"与否，让孩子知道对错在哪里。

> 引自［中国］张能治《更新教育理念，做 e 时代的合格父母》，见张能治 编著《爱，让孩子快乐成长——e 时代家庭教育真谛》，广东人民出版社 2011 年版，第 46 页

沟通要注意方法，注意策略：要听的多，说的少；要平等，成为无话不谈的朋友；要注意向孩子学习，在学习探索中获得共同的语言。

> 引自［中国］张能治《家庭教育的误区与对策》，见张能治 编著《爱，让孩子快乐成长——e 时代家庭教育真谛》，广东人民出版社 2011 年版，第 60 页

沟通。目的在于让子女呈现真实的自我，从而提供帮助。为此，要减少局限学校生活及其他生活琐事的浅层沟通；要多一些讲述自己的故事，包括经验和教训，触及彼此的心灵世界的深入沟通。

> 引自［中国］陈利彬《由"莴优躺"、〈从前慢〉说起……》，见张能治 主编《孩子与家庭纵横谈》，华夏出版社 2020 年版，第 263 页

不跟孩子交流，又怎么能知道孩子的想法呢？连孩子的想

法都不知道，又怎么能在出现矛盾的时候成功地化险为夷呢？没有交流的习惯，大大小小的矛盾会将父母与孩子的距离拉得越来越大。

> 引自〔韩国〕全惠星《有奉献精神的父母培养大人物》，邵娟 译，中国城市出版社 2009 年版，第 154 页

在与孩子的交流中最重要的一点就是理解交流的性质。有的话在全家人都在的时候说比较好，而有的话只有两个人的时候才能讲。如果不能区别这一点，会让本来就敏感的孩子感到更加伤心，矛盾也就越来越大了。

> 引自〔韩国〕全惠星《有奉献精神的父母培养大人物》，邵娟 译，中国城市出版社 2009 年版，第 157－158 页

与孩子们交流的时候，要注意的是"可以建议，但是不要强求"。如果孩子在讲述自己的问题时有不对的观点，不要立刻打断他，等他讲完，听到最后。

> 引自〔韩国〕全惠星《有奉献精神的父母培养大人物》，邵娟 译，中国城市出版社 2009 年版，第 161 页

我在家里始终与女儿进行平等的交流，因为这也是培养她责任心的一种方式，我不仅了解她的内心感受，也和她谈我自己的喜怒哀乐。

> 引自〔美国〕斯托夫人《斯托夫人自然教子书》，亚北 译，中国妇女出版社 2009 年版，第 230 页

和孩子交谈应该注意采用合理的方式。从某种意义上来说，好的交流也是一门艺术。要想做到这一点，就必须理解与

尊重孩子的想法和认识。

引自［美国］斯托夫人《斯托夫人自然教子书》，亚北 译，中国妇女出版社 2009 年版，第 314 - 316 页

在培养女儿的过程中，我深切地体会到，只要我愿意花时间与女儿交流，她就会感受到亲情的满足，并愿意向我说她自己的事。有了女儿的真诚和坦白，我就很容易真正地了解她。女儿之所以能够让我完全了解她，是因为她知道我是最爱她的人。

引自［美国］斯托夫人《斯托夫人自然教子书》，亚北 译，中国妇女出版社 2009 年版，第 318 页

鼓励

我们从来没有用金钱或者值钱的东西对卡尔的好行为进行过奖励。成功的快乐；他超越自己时的喜悦及我们给他的爱抚；在他的"行为手册"中记下所发生的事；来自我们朋友们的爱；当然还有他的善意行为的美好结果——这些全都是对他的奖励。

引自［德国］卡尔·H. G. 威特《卡尔·威特的教育》，丽红 译，京华出版社 2006 年版，第 101 页

孩子是非常需要父母注意和表扬的，当孩子做错事时，我们有必要提醒和纠正他们，但是他们改正了错误，养成了好习惯后，则应该给他们足够的肯定，使他们有信心去做正确的事，并有足够的热情去巩固自己的成绩。

引自［美国］斯托夫人《斯托夫人自然教子书》，亚北 译，中国妇女出版社 2009 年版，第 171 页

鼓励和赞扬孩子应该针对孩子的行为，而不应该把孩子本身的好坏与所做的事情联系起来，更不能把自己对孩子的爱与这件事联系起来。表扬只有针对孩子所做的事情，才会使他有成就感，并因此感到满足。

引自［美国］斯托夫人《斯托夫人自然教子书》，亚北 译，中国妇女出版社 2009 年版，第 293 – 294 页

珍惜机会

我认为，重要的是让女儿明白机会要去争取，而不应该消极等待，现在如此，将来更是如此。女儿明白了这个道理，就会变得积极起来，不再对机会无动于衷。

引自［美国］斯托夫人《斯托夫人自然教子书》，亚北 译，中国妇女出版社 2009 年版，第 223 页

一个人的成功往往是由于善于利用各种机会。为孩子提供机会固然重要，但更重要的是让孩子懂得珍惜机会，进而学会积极争取机会，这样才能为孩子的成功打下坚实的基础。

引自［美国］斯托夫人《斯托夫人自然教子书》，亚北 译，中国妇女出版社 2009 年版，第 224 页

了解孩子

父母需要用一部分精力，进入孩子的内心，揣摩孩子的想

法，好好地认识和了解自己的孩子。

引自［韩国］全惠星《有奉献精神的父母培养大人物》，邵娟译，中国城市出版社2009年版，第150页

父母需要了解孩子的生活和思想，才能走近孩子的内心。这样，真的聊起来，父母和孩子之间可以聊的东西有很多。

引自［韩国］全惠星《有奉献精神的父母培养大人物》，邵娟译，中国城市出版社2009年版，第70页

我认为，年轻的父母除了给予孩子各方面的关心和照顾，还应该注意从细小的方面观察自己的孩子，探索孩子的内心世界，然后用不同的方法加以引导，以便更好地培养孩子。

引自［美国］斯托夫人《斯托夫人自然教子书》，亚北译，中国妇女出版社2009年版，第310页

父母要想教育好孩子，就必须真正地了解孩子。那么父母与孩子进行无碍的交流，让孩子了解父母对他的爱就成了最重要的前提。孩子需要得到爱的保证，他们需要明确地知道父母爱他们。这样，他们才可能完全向父母敞开心扉。

引自［美国］斯托夫人《斯托夫人自然教子书》，亚北译，中国妇女出版社2009年版，第319页

一个孩子的才能并非与生俱来。每一个孩子都有可能具备卓越的才能。如果对孩子放任不管，他的才能就将枯萎。为了我们可爱的孩子，请务必深入了解他们，用爱来浇灌他们才能的萌芽，让希望之花盛开。

引自［日本］铃木镇一《用爱哺育》，许海燕 译，电子工业出版社 2004 年版，第 164 页

您应该知道，您的孩子的生活乐趣是什么，对什么感兴趣，喜欢什么，不喜欢什么，想要什么，不想要什么。您应该知道，他的朋友是谁，与谁一起玩和玩些什么，读什么书，对读过的东西理解得如何。当他上学后，您应该知道他怎样对待学校和老师，他有什么困难，他在班级中的表现如何。所有这一切都是您从您的孩子幼年起就始终应该知道的。

引自［苏联］A. C. 马卡连柯《家庭和儿童教育》，丽娃 译，上海人民出版社 2005 年版，第 43 页

家庭会议

通过家庭会议进行教育的力量是非常大的。它的好处在于，不提倡强制，提倡协商，不为孩子做规定，而是让孩子自己规定；与家长的强制结论相比，他们会更信服自己通过讨论得到的结论，也更容易去遵守和执行。

引自［韩国］全惠星《有奉献精神的父母培养大人物》，邵娟 译，中国城市出版社 2009 年版，第 145 页

家庭会议不仅是整理日程的会议，更是发现孩子们的个性、珍惜和疼爱孩子们的才华、找到做父母的快乐的时间。

引自［韩国］全惠星《有奉献精神的父母培养大人物》，邵娟 译，中国城市出版社 2009 年版，第 149 页

父母和孩子互为老师

我们更加意识到，父母和孩子是互为老师的，需要互相学习和协商，方能让一个家庭更加健康和美满。

引自［韩国］全惠星《有奉献精神的父母培养大人物》，邵娟译，中国城市出版社2009年版，第142页

不求完美

教育的目标是要尽可能让一个孩子优秀，但教育最要提防的是求完美心理。

引自［中国］尹建莉《最美的教育最简单》，作家出版社2014年版，第304页

不求完美，这不是一种懈怠，而是一种勇气。人必先征服自己的自卑和虚荣，才有力量面对生命中的种种不完美。

引自［中国］尹建莉《最美的教育最简单》，作家出版社2014年版，第311页

31. IQ + EQ + AQ = 成功的人生教育

概述

IQ 是智商。人的智力是多元的，这些智力既是相对独立又是紧密相联的。EQ 是情商。情商是指一个人调控自己情感的能力以及处理和别人交往的能力。AQ 是逆境商。逆境商是一个人面对逆境的情感反应。一个人的 IQ、EQ、AQ 不是截然分开的，而是紧密联系的。高智商使人拥有机会，高情商使人利用机会，高逆境商使人不轻易放弃机会。

> 引自［中国］张能治《IQ + EQ + AQ = 成功的人生教育》，见张能治 编著《爱，让孩子快乐成长——e 时代家庭教育真谛》，广东人民出版社 2011 年版，第 140 页

让爱心陪伴孩子成长，父母要给孩子科学的爱和自由，促其"三 Q"的发展。

> 引自［中国］张能治《IQ + EQ + AQ = 成功的人生教育》，见张能治 编著《爱，让孩子快乐成长——e 时代家庭教育真谛》，广东人民出版社 2011 年版，第 140 页

智商（IQ）和潜智力开发

多元智力理论认为智力是一种潜能，是中枢神经系统潜在的发展能力，这种潜能可能被激活，也可能不被激活。而这种潜能能否被激活有赖于特定的文化背景和教育。这显示教育对激活学生的智力潜能的重要性。

> 引自〔中国〕张能治《IQ + EQ + AQ = 成功的人生教育》，见张能治 编著《爱，让孩子快乐成长——e 时代家庭教育真谛》，广东人民出版社 2011 年版，第 141 页

作为家长和教师应担负起激活、培养人的多种智力，并发展每个人个性特长的任务。

> 引自〔中国〕张能治《IQ + EQ + AQ = 成功的人生教育》，见张能治 编著《爱，让孩子快乐成长——e 时代家庭教育真谛》，广东人民出版社 2011 年版，第 142 页

智力因素包括观察力、想象力、记忆力、思维力等。人的智力发展有"早熟"和"晚熟"之别，大科学家爱因斯坦就是一个典型智力晚熟型，他在 3 岁时还不会说话。德国著名教育家卡尔·H. G. 威特 50 多岁时才得子，小卡尔·威特 3 岁时人家还说他儿子是个白痴，但经过老卡尔·威特的精心培育，小卡尔·威特终于成为一个接近于完美的无与伦比的人才。可见教育，尤其是家庭教育的极端重要性。

> 引自〔中国〕张能治《IQ + EQ + AQ = 成功的人生教育》，见张能治 编著《爱，让孩子快乐成长——e 时代家庭教育真谛》，广东人民出版社 2011 年版，第 142 页

情商（EQ）和情商开发

人的一生是否快乐、成功，很大程度取决于情商的高低。情商影响人的一生，影响到人的成败。

> 引自〔中国〕张能治《IQ + EQ + AQ = 成功的人生教育》，见张能治 编著《爱，让孩子快乐成长——e 时代家庭教育真

谛》，广东人民出版社 2011 年版，第 143 页

情商的作用主要有五个方面。

第一，认识自身情绪的能力（了解自我）。情商首先表现为对自己情绪的识别、理解和表达，当某种情绪刚一出现时便能察觉到，这是了解自我的能力，它是情商的核心。

第二，妥善管理情绪的能力（管理自我）。在认识自我情绪的基础上，有效地调控自我情绪，管理自我，使之适时适地适度。能妥善管理自我情绪的人，则能很快摆脱不良的情绪，保持积极的心态。

第三，自我激励的能力（调动自我）。能自我激励的人，做任何事情效率都比较高。能充分发挥情绪在解决问题中的积极作用，保持高度热情是一切成就的动力。

第四，认知他人情绪的能力（理解他人）。能够及时觉察他人的情绪，理解他人的态度，对他人的情绪做出准确的识别和评价，敏锐地感受到他人的需求与欲望，并尽可能满足他们。

第五，人际关系管理的能力（调控他人）。情商是在人际交往中控制自我情绪及调控他人情绪的能力。情商高的人能够很好地和他人沟通，与他人建立稳定的良好关系，具有高超的社交技巧，这是事业成功的重要保证。

引自［中国］张能治《IQ + EQ + AQ = 成功的人生教育》，见张能治 编著《爱，让孩子快乐成长——e 时代家庭教育真谛》，广东人民出版社 2011 年版，第 143 - 144 页

IQ 与 EQ 是不互相冲突的，每个人都是两者的综合体。现实中 IQ 很高而 EQ 很低的人是少见的，相反 EQ 很高而 IQ 很

低的人也是少见的。两者之间是有联系的，作为父母和教师，应注意促其 IQ 与 EQ 的发展，尤其是 EQ 的发展，这是面对应试教育这个顽疾我们不得不要特别强调的。

> 引自 ［中国］张能治《IQ + EQ + AQ = 成功的人生教育》，见张能治 编著《爱，让孩子快乐成长——e 时代家庭教育真谛》，广东人民出版社 2011 年版，第 146 页

逆境商（AQ）和逆境商的提高

高 AQ 的人，面对逆境，从不退缩，而把逆境当作自己向前冲的垫脚石，一往无前，干劲十足，直至成功。而低 AQ 的人，面对逆境，灰心丧气，缩手缩脚，丧失前进的信心与动力，其成功的希望当然也是渺茫的。

> 引自 ［中国］张能治《IQ + EQ + AQ = 成功的人生教育》，见张能治 编著《爱，让孩子快乐成长——e 时代家庭教育真谛》，广东人民出版社 2011 年版，第 146 页

中国有一个成语，叫作"祸兮福所倚"。"祸"就是困难，就是问题，就是灾难，就是逆境。对高 AQ 的人，这个逆境，这个灾难，这个问题，这个困难，就是一种挑战，一种机遇，一种锻炼自己、培养能力的机遇。勇敢面对，抓住机遇，抓住逆境；机遇抓到了，逆境克服了，人就成功了。各人的逆境各不相同，有大有小，有的早来有的迟到，但逆境始终会碰到，只是先慢和大小而已。早来的逆境往往是福，因为它锻炼了人们的意志，磨练了人的毅力。

> 引自 ［中国］张能治《IQ + EQ + AQ = 成功的人生教育》，见

张能治 编著《爱，让孩子快乐成长——e 时代家庭教育真谛》，广东人民出版社 2011 年版，第 146 – 147 页

爱迪生充满自信，在他的潜意识中没有"失败"二字，因此，他才有 1093 项发明专利。爱迪生拥有高度的 AQ，他能把一次又一次的失败的逆境转化为走向成功的经验积累，使自己不断迈向成功。

引自［中国］张能治《IQ + EQ + AQ = 成功的人生教育》，见张能治 编著《爱，让孩子快乐成长——e 时代家庭教育真谛》，广东人民出版社 2011 年版，第 148 页

学会移情

要学会移情。移情就是换位思考，就是一个人对他人的情绪、情感的共鸣反应。会移情的人既能分享他人的情感，对他人的处境感同身受，又能客观理解、分析他人情感。移情是利他主义之源，它使人与人之间能相互理解、和谐相处。

引自［中国］张能治《IQ + EQ + AQ = 成功的人生教育》，见张能治 编著《爱，让孩子快乐成长——e 时代家庭教育真谛》，广东人民出版社 2011 年版，第 144 页

抛弃焦虑

实验证明，一切焦虑，一切不良情绪，都能在人体组织中产生出一个不良的化学变化，消磨人的精神，都会损害人的生命。相反，一个健全、愉快、向上、积极的思想，可以改善全身细胞的生命。人的各种精神机能，一定要在丝毫不受牵制的

时候，才能发挥其最高的能力。

> 引自〔中国〕张能治《IQ + EQ + AQ = 成功的人生教育》，见张能治 编著《爱，让孩子快乐成长——e 时代家庭教育真谛》，广东人民出版社 2011 年版，第 149 页

如何克服焦虑？

首先，应保持积极的、富有创造性的信念，相信你必将胜出，最终获得成功。你应该总是抱着胜利的态度，去预见成功，而不是失败。肯定自己，而不是责备自己。不要老是去寻找自己的过失，更不要去贬低自己，而要经常对自己大加赞赏。

其次，出现焦虑，出现逆境时，更要积极参加体育活动和文娱活动，如散步、跑步、打球、游泳、打太极拳、登山、旅游、唱歌、跳舞，让焦虑在这些活动中得到淡化，最终换来愉悦的心境和积极的心态。

再次，要主动和人交谈，倾吐自己的心声，让朋友共同分担你的焦虑、痛苦，并在交谈中，研究出战胜困难的办法。

最后，要学会微笑，让心灵充满阳光、充满希望、充满快乐。微笑表示的是："我喜欢你，你使我快乐"。你要想得到别人的喜欢，就要真正微笑。真正的微笑是一种令人心情温暖的微笑，一种发自内心的微笑。你若要别人喜欢你，你就微笑吧！

> 引自〔中国〕张能治《IQ + EQ + AQ = 成功的人生教育》，见张能治 编著《爱，让孩子快乐成长——e 时代家庭教育真谛》，广东人民出版社 2011 年版，第 149 页

积极思考

积极思考对每个人的生活确实可以产生一种强大的力量。积极思考是比金钱、权利更有用的要素，也是人生最可靠的资本，它能使人克服困难，排除障碍。对于事业的成功，它比什么都更有效。

> 引自［中国］张能治《IQ + EQ + AQ = 成功的人生教育》，见张能治 编著《爱，让孩子快乐成长——e 时代家庭教育真谛》，广东人民出版社 2011 年版，第 151 页

人生在世，有得有失，有盈有亏，积极思考，正确对待得和失，不为失去而灰心丧气，不为得到而沾沾自喜。得和失是辩证的，只有积极思考，才会产生力量；只有积极思考，才会在输中求赢；只有积极思考，主动出击，才会立于不败之地。

高 AQ 不是天生的，AQ 是可以提升的。作为父母，作为教师，要鼓励孩子敢于面对挫折，在挫折中经受磨练，在挫折中提高 AQ；要努力创设环境，让孩子在困难的环境中锻炼，在克服困难中提高 AQ。

> 引自［中国］张能治《IQ + EQ + AQ = 成功的人生教育》，见张能治 编著《爱，让孩子快乐成长——e 时代家庭教育真谛》，广东人民出版社 2011 年版，第 152 页

智商、情商和逆境商三者关系

IQ 是智商。高 IQ 的人，记忆力强，聪明能干，学东西很快就学会，学习成绩好。IQ 是可以提升的。学生只要注意学

习的方法、记忆的方法、复习的方法、比较的方法，成绩就必定会提高。父母和教师要注意开发孩子的左右脑，使抽象思维和形象思维都能得到较快的发展，当前特别要注意开发孩子的右脑，这对于培养孩子的创造性思维和创造力是一个重要方面。

……

EQ 是情商。一个人 IQ 高，学习成绩好，还不能决定一个人成功，还要有高的 EQ，善于有效地控制自己的情绪，善于与他人交往，和谐相处。只有尊重别人，处处为他人着想，享受融洽的人际关系，才能促进能力的提高，促进事业的成功。

AQ 是逆境商。人生道路不可能一帆风顺，碰到挫折遭受失败是正常的。这是因为事物是复杂的、无限的，而人对自然界对社会的认识是有限的。以有限的生命去认识无限的事物，都是有局限性的。……不经过坎坷的道路，总是一帆风顺，对其成长是不利的。有了坎坷，出现逆境，人要在逆境中求生存，就必须想出各种各样的办法，充满自信地去迎接逆境，在逆境中求发展。

引自［中国］张能治《IQ + EQ + AQ = 成功的人生教育》，见张能治 编著《爱，让孩子快乐成长——e 时代家庭教育真谛》，广东人民出版社 2011 年版，第 152 – 153 页

一个人的 IQ、EQ、AQ 不是截然分开的，而是紧密联系的。一个人的成功，必须让其 IQ、EQ、AQ 协调发展，缺一不可。IQ 是基础，高 IQ 会带给你一份理想的工作；EQ 会促进 IQ 的发展，高 EQ 让你享受融洽的人际关系；AQ 是人生道路的促进剂，高 AQ 实现你的雄心壮志，成就非凡的事业和人

生，使自己永远立于不败之地。IQ、EQ 和 AQ 三者的关系如一个金字塔，IQ、EQ 是塔底，AQ 是塔尖。高 IQ 和高 EQ 为事业的发展创造良好条件，高 AQ 使事业获得最终的成功。

引自［中国］张能治《IQ + EQ + AQ = 成功的人生教育》，见张能治 编著《爱，让孩子快乐成长——e 时代家庭教育真谛》，广东人民出版社 2011 年版，第 153 页

高智商使人拥有机会，高情商使人利用机会，高逆境商使人不轻易放弃机会。

IQ + EQ + AQ，这就是成功的人生教育。

引自［中国］张能治《IQ + EQ + AQ = 成功的人生教育》，见张能治 编著《爱，让孩子快乐成长——e 时代家庭教育真谛》，广东人民出版社 2011 年版，第 155 页

32. 家庭的品格教育

概述

非淡泊无以明志，非宁静无以致远。

引自［中国］诸葛亮《诫子书》，见文景 编著《历代家训》，中国人口出版社 2018 年版，第 35 页

夫学，须静也；才，须学也。非学无以广才，非志无以成学。

引自［中国］诸葛亮《诫子书》，见文景 编著《历代家训》，中国人口出版社 2018 年版，第 35 页

诗书不可不读，礼义不可不知。子孙不可不教，僮仆不可不恤。斯文不可不敬，患难不可不扶。守我之分者，礼也；听我之命者，天也。人能如是，天必相之。

引自［中国］朱熹《朱子家训》，见文景 编著《历代家训》，中国人口出版社 2018 年版，第 132 页

见富贵而生谄容者，最可耻；遇贫穷而作骄态者，贱莫甚。

引自［中国］朱用纯《朱柏庐治家格言》，见朱用纯 等 著《朱子家训·颜氏家训·孔子家语》，金源 编译，天地出版社 2019 年版，第 8 页

善欲人见，不是真善；恶恐人知，便是大恶。

引自［中国］朱用纯《朱柏庐治家格言》，见朱用纯 等 著
《朱子家训·颜氏家训·孔子家语》，金源 编译，天地出版社
2019 年版，第 11 页

道德是做人的根本。根本一坏，纵然使你有一些学问和本
领，也无甚用处。并且，没有道德的人，学问和本领愈大，就
能为非作恶愈大。

引自［中国］陶行知《每天四问》，《陶行知全集·第四卷》，
四川教育出版社 1991 年版，第 522 – 523 页

人才培养一定是育人和育才相统一的过程，而育人是本。
人无德不立，育人的根本在于立德。这是人才培养的辩证法。

引自［中国］习近平《在北京大学师生座谈会上的讲话》
(2018 年 5 月 2 日)，见《习近平总书记教育重要论述讲义》
编写组 编《习近平总书记教育重要论述讲义》，高等教育出
版社 2020 年版，第 46 页

对他的教育主要基础之一就是培养他的虔诚和美德。他对
周围的任何事物都是爱护有加，包括动物和植物。他把它们视
为同类，甚至视为手足。他的品位越来越高，但对其他物类从
不嫉妒和轻视。相反，他真诚地尊敬它们、爱它们。

引自［德国］卡尔·H. G. 威特《卡尔·威特的教育》，丽红
译，京华出版社 2006 年版，第 51 页

衣着

衣不求华，食不厌蔬。

引自〔中国〕王安石《长安县太君墓表》，见王正平 主编《人生格言辞典》，上海辞书出版社2004年版，第450页

无论如何，一个人应永远保持有礼和穿着整齐。

引自〔瑞典〕海登斯坦《查理士国王的人马》，见王正平 主编《人生格言辞典》，上海辞书出版社2004年版，第451页

奇装异服并不等于穿戴时髦。

引自〔英国〕罗·伯顿《忧郁症剖析》，见王正平 主编《人生格言辞典》，上海辞书出版社2004年版，第457页

仁爱

樊迟问仁。子曰："爱人。"问知。子曰："知人。"

引自〔中国〕孔丘《论语·颜渊》，见学之 译释《论语》，陕西师范大学出版社2010年版，第198页

樊迟问仁。子曰："居处恭，执事敬，与人忠。虽之夷狄，不可弃也。"

引自〔中国〕孔丘《论语·子路》，见学之 译释《论语》，陕西师范大学出版社2010年版，第211页

夫仁者，己欲立而立人，己欲达而达人。能近取譬，可谓仁之方也已。

引自〔中国〕孔丘《论语·雍也》，见学之 译释《论语》，陕西师范大学出版社2010年版，第102页

子曰："志士仁人，无求生以害仁，有杀身以成仁。"

引自［中国］孔丘《论语·卫灵公》，见学之 译释《论语》，
陕西师范大学出版社 2010 年版，第 245 页

矜孤恤寡，敬老怀幼。救灾周急，排难解纷。

引自［中国］钱镠《钱氏家训·社会篇》，见牛晓彦 编著
《钱氏家训新解》，北京理工大学出版社 2014 年版，第 136 –
141 页

修桥路以利众行，造河船以济众渡。
兴启蒙之义塾，设积谷之社仓。

引自［中国］钱镠《钱氏家训·社会篇》，见牛晓彦 编著
《钱氏家训新解》，北京理工大学出版社 2014 年版，第 146 –
151 页

贫贱作福皆难，难而能为，斯可贵耳。

引自［中国］袁了凡《了凡四训·积善之方》，见尚荣 徐敏
赵锐 评注《了凡四训》，中华书局 2013 年版，第 160 页

爱满天下。

引自［中国］陶行知"题词手迹"，《陶行知全集．第一卷》，
四川教育出版社 1991 年版，第 1 卷扉页

爱比恨更有力量。

引自［中国］巴金《秋》，《巴金选集．第三卷》，四川人民
出版社 1982 年版，第 395 页

教育工作者热爱自己的祖国，热爱世界上爱好和平的人
类，因而热爱新的一代；为更好地教育儿童，就得热爱一切有

关的科学，以求自己的工作做得更好，这叫做"教育爱"。你要培养孩子们的五爱品德，你自身就要充满着教育爱。

引自［中国］林砺儒《林砺儒教育文选》，北京师范大学出版社1984年版，第243页

人之爱人需要天天做的，不要我今天爱人，明天就不爱了。尤须在小的时候学习，小的时候有爱人的行为，那到了成人的时候，自然而然也能够爱人了。

引自［中国］陈鹤琴《家庭教育》，华东师范大学出版社2006年版，第152－153页

今日之孩童即他年之成人。今日之孩童不能顾虑他人的安宁，则他年之成人即将侵犯他人的幸福。

引自［中国］陈鹤琴《家庭教育》，华东师范大学出版社2006年版，第138页

教育是一门"仁而爱人"的事业，爱是教育的灵魂，没有爱就没有教育。

引自［中国］习近平《在北京师范大学师生座谈会上的讲话》（2014年9月9日），见《习近平总书记教育重要论述讲义》编写组 编《习近平总书记教育重要论述讲义》，高等教育出版社2020年版，第214页

要培养年轻人的仁爱之心，还有一条途径，那就是让他们养成一种习惯，在言谈举止上对那些身份低微的人，尤其是仆人，做到以礼相待。

引自［英国］约翰·洛克《教育漫话》，徐大建 译，上海人

民出版社 2005 年版，第 134 – 135 页

立德

教小孩子要从小教起，小时容易教，大来就难教；什么顾虑别人安宁的心肠，什么对别人发生同情的动作，什么爱护物力的态度等等，都可从小养成的。

> 引自［中国］陈鹤琴《家庭教育》，华东师范大学出版社 2006 年版，第 153 页

做父母的在这个时候，应当教以顾虑他人的安宁，使他慢慢儿知道顾已顾人之道。这种教育是很容易做到的，而且其效果也很容易得到，所以做父母的要他们的小孩子将来成为有道德的人，当小的时候即须教以顾虑他人的安宁之道。

> 引自［中国］陈鹤琴《家庭教育》，华东师范大学出版社 2006 年版，第 139 页

每个人的生活都由一件件小事组成的，养小德才能成大德。少年儿童不可能像大人那样为社会做很多事，但可以从小做起，每天都可以想一想，对祖国热爱吗？对集体热爱吗？学习努力吗？对同学们关心吗？对老师尊敬吗？在家孝敬父母吗？在社会上遵守社会公德吗？对好人好事有敬佩感吗？对坏人坏事有义愤感吗？这样多想一想，就会促使自己多做一做，日积月累，自己身上的好思想、好品德就会越来越多了。

> 引自［中国］习近平《从小积极培育和践行社会主义核心价值观》（2014 年 5 月 30 日在北京市海淀区民族小学主持召开座谈会时的讲话），《习近平谈治国理政. 第一卷》，外文出版

社 2018 年第 2 版，第 183 页

育人的根本在于立德。全面贯彻党的教育方针，落实立德树人根本任务，培养德智体美劳全面发展的社会主义建设者和接班人。

引自［中国］习近平《高举中国特色社会主义伟大旗帜 为全面建设社会主义现代化国家而团结奋斗——在中国共产党第二十次全国代表大会上的报告》（2022 年 10 月 16 日），人民出版社 2022 年版，第 34 页

做好事给人带来难以名状的美好感觉，我们把各种美好统称为"神圣"，而"做好事"就是"神圣"的基础。你，我的孩子，也想成为圣贤的人吧。这样你就必须尽可能地完善自己，总而言之，就是时刻记着做好事。

引自［德国］卡尔·H. G. 威特《卡尔·威特的教育》，丽红译，京华出版社 2006 年版，第 93 页

要让他们以一种温和、有礼、亲切的态度，去对待地位较低的人，而不能盛气凌人，颐指气使。

引自［英国］约翰·洛克《教育漫话》，徐大建 译，上海人民出版社 2005 年版，第 135 页

我要让孩子每天一睁开眼就能看见美的东西，不仅让她感受到世界的美好，还在无形中培养她的对美的鉴赏力。

引自［美国］斯托夫人《斯托夫人自然教子书》，亚北 译，中国妇女出版社 2009 年版，第 7 页

见贤思齐

子曰："见贤思齐焉，见不贤而内自省也。"

引自［中国］孔丘《论语·里仁》，见学之 译释《论语》，
陕西师范大学出版社 2010 年版，第 63 页

子曰："三人行，必有我师焉。择其善者而从之，其不善者而改之。"

引自［中国］孔丘《论语·述而》，见学之 译释《论语》，
陕西师范大学出版社 2010 年版，第 113 页

为人民服务

我们这个队伍完全是为着解放人民的，是彻底地为人民的利益工作的。

引自［中国］毛泽东《为人民服务》，《毛泽东选集. 第 3
卷》，人民出版社 1991 年第 2 版，第 1004 页

人总是要死的，但死的意义有不同。……为人民利益而死，就比泰山还重；替法西斯卖力，替剥削人民和压迫人民的人去死，就比鸿毛还轻。

引自［中国］毛泽东《为人民服务》，《毛泽东选集. 第 3
卷》，人民出版社 1991 年第 2 版，第 1004 页

白求恩同志毫不利己专门利人的精神，表现在他对工作的极端的负责任，对同志对人民的极端的热忱。

引自［中国］毛泽东《纪念白求恩》，《毛泽东选集．第2卷》，人民出版社1991年第2版，第659页

我们大家要学习他毫无自私自利之心的精神。从这点出发，就可以变为大有利于人民的人。一人能力有大小，但只要有这点精神，就是一个高尚的人，一个纯粹的人，一个有道德的人，一个脱离了低级趣味的人，一个有益于人民的人。

引自［中国］毛泽东《纪念白求恩》，《毛泽东选集．第2卷》，人民出版社1991年第2版，第660页

慎独

即使在他个人独立工作、无人监督、有做各种坏事的可能的时候，他能够"慎独"，不做任何坏事。

引自［中国］刘少奇《论共产党员的修养》，人民出版社1962年2版，第40页

革命者要改造和提高自己，必须参加革命的实践，绝不能离开革命的实践；同时，也离不开自己在实践中的主观努力，离不开在实践中的自我修养和学习。如果没有这后一方面，革命者要求得自己的进步，仍然是不可能的。

引自［中国］刘少奇《论共产党员的修养》，人民出版社1962年2版，第3-4页

同情

一个人要有反抗性，但也要有同情心。尤其是你们年青一

代的人，不能以欺侮弱者来显示自己的英勇。

> 引自［中国］郭沫若《屈原》，《郭沫若全集·文学编．第六
> 卷》，人民文学出版社 1982 年版，第 306 页

同情行为在家庭里，在社会里是一种非常重要的美德。家
庭里没有同情行为，那父不父，母不母，子不子，家庭就不成
为家庭；若社会里没有同情行为，尔虞我诈，人人自利，社会
也不成社会了。

> 引自［中国］陈鹤琴《家庭教育》，华东师范大学出版社
> 2006 年版，第 140 页

你爱别人，别人就会爱你；你帮助别人，别人就会帮助
你；你待他情同手足，他对你就会亲如父子。

> 引自［法国］卢梭《爱弥儿，论教育》，见王正平 主编《人
> 生格言辞典》，上海辞书出版社 2004 年版，第 322 页

孝顺（见 5. 家风的内涵/孝顺）

尊师

事师长贵乎礼也，交朋友贵乎信也。

> 引自［中国］朱熹《朱子家训》，见文景 编著《历代家训》，
> 中国人口出版社 2018 年版，第 131 页

古之学者必有师。师者，所以传道受业解惑也。

> 引自［中国］韩愈《师说》，见梁适 编《中外名言分类大辞
> 典》，复旦大学出版社 1997 年版，第 647 页

弟子不必不如师，师不必贤于弟子。

> 引自［中国］韩愈《师说》，见梁适 编《中外名言分类大辞典》，复旦大学出版社 1997 年版，第 647 页

何谓敬重尊长？家之父兄，国之君长，与凡年高、德高、位高、识高者，皆当加意奉事。

> 引自［中国］袁了凡《了凡四训·积善之方》，见尚荣 徐敏赵锐 评注《了凡四训》，中华书局 2013 年版，第 179 页

和谐共处

然汝等虽不同生，当思四海皆兄弟之义。鲍叔、管仲，分财无猜；归生、伍举，班荆道旧。遂能以败为成，因丧立功。他人尚尔，况同父之人哉？颍川韩元长，汉末名士，身处卿佐，八十而终，兄弟同居，至于没齿。济北氾稚春，晋时操行人也，七世同财，家人无怨色。

> 引自［中国］陶渊明《与子俨等疏》，见文景 编著《历代家训》，中国人口出版社 2018 年版，第 50 – 52 页

《诗》曰："高山仰止，景行行止。"虽不能尔，至心尚之。汝其慎哉！吾复何言。

> 引自［中国］陶渊明《与子俨等疏》，见文景 编著《历代家训》，中国人口出版社 2018 年版，第 52 页

勇敢

勇敢应从婴幼儿培养起，长大了才会成为勇敢的人，否则

你就会把一切都失掉。

> 引自［中国］张能治《更新育儿观念，培养孩子良好品格》，
> 见张能治 编著《爱，让孩子快乐成长——e 时代家庭教育真
> 谛》，广东人民出版社 2011 年版，第 93 页

很多时候，锻炼孩子的勇气，往往是对父母勇气的一个考验。如果父母自己也对困难或危险感到害怕，那么他们培养出来的孩子就不可能有勇敢精神，有些父母只是为了孩子的安全担心而牺牲了孩子锻炼的机会，我认为这实际上是一种很自私的做法，因为这些父母主要是为了保护自己的感情不受到可能发生的危险所带来的伤害。

> 引自［美国］斯托夫人《斯托夫人自然教子书》，亚北 译，
> 中国妇女出版社 2009 年版，第 234 页

我的孩子，不要朝后看。不要犹豫，不管等待着你的是什么样的命运，都要勇敢地去迎接它，欢欣鼓舞地朝前迈进。

> 引自［印度］泰戈尔《戈拉》，见王正平 主编《人生格言辞
> 典》，上海辞书出版社 2004 年版，第 188 页

勇敢的人开凿自己的命运之路，每个人都是自己命运的开拓者。

> 引自［西班牙］塞万提斯《堂吉诃德》，见王正平 主编《人
> 生格言辞典》，上海辞书出版社 2004 年版，第 189 页

奋斗

发愤忘食，乐以忘忧，不知老之将至云尔。

引自〔中国〕孔丘《论语·述而》，见学之 译释《论语》，陕西师范大学出版社 2010 年版，第 113 页

苟一类此，即须奋发，舍旧图新，幸勿自误。

引自〔中国〕袁了凡《了凡四训·改过之法》，见尚荣 徐敏 赵锐 评注《了凡四训》，中华书局 2013 年版，第 97 页

人类要在竞争中求生存，便要奋斗。

引自〔中国〕孙中山《民权主义》，见王正平 主编《人生格言辞典》，上海辞书出版社 2004 年版，第 248 页

世界上的一切是人创造的。我们的生活是创造的生活。我们应该本着奋斗的精神，创造一切，解决一切。能够如此，你才能对生活发生兴味。否则，虽你年龄幼稚，而你的精神却已衰老了。我们更不应该对于现在感到满足，因为我们生活的目的是奋斗，不是一时的成功，是长进，不是满足。

引自〔中国〕张伯苓《张伯苓教育言论选集》141，见梁适 编《中外名言分类大辞典》，复旦大学出版社 1997 年版，第 710 页

什么是路？就是从没路的地方践踏出来的，从只有荆棘的地方开辟出来的。

引自〔中国〕鲁迅《随感录六十六》，《鲁迅全集.第一卷》，人民文学出版社 1981 年版，第 368 页

我望你鲜红的血液，
迸发成自由之花，
开遍中华，

开遍中华!

> 引自〔中国〕郭沫若《棠棣之花》,《郭沫若全集. 文学编.
> 第六卷》,人民文学出版社 1982 年版,第 196 页

人生之天职,即为奋斗;无奋斗力者,百无成就。

> 引自〔中国〕茅盾《1918 年之学生》,《茅盾全集. 第十四
> 卷》,人民文学出版社 1984 年版,第 13 页

战士是不知道畏缩的。他的脚步很坚定。他看定目标,便一直向前走去。他不怕被绊脚石摔倒,没有一种障碍能使他改变心思。

> 引自〔中国〕巴金《做一个战士》,《巴金六十年文选》,上
> 海文艺出版社 1986 年版,第 455 页

战士是不知道妥协的,他得不到光明便不会停止战斗。

> 引自〔中国〕巴金《做一个战士》,《巴金六十年文选》,上
> 海文艺出版社 1986 年版,第 455 页

战士是永远追求光明的。他并不躺在晴空下享受阳光,却在暗夜里燃起火炬,给人们照亮道路,使他们走向黎明。驱散黑暗,这是战士的任务。

> 引自〔中国〕巴金《做一个战士》,《巴金六十年文选》,上
> 海文艺出版社 1986 年版,第 455 页

我的周围是无边的黑暗,但是我并不孤独,并不绝望。我无论在什么地方总看见那一股生活的激流在动荡,在创造它自己的道路,通过乱山碎石中间。

引自［中国］巴金《〈激流〉总序》,《巴金选集. 第一卷》,
四川人民出版社 1982 年版, 第 1 卷

青年最要紧的精神, 是要与命运奋斗, 要在任何环境中间
都能够解决自己乃至中国的问题。

引自［中国］恽代英《恽代英文集》, 见王正平 主编《人生
格言辞典》, 上海辞书出版社 2004 年版, 第 251 页

奋斗以求改善生活, 是可敬的行为。

引自［中国］茅盾《什么是文学》, 见王正平 主编《人生格
言辞典》, 上海辞书出版社 2004 年版, 第 249 页

广大青年要培养奋斗精神, 做到理想坚定, 信念执着, 不
怕困难, 勇于开拓, 顽强拼搏, 永不气馁。为实现中华民族伟
大复兴的中国梦而奋斗, 是我们人生难得的际遇。每个青年都
应该珍惜这个伟大时代, 做新时代的奋斗者。

引自［中国］习近平《在北大师生座谈会上的讲话》(2018
年 5 月 2 日), 见中共中央宣传部 中央广播电视总台《平
"语"近人: 习近平喜欢的典故. 第二季》, 人民出版社 2021
年版, 第 276 页

进取

子曰:"见贤思齐焉, 见不贤而内自省也。"

引自［中国］孔丘《论语·里仁》, 见学之 译释《论语》,
陕西师范大学出版社 2010 年版, 第 63 页

缺乏进取精神的民族意味着堕落。唯有开拓和竞争, 才能

立于不败之地。

引自 ［英国］ 怀特海《观念的历险》，见王正平 主编《人生格言辞典》，上海辞书出版社 2004 年版，第 247 页

品格

富贵不能淫，贫贱不能移，威武不能屈。

引自 ［中国］ 孟轲《孟子·滕文公下 2》，见方勇 译注《孟子》，中华书局 2015 年第 2 版，第 109 页

玉不琢，不成器；人不学，不知道。

引自 ［中国］ 欧阳修《悔学说》，见文景 编著《历代家训》，中国人口出版社 2018 年版，第 100 页

然玉之为物，有不变之常德，虽不琢以为器，而犹不害为玉也。人之性因物则迁，不学则舍君子而为小人，可不念哉！

引自 ［中国］ 欧阳修《悔学说》，见文景 编著《历代家训》，中国人口出版社 2018 年版，第 100 页

见老者，敬之；见幼者，爱之。有德者，年虽下于我，我必尊之；不肖者，年虽高于我，我必远之。

引自 ［中国］ 朱熹《朱子家训》，见文景 编著《历代家训》，中国人口出版社 2018 年版，第 131 页

每一种好品格都可以催化出面对世界、面对困难的能力和勇气，好品格本身就是竞争力。

引自 ［中国］ 尹建莉《最美的教育最简单》，作家出版社

2014 年版，第 19 页

一个人的才华，会让他整个人看起来熠熠生辉；而只有当他同时拥有了高洁的品格，他的光辉才会散发和蔓延，才会照耀到他人。

引自［韩国］全惠星《有奉献精神的父母培养大人物》，邵娟译，中国城市出版社 2009 年版，第 7 页

不要只培养孩子的才华，更要注重培养他的品格，让他成为喜欢帮助别人的人。

引自［韩国］全惠星《有奉献精神的父母培养大人物》，邵娟译，中国城市出版社 2009 年版，第 9 页

人格

尽管人生那么无情，我们本人还是应当把自己尽量改好，少给人一些痛苦，多给人一些快乐。说来说去，我仍抱着"宁天下人负我，毋我负天下人"的心愿。我相信你也是这样的。

引自［中国］傅雷《傅雷家书》，见傅敏 编《傅雷家书》，辽宁教育出版社 2004 年新 1 版，第 159 页

人人都多少有些惰性，假如你的惰性与偏向不能受道德约束，又怎么能实现我们教育你的信条："先为人，次为艺术，再为音乐家，终为钢琴家？"

引自［中国］傅雷《傅雷家书》，见傅敏 编《傅雷家书》，辽宁教育出版社 2004 年新 1 版，第 209 页

一个有健康人格的人，才是走遍天下都可以让人放心的

人；一个人的人格不健康，他就是表面上再辉煌，也可能随时崩溃。

> 引自 ［中国］孙云晓《习惯决定孩子一生》，北京师范大学出版社 2013 年版，第 4 页

教育的核心是培养健康人格，而习惯养成是培养健康人格的重要途径，即良好习惯缔造健康人格。

> 引自 ［中国］孙云晓《习惯决定孩子一生》，北京师范大学出版社 2013 年版，第 32 页

家长可以有自己的理想，但如果干涉孩子具有各自的理想，那就等于不承认孩子的人格。

> 引自 ［日本］池田大作《女性箴言》，见王正平 主编《人生格言辞典》，上海辞书出版社 2004 年版，第 302 页

感恩 （见 5. 家风的内涵/感恩）

处世

子曰：“不患人之不己知，患其不能也。”

> 引自 ［中国］孔丘《论语·宪问》，见学之 译释《论语》，陕西师范大学出版社 2010 年版，第 232 页

孔子曰：“益者三乐，损者三乐。乐节礼乐，乐道人之善，乐多贤友，益矣。乐骄乐，乐佚游，乐宴乐，损矣。”

> 引自 ［中国］孔丘《论语·季氏》，见学之 译释《论语》，陕西师范大学出版社 2010 年版，第 263 页

子曰："人无远虑，必有近忧。"

> 引自［中国］孔丘《论语·卫灵公》，见学之 译释《论语》，陕西师范大学出版社 2010 年版，第 246 页

子曰："众恶之，必察焉；众好之，必察焉。"

> 引自［中国］孔丘《论语·卫灵公》，见学之 译释《论语》，陕西师范大学出版社 2010 年版，第 252 页

子曰："后生可畏，焉知来者之不如今也？四十、五十而无闻焉，斯亦不足畏也已。"

> 引自［中国］孔丘《论语·子罕》，见学之 译释《论语》，陕西师范大学出版社 2010 年版，第 146 页

子曰："老者安之，朋友信之，少者怀之。"

> 引自［中国］孔丘《论语·公冶长》，见学之 译释《论语》，陕西师范大学出版社 2010 年版，第 84 页

夫唯不争，故天下莫能与之争。

> 引自［中国］李耳《道德经·二十二章》，见张景 张松辉 译注《道德经》，中华书局 2021 年版，第 88 页

孟子曰："非其道，则一箪食不可受于人；如其道，则舜受尧之天下不以为泰。子以为泰乎？"

> 引自［中国］孟轲《孟子·滕文公下 4》，见方勇 译注《孟子》，中华书局 2015 年第 2 版，第 112 页

仁者爱人，有礼者敬人。爱人者，人恒爱之；敬人者，人

恒敬之。

> 引自 ［中国］ 孟轲《孟子·离娄下 28》，见方勇 译注《孟
> 子》，中华书局 2015 年第 2 版，第 163 页

崇人之德，扬人之美，非谄谀也。

> 引自 ［中国］ 荀况《荀子·不苟》，见方勇 李波 译注《荀
> 子》，中华书局 2015 年第 2 版，第 28 页

凡事行，有益于理者立之，无益于理者废之，夫是之谓
中事。

> 引自 ［中国］ 荀况《荀子·儒效》，见方勇 李波 译注《荀
> 子》，中华书局 2015 年第 2 版，第 96 页

慎勿谈人之短，切莫矜己之长。仇者以义解之，怨者以直
报之，随所遇而安之。人有小过，含容而忍之；人有大过，以
理而谕之。勿以善小而不为，勿以恶小而为之。人有恶，则掩
之；人有善，则扬之。

> 引自 ［中国］ 朱熹《朱子家训》，见文景 编著《历代家训》，
> 中国人口出版社 2018 年版，第 131 - 132 页

处世无私仇，治家无私法。勿损人而利己，勿妒贤而嫉
能。勿称忿而报横逆，勿非礼而害物命。见不义之财勿取，遇
合理之事则从。

> 引自 ［中国］ 朱熹《朱子家训》，见文景 编著《历代家训》，
> 中国人口出版社 2018 年版，第 132 页

改过

子曰："朝闻道，夕死可矣。"

> 引自［中国］孔丘《论语·里仁》，见学之 译释《论语》，陕西师范大学出版社 2010 年版，第 57 页

子曰："过而不改，是谓过矣。"

> 引自［中国］孔丘《论语·卫灵公》，见学之 译释《论语》，陕西师范大学出版社 2010 年版，第 253 页

能改过则天地不怒，能安分则鬼神无权。

> 引自［中国］钱镠《钱氏家训·个人篇》，见牛晓彦 编著《钱氏家训新解》，北京理工大学出版社 2014 年版，第 58 - 63 页

孟子曰："耻之于人大矣。"以其得之则圣贤，失之则禽兽耳。此改过之要机也。

> 引自［中国］袁了凡《了凡四训·改过之法》，见尚荣 徐敏 赵锐 评注《了凡四训》，中华书局 2013 年版，第 73 页

故过不论久近，惟以改为贵。

> 引自［中国］袁了凡《了凡四训·改过之法》，见尚荣 徐敏 赵锐 评注《了凡四训》，中华书局 2013 年版，第 78 页

人不改过，多是因循退缩；吾须奋然振作，不用迟疑，不烦等待。小者如芒刺在肉，速与抉剔；大者如毒蛇啮指，速与斩除，无丝毫凝滞。此风雷之所以为益也。

引自［中国］袁了凡《了凡四训·改过之法》，见尚荣 徐敏
赵锐 评注《了凡四训》，中华书局 2013 年版，第 81 页

何谓从心而改？过有千端，惟心所造；吾心不动，过安
从生？

引自［中国］袁了凡《了凡四训·改过之法》，见尚荣 徐敏
赵锐 评注《了凡四训》，中华书局 2013 年版，第 90 – 91 页

一个人不应该自我满足。如果有了过错，应该难过才是。
什么时候难过了，就说明他认识了错误。一个人觉得难过，就
说明他接受了教训。

引自［苏联］阿·利哈诺夫《我的将军》170，见梁适 编
《中外名言分类大辞典》，复旦大学出版社 1997 年版，第
74 页

恻隐之心

恻隐之心，仁之端也；羞恶之心，义之端也；辞让之心，
礼之端也；是非之心，智之端也。

引自［中国］孟轲《孟子·公孙丑上 6》，见方勇 译注《孟
子》，中华书局 2015 年第 2 版，第 59 页

何谓爱惜物命？凡人之所以为人者，惟此恻隐之心而已；
求仁者求此，积德者积此。

引自［中国］袁了凡《了凡四训·积善之方》，见尚荣 徐敏
赵锐 评注《了凡四训》，中华书局 2013 年版，第 181 页

宽容（又见 30. 家庭教育的方法/宽容）

得放手时须放手，得饶人处且饶人。

> 引自 [中国] 关汉卿《窦娥冤》，见梁适 编《中外名言分类大辞典》，复旦大学出版社 1997 年版，第 79 页

宰相腹中撑得船过。

> 引自 [中国] 冯梦龙《警世通言·拗相公饮恨半山堂》，见梁适 编《中外名言分类大辞典》，复旦大学出版社 1997 年版，第 79 页

家长必须明白，批评、处罚是教育，宽容、谅解也是教育。宽容、谅解是一种感化，是"以情动情"，是以温暖的父母亲情去抚慰孩子那痛苦、歉疚的心，是宽容大度强化孩子认错改过的勇气，是以期望、信任促使孩子弃旧图新，这是一种强大的积极的精神力量，是一种教育艺术。

> 引自 [中国] 赵忠心《家庭教育学：教育子女的科学与艺术》，人民教育出版社 2001 年版，第 292 页

对犯有过失和错误的人，采取宽容、谅解态度，出乎犯有过失和错误的人的意料之外，是一种强烈的刺激，会大大加剧心理上的不平衡，促使其内心的思想斗争。

> 引自 [中国] 赵忠心《家庭教育学：教育子女的科学与艺术》，人民教育出版社 2001 年版，第 291 页

不会宽容别人的人，是不配受到别人的宽容的。

> 引自 [俄国] 屠格涅夫《罗亭》156，见梁适 编《中外名言

分类大辞典》，复旦大学出版社 1997 年版，第 8 页

无我

我将无我，不负人民。我愿意做到一个"无我"的状态，为中国的发展奉献自己。

> 引自［中国］习近平《我将无我，不负人民》（2019 年 3 月 22 日习近平在会见意大利众议长菲科时的谈话要点），《习近平谈治国理政. 第三卷》，外文出版社 2020 年版，第 144 页

爱国（见 15. 家庭的爱国主义教育）

克制

如果一个人只有想得到什么就必须得到什么的精神，而不能在必要的时候克制自己的欲望，放弃不恰当、不实际的愿望，那么，这种人是不能适应复杂的社会生活的。他就会像没有制动器的汽车一样，胡乱冲撞，碰得头破血流。

> 引自［中国］赵忠心《家庭教育学：教育子女的科学与艺术》，人民教育出版社 2001 年版，第 192 页

应该引导儿童去克制自己的欲望；他们应该养成压制自己的爱好与磨炼自己的身体的习惯，从而使自己的身和心都变得朝气蓬勃、安适舒畅和强壮有力。

> 引自［英国］约翰·洛克《教育漫话》，徐大建 译，上海人民出版社 2005 年版，第 113 页

自制力

自制力是自我教育的一个重要条件。有自制力的人，就会将别人喝茶闲聊的时间变成进取的时间，就会将别人认为不可能的事变成可能的现实。有自制力的人，就是智慧的人。

> 引自［中国］张能治《诚信与智慧促成长》，见张能治 编著《爱，让孩子快乐成长——e 时代家庭教育真谛》，广东人民出版社 2011 年版，第 178 页

提高自制力一个重要环节就是严格作息。作息就是工作（学习）和休息。不懂得休息的人就是不懂得学习的人。学生的学习活动，包括每天的读书和节假日的活动，应自己听闹钟声起床。其作用可以培养孩子的责任感和独立性。孩子有了责任感和独立性，就有了自制力。

> 引自［中国］张能治《诚信与智慧促成长》，见张能治 编著《爱，让孩子快乐成长——e 时代家庭教育真谛》，广东人民出版社 2011 年版，第 178 页

自我教育

"真正的教育就是自我教育。"

自我教育就是自我调控的教育：

取得成绩了，要从成绩中看到不足；

失败了，要从失败中找到原因，看到失败中的美丽；

上网时，不要将网络游戏中的输赢当成真实的输赢，要欣赏的是现实中的自我，而不是虚幻中的自我；

不能贪婪，要善于控制自己的欲望。

> 引自 ［中国］张能治《诚信与智慧促成长》，见张能治 编著《爱，让孩子快乐成长——e 时代家庭教育真谛》，广东人民出版社 2011 年版，第 178 - 179 页

如何进行自我教育

每天阅读半小时。

在 2010 年的读书活动中，著名作家阎崇年、毕淑敏等倡议："每天阅读半小时"。每天阅读半小时，时间不长，但坚持却不容易。每天阅读半小时，贵在坚持。长期坚持，就会形成习惯，这会终生受益。

要让读书成为生活的一种习惯，就得经常进图书馆，感受阅读的氛围，学会选择书籍，借书阅读；

要让读书成为生活的一种习惯，就得经常进书店，感受买书的氛围，学会选择书籍，买书；

买书时要少买教辅资料，多看多买课外读物，阅读面应该广一点，阅读速度应该快一点。

"每天阅读半小时"，长期坚持，读书必定成为生活的一种习惯，会受用无穷。

> 引自 ［中国］张能治《诚信与智慧促成长》，见张能治 编著《爱，让孩子快乐成长——e 时代家庭教育真谛》，广东人民出版社 2011 年版，第 179 页

强烈的问题意识。

要敢于提问，善于提问。

每个学生都有巨大的潜能，提问，是让学生的潜能充分发挥的重要一步。学生的提问可以锻炼其思维能力，培养主动学习的习惯。对常规挑战的第一步就是提问。没有提问，就没有回答。一个好的提问比一个好的回答更有价值。

会提出问题的人，才是真正会学习的人。科学史上大量事实证明提问的重要性。

牛顿对苹果落地这一现象感到奇怪，一直在追问：苹果为什么会落地？进而展开丰富的想象，进行大量的探索，终于发现"万有引力定律"。

爱因斯坦小时候对一些事物就感到惊奇，他十二岁就对空间和时间发生了强烈的兴趣，不断提问，不断探索，终于创立了"相对论"。

家长和教师都要鼓励学生提出问题，开放学生提问的空间，给学生提问题的权利和时间；学生也要多动脑筋，勇于提问，敢于提出稀奇古怪的问题；会提问这是智慧的表现，是自我教育的重要一环。

引自［中国］张能治《诚信与智慧促成长》，见张能治 编著《爱，让孩子快乐成长——e 时代家庭教育真谛》，广东人民出版社 2011 年版，第 179 - 180 页

科学勇敢的探索。

思索探究，这是阅读成功不可缺少的过程；

要探究，就要学会实验，学会观察，学会思考，学会分析；

要从多侧面，多角度去分析问题，探究问题。

引自［中国］张能治《诚信与智慧促成长》，见张能治 编著《爱，让孩子快乐成长——e 时代家庭教育真谛》，广东人民

出版社 2011 年版，第 180 页

谨慎

细微苟不慎，堤溃自蚁穴。

> 引自［中国］应璩《杂诗》，见梁适 编《中外名言分类大辞典》，复旦大学出版社 1997 年版，第 70 页

人之持身立事，常成于慎，而败于纵。

> 引自［中国］方孝孺《慎斋箴》，见梁适 编《中外名言分类大辞典》，复旦大学出版社 1997 年版，第 70 页

谨慎的人是照着理性行事的。

> 引自［法国］罗曼·罗兰《约翰·克利斯朵夫》（二）86，见梁适 编《中外名言分类大辞典》，复旦大学出版社 1997 年版，第 7 页

事情可以软来，不要蛮做；这才是谨慎之道。

> 引自［西班牙］塞万提斯《堂吉诃德》（上）174，见梁适 编《中外名言分类大辞典》，复旦大学出版社 1997 年版，第 72 页

诚信

子曰："人而无信，不知其可也。大车无輗，小车无軏，其何以行之哉？"

> 引自［中国］孔丘《论语·为政》，见学之 译释《论语》，

陕西师范大学出版社 2010 年版，第 32 页

与朋友交，言而有信。

引自［中国］孔丘《论语·学而》，见学之 译释《论语》，
陕西师范大学出版社 2010 年版，第 7 页

曾子曰："吾日三省吾身：为人谋而不忠乎？与朋友交而
不信乎？传不习乎？"

引自［中国］孔丘《论语·学而》，见学之 译释《论语》，
陕西师范大学出版社 2010 年版，第 3 页

至诚合天，福之将至，观其善而必先知之矣；祸之将至，
观其不善而必先知之矣。

引自［中国］袁了凡《了凡四训·改过之法》，见尚荣 徐敏
赵锐 评注《了凡四训》，中华书局 2013 年版，第 69 页

与肩挑贸易，勿占便宜；见贫苦亲邻，须加温恤。

引自［中国］朱用纯《朱柏庐治家格言》，见朱用纯 等 著
《朱子家训·颜氏家训·孔子家语》，金源 编译，天地出版社
2019 年版，第 6 页

知识的问题是一个科学问题，来不得半点的虚伪和骄傲，
决定地需要的倒是其反面——诚实和谦逊的态度。

引自［中国］毛泽东《实践论》，《毛泽东选集．第 1 卷》，
人民出版社 1991 年第 2 版，第 287 页

待人以诚而去其诈，待人以宽而去其隘。

引自 ［中国］毛泽东《向国民党的十点要求》,《毛泽东选集・第2卷》,人民出版社1991年第2版,第722页

做父母的如果能够禁止小孩子作伪,使他们将来成为诚实的青年,则于国于家将来都不无裨补的。

引自 ［中国］陈鹤琴《家庭教育》,华东师范大学出版社2006年版,第146页

常有做母亲的既教她的小孩子作伪,还要说她的小孩子乖巧可爱,这真是何等痛心!所以要小孩子诚实,做父母的自己先要诚实,自己不诚实,小孩子断断不会诚实的。

引自 ［中国］陈鹤琴《家庭教育》,华东师范大学出版社2006年版,第132页

大多数小孩子是常常要作伪的,而且作伪的方法、作伪的样子是随地、随时、随事而变迁的,所以做父母的也应当用种种思考、种种方法去考察他、禁止他。倘使小孩子受父母的禁止,一次不能售其伪,以后就不敢作伪了。

引自 ［中国］陈鹤琴《家庭教育》,华东师范大学出版社2006年版,第145页

忠诚是价值连城的文凭。

引自 ［中国］赵刚《20岁的生日礼物》,见张能治 主编《家庭教育那些事儿》,暨南大学出版社2014年版,第142页

凡有成就者,大多是诚恳敬业,不轻易放弃机遇者。

引自 ［中国］赵刚《20岁的生日礼物》,见张能治 主编《家

庭教育那些事儿》，暨南大学出版社 2014 年版，第 142 页

建立和维持好的人际关系，靠的是品质，而不是小聪明。真诚待人，永远是在跟人相处时首先要做到的一点。你付出真诚，才能收获真诚。

引自〔韩国〕全惠星《有奉献精神的父母培养大人物》，邵娟译，中国城市出版社2009年版，第134-135页

什么是诚实？诚实就是坦率、真挚的态度。不诚实就是诡秘的、躲躲闪闪的态度。

引自〔苏联〕A. C. 马卡连柯《家庭和儿童教育》，丽娃译，上海人民出版社2005年版，第78页

诚实的品质不是从天上掉下来的，它是在家庭中培养出来的。在家庭中也可能培养出不诚实的品质：这一切都取决于家长的教育方法是否正确。

引自〔苏联〕A. C. 马卡连柯《家庭和儿童教育》，丽娃译，上海人民出版社2005年版，第78页

家长应该特别注意发展儿童的诚实的品质。他们不应有意向孩子隐瞒任何东西，还要教孩子养成不经许可不拿任何东西的习惯，即使这件东西就在眼前，没有被锁起来，没有被藏起来。可以特意把任何诱人的东西放在一眼就能看到的地方，培养孩子平静地对待这种东西的习惯，没有贪婪的欲望。对待藏得不严密的东西的平静态度，必须从孩子幼年起培养。

引自〔苏联〕A. C. 马卡连柯《家庭和儿童教育》，丽娃译，上海人民出版社2005年版，第79页

责任

引导孩子为家庭分忧，不仅不会影响孩子的学习，而且还会使孩子增强责任感，增强生存能力，激发出孩子心灵深处自强不息的力量。

引自［中国］魏书生《好父母好家教》，漓江出版社 2005 年版，第 179 页

如果一个孩子缺乏应有的责任心和综合能力，无论他多聪明、多有知识，也不可能成为一个健全的人。

引自［美国］斯托夫人《斯托夫人自然教子书》，亚北 译，中国妇女出版社 2009 年版，第 229 页

责任就是对自己要求去做的事情有一种爱。

引自［德国］歌德《格言和感想集》，见王正平 主编《人生格言辞典》，上海辞书出版社 2004 年版，第 311 页

责任心包含着不仅是一个人害怕受到惩罚，还包含着即使没有惩罚一个人也会因为由于他的过错损坏或毁坏了东西而感到不自在。

引自［苏联］A. C. 马卡连柯《家庭和儿童教育》，丽娃 译，上海人民出版社 2005 年版，第 83 页

勤奋

自古明王圣帝犹须勤学，况凡庶乎！

引自［中国］颜之推《颜氏家训·勉学》，见檀作文 译注《颜氏家训》，中华书局 2007 年版，第 97 页

富贵必从勤苦得。

引自［中国］杜甫《柏学士茅屋》，见梁适 编《中外名言分类大辞典》，复旦大学出版社 1997 年版，第 59 页

到天大明时，她才把我的衣服穿好，催我去上早学。学堂门上的锁匙放在先生家里；我先到学堂门口一望，便跑到先生家里去敲门。先生家里有人把锁匙从门缝里递出来，我拿了跑回去，开了门，坐下念些书，十天之中，总有八九天我是第一个去开学堂门的。等到先生来了，我背了些书，才回家吃早饭。

引自［中国］胡适《我的母亲》，见建华 选编《母亲》，湖南文艺出版社 1993 年版，第 41 页

知足而勤劳，走遍天下都不怕。

引自［德国］歌德《歌德叙事诗集》73，见梁适 编《中外名言分类大辞典》，复旦大学出版社 1997 年版，第 66 页

天才是百分之一的灵感加百分之九十九的勤奋。

引自［美国］爱迪生《会新闻记者》，见王正平 主编《人生格言辞典》，上海辞书出版社 2004 年版，第 216 页

惜时

逝者如斯夫，不舍昼夜。

引自〔中国〕孔丘《论语·子罕》，见学之 译释《论语》，陕西师范大学出版社 2010 年版，第 143 页

一年之计在于春，一日之计在于晨。

引自〔中国〕萧绎《纂要》，见梁适 编《中外名言分类大辞典》，复旦大学出版社 1997 年版，第 712 页

机不可失，时不再来。

引自〔中国〕房玄龄《晋书·安重荣传》，见梁适 编《中外名言分类大辞典》，复旦大学出版社 1997 年版，第 712 页

读书不觉已春深，一寸光阴一寸金。

引自〔中国〕王贞白《白鹿洞》，见梁适 编《中外名言分类大辞典》，复旦大学出版社 1997 年版，第 712 页

花有重开日，人无再少年。

引自〔中国〕关汉卿《窦娥冤·楔子》，见王涵 等 编《名人名言录》（新世纪版），上海人民出版社 2004 年版，第 261 页

一寸光阴一寸金，寸金难买寸光阴。

引自〔中国〕罗懋登《三宝太监西洋记》，见王正平 主编《人生格言辞典》，上海辞书出版社 2004 年版，第 203 页

明日复明日，明日何其多！我生待明日，万事成蹉跎！

引自〔中国〕钱鹤滩《明日歌》，见王涵 等 编《名人名言录》（新世纪版），上海人民出版社 2004 年版，第 264 页

盛年不重来，一日难再晨。及时当勉励，岁月不待人。

引自〔中国〕陶渊明《杂诗》，见王涵 等 编《名人名言录》（新世纪版），上海人民出版社 2004 年版，第 266 页

少壮不努力，老大徒伤悲。

引自〔中国〕无名氏《长歌行》，见王涵 等 编《名人名言录》（新世纪版），上海人民出版社 2004 年版，第 268 页

莫等闲，白了少年头，空悲切。

引自〔中国〕岳飞《满江红》，见王涵 等 编《名人名言录》（新世纪版），上海人民出版社 2004 年版，第 269 页

节省时间，也就是使一个人的有限的生命，更加有效，而也即等于延长了人的生命。

引自〔中国〕鲁迅《禁用和自造》，《鲁迅全集．第五卷》，人民文学出版社 1981 年版，第 315 页

时间就是性命。无端的空耗别人的时间，其实是无异于谋财害命的。

引自〔中国〕鲁迅《门外文谈》，《鲁迅全集．第六卷》，人民文学出版社 1981 年版，第 97 页

一生最好是少年，一年最好是青春，一朝最好是清晨。

引自〔中国〕李大钊《时》，《李大钊选集》485，见梁适 编《中外名言分类大辞典》，复旦大学出版社 1997 年版，第 713 页

今日之日不可延留，昨日之日不能呼返。我们能从昨日来到今日，不能再由今日返于昨日。

引自 ［中国］李大钊《时》，《李大钊选集》486，见梁适 编
《中外名言分类大辞典》，复旦大学出版社 1997 年版，第
713 页

没有人不爱惜他的生命，但很少人珍视他的时间。

引自 ［中国］梁实秋《时间即生命》，见王正平 主编《人生
格言辞典》，上海辞书出版社 2004 年版，第 204 页

时间即是生命。

引自 ［中国］梁实秋《养成好习惯》，见王正平 主编《人生
格言辞典》，上海辞书出版社 2004 年版，第 205 页

人生天地间，各自有秉赋：为一大事来；做一大事去。多
少白发翁，蹉跎悔歧路。寄语少年人，莫将少年误。

引自 ［中国］陶行知《自勉并勉同志》，《陶行知全集．第七
卷》，四川教育出版社 1991 年版，第 269 页

时间就是速度，时间就是力量。

引自 ［中国］郭沫若《科学的春天》，见王正平 主编《人生
格言辞典》，上海辞书出版社 2004 年版，第 203 页

合理安排时间，就等于节约时间。

引自 ［英国］培根《牛津辞典》，见王正平 主编《人生格言
辞典》，上海辞书出版社 2004 年版，第 205 页

独处

独处之有利于思想力的发挥，一如社交之有益于性格的

培养。

引自［美国］洛厄尔《在我的书中间》，见王正平 主编《人生格言辞典》，上海辞书出版社 2004 年版，第 444 页

通常我们互相帮助的最好办法是留他独处，但也有时我们需要紧握的双手和鼓励的言词。

引自［美国］哈伯德《笔记》，见王正平 主编《人生格言辞典》，上海辞书出版社 2004 年版，第 445 页

助人

何谓救人危急？患难颠沛，人所时有。偶一遇之，当如痛痒在身，速为解救。或以一言伸其屈抑，或以多方济其颠连。崔子曰："惠不在大，赴人之急可也。"盖仁人之言哉！

引自［中国］袁了凡《了凡四训·积善之方》，见尚荣 徐敏 赵锐 评注《了凡四训》，中华书局 2013 年版，第 174 页

何谓兴建大利？小而一乡之内，大而一邑之中，凡有利益，最宜兴建。或开渠导水，或筑堤防患；或修桥梁，以便行旅；或施茶饭，以济饥渴；随缘劝导，协力兴修，勿避嫌疑，勿辞劳怨。

引自［中国］袁了凡《了凡四训·积善之方》，见尚荣 徐敏 赵锐 评注《了凡四训》，中华书局 2013 年版，第 175 页

世人以衣食为命，故财为最重。吾从而舍之，内以破吾之悭，外以济人之急。始而勉强，终则泰然，最可以荡涤私情，祛除执吝。

> 引自［中国］袁了凡《了凡四训·积善之方》，见尚荣 徐敏
> 赵锐 评注《了凡四训》，中华书局 2013 年版，第 176 页

在生活的路上，将血一滴一滴地滴过去，以饲别人，虽自觉渐渐瘦弱，也以为快乐。

> 引自［中国］鲁迅《两地书》，《鲁迅全集．第十一卷》，人
> 民文学出版社 1981 年版，第 249 页

要培养儿童的人格，我们一定要他去帮助人，使人得着快乐。这一点，一般做父母的都没有想到，只知使小孩子快乐而不知如何教小孩子使别人快乐。

> 引自［中国］陈鹤琴《怎样做父母》，见陈鹤琴 著《家庭教
> 育》，华东师范大学出版社 2006 年版，第 211 页

在帮助别人的同时，孩子能解决自己的苦恼；在帮助别人的同时，孩子自己也会得到力量与智慧。

> 引自［韩国］全惠星《有奉献精神的父母培养大人物》前
> 言，邵娟 译，中国城市出版社 2009 年版，第 9 页

帮助别人就等于帮助我们自己。如果父母因帮助别人而感到快乐，并与孩子们分享这一快乐的过程，孩子们自然而然就能受到感染，自觉地去参加社会服务。在帮助别人的时候，孩子会感到快乐，会得到成就感和自豪感。

> 引自［韩国］全惠星《有奉献精神的父母培养大人物》，邵
> 娟 译，中国城市出版社 2009 年版，第 21 页

要教育孩子关心别人，仅仅告诉他们道理是没用的，要让他参与到奉献活动中去，或者让他体会一次需要关心的滋味，

这样，他们会很快懂得其中的道理。

引自［韩国］全惠星《有奉献精神的父母培养大人物》，邵娟 译，中国城市出版社 2009 年版，第 75 页

孩子代表一个时代的未来。我们需要让所有的家长都下定这样的决心：把自己的孩子培养成为文明的人。真正文明的人应该关心他人，应该把自己的爱无私地给予他人，应该明白生活的快乐所在，应该为了全人类的幸福而工作。这样的人爱他人，他人也同样用爱来回报他。把孩子培养成这样的人，是父母给孩子最好的礼物，同时也有助于使我们生活的这个世界变得更加文明。

引自［日本］铃木镇一《用爱哺育》，许海燕 译，电子工业出版社 2004 年版，第 51－52 页

劝人以书

韩愈云："一时劝人以口，百世劝人以书。"

引自［中国］袁了凡《了凡四训·积善之方》，见尚荣 徐敏 赵锐 评注《了凡四训》，中华书局 2013 年版，第 172 页

读书对道德养成有促进作用，苏联教育家苏霍姆林斯基说："我坚定地相信，少年的自我教育是从读一本好书开始的。"

引自［中国］尹建莉《好妈妈胜过好老师》，作家出版社 2009 年版，第 132 页

培养孩子实事求是的精神，除了家长以身作则，注意从言

行上影响，我认为阅读也有很好的作用，尤其是一些人物传记，对儿童的影响很大。

引自［中国］尹建莉《好妈妈胜过好老师》，作家出版社2009年版，第 141 页

改过

自己的事情自己做，自己的过失自己承担责任，这样长大了才能对家庭、对学校、对社会负责。

引自［中国］孙云晓《习惯决定孩子一生》，北京师范大学出版社 2013 年版，第 152 页

凡事应该让孩子自己去考虑、去做，多犯一些错误，才能慢慢学会做得不错。

引自［中国］尹建莉《好妈妈胜过好老师》，作家出版社2009年版，第 32 页

家长要理解"过失"的价值，看到在孩子成长中，他的"过失"与"成就"具有同样的正面教育功能。

引自［中国］尹建莉《好妈妈胜过好老师》，作家出版社2009年版，第 33 页

就像割伤了自然会感到痛一样，孩子犯了一些小错或闯了祸，不用你说他也会感到不好意思，感到内疚和痛苦。家长这时如果不顾及孩子的心理，再板起面孔说一些教训的话，说一些早已说过的提醒的话，只会让他觉得丢面子，觉得烦；孩子为了保护自己的面子，为了表达对你唠叨的不满，可能会故意

顶嘴或做出满不在乎的样子。

> 引自〔中国〕尹建莉《好妈妈胜过好老师》，作家出版社
> 2009 年版，第 32 页

胸怀

不见利而起谋，不见才而生嫉。

> 引自〔中国〕钱镠《钱氏家训·社会篇》，见牛晓彦 编著
> 《钱氏家训新解》，北京理工大学出版社 2014 年版，第 160 页

小人固当远，断不可显为仇敌；君子固当亲，亦不可曲为附和。

> 引自〔中国〕钱镠《钱氏家训·社会篇》，见牛晓彦 编著
> 《钱氏家训新解》，北京理工大学出版社 2014 年版，第 165 -
> 170 页

我们应该教育孩子，从小树立一个观念，决不能让自己的胸怀像小马蹄坑一样狭小，而要千方百计把自己的胸怀开拓成游泳池，开拓成湖泊，开拓成大海，甚至使胸怀比天空更广阔，这样我们才能明确人生的意义，才能把精力用在于国于民于己都有利的大事上，才能活得开朗乐观有意义。

> 引自〔中国〕魏书生《好父母好家教》，漓江出版社 2005 年
> 版，第 84 - 85 页

有了宽阔的胸怀，就能把世间万事万物放在应有的位置上，即使种田做工，也会成为优秀的农民、工人，能在平凡的岗位上做出不平凡的业绩。

引自［中国］魏书生《好父母好家教》，漓江出版社 2005 年版，第 85 页

培养孩子具有比天空更广阔的胸怀，能容难容之事，孩子就能站在数百万年人类悠长的历史与数亿光年太空星系的空间角度来看地球，看人类，看社会，看人生，就能看清自己所处的位置，就能既顺其自然，又积极进取。

引自［中国］魏书生《好父母好家教》，漓江出版社 2005 年版，第 85 页

谦虚

自满者，人损之；自谦者，人益之。

引自［中国］魏征《群书治要·尚书》，见梁迺 编《中外名言分类大辞典》，复旦大学出版社 1997 年版，第 73 页

大勇若怯，大智若愚。

引自［中国］苏轼《贺欧阳修致仕启》，见王涵 等 编《名人名言录》（新世纪版），上海人民出版社 2004 年版，第 185 页

满招损，谦受益。

引自［中国］袁了凡《了凡四训·谦德之效》，见尚荣 徐敏 赵锐 评注《了凡四训》，中华书局 2013 年版，第 185 页

善事阴功，皆由心造。常存此心，功德无量。且如谦虚一节，并不费钱，你如何不自反而骂试官乎？

引自［中国］袁了凡《了凡四训·谦德之效》，见尚荣 徐敏

赵锐 评注《了凡四训》，中华书局 2013 年版，第 196 页

天地间惟谦谨是载福之道。骄则满，满则倾矣。

引自 ［中国］曾国藩《曾国藩家书·治家篇》，见《国学典藏书系》丛书编委会 主编《曾国藩家书》，吉林出版集团股份有限公司 2011 年版，第 167 页

世间上最伟大的存在似乎是最谦抑无私的存在。伟大的太阳吐着自己的光，发挥着自己的能，普及其恩惠于群生，然而他自己不曾吹着喇叭，说他伟大。

引自 ［中国］郭沫若《集外·人文界的日蚀》，《郭沫若全集．文学编．第十六卷》，人民文学出版社 1982 年版，第 205 页

我更高兴的更安慰的是：多少过分的谀词与夸奖，都没有使你丧失自知之明，众人的掌声、拥抱，名流的赞美，都没有减少你对艺术的谦卑！总算我的教育没有白费，你二十年的折磨没有白受！你能坚强（不为胜利冲昏了头脑是坚强的最好的证据），只要你能坚强，我就一辈子放了心！

引自 ［中国］傅雷《傅雷家书》，见傅敏 编《傅雷家书》，辽宁教育出版社 2004 年新 1 版，第 90 页

他无比崇拜那些比自己知道得多的人，并虚心向他们请教。

引自 ［德国］卡尔·H. G. 威特《卡尔·威特的教育》，丽红 译，京华出版社 2006 年版，第 44 页

融入社会

其实只要真心地去做一次社会服务，所得的收获肯定是意想不到的，是只闷在家里看书学习所得不来的。

> 引自［韩国］全惠星《有奉献精神的父母培养大人物》，邵娟 译，中国城市出版社 2009 年版，第 117 页

帮助他人、服务社会的美好心愿，就是学习的最好动力。只有才华与修养获得平衡发展，孩子才能得到真正的成长。

> 引自［韩国］全惠星《有奉献精神的父母培养大人物》，邵娟 译，中国城市出版社 2009 年版，第 212 页

无论是在法庭上还是在农家小院里，无论是在一个有钱人的家里还是在首相家里，也无论是在上层人物的家里还是在普通市民家中，所有的人都认为他很适合他们的圈子，就好像他是在那个圈子里长大的一样。

> 引自［德国］卡尔·H. G. 威特《卡尔·威特的教育》，丽红 译，京华出版社 2006 年版，第 47 页

吃苦

我主张儿童行为良好的时候不妨有时候让他们吃点苦，因为这样可以使他们习惯于承受痛苦，而不把痛苦看作最大的灾难。斯巴达的榜样充分地表明了，教育可以使年轻人习惯于承受多大的痛苦与磨难。

> 引自［英国］约翰·洛克《教育漫话》，徐大建 译，上海人

民出版社 2005 年版，第 129 页

正如身体的强壮主要在于能够吃苦耐劳，精神的强壮同样在于能够吃苦耐劳。

引自 ［英国］约翰·洛克《教育漫话》，徐大建 译，上海人民出版社 2005 年版，第 27 页

节俭

静以修身，俭以养德。

引自 ［中国］诸葛亮《诫子书》，见文景 编著《历代家训》，中国人口出版社 2018 年版，第 35 页

以俭得之，以奢失之。

引自 ［中国］韩非《韩非子·十过》，见王涵 等 编《名人名言录》（新世纪版），上海人民出版社 2004 年版，第 427 页

俭节则昌，淫佚则亡。

引自 ［中国］墨翟《墨子·辞过》，见王涵 等 编《名人名言录》（新世纪版），上海人民出版社 2004 年版，第 427 页

余欲上不愧先人，下不愧子弟，惟以力教家中勤俭为主。

引自 ［中国］曾国藩《曾国藩家书·治家篇》，见《国学典藏书系》丛书编委会 主编《曾国藩家书》，吉林出版集团股份有限公司 2011 年版，第 173 页

一粥一饭，当思来之不易；半丝半缕，恒念物力维艰。

引自 ［中国］朱用纯《朱柏庐治家格言》，见朱用纯 等 著
《朱子家训·颜氏家训·孔子家语》，金源 编译，天地出版社
2019 年版，第 1 页

饮食约而精，园蔬愈珍馐。

引自 ［中国］朱用纯《朱柏庐治家格言》，见朱用纯 等 著
《朱子家训·颜氏家训·孔子家语》，金源 编译，天地出版社
2019 年版，第 4 页

每一食，便念稼穑之艰难；每一衣，则思纺绩之辛苦。

引自 ［中国］吴兢《贞观政要·教戒太子诸王》，见梁适 编
《中外名言分类大辞典》，复旦大学出版社 1997 年版，第
215 页

谁知盘中餐，粒粒皆辛苦！

引自 ［中国］李绅《悯农·其二》，见中华书局上海编辑所
编辑《唐诗一百首》，中华书局 1959 年版，第 98 页

节俭朴素，人之美德；奢侈华丽，人之大恶。

引自 ［中国］薛瑄《读书录》，见王正平 主编《人生格言辞
典》，上海辞书出版社 2004 年版，第 284 页

在生活中的每个小细节上，我都要教育女儿养成节俭的习
惯，我认为节俭是一种美德，无论是在困难年代还是富裕年
代，我们都应该崇尚节俭。从小的方面看是为了居家过日子打
算，从大的方面看则是为人类后代节约资源，无论从哪个角度
看，都应该崇尚节俭的好习惯。

引自〔美国〕斯托夫人《斯托夫人自然教子书》，亚北 译，中国妇女出版社 2009 年版，第 237－238 页

节俭是一门艺术，它能使人最大程度地享用生活。

引自〔爱尔兰〕萧伯纳《革命家箴言》，见王正平 主编《人生格言辞典》，上海辞书出版社 2004 年版，第 284 页

简单淳朴的生活无论在身体上还是在精神上，对每个人都是有益的。

引自〔德国〕爱因斯坦《思想和见解》，见王正平 主编《人生格言辞典》，上海辞书出版社 2004 年版，第 284 页

恒心

盖士人读书，第一要有志，第二要有识，第三要有恒。有志则断不敢为下流；有识则知学问无尽，不敢以一得自足，如河伯之观海，如井蛙之窥天，皆无识者也；有恒则断无不成之事。此三者缺一不可。

引自〔中国〕曾国藩《曾国藩家书·劝学篇》，见《国学典藏书系》丛书编委会 主编《曾国藩家书》，吉林出版集团股份有限公司 2011 年版，第 14 页

凡人作一事，便须全副精神注在此一事，首尾不懈。不可见异思迁，做这样想那样，坐这山望那山。人而无恒，终身一无所成。

引自〔中国〕曾国藩《曾国藩家书·修身篇》，见《国学典藏书系》丛书编委会 主编《曾国藩家书》，吉林出版集团股

份有限公司 2011 年版，第 72 页

切勿以家中有事而间断看书之课，又弗以考试将近而间断看书之课。虽走路之日，到店亦可看；考试之日，出场亦可看也。

兄日夜悬望，独此有恒二字告诸弟，伏愿诸弟刻刻留心。

引自［中国］曾国藩《曾国藩家书·劝学篇》，见《国学典藏 书系》丛书编委会 主编《曾国藩家书》，吉林出版集团股份有限公司 2011 年版，第 38 页

心理健康同样也需要持之以恒地锻炼。倘能持之以恒地写日记，或持之以恒地看伟人传记，或持之以恒地照顾一个弱者，或持之以恒地吃苦耐劳，都会使人的心理变得越来越健康。

引自［中国］魏书生《好父母好家教》，漓江出版社 2005 年版，第 73 页

坚忍

咬定青山不放松，立根原在破岩中，千磨万击还坚劲，任尔东西南北风。

引自［中国］郑板桥《郑板桥集》，见王涵 等 编《名人名言录》（新世纪版），上海人民出版社 2004 年版，第 450 页

守正不阿，是为倔强。

引自［中国］郭沫若《汐集·倔强赞》，《郭沫若全集．文学编．第二卷》，人民文学出版社 1982 年版，第 303 页

事业常成于坚忍，毁于急躁。

> 引自［波斯］萨迪《蔷薇园》179，见梁适 编《中外名言分类大辞典》，复旦大学出版社 1997 年版，第 68 页

伟大的心灵的全部秘密几乎都在这个字里面："坚持"。坚持对于勇气，正如轮子对于杠杆，那是支点的永恒更新。

> 引自［法国］雨果《海上劳工》273，见梁适 编《中外名言分类大辞典》，复旦大学出版社 1997 年版，第 69 页

无为与有为

无为就是力戒虚妄，力戒焦虑，力戒急躁，力戒脱离客观规律、客观实际，也力戒形式主义。无为就是把有限的精力时间节省下来，才可能做一点事，也就是——有为。有所不为才能有所为，无为方可与之语献身。

> 引自［中国］王蒙《王蒙自述：我的人生哲学》，人民文学出版社 2003 年版，第 81 页

有所为有所不为，才能有为；有所知有所不知，才能有知；有所长有所短，才能有长。任何正常的人只要肯集中时间精力做好一两件事，都能显现出过人的才智，都可能叩响天才的大门。

> 引自［中国］王蒙《王蒙自述：我的人生哲学》，人民文学出版社 2003 年版，第 99 页

自知之明

叱咤风云易，循序渐进难；开场红火易，结尾周全难。看

人毛病易，看己毛病难；有知人之明已属不易，有自知之明则更是难上加难。

> 引自［中国］王蒙《王蒙自述：我的人生哲学》，人民文学出版社 2003 年版，第 83 页

一个人应该知道自己能够做什么，应该做什么，必须做什么，更应该知道不应该做什么，不要做什么，其实做也做不到什么。

> 引自［中国］王蒙《王蒙自述：我的人生哲学》，人民文学出版社 2003 年版，第 93 页

学而后知不足，立志而后知不足，投入而后知不足。……向自己挑战，向自己提出大大超标的要求的正是我自己！这就是我的人生，这就是我的价值，这就是我的选择，这就是我的快乐，这也就是我的痛苦。

> 引自［中国］王蒙《王蒙自述：我的人生哲学》，人民文学出版社 2003 年版，第 194 页

人际关系

要珍惜自己的家人。珍惜家人，关心家人，也就自然而然地学会了关心其他人。

> 引自［韩国］全惠星《有奉献精神的父母培养大人物》，邵娟 译，中国城市出版社 2009 年版，第 207 页

才能和知识非常重要，但即使这方面做得很优秀，如果人际关系不好，也不能完全地展示自己的才华。

引自〔韩〕全惠星《有奉献精神的父母培养大人物》，邵娟 译，中国城市出版社 2009 年版，第 210 页

每个人都是团队和集体的一分子，要看到自己的身份和位置，发挥自己在团队中的作用，敞开胸怀，我亲切待人，让自己周围的氛围轻松、和谐起来，让别人因为自己的存在更加受益，自己才能在这样的关系中得到成长。

引自〔韩〕全惠星《有奉献精神的父母培养大人物》，邵娟 译，中国城市出版社 2009 年版，第 133 页

奉献

先天下之忧而忧，后天下之乐而乐。

引自〔中国〕范仲淹《岳阳楼记》，见王正平 主编《人生格言辞典》，上海辞书出版社 2004 年版，第 33 页

长期以来，我和丈夫不断努力，其实只做了一件事，那就是：去做一个"奉献者"——我们奉献于自己，奉献于对方，奉献于子女，奉献于他人，奉献于社会。这种做法，并没有让我们损失什么，反而让很多人受惠，其中自然包括我们的孩子。

引自〔韩〕全惠星《有奉献精神的父母培养大人物》前言，邵娟 译，中国城市出版社 2009 年版，第 6 页

一定要告诉孩子，自己的努力其实不只是为了自己，还是为了别人，自己不是一个孤立的人，而是作为社会一员存在的。

> 引自〔韩国〕全惠星《有奉献精神的父母培养大人物》，邵娟译，中国城市出版社2009年版，第97页

在奉献的过程中，奉献的一方比受惠的一方得到了更宏大、更深刻的恩惠。

> 引自〔韩国〕全惠星《有奉献精神的父母培养大人物》，邵娟译，中国城市出版社2009年版，第103页

人生最美好的，就是在你停止生存时，也还能以你所创造的一切为人民服务。

> 引自〔苏联〕奥斯特洛夫斯基《奥斯特洛夫斯基两卷集》，见王正平 主编《人生格言辞典》，上海辞书出版社2004年版，第2页

名誉

先义而后利者荣，先利而后义者辱。

> 引自〔中国〕荀况《荀子·荣辱》，见方勇 李波 译注《荀子》，中华书局2015年第2版，第42页

应该利用你的技巧，使他的意志变柔顺而服从理智，办法就是，教他爱好名誉与赞誉，教他害怕给别人留下坏印象，被别人看不起，尤其怕被你和他的母亲看不起，做到了这一点，其余的一切就都好办了。

> 引自〔英国〕约翰·洛克《教育漫话》，徐大建 译，上海人民出版社2005年版，第176页

爱惜衣裳要从新的时候起，爱惜名誉要从幼小时候起。

引自［俄国］普希金《上蔚的女儿》，徐大建 译，上海人民
出版社 2005 年版，第 41 页

挫折（又见 43. 家庭的挫折教育）

一个人一次或多次考试失败，这是很正常的现象，不经过
挫折，每次都考第一，没有失败的经验，这是不完整的人生，
即使是神童也不例外。

引自［中国］张能治《做一个平凡的女性、智慧的母亲》，
见张能治 编著《爱，让孩子快乐成长——e 时代家庭教育真
谛》，广东人民出版社 2011 年版，第 119 页

北京大学副校长、北大汇丰商学院院长海闻向学生发了一
封电子邮件，哀悼袁健，并鼓励同学们积极乐观地面对任何
困难。

海闻说："沉痛之余，我希望同学们也能从这一悲剧中深
刻自省，坎坎坷坷是人生的常态，要勇敢地走过去，在以后的
人生中，积极乐观地面对任何困难和挫折，永远都要爱惜自
己、爱惜生命、爱惜家人！无论多么出色和成功，要永远放低
姿态，学会忍受。"

引自［中国］张能治《诚信与智慧促成长》，见张能治 编著
《爱，让孩子快乐成长——e 时代家庭教育真谛》，广东人民
出版社 2011 年版，第 177 页

成败

凡百事之成也必在敬之，其败也必在慢之。

引自 ［中国］荀况《荀子·议兵》，见方勇 李波 译注《荀
子》，中华书局 2015 年第 2 版，第 236 页

大丈夫要光明磊落，自家做错的事情，要自家出来承当。
若鬼鬼祟祟，影射模糊，成功了自己来享受荣华，失败了由全
班的人来受难，这岂是男子汉的行为么？

引自 ［中国］郁达夫《说几句话》，《郁达夫文集. 第八卷》，
花城出版社 1982 年版，第 9 页

抓住现在

失掉了现在，也就没有了未来。

引自 ［中国］鲁迅《且介亭杂文·序言》，《鲁迅全集. 第六
卷》，人民文学出版社 1981 年版，第 3 页

世间最可宝贵的就是"今"，最易丧失的也是"今"。因
为他最容易丧失，所以更觉得他可以宝贵。

引自 ［中国］李大钊《"今"》，《李大钊选集》93，见梁适
编《中外名言分类大辞典》，复旦大学出版社 1997 年版，第
162 页

不要依恋过去，也不要空想将来，只抓住了现在用全力
干着。

引自 ［中国］茅盾《虹》，《茅盾全集. 第二卷》，人民文学
出版社 1984 年版，第 12 页

过去的，让它过去，永远不要回顾；未来的，等来了时再
说，不要空想；我们只抓住了现在，用我们现在的理解，做我

们所应该做。

引自 [中国] 茅盾《创造》,《茅盾全集. 第八卷》, 人民文学出版社 1984 年版, 第 23 页

33. 家庭的中华传统文化教育

概述

中华优秀传统文化源远流长、博大精深，是中华文明的智慧结晶，其中蕴含的天下为公、民为邦本、为政以德、革故鼎新、任人唯贤、天人合一、自强不息、厚德载物、讲信修睦、亲仁善邻等，是中国人民在长期生产生活中积累的宇宙观、天下观、社会观、道德观的重要体现，同科学社会主义价值观主张具有高度契合性。

引自［中国］习近平《高举中国特色社会主义伟大旗帜 为全面建设社会主义现代化国家而团结奋斗——在中国共产党第二十次全国代表大会上的报告》（2022 年 10 月 16 日），人民出版社 2022 年版，第 18 页

全面建设社会主义现代化国家，必须坚持中国特色社会主义文化发展道路，增强文化自信，围绕举旗帜、聚民心、育新人、兴文化、展形象建设社会主义文化强国，发展面向现代化、面向世界、面向未来的，民族的科学的大众的社会主义文化，激发全民族文化创新创造活力，增强实现中华民族伟大复兴的精神力量。

引自［中国］习近平《高举中国特色社会主义伟大旗帜 为全面建设社会主义现代化国家而团结奋斗——在中国共产党第二十次全国代表大会上的报告》（2022 年 10 月 16 日），人民出版社 2022 年版，第 42－43 页

祸福相倚

祸兮福之所倚，福兮祸之所伏。孰知其极？

> 引自［中国］李耳《道德经·五十八章》，见张景 张松辉 译注《道德经》，中华书局 2021 年版，第 239 页

祸莫大于不知足，咎莫大于欲得。故知足之足，常足矣。

> 引自［中国］李耳《道德经·四十六章》，见张景 张松辉 译注《道德经》，中华书局 2021 年版，第 194 页

智者千虑，必有一失；愚者千虑，必有一得。

> 引自［中国］司马迁《史记·淮阴侯列传》，见王涵 等 编《名人名言录》（新世纪版），上海人民出版社 2004 年版，第 404 页

安危相易，祸福相生。

> 引自［中国］《庄子·则阳》，见梁适 编《中外名言分类大辞典》，复旦大学出版社 1997 年版，第 173 页

山重水复疑无路，柳暗花明又一村。

> 引自［中国］陆游《游山西村》，见王涵 等 编《名人名言录》（新世纪版），上海人民出版社 2004 年版，第 405 页

博学笃志

子曰："吾十有五而志于学，三十而立，四十而不惑，五十而知天命，六十而耳顺，七十而从心所欲，不逾矩。"

引自［中国］孔丘《论语·为政》，见学之 译释《论语》，陕西师范大学出版社 2010 年版，第 19 页

子夏曰："博学而笃志，切问而近思，仁在其中矣。"

引自［中国］孔丘《论语·子张》，见学之 译释《论语》，陕西师范大学出版社 2010 年版，第 299 页

置之度外

天长地久。天地所以能长且久者，以其不自生，故能长生。是以圣人后其身而身先，外其身而身存。非以其无私邪？故能成其私。

引自［中国］李耳《道德经·七章》，见张景 张松辉 译注《道德经》，中华书局 2021 年版，第 32 页

上善若水

上善若水。水善利万物而不争，处众人之所恶，故几于道。

引自［中国］李耳《道德经·八章》，见张景 张松辉 译注《道德经》，中华书局 2021 年版，第 36 页

柔能克刚

将欲歙之，必固张之；将欲弱之，必固强之；将欲废之，必固兴之；将欲夺之，必固与之。是谓微明，柔弱胜刚强。

引自［中国］李耳《道德经·三十六章》，见张景 张松辉 译

注《道德经》，中华书局 2021 年版，第 146 页

人之生也柔弱，其死也坚强。草木之生也柔脆，其死也枯槁。故坚强者死之徒，柔弱者生之徒。

是以兵强则灭，木强则折。强大处下，柔弱处上。

引自［中国］李耳《道德经·七十六章》，见张景 张松辉 译注《道德经》，中华书局 2021 年版，第 298 页

大成若缺

大成若缺，其用不弊。大盈若冲，其用不穷。大直若屈，大巧若拙，大辩若讷。静胜躁，寒胜热。清静，为天下正。

引自［中国］李耳《道德经·四十五章》，见张景 张松辉 译注《道德经》，中华书局 2021 年版，第 191 页

舍生取义

孟子曰："鱼，我所欲也，熊掌亦我所欲也。二者不可得兼，舍鱼而取熊掌者也。生亦我所欲也，义亦我所欲也。二者不可得兼，舍生而取义者也。"

引自［中国］孟轲《孟子·告子上 10》，见方勇 译注《孟子》，中华书局 2015 年第 2 版，第 225 页

人生自古谁无死，留取丹心照汗青。

引自［中国］文天祥《过零丁洋》，见王涵 等 编《名人名言录》（新世纪版），上海人民出版社 2004 年版，第 22 页

志在千里

老骥伏枥，志在千里；烈士暮年，壮心不已。

> 引自［中国］曹操《步出夏门行·龟虽寿》，见王涵 等 编《名人名言录》（新世纪版），上海人民出版社2004年版，第29页

知彼知己

知彼知己，百战不殆。

> 引自［中国］孙武《孙子·谋攻》，见王涵 等 编《名人名言录》（新世纪版），上海人民出版社2004年版，第401页

学不可以已

学不可以已。青，取之于蓝而青于蓝；冰，水为之而寒于水。

> 引自［中国］荀况《荀子·劝学》，见方勇 李波 译注《荀子》，中华书局2015年第2版，第1页

不积跬步，无以至千里

不积跬步，无以至千里；不积小流，无以成江海。

> 引自［中国］荀况《荀子·劝学》，见方勇 李波 译注《荀子》，中华书局2015年第2版，第5页

锲而不舍，金石可镂

骐骥一跃，不能十步；驽马十驾，功在不舍。锲而舍之，朽木不折；锲而不舍，金石可镂。

引自［中国］荀况《荀子·劝学》，见方勇 李波 译注《荀子》，中华书局 2015 年第 2 版，第 5 页

千里之行，始于足下

合抱之木，生于毫末；九层之台，起于累土；千里之行，始于足下。

引自［中国］李耳《道德经·六十四章》，见张景 张松辉 译注《道德经》，中华书局 2021 年版，第 262 页

34. 家庭的革命英雄主义教育

概述

成千成万的先烈，为着人民的利益，在我们的前头英勇地牺牲了，让我们高举起他们的旗帜，踏着他们的血迹前进吧！

引自［中国］毛泽东《论联合政府》，《毛泽东选集．第3卷》，人民出版社1991年第2版，第1098页

头可断，肢可折，
革命精神不可灭，
壮士头颅为党落，
好汉身躯为群裂。

引自［中国］周文雍《绝笔诗》，见萧三 主编《革命烈士诗抄》，中国青年出版社2011年第4版，第7页

砍头不要紧，
只要主义真。
杀了夏明翰，
还有后来人。

引自［中国］夏明翰《就义诗》，见萧三 主编《革命烈士诗抄》，中国青年出版社2011年第4版，第10页

有人追求黄金，
我追求良心；
有人追求女人，

我追求爱情——

种下瓜儿便生瓜，

种下民主开遍自由花；

种出爱情爱天下，

天下人民也爱他。

（诗人古承铄 1947 年写于重庆。古承铄，中国共产党党员，诗人、音乐家，1948 年 5 月被捕，1949 年重庆解放前夕牺牲，诗中的"爱情"，指爱祖国爱劳动人民的感情。）

引自［中国］古承铄《追求》，见萧三 主编《革命烈士诗抄》，中国青年出版社 2011 年第 4 版，第 437 页

最可爱的人

他们的品质是那样的纯洁和高尚，他们的意志是那样的坚韧和刚强，他们的气质是那样的淳朴和谦逊，他们的胸怀是那样的美丽和宽广！

引自［中国］魏巍《谁是最可爱的人》，人民文学出版社 1973 年第 4 版，第 48 页

谁是我们最可爱的人呢？当然，我们的工农群众就是无比可爱的；可是这里我想说的是他们的子弟，那些拿起枪来献身革命斗争的工农子弟，那些为马列主义、毛泽东思想武装起来的战士们，我感到他们是最可爱的人。

引自［中国］魏巍《谁是最可爱的人》，人民文学出版社 1973 年第 4 版，第 48 页

亲爱的朋友们，当你坐上早晨第一列电车驰向工厂的时

候，当你扛上犁把走向田野的时候，当你喝完一杯豆浆、提着书包走向学校的时候，当你坐到办公桌前开始这一天工作的时候，当你向孩子嘴里塞着苹果的时候，当你和爱人悠闲散步的时候……朋友，你是否意识到你是在幸福之中呢？你也许很惊讶地说："这是很平常的呀！"可是，从朝鲜归来的人，会知道你正生活在幸福中。请你意识到这是一种幸福吧，因为只有你意识到这一点，你才能更深刻了解我们的战士在朝鲜奋不顾身的原因。朋友！你是这么爱我们的祖国，爱我们的伟大领袖毛主席，你一定会深深地爱我们的战士，——他们确实是我们最可爱的人！

引自〔中国〕魏巍《谁是最可爱的人》，人民文学出版社 1973 年第 4 版，第 53 页

信仰

让死的死去吧！
他们的血并不白流，
他们含笑地躺在路上，
仿佛还诚恳地向我们点头，
他们的血画成地图，
染红了多少农村，城头。
……
他们尽了责任，
我们还要抖擞。

引自〔中国〕殷夫《让死的死去吧》，见萧三 主编《革命烈士诗抄》，中国青年出版社 2011 年第 4 版，第 43－44 页

你法西斯匪徒们只能砍下我们的头颅，绝不能丝毫动摇我们的信仰！我们的信仰是铁一般的坚硬的。

引自［中国］方志敏《我们临死以前的话》，见方志敏 著《可爱的中国》，中国友谊出版公司 2014 年版，第 104 页

我们虽囚狱中，但我们的脑中，仍是不断地思念着同志们的奋斗精神，总祈祷着你们的胜利和成功！我直到现在，革命热诚仍和从前一样。

引自［中国］方志敏《在狱致全体同志书》，见方志敏 著《可爱的中国》，中国友谊出版公司 2014 年版，第 114 页

我能丢弃一切，惟革命事业，却耿耿在怀，不能丢却！

引自［中国］方志敏《在狱致全体同志书》，见方志敏 著《可爱的中国》，中国友谊出版公司 2014 年版，第 114 页

真正为工农阶级谋解放的人，才正是为民族谋解放的人。

引自［中国］方志敏《可爱的中国》，中国友谊出版公司 2014 年版，第 118 页

敌人只能砍下我们的头颅，决不能动摇我们的信仰！
因为我们信仰的主义，乃是宇宙的真理！
为着共产主义牺牲，为着苏维埃流血，那是我们十分情愿的啊！

引自［中国］方志敏《死——共产主义的殉道者的记述》，见方志敏 著《可爱的中国》，中国友谊出版公司 2014 年版，第 140 页

大丈夫做事，应有最大的决心，见义勇为，见危不惧，要引导人走上光明之路，不要被人拖入黑暗之潭！

引自 ［中国］方志敏《遗信》，见方志敏 著《可爱的中国》，中国友谊出版公司 2014 年版，第 201 页

不错，目前的中国，固然是江山破碎，国弊民穷，但谁能断言，中国没有一个光明的前途呢？不，绝不会的，我们相信，中国一定有个可赞美的光明前途。

引自 ［中国］方志敏《可爱的中国》，中国友谊出版公司 2014 年版，第 137 页

囚徒，新的囚徒，坚定信念，贞守立场！
砍头枪毙，告老还乡；
严刑拷打，便饭家常。
囚徒，新的囚徒，坚定信念，贞守立场！
掷我们的头颅，奠筑自由的金字塔，
洒我们的鲜血，染成红旗，万载飘扬！

引自 ［中国］林基路《囚徒歌》，见萧三 主编《革命烈士诗抄》，中国青年出版社 2011 年第 4 版，第 106 – 107 页

也许吧，我的歌声明天不幸停止，我的生命被敌人撕碎，然而，我的血肉呵，它将化作芬芳的花朵，开在你的路上。

引自 ［中国］陈辉《献诗——为伊甸园而歌》，见萧三 主编《革命烈士诗抄》，中国青年出版社 2011 年第 4 版，第 114 页

为人进出的门紧锁着，
为狗爬出的洞敞开着，

一个声音高叫着：

——爬出来吧，给你自由！

我渴望自由，

但我深深地知道——

人的身躯怎能从狗洞子里爬出！

我希望有一天，

地下的烈火，

将我连这活棺材一齐烧掉，

我应该在烈火与热血中得到永生！

> 引自〔中国〕叶挺《囚歌》，见萧三 主编《革命烈士诗抄》，中国青年出版社 2011 年第 4 版，第 134 页

我宣誓——我是真理的信徒，我是正义的战士，我要永远永远，为人类的自由幸福而战！

（1948 年作于渣滓洞楼下一号牢房）

> 引自〔中国〕古承铄《宣誓》，见萧三 主编《革命烈士诗抄》，中国青年出版社 2011 年第 4 版，第 163－164 页

马列思潮沁脑骸，军阀凶残攫我来，世界工农全秉政，甘心直上断头台。

> 引自〔中国〕王幼安《就义诗》，见萧三 主编《革命烈士诗抄》，中国青年出版社 2011 年第 4 版，第 249 页

信念

我要回答——

总有一天，

我们将站在这个城堡上，

高声宣布：

太阳是我们的！

> 引自［中国］余祖胜《晒太阳》，见萧三 主编《革命烈士诗抄》，中国青年出版社 2011 年第 4 版，第 156 页

你——耕荒，

我亲爱的孩子；

从荒沙中来，

到荒沙中去。

今夜，

我要与你永别了。

满街狼犬，

遍地荆棘，

给你什么遗嘱呢？

我的孩子！

今后——

愿你用变秋天为春天的精神，

把祖国的荒沙，

耕种成为美丽的园林！

（1949 年 10 月就义前夜）

> 引自［中国］蓝蒂裕《示儿》，见萧三 主编《革命烈士诗抄》，中国青年出版社 2011 年第 4 版，第 161 页

同志们，听吧！

像春雷爆炸的，

是人民解放军的炮声！

人民解放了，

人民胜利了！

我们——

没有玷污党的荣誉！

我们死而无愧！

……

（重庆解放前夕赴刑场之际朗诵于白公馆）

引自〔中国〕刘国鋕《就义诗》，见萧三 主编《革命烈士诗抄》，中国青年出版社 2011 年第 4 版，第 182 页

横剑跃马几度秋，男儿岂堪作俘囚？

有朝锁链捶断也，春满人间尽自由。

引自〔中国〕汪石冥《牙刷柄题壁诗》，见萧三 主编《革命烈士诗抄》，中国青年出版社 2011 年第 4 版，第 225 页

身在牢房志更强，抛头碎骨气昂扬。

乌云总有一日散，共产东方出太阳。

引自〔中国〕龙大道《狱中》，见萧三 主编《革命烈士诗抄》，中国青年出版社 2011 年第 4 版，第 273 页

西北大风起，东南战血多。

风吹铁马动，还我旧山河。

引自〔中国〕杨虎城《诗三首》，见萧三 主编《革命烈士诗

抄》，中国青年出版社 2011 年第 4 版，第 416 页

明月照秋霜，今朝还故乡；
留得头颅在，雄心誓不降。

引自［中国］蔡济黄《诗一首》，见萧三 主编《革命烈士诗
抄》，中国青年出版社 2011 年第 4 版，第 15 页

忠诚印寸心，浩然充两间。
虽无鲁阳戈，庶几挽狂澜。
凭舟衡国变，意志鼓黎元。

引自［中国］蔡和森《少年行》，见萧三 主编《革命烈士诗
抄》，中国青年出版社 2011 年第 4 版，第 53 页

云！谁无父母，谁无儿女，谁无情人，我们正是为了救助
全中国人民的父母和妻儿，所以牺牲了自己的一切。我们虽然
是死了，但我们的遗志自有未死的同志来完成。"大丈夫不成
功便成仁"，死又何憾。

引自［中国］陈觉《就义前给妻子的遗书》，见中国青年出
版社编《革命烈士书信》，中国青年出版社 1979 年版，第
46 页

奋斗

朋友，想想看，只要你不是一个断了气的死人，或是一个
甘心亡国的懦夫，天天碰着这些恼人的问题，谁能按下你不挺
身而起，为积弱的中国奋斗呢？何况我正是一个血性自负的
青年！

引自 〔中国〕方志敏《可爱的中国》，中国友谊出版公司
2014 年版，第 122 页

总之，半殖民地的中国，处处都是吃亏受苦，有口无处诉。但是，朋友，我却因每一次受到的刺激，就更加坚定为中华民族解放奋斗的决心。我是常常这样想着，假使能使中华民族得到解放，那我又何惜于我这一条蚁命！

引自 〔中国〕方志敏《可爱的中国》，中国友谊出版公司
2014 年版，第 127－128 页

朋友，从崩溃毁灭中，救出中国来，从帝国主义恶魔生吞活剥下，救出我们垂死的母亲来，这是刻不容缓的了。

引自 〔中国〕方志敏《可爱的中国》，中国友谊出版公司
2014 年版，第 132 页

我想，欲求中华民族的独立解放，绝不是哀告、跪求哭泣所能济事，而是唤起全国民众起来斗争，都手执武器，去与帝国主义进行神圣的民族革命战争，将他们打出中国去，这才是中国唯一的出路，也是我们救母亲的唯一方法，朋友，你们说对不对呢？

引自 〔中国〕方志敏《可爱的中国》，中国友谊出版公司
2014 年版，第 132 页

我老实的告诉你们，我爱护中国之热诚，还是如小学生时代一样的真诚无伪；我要打倒帝国主义为中华民族解放之心还是火一般的炽烈。不过，现在我是一个待决之囚呀！我没有机会为中华民族尽力了，我今日写这封信，是我为民族热情所

感，用文字来做一次为垂危的中国的呼喊，虽然我的呼喊，声音十分微弱，有如一只将死之鸟的哀鸣。

　　　引自［中国］方志敏《可爱的中国》，中国友谊出版公司
　　2014 年版，第 138 页

　　亲爱的朋友们，不要悲观，不要畏馁，要奋斗！要持久的艰苦的奋斗！把各人所有智慧才能，都提供于民族的拯救吧！无论如何，我们决不能让伟大的可爱的中国，灭亡于帝国主义的肮脏的手里！

　　　引自［中国］方志敏《可爱的中国》，中国友谊出版公司
　　2014 年版，第 138 页

　　呵！战！
　　剜心也不变！
　　砍首也不变！
　　只愿锦绣的山河，
　　还我锦绣的面！
　　呵！战！
　　努力冲锋，
　　战！

　　　引自［中国］柔石《战!》，见萧三 主编《革命烈士诗抄》，
　　中国青年出版社 2011 年第 4 版，第 36 页

　　死里逃生唯斗争，
　　铁窗难锁钢铁心！

　　　引自［中国］王若飞《两行》，见萧三 主编《革命烈士诗

抄》，中国青年出版社 2011 年第 4 版，第 129 页

你不要伤心，望你无论如何要为中国革命努力，不要脱离革命战线，并要用尽一切的力量教养虎、豹、熊三幼儿成人，继续我的光荣的革命事业。

引自［中国］刘伯坚《就义前给妻子的遗书》，见中国青年出版社编《革命烈士书信》，中国青年出版社 1979 年版，第 100 页

赞美

朋友！中国是生育我们的母亲。你们觉得这位母亲可爱吗？我想你们是和我一样的见解，都觉得这位母亲是蛮可爱蛮可爱的。

引自［中国］方志敏《可爱的中国》，中国友谊出版公司 2014 年版，第 128 页

其实中国是无地不美，到处皆景，自城市以至乡村，一山一水，一丘一壑，只要稍加修饰和培植，都可以成流连难舍的胜景；这好像我们的母亲，她是一个天资玉质的美人，她的身体的每一部分，都有令人爱慕之美。

引自［中国］方志敏《可爱的中国》，中国友谊出版公司 2014 年版，第 128 页

中华民族在很早以前，就造起了一座万里长城和开凿了几千里的运河，这就证明中华民族伟大无比的创造力！中国在战斗之中一旦斩去了帝国主义的锁链，肃清自己阵线内的汉奸卖

国贼，得到了自由与解放，这种创造力，将会无限的发挥出来。

引自［中国］方志敏《可爱的中国》，中国友谊出版公司 2014 年版，第 137 页

朋友，我相信，到那时，到处都是活跃跃的创造，到处都是日新月异的进步，欢歌将代替了悲叹，笑脸将代替了哭脸，富裕将代替了贫穷，康健将代替了疾苦，智慧将代替了愚昧，友爱将代替了仇杀，生之快乐将代替了死之悲哀，明媚的花园，将代替了凄凉的荒地！这时，我们民族就可以无愧色的立在人类的面前，而生育我们的母亲，也会最美丽地装饰起来，与世界上各位母亲平等的携手了。

引自［中国］方志敏《可爱的中国》，中国友谊出版公司 2014 年版，第 137－138 页

豪情

昨夜洞庭月，今宵汉口风。
明朝何处去？豪唱大江东！

引自［中国］熊亨瀚《途中》，见萧三 主编《革命烈士诗抄》，中国青年出版社 2011 年第 4 版，第 24 页

大地春如海，男儿国是家。
龙灯花鼓夜，长剑走天涯。

引自［中国］熊亨瀚《客中过上元节》，见萧三 主编《革命烈士诗抄》，中国青年出版社 2011 年第 4 版，第 25 页

满天风雪满天愁，革命何须怕断头？

留得子胥豪气在，三年归报楚王仇。

引自［中国］杨超《就义诗》，见萧三 主编《革命烈士诗抄》，中国青年出版社 2011 年第 4 版，第 6 页

浪迹江湖忆旧游，故人生死各千秋，

已摈忧患寻常事，留得豪情作楚囚。

引自［中国］恽代英《狱中诗》，见萧三 主编《革命烈士诗抄》，中国青年出版社 2011 年第 4 版，第 52 页

铁窗明月恨悠悠，无限苍生无限仇，

个人生死何足论，岂能遗恨在千秋！

引自［中国］余文涵《铁窗明月有感》，见萧三 主编《革命烈士诗抄》，中国青年出版社 2011 年第 4 版，第 150 页

对着死亡我放声大笑，

魔鬼的宫殿在笑声中动摇；

这就是我——一个共产党员的自白，

高唱凯歌埋葬蒋家王朝。

引自［中国］陈然《我的"自白"书》，见萧三 主编《革命烈士诗抄》，中国青年出版社 2011 年第 4 版，第 151 页

革命何须问死生，将身许国倍光荣。

今朝我辈成仁去，顷刻黄泉又结盟。

引自［中国］黎又霖《狱中诗》，见萧三 主编《革命烈士诗抄》，中国青年出版社 2011 年第 4 版，第 430－431 页

你的前途应当是"干"！你的责任应当是"干"！你的命运更使你不得不"干"！干啊！只有干才是你的出路——人类的出路！勉之！

> 引自〔中国〕杜永瘦《就义前给妻子的遗书》，见中国青年出版社编《革命烈士书信》，中国青年出版社 1979 年版，第19 页

忧国

忧国耻为睁眼瞎，挺身甘上断头台。
一舟风雨寻常事，曾自枪林闯阵来。

> 引自〔中国〕熊亨瀚《亡命彭泽》，见萧三 主编《革命烈士诗抄》，中国青年出版社 2011 年第 4 版，第 25 页

奋我匣中剑，斩此冤孽根！
立志在匡时，欲为国之英。

> 引自〔中国〕罗学瓒《随感》，见萧三 主编《革命烈士诗抄》，中国青年出版社 2011 年第 4 版，第 33 页

恨不抗日死，留作今日羞。
国破尚如此，我何惜此头。

> 引自〔中国〕吉鸿昌《就义诗》，见萧三 主编《革命烈士诗抄》，中国青年出版社 2011 年第 4 版，第 70 页

丹心已共河山碎，大义长争日月光。
不作寻常床箦死，英雄含笑上刑场。

> 引自〔中国〕李少石《南京书所见》，见萧三 主编《革命烈

士诗抄》，中国青年出版社 2011 年第 4 版，第 117 页

忍看山河碎？愿将赤血流！
烟尘开敌后，扰攘展民猷。
八载坚心志，忠贞为国酬。
且欣天破晓，竟死我何求！

引自［中国］吕惠生《留取丹心照汗青》，见萧三 主编《革命烈士诗抄》，中国青年出版社 2011 年第 4 版，第 122 页

不屈

严刑利诱奈我何，
颔首流泪非丈夫！

引自［中国］金方昌《答敌人审问》，见萧三 主编《革命烈士诗抄》，中国青年出版社 2011 年版，第 88 页

平生从不受人怜，岂肯低头狱吏前！
饮弹从容向天笑，永留浩气在人间！

引自［中国］邓雅声《绝命诗》，见萧三 主编《革命烈士诗抄》，中国青年出版社 2011 年第 4 版，第 212 页

越杀胆越大，杀绝也不怕。
不斩蒋贼头，何以谢天下！

引自［中国］夏明翰《诗一首》，见萧三 主编《革命烈士诗抄》，中国青年出版社 2011 年第 4 版，第 223 页

黑夜茫茫风雨狂，跟随常兄赴疆场。
流血身死何所惧，刀剑丛中斩豺狼！

引自［中国］贺锦斋《诗一首》，见萧三 主编《革命烈士诗抄》，中国青年出版社 2011 年第 4 版，第 239 页

来到刑场不下跪，看把老子怎么的？
但愿我革命早日胜利，红旗飘扬日光辉。

引自［中国］王干成《临刑前的遗曲》，见萧三 主编《革命烈士诗抄》，中国青年出版社 2011 年第 4 版，第 270 页

烙铁烧焦了胸脯和背，
竹签子钻进每一根指头……
你们熬受着毒刑，
保障了千百个同志的安全。
像铁锤击落在炽热的钢上，
迸射出意志的火星！
敌人愈残酷呀，
愈显出你们的坚毅。

引自［中国］蔡梦慰《祭》，见萧三 主编《革命烈士诗抄》，中国青年出版社 2011 年第 4 版，第 425 页

牺牲

我已认定苏维埃可以救中国，革命必能得最后的胜利，我愿意牺牲一切，贡献于苏维埃和革命。

引自［中国］方志敏《方志敏自述》，见方志敏 著《可爱的中国》，中国友谊出版公司 2014 年版，第 1 页

我们是共产党员，为革命而死，毫无所怨，更无所惧。

引自 ［中国］ 方志敏《我们临死以前的话》，见方志敏 著《可爱的中国》，中国友谊出版公司 2014 年版，第 103 页

死，是无疑的了。什么时候死，不知道。生命捏在敌人的掌心里。是的，他要我们死，只要说个"杀"就得。一个革命者，牺牲生命，并不算什么稀奇事。流血，是革命者常常遇着的，历史上没有不流血的革命，不流血，会得成功吗？为党为苏维埃流血，这是我十分情愿的。流血的一天，总是要来的。

引自 ［中国］ 方志敏《死——共产主义的殉道者的记述》，见方志敏 著《可爱的中国》，中国友谊出版公司 2014 年版，第 144 页

为主义牺牲，为工农死节。
不负天地生，无污父母血！

引自 ［中国］ 朱也赤《就义诗》，见萧三 主编《革命烈士诗抄》，中国青年出版社 2011 年第 4 版，第 210 页

中国的人民和兵士，不是生番，不是野人，而是有爱国心的，而是能够战斗的，能够为保卫中国而牺牲的。

引自 ［中国］ 方志敏《可爱的中国》，中国友谊出版公司 2014 年版，第 136 页

夫今死矣！是为时代而牺牲。人终有死，我死您也不必过伤悲，因还有儿女得您照应。

引自 ［中国］ 吉鸿昌《就义前给妻子的遗书》，见中国青年出版社编《革命烈士书信》，中国青年出版社 1979 年版，第 95 页

35. 家庭的智力教育

概述

子曰："不愤不启，不悱不发。举一隅不以三隅反，则不复也。"

引自［中国］孔丘《论语·述而》，见学之 译释《论语》，陕西师范大学出版社 2010 年版，第 107 页

子曰："温故而知新，可以为师矣。"

引自［中国］孔丘《论语·为政》，见学之 译释《论语》，陕西师范大学出版社 2010 年版，第 25 页

子曰："知之者不如好之者，好之者不如乐之者。"

引自［中国］孔丘《论语·雍也》，见学之 译释《论语》，陕西师范大学出版社 2010 年版，第 97 页

子曰："由，诲女，知之乎？知之为知之，不知为不知，是知也。"

引自［中国］孔丘《论语·为政》，见学之 译释《论语》，陕西师范大学出版社 2010 年版，第 27 页

子夏曰："日知其所亡，月无忘其所能，可谓好学也已矣。"

引自［中国］孔丘《论语·子张》，见学之 译释《论语》，陕西师范大学出版社 2010 年版，第 299 页

子绝四：毋意，毋必，毋固，毋我。

引自［中国］孔丘《论语·子罕》，见学之 译释《论语》，陕西师范大学出版社 2010 年版，第 135 页

吾见家中后辈，体皆虚弱，读书不甚长进，曾以为学四事勉儿辈：一曰看生书宜求速，不多读则太陋；一曰温旧书宜求熟，不背诵则易忘；一曰习字宜有恒，不善写则如身之无衣，山之无木；一曰作文宜苦思，不善作则如人之哑不能言，马之肢不能行。四者缺一不可，盖阅历一生深知之，深悔之者，今亦望家中诸侄力行之。两弟如以为然，望常以此教诫子侄为要。

引自［中国］曾国藩《曾国藩家书·劝学篇》，见《国学典藏 书系》丛书编委会 主编《曾国藩家书》，吉林出版集团股份有限公司 2011 年版，第 49 页

学习使我得到智慧得到光明，如果没有一下子得到，那至少也是围绕着靠近着感受着智慧和光明。

引自［中国］王蒙《王蒙自述：我的人生哲学》，人民文学出版社 2003 年版，第 21 页

应当从孩子大脑不太成熟和思维的具体形象性特点出发，多让孩子在日常生活中开阔眼界，丰富他们的感性认识，爱护并注意训练他们的多种感觉器官，提高他们观察事物的能力，注意孩子的身体保健和锻炼，注意劳逸结合，不可给他们大脑以过重的负担。这样做，才会有利于孩子的智力发展，为以后的长期的学习打下基础。

引自［中国］赵忠心《家庭教育学：教育子女的科学与艺术》，人民教育出版社 2001 年版，第 203 – 204 页

一个人只要对于学问有真正的爱好，在他开始钻研的时候首先感觉到的就是各门科学之间的相互联系，这种联系使它们互相牵制、互相补充、互相阐明，哪一门也不能独立存在。虽然人的智力不能把所有的学问都掌握，而只能选择一门，但如果对其它科学一窍不通，即他对所研究的那门学问也就往往不会有透彻的了解。

引自［法国］卢梭《忏悔录》第 1 部 291，见梁适 编《中外名言分类大辞典》，复旦大学出版社 1997 年版，第 143 页

学问是光明，无知是黑暗。

引自［俄国］屠格涅夫《处女地》132，见梁适 编《中外名言分类大辞典》，复旦大学出版社 1997 年版，第 141 页

知识就是最美的，无知就是最丑的。

引自［希腊］柏拉图《文艺对话集》195，见梁适 编《中外名言分类大辞典》，复旦大学出版社 1997 年版，第 144 页

读史使人明智，读诗使人聪慧，演算使人精密，哲理使人深刻，伦理学使人有修养，逻辑修辞使人长于思辨。总之，"知识能塑人的性格"。

引自［英国］培根《论求知》，《培根论人生》13，见梁适 编《中外名言分类大辞典》，复旦大学出版社 1997 年版，第 142 页

学而不厌

子曰："默而识之，学而不厌，诲人不倦，何有于我哉？"

> 引自［中国］孔丘《论语·述而》，见学之 译释《论语》，陕西师范大学出版社 2010 年版，第 104 页

学而时习之，不亦说乎？

> 引自［中国］孔丘《论语·学而》，见学之 译释《论语》，陕西师范大学出版社 2010 年版，第 1 页

知之为知之，不知为不知，是知也。

> 引自［中国］孔丘《论语·为政》，见学之 译释《论语》，陕西师范大学出版社 2010 年版，第 27 页

学然后知不足，教然后知困。

> 引自［中国］《礼记·学记》，见梁适 编《中外名言分类大辞典》，复旦大学出版社 1997 年版，第 653 页

它山之石，可以攻玉。

> 引自［中国］《诗经·小雅·鹤鸣》，见梁适 编《中外名言分类大辞典》，复旦大学出版社 1997 年版，第 653 页

学习最明朗，学习最坦然，学习最快乐，学习最健康，学习最清爽，学习最充实。特别是在逆境中，在几乎是什么事都做不成的条件下，学习是我的性命所系，是我的能够战胜一切风浪而不被风浪吞噬的救生圈。学习是我的依托，学习是我的火把，学习是我的营养钵也是我的抗体。

引自 ［中国］王蒙《王蒙自述：我的人生哲学》，人民文学出版社 2003 年版，第 7 页

学习使我觉得自己年轻，学习使我觉得自己仍然在进步，在不断充实。学习使我感到了自己的潜力、生命力。学习使我的生活增加了新的意义，每一天每一小时都不会白过。

引自 ［中国］王蒙《王蒙自述：我的人生哲学》，人民文学出版社 2003 年版，第 13 页

学习使我在任何境遇下都能把握住人生的进取可能。

引自 ［中国］王蒙《王蒙自述：我的人生哲学》，人民文学出版社 2003 年版，第 14 页

学习是我的支撑，学习是永远不可能战胜的堡垒，学习是我的永远的主动性积极性，学习是我的立于不败之地的保证。

引自 ［中国］王蒙《王蒙自述：我的人生哲学》，人民文学出版社 2003 年版，第 19 页

学习使我乐观，学习使我总是有所收获，学习使我总是不至于悲观失望，学习使我谦虚，使我勇于并且惯于时时反省自查自律，叫做"学而后知不足"。

引自 ［中国］王蒙《王蒙自述：我的人生哲学》，人民文学出版社 2003 年版，第 20 页

学生自主学习要培养阅读、思考和反思三种核心能力。自主的学习才是真正的学习。

引自 ［中国］孙云晓《习惯决定孩子一生》，北京师范大学

出版社 2013 年版，第 81 页

书写

书写姿势的第一要领是八个字，即头正、背直、脚平、臂开；第二要领是"三个一"，即头离书本要一尺，胸离桌子要一拳，手离笔尖要一寸。

引自［中国］孙云晓《习惯决定孩子一生》，北京师范大学出版社 2013 年版，第 16 页

学写字的第一件要务，乃是正确的握笔姿势，所以他在纸上下笔之前，就应当学会正确地握笔。

引自［英国］约翰·洛克《教育漫话》，徐大建 译，上海人民出版社 2005 年版，第 180 页

他学会正确握笔后，接着就应该学会怎样铺纸，怎样摆放手臂，怎样端正写字时的身体姿势。

引自［英国］约翰·洛克《教育漫话》，徐大建 译，上海人民出版社 2005 年版，第 180 页

阅读（又见 27. 家庭的早期教育／阅读）

孟子曰："尽信《书》，则不如无《书》。吾于《武成》，取二三策而已矣。"

引自［中国］孟轲《孟子·尽心下 3》，见方勇 译注《孟子》，中华书局 2015 年第 2 版，第 285 页

观天下书未遍，不得妄下雌黄。

引自 ［中国］ 颜之推《颜氏家训·勉学》，见檀作文 译注《颜氏家训》，中华书局 2007 年版，第 137 页

夫所以读书学问，本欲开心明目，利于行耳。

引自 ［中国］ 颜之推《颜氏家训·勉学》，见檀作文 译注《颜氏家训》，中华书局 2007 年版，第 106 页

循序而渐进，熟读而精思。

引自 ［中国］ 朱熹《读书之要》，见梁适 编《中外名言分类大辞典》，复旦大学出版社 1997 年版，第 654 页

开卷有益。

引自 ［中国］ 王辟之《渑水燕谈录》卷六，见梁适 编《中外名言分类大辞典》，复旦大学出版社 1997 年版，第 654 页

读万卷书，行万里路。

引自 ［中国］ 钱泳《履园丛话·读万卷书》，见王正平 主编《人生格言辞典》，上海辞书出版社 2004 年版，第 102 页

读书，永远不恨其晚。晚，比永远不读强。

引自 ［中国］ 梁实秋《书与我·漫谈读书》，见王正平 主编《人生格言辞典》，上海辞书出版社 2004 年版，第 103 页

只看一个人的著作，结果是不大好的：你就得不到多方面的优点。必须如蜜蜂一样，采过许多花，这才能酿出蜜来，倘若叮在一处，所得就非常有限，枯燥了。

引自 ［中国］ 鲁迅《鲁迅论教育》，教育科学出版社 1986 年版，第 259 页

专读书也有弊病，所以必须和社会接触，使所读的书活起来。

引自［中国］鲁迅《读书杂谈》，《鲁迅全集.第三卷》，人民文学出版社 1981 年版，第 443 页

即使和本业毫不相干的，也要泛览，譬如学理科的，偏看看文学书，学文学的，偏看看科学书，看看别个在那里研究的，究竟是怎样一回事。

引自［中国］鲁迅《读书杂谈》，《鲁迅全集.第三卷》，人民文学出版社 1981 年版，第 439 页

书是要整本整本读的，若是东捞西摸，不求甚解，只要尝些油汤，那是不能有好结果的。

引自［中国］刘半农《为免除误会起见》，见刘半农 著《刘半农文选》，人民文学出版社 1986 年版，第 172 页

读死书是没有用的，要知道怎样用眼睛去观察，用脑子去思想，才行。

引自［中国］茅盾《虹》，《茅盾全集.第二卷》，人民文学出版社 1984 年版，第 37 页

书是要会读的。一切书都不会告诉你现成的公式或是什么秘诀——例如成功秘诀，学成文豪的秘诀。一切书都是为着帮助你思想，而不是为着代替你思想而写的。

引自［中国］瞿秋白《关于高尔基的书》，见瞿秋白 著《瞿秋白诗文选》，人民文学出版社 1982 年版，第 487 页

而能使他忘怀一切的，只是读书。他从同号的难友处借了不少的书来，他原是爱读书的人，一有足够的书给他读读看看，就是他脚上钉着的十斤重的铁镣也不觉得它怎样沉重压脚了。尤其在现在，书好像是医生手里止痛的吗啡针，他一看起书来，看到津津有味处，把他精神上的愁闷与肉体上的苦痛，都麻痹地忘却了。

> 引自［中国］方志敏《可爱的中国》，中国友谊出版公司
> 2014 年版，第 116 页

做学问的功夫，是细嚼慢咽的功夫。好比吃饭一样，要嚼得烂，才好消化，才会对人体有益。

> 引自［中国］陶铸《论劳动与读书》，见陶铸 著《理想，情
> 操，精神生活》，中国青年出版社 1979 年第 3 版，第 94 页

阅读可以陶冶个性，照亮心灵；阅读，可以使人视通四海，思接千古，可以与智者交谈，与伟人对话。

> 引自［中国］张能治《阅读与思考照亮人生》，见张能治 编
> 著《爱，让孩子快乐成长——e 时代家庭教育真谛》，广东人
> 民出版社 2011 年版，第 196 页

不论是中学生还是小学生，不论现在的知识水平和能力有多高，有多低，都应该从现在做起，认真阅读。同学们要立足现在，着眼未来。未来是什么？未来怎么样？谁都不很清楚，谁都不会很明确地告诉你。未来是自己创造的，但任何光辉的未来，都应立足现在，脚踏实地地阅读，坚持不懈地阅读，一天也不应间断。

引自〔中国〕张能治《阅读与思考照亮人生》，见张能治 编著《爱，让孩子快乐成长——e 时代家庭教育真谛》，广东人民出版社 2011 年版，第 200 - 201 页

一个人的阅读史，即是他的心灵发育史。停止阅读就意味着切断了与世界的沟通，与心灵的沟通。在学生时代引导孩子阅读，培养孩子的阅读习惯，会使孩子终身受益。

引自〔中国〕张能治《阅读与思考照亮人生》，见张能治 编著《爱，让孩子快乐成长——e 时代家庭教育真谛》，广东人民出版社 2011 年版，第 202 页

同学们在阅读时，一定要给自己提出这样的要求：排除杂念，在规定的时间把这本书或这篇文章看完，然后才去干别的事情。专注会使自己的阅读速度加快。阅读速度加快，又会反过来促进阅读的专注。长期训练，阅读的效率就会得到极大的提高。阅读的效率意识，将对自己的一生产生重大的影响，非常有利于适应 21 世纪激烈的竞争。

引自〔中国〕张能治《阅读与思考照亮人生》，见张能治 编著《爱，让孩子快乐成长——e 时代家庭教育真谛》，广东人民出版社 2011 年版，第 202 页

同学们学习语文，如果不加大课外阅读量，只看作文选，这是根本学不好语文的。学习其他学科也一样，如果缺乏阅读，知识贫乏，只求做题，也是根本不能学好的。大家一定要博览群书，广泛积累，多读多思，积极实践，才能举三反一，才能有效地提高自己的文化素质。

引自〔中国〕张能治《阅读与思考照亮人生》，见张能治 编

著《爱，让孩子快乐成长——e 时代家庭教育真谛》，广东人民出版社 2011 年版，第 202 页

小学，甚至初中，没有真正的学业落后，也不存在绝对的成绩优秀，一切都是可逆转的。使情况发生逆转的神奇力量就是课外阅读。

引自［中国］尹建莉《好妈妈胜过好老师》，作家出版社 2009 年版，第 63 页

每个人的生活都是有限的，不可能事事亲自参与，阅读实质上就构成了儿童对生活的参与性，构成他们经历上的丰富性。

引自［中国］尹建莉《好妈妈胜过好老师》，作家出版社 2009 年版，第 72 页

考虑到中小学生阅读的延续性和量的积淀，我认为应该重点读长篇小说。首先是小说比较吸引人，能让孩子们读进去；其次是长篇小说一本书讲一个大故事，能吸引孩子一口气读下去几十万字。

引自［中国］尹建莉《好妈妈胜过好老师》，作家出版社 2009 年版，第 89 页

学好语文有很多要素，但最核心最根本的方式就是阅读，在语文学习上没有阅读量的积淀是不可行的。

引自［中国］尹建莉《好妈妈胜过好老师》，作家出版社 2009 年版，第 98 页

培养孩子的阅读兴趣是发展其智力，让其智力不单以加法

增长，而是以乘法递增的最好、最简单的办法。

> 引自［中国］尹建莉《最美的教育最简单》，作家出版社
> 2014年版，第138页

如果你的孩子从小培养起了阅读兴趣，长大后博览群书，那么父母对孩子的智力启蒙就不仅是合格，而是令人羡慕了。

> 引自［中国］尹建莉《最美的教育最简单》，作家出版社
> 2014年版，第138页

我所做的是，在学习的时候多读一些书，并把书中的内容变成自己的东西。

> 引自［德国］卡尔·H. G. 威特《卡尔·威特的教育》，丽红
> 译，京华出版社2006年版，第118页

我一直深信，只要给小孩子通俗易懂的读物，他就会乐意学习任何一种语言，并有效地吸收和利用它，特别是那种专门为小孩子写的书。

> 引自［德国］卡尔·H. G. 威特《卡尔·威特的教育》，丽红
> 译，京华出版社2006年版，第110页

读书，这个我们习以为常的平凡过程，实际是人的心灵和上下古今一切民族的伟大智慧相结合的过程。

> 引自［苏联］高尔基《高尔基论青年》，见王正平 主编《人
> 生格言辞典》，上海辞书出版社2004年版，第102页

读一切好书如同与往时代最优秀的人们交谈。

> 引自［法国］笛卡儿《方法谈》，见王正平 主编《人生格言

辞典》，上海辞书出版社 2004 年版，第 102 页

凡能催人发奋的书都是值得一读的。

引自〔美国〕爱默生《集外演讲录》，见王正平 主编《人生格言辞典》，上海辞书出版社 2004 年版，第 102 页

我以为《伊索寓言》是一本最好的读物了，因为《伊索寓言》中的故事，既能让儿童得到快乐和满足，也能让成人获得有益的反思。

引自〔英国〕约翰·洛克《教育漫话》，徐大建 译，上海人民出版社 2005 年版，第 176 页

所有人类做过、想过、获得过或存在过的东西，像以魔术保存法一样存在于书页之中。书是人们精选出来的财富。

引自〔英国〕卡莱尔《英雄和英雄崇拜》262，见梁适 编《中外名言分类大辞典》，复旦大学出版社 1997 年版，第 205 页

书籍是全世界的营养品。

引自〔英国〕格言，《外国格言选》97，见梁适 编《中外名言分类大辞典》，复旦大学出版社 1997 年版，第 206 页

书籍是积聚智慧的长明灯。

引自〔英国〕谚语，《英谚译介》128，见梁适 编《中外名言分类大辞典》，复旦大学出版社 1997 年版，第 206 页

有的知识只须浅尝，有的知识只要粗知。只有少数专门知识需要深入钻研，仔细揣摩。所以，有的书只要读其中一部

分；有的书只须知其中梗概即可，而对于少数好书，则要精读，细读，反复地读。

引自［英国］培根《论求知》，《培根论人生》13，见梁适编《中外名言分类大辞典》，复旦大学出版社1997年版，第142页

粗略了解一本书的方法

一本书拿到手，应该先了解这本书的基本情况，然后才决定读不读。如何了解呢？这一环节很重要，我给大家介绍一个基本的方法。

1. 书名

书名是作者定的，是直接表达或象征本书的内容及其特征，并使其个性化的名称。多数书名反映出这本书所涉及的学科领域，突出本书的重点、主要线索等。

例如张扬著的《第二次握手》，看了这个书名，读者会想：第二次握手是谁跟谁握手，在什么时候，什么地点进行，这第二次握手有什么意义，而第一次握手又是在什么时候啊！

2. 内容简介

内容简介是出版社向读者简要介绍和评述本书内容的一段文字，重点介绍本书的主要内容、特点、价值、读者对象等。

3. 序言（序）

序言是由他人写的，一般是从学术的高度来评述书的内容，使用价值，向读者推荐此书。序言排列于作者前言的前面。有的书也可以没有序言。

4. 前言

书一般都应有前言，由作者自己撰写。主要是向读者阐明写作本书的目的、本书的特点、写作过程、资料来源、读者对象，文字简明扼要。

5. 目录

目录是摘录全书主要标题的名目，位于正文之前，看目录可以了解全书的基本内容及全书的结构。

6. 后记（跋）

后记是著者或编者写的，放在正文的后面，说明本书写作或编辑和出版的过程，以及与本书有关的情况。

7. 阅读重要章节

通过上述各方面的了解，对一本书已有初步的印象，在此基础上选择自己感兴趣的个别章节阅读，然后决定借不借此书，或买不买此书。

引自［中国］张能治《让读书成为生活的一种习惯》，见张能治编著《爱，让孩子快乐成长——e时代家庭教育真谛》，广东人民出版社2011年版，第187－188页

继承性读书与求异性读书

读书有两种方法，一种叫继承性读书，一种叫求异性读书。读书过程要将继承性读书与求异性读书有机地结合起来。

继承性读书就是通过读书，去获得前人已确立的观点、方法、原则，获得已被科学、被社会、被实践证明的真理，就是说要继承，每个问题都机械地问个为什么也是不必要的。有的知识不用怀疑就可以接受，越是低年级的知识越是这样。

······

只有继承性读书还不够，还要进行求异思维，创造性读书。要带着问题走出教室，走出书本，要多问个为什么，要从多侧面、多角度提出问题。问题会激发你求知的兴趣，使你千方百计地寻找资料，与别人交流，探求解决问题的办法。在研究问题、解决问题时要克服思维定势，换一个角度去思考，去探索，要养成积极思考的习惯。

> 引自〔中国〕张能治《让读书成为生活的一种习惯》，见张能治 编著《爱，让孩子快乐成长——e 时代家庭教育真谛》，广东人民出版社 2011 年版，第 188 - 189 页

读书习惯的培养

读书需要坚持，生命因坚持而美丽！

1. 确定目标，长期坚持

坚持这是对意志的锻炼，是习惯形成的基础。……要更好工作，更好生活，就必须读书。读书与工作、与生活不是对立的，而是相辅相成的。读书只有坚持，才能形成习惯，才能成为生活的一部分。

2. 经常检查，有效监督

监督，首先是自我检查，自我监督。每天、每周、每月、每年你都要检查你读书的情况，总结经验，坚持好的，克服存在问题，及时改正。读书，是自己的事，是为自己好，因此，应加强自我检查的力度，提高自我监督的自觉性。

要告诉家长自己的读书计划，请家长帮助监督。主动要求家长监督，它将有效地克服自己某些惰性，促进计划的落实。

主动与同学交流，两人或几个人制订互相监督的计划，达

到互相学习、互相促进的目的。

告诉老师，请老师监督。它不仅可以促进你的计划的落实，还会给你提供新的读书内容和方法，使你的读书提高一个层次。

3. 细处着眼，培养意志力

经常读报、剪报；读书做批注（包括课本和自己的课外书）；看电视，听广播，上网及与他人谈话等获得的有益知识，要随时随地做记录；及时将材料分类、归纳、整理，以备日后之用；抓住灵感，写读书笔记。

4. 环境熏陶，时间保证

环境熏陶：创造良好的读书环境，有碍于读书的物品不要放在书桌上，消除有碍于读书的杂音，如电视、谈话等。

时间保证：每日定出一定时间读报、看电视；每周定出一定时间看杂志，阅读课外书，上网查阅资料；每月做一次检查；每学期做一次小结。

5. 利用媒体，获取更多的信息

媒体包括纸质媒体和广播、电视、网络等，各人可根据需要和爱好加以选择利用，这是学习的一个重要方面，也是读书不可缺少的环节。长期坚持，形成利用各种媒体学习知识的习惯，将会更好地促进你成功。

> 引自［中国］张能治《让读书成为生活的一种习惯》，见张能治 编著《爱，让孩子快乐成长——e 时代家庭教育真谛》，广东人民出版社 2011 年版，第 190 – 191 页

习惯是一种无形力量，顽强力量。良好的读书习惯，会使人主动、和谐、求是、创造，会形成一种撞击成功的巨大

力量。

引自［中国］张能冶《让读书成为生活的一种习惯》，见张能冶 编著《爱，让孩子快乐成长——e 时代家庭教育真谛》，广东人民出版社 2011 年版，第 192 页

写作

刊登"孩子作品"是本刊的一大特色。读后感的写作、旅游足迹的记录、科技活动的体验、体育运动的展现、文化的传承、听演讲的感受、亲情的述说……孩子们多侧面地描绘他们丰富多彩的课内外生活。

引自［中国］张能冶《科学呵护孩子》，见张能冶 主编《孩子与家庭纵横谈》，华夏出版社 2020 年版，第 273 页

通过阅读提高写作能力，表面上看这是个漫长的过程，实际上它是最经济、最有效、最省心的办法，是真正的"捷径"。

引自［中国］尹建莉《好妈妈胜过好老师》，作家出版社 2009 年版，第 71 页

我鼓励孩子们看完一本书就写写读后感，我们夫妇也会定期地与孩子们交流对书的意见，讨论书中人物，以及有关联的其他知识。这是一个非常愉快、获益匪浅的时间。

引自［韩国］全惠星《有奉献精神的父母培养大人物》，邵娟 译，中国城市出版社 2009 年版，第 175 页

思考（又见 27. 家庭的早期教育/思考）

学而不思则罔，思而不学则殆。

引自〔中国〕孔丘《论语·为政》，见学之 译释《论语》，
陕西师范大学出版社 2010 年版，第 26 页

阅读是重要的，但单会阅读，不会思考，不是真正的阅
读。因为思考使人深邃。

引自〔中国〕张能治《阅读与思考照亮人生》，见张能治 编
著《爱，让孩子快乐成长——e 时代家庭教育真谛》，广东人
民出版社 2011 年版，第 199 页

读书要有自由无畏的勇气和慎重的科学态度，读出自己的
感觉。别人怎么读，别人读了有什么感觉，你可以参考，但不
要盲从。一部《红楼梦》，一百个人读了，有一百个人的不同
感受，不必强求一致，言之有理即可成立。不论是自然科学作
品，还是文学社会科学作品，都得用心去读，用心去思考，多
问几个为什么，才会读出自己的感觉。

引自〔中国〕张能治《阅读与思考照亮人生》，见张能治 编
著《爱，让孩子快乐成长——e 时代家庭教育真谛》，广东人
民出版社 2011 年版，第 199 页

陈景润为什么能攀上世界数学高峰？那就是他善于思考和
执著的追求。思考使他的思维开阔，执著使他思维深刻，敢于
做前人没有做的事，敢于攀登前人不敢攀登的高峰，几十年如
一日，坚持不懈，陈景润终于攀上世界数学的最高峰，采摘到
这颗璀璨的数学明珠——哥德巴赫猜想。

引自〔中国〕张能治《阅读与思考照亮人生》，见张能治 编
著《爱，让孩子快乐成长——e 时代家庭教育真谛》，广东人
民出版社 2011 年版，第 208 页

当孩子在做某种选择的时候，不要提前告诉他答案，不要替他做选择，要引导他，让他综合考虑一下做出每种选择会带来什么样的结果。这是一种处事思维方式的锻炼和培养。有了综合思考问题的思维，孩子就会做出比较好的选择。并且，由于这是他自己经过考虑后做出的决定，所以面对问题时他会更有责任感。

> 引自〔韩国〕全惠星《有奉献精神的父母培养大人物》，邵娟 译，中国城市出版社 2009 年版，第 72 页

发问（又见 49. 孩子创造能力的培养/鼓励提问）

子入太庙，每事问。

> 引自〔中国〕孔丘《论语·八佾》，见学之 译释《论语》，陕西师范大学出版社 2010 年版，第 44 页

敏而好学，不耻下问。

> 引自〔中国〕孔丘《论语·公冶长》，见学之 译释《论语》，陕西师范大学出版社 2010 年版，第 76 页

多给他们自动和发问的机会，增加他们的自信力和探索的兴趣。凡百事情，做父母和教师的切不可一手包办，或横加干涉，应当从旁观察，相机指导。

> 引自〔中国〕陈鹤琴《儿童教育的根本问题》，见陈鹤琴 著《家庭教育》，华东师范大学出版社 2006 年版，第 202 页

发明千千万，起点是一问。禽兽不如人，过在不会问。智者问得巧，愚者问得笨。人力胜天工，只在每事问。

引自［中国］陶行知《创造的儿童教育》,《陶行知全集. 第四卷》,四川教育出版社 1991 年版,第 541 页

只要你有问题跟着你,你就不会懒惰了,你就会继续有知识上的长进了。

引自［中国］胡适《一个防身药方的三味药》,见胡适著《人生有何意义:胡适谈人生》,华东师范大学出版社 2015 年版,第 236 页

问题可以跟你走到天边! 有了问题,没有书,你自会省吃省穿去买书;没有仪器,你自会卖田卖地去买仪器! 没有好先生,你自会去找好师友;没有资料,你自会上天下地去找资料。

引自［中国］胡适《一个防身药方的三味药》,见胡适著《人生有何意义:胡适谈人生》,华东师范大学出版社 2015 年版,第 236 页

会提出问题的人,才是真正会学习的人,会阅读的人,有学问的人。每个同学都有巨大的潜能,同学们要善于关注问题,善于提出问题,这可以锻炼其思维能力。对常规挑战的第一步,就是提问。没有提问,就没有回答。一个好的提问,比一个好的回答更有价值。

引自［中国］张能治《阅读与思考照亮人生》,见张能治 编著《爱,让孩子快乐成长——e 时代家庭教育真谛》,广东人民出版社 2011 年版,第 200 页

学会提问,这是阅读中重要的一环。希望大家在求学过程中,在阅读中,在今后工作中,能提出大量的有价值的问题,

它将使你的思考更深刻，更有价值。

引自［中国］张能治《阅读与思考照亮人生》，见张能治 编著《爱，让孩子快乐成长——e 时代家庭教育真谛》，广东人民出版社 2011 年版，第 200 页

让学生成为课堂提问的真正主体，有助于学生形成问题意识，培养他们探索未知世界的积极态度。学会了如何提问题，就学会了如何学习。

引自［中国］张能治《阅读与思考照亮人生》，见张能治 编著《爱，让孩子快乐成长——e 时代家庭教育真谛》，广东人民出版社 2011 年版，第 200 页

家长要创造提问的宽松环境，要鼓励孩子提出问题，鼓励孩子将父母问倒，这样的提问才有深度，才有价值；孩子要勇于提问，敢于提问，然后去探索，求得问题的解决。

引自［中国］张能治《阅读与思考照亮人生》，见张能治 编著《爱，让孩子快乐成长——e 时代家庭教育真谛》，广东人民出版社 2011 年版，第 200 页

有些时候，我们不妨故意让儿童看到新奇的东西，引发他们的提问，给他们提供求知的机会，以此来激发他们的好奇心。

引自［英国］约翰·洛克《教育漫话》，徐大建 译，上海人民出版社 2005 年版，第 138 页

学习的六个环节

学习需要方法，方法是根据学习的基本原则而产生的；正

确的学习方法经过反复的实践和长期的坚持就会形成良好的学习习惯。

1. 课前

做好预习，标注出不懂的问题。

2. 课堂

认真思索，积极发问，重点记录。思索和提问，这是课堂听讲的诀窍。要跟着老师的教学节奏，该放松时放松，该紧张时紧张，要把注意力用在重点、难点上。课堂听讲，这是第一次学习，是学习的基础。

3. 课后

及时复习，及时记忆；隔段时间再复习，再记忆；隔再长的时间，再复习，再记忆；随着时间的推移，复习内容逐步减少，只记住要点，这就是人们常说的书要越读越薄的道理。

4. 作业

在复习的基础上，快速进入状态，离开课本，独立完成。做作业要注意效率，不要"混"，不要"拖"，要以考试的标准要求自己，训练自己。高质量不是最后考出来的，而是平时严格训练得来的。

5. 阅读

要增加阅读量，包括文学、社会科学和自然科学，努力扩大知识面；要加强朗诵和背诵的训练，多背诵一些名篇，特别是语文和英语。

课后的复习总结、做作业和阅读是第二次学习，这是对第一次学习的加强和提高。

6. 重点

加强第二次学习。每次作业，每次考试，对错误的地方，包括自己错的，以及学习成绩比你好的同学也会出错的地方，要特别地加以研究，找出错误原因，然后独立地重新做，也可请求老师给类似的题目让自己做，以加深对错的地方的印象，考前重点复习这些犯错的地方，它会使你终生难忘，今后不会出现类似的错误；对知识点进行分析、归纳、综合掌握、运用、创新，这是知识的提升和飞跃，可以使学习进入到一个新的层次；独立自主的阅读，快速高效的阅读，思考探索的阅读，这是学习的最高层次。

　　课前、课堂、课后、作业、阅读、重点这六个环节如何掌握，因人而异，应通过自己的实践，摸索出一套适合自己的学习方法，并养成良好的学习习惯。

　　　　引自［中国］张能治《提高学习效能的诀窍》，见张能治 编
　　　　著《爱，让孩子快乐成长——e 时代家庭教育真谛》，广东人
　　　　民出版社2011 年版，第21 – 22 页

　　孩子掌握了学习的六个环节；培养了广泛的兴趣，学会思考问题；随时随地注意向媒体和生活学习；父母给子女营造和谐的家庭氛围，这些就是孩子学习成功的诀窍。

　　　　引自［中国］张能治《提高学习效能的诀窍》，见张能治 编
　　　　著《爱，让孩子快乐成长——e 时代家庭教育真谛》，广东人
　　　　民出版社2011 年版，第33 页

旅游

不登高山，不知天之高也；不临深溪，不知地之厚也。

　　　　引自［中国］荀况《荀子·劝学》，见方勇 李波 译注《荀

子》，中华书局 2015 年第 2 版，第 1 页

欲穷千里目，更上一层楼。

> 引自［中国］王之涣《登鹳雀楼》，见梁适 编《中外名言分
> 类大辞典》，复旦大学出版社 1997 年版，第 220 页

醉翁之意不在酒，在乎山水之间也。

> 引自［中国］欧阳修《醉翁亭记》，见梁适 编《中外名言分
> 类大辞典》，复旦大学出版社 1997 年版，第 220 页

眼明可数远山叠，足健直穷流水源。

> 引自［中国］陆游《闲游所至少留得长句》，见梁适 编《中
> 外名言分类大辞典》，复旦大学出版社 1997 年版，第 220 页

要知学问不仅仅在书本中求得，也应在自然界获得，什么
"动物学"，什么"植物学"，什么"地理"，什么"常识"，
大概都是可以从自然界中学得的。我们在书本中看死的标本，
死的山水，不如到野外去看活的动物，采活的草木，玩真的
沙石。

> 引自［中国］陈鹤琴《家庭教育》，华东师范大学出版社
> 2006 年版，第 6 页

他们在旷野里跑来跑去，看见野花就采采，看见池塘就抛
石子入水以取乐。这种郊游对于小孩的身体、知识、行为都有
很好的影响。

> 引自［中国］陈鹤琴《家庭教育》，华东师范大学出版社
> 2006 年版，第 6 页

旅行游戏特别能够引起那些已旅行过的孩子们的兴趣。我真心希望所有的孩子都能够做这样的游戏，因为没有什么事能够比居住地及周围环境的频繁变化给人带来如此深刻、持久的影响，特别是在一个人回到自己曾经逗留过的地方的情况下。一个人看到的、听到的、想到的以及经过判断得出的结论与以前都会大不相同。

引自［德国］卡尔·H. G. 威特《卡尔·威特的教育》，丽红译，京华出版社 2006 年版，第 72 页

有些时候，我们会玩旅行游戏，他必须告诉我他想到哪儿去旅行，在旅途中他想看到什么以及他想去拜访什么人。同时，他会说出旅游路线上的地名。这些地方他都会用一些具体的实物来代替。

引自［德国］卡尔·H. G. 威特《卡尔·威特的教育》，丽红译，京华出版社 2006 年版，第 73 页

遇到节假日，我们会带女儿去郊游，让她在大自然中感受世界的美好。有时丈夫太忙或者我太忙不能去，但总会有一个人带女儿去。女儿在大自然中开阔了眼界，野外的新鲜空气使她精神焕发，话也比平时多了许多，表达得也更流畅，更准确。

引自［美国］斯托夫人《斯托夫人自然教子书》，亚北 译，中国妇女出版社 2009 年版，第 320 页

旅游是知识之路。

引自［美国］麦金托什《旅游学》，见王正平 主编《人生格言辞典》，上海辞书出版社 2004 年版，第 425 页

语言（又见 23. 婴幼儿的家庭教育/语言和 24. 儿童发展敏感期教育/语言）

儿童对语词的使用和解释来自成人，来自同伴，来自生活，尤其来自父母和教师。当父母和教师的语言简明准确时，孩子的语言表达能力一般都不错。

> 引自［中国］孙瑞雪《捕捉儿童敏感期》，中国妇女出版社 2010 年版，第 154 页

这种对母语早期的掌握使卡尔的智力一天比一天有了发展，并让他具备了学习外语的能力。

> 引自［德国］卡尔·H. G. 威特《卡尔·威特的教育》，丽红译，京华出版社 2006 年版，第 34 页

在他的交往圈子中，我们总是说纯正的德语，即书面语，用一种简单易懂，并且最为精确的表达方式。我们总是运用适当的、缓慢的语速，尽量大声、清晰地说出我们要说的话。我们不容许自己在声调上出现任何错误。我们尽量正确表达每一个单词，尽量避免使用晦涩难懂的句子和表达。

> 引自［德国］卡尔·H. G. 威特《卡尔·威特的教育》，丽红译，京华出版社 2006 年版，第 32－33 页

我从女儿出生起，就尽量用标准的英语和她对话，从来不用那些半截子话来损害她的语言感觉。

> 引自［美国］斯托夫人《斯托夫人自然教子书》，亚北译，中国妇女出版社 2009 年版，第 72 页

教孩子完整的语言是一种高效率的做法。由于我女儿从很小的时候起就教她规范的英语，所以她完全掌握英语只用了很短的时间，在没有浪费任何的精力的情况下又掌握了世界语。

引自［美国］斯托夫人《斯托夫人自然教子书》，亚北 译，中国妇女出版社 2009 年版，第 73 页

减负

第二十二条　未成年人的父母或者其他监护人应当合理安排未成年人学习、休息、娱乐和体育锻炼的时间，避免加重未成年人学习负担，预防未成年人沉迷网络。

引自［中国］《中华人民共和国家庭教育促进法》，中国法制出版社 2021 年版，第 8 页

杜绝不同程度的暴力作业，才是最重要的减负行为。

引自［中国］尹建莉《好妈妈胜过好老师》，作家出版社 2009 年版，第 307 页

机遇

得时者昌，失时者亡。

引自［中国］《列子·说符》，见梁适 编《中外名言分类大辞典》，复旦大学出版社 1997 年版，第 170 页

来而不可失者时也，蹈而不可失者机也。

引自［中国］苏轼《代侯公说项羽辞》，见梁适 编《中外名言分类大辞典》，复旦大学出版社 1997 年版，第 170 页

踏破铁鞋无觅处，得来全不费功夫。

> 引自［中国］施耐庵《水浒传》第三十六回，见梁适 编《中
> 外名言分类大辞典》，复旦大学出版社 1997 年版，第 170 页

机不可失，时不再来。

> 引自［中国］张九龄《敕幽州节度张守珪书》，见王正平 主
> 编《人生格言辞典》，上海辞书出版社 2004 年版，第 190 页

善于捕捉机会者为俊杰。

> 引自［德国］歌德《浮士德》，见王正平 主编《人生格言辞
> 典》，上海辞书出版社 2004 年版，第 191 页

机遇偏爱训练有素者。

> 引自［法国］路易斯·巴斯德《科学》，见王正平 主编《人
> 生格言辞典》，上海辞书出版社 2004 年版，第 191 页

由于过分审慎，人们对于时机就会重视不够，就会坐失
良机。

> 引自［法国］卢梭《社会契约论》，见王正平 主编《人生格
> 言辞典》，上海辞书出版社 2004 年版，第 191 页

当良机出现在我们面前时，我们要及时抓住它们，利用它
们，这是生活的一大艺术。

> 引自［英国］约翰逊《文集》，见王正平 主编《人生格言辞
> 典》，上海辞书出版社 2004 年版，第 192 页

技术

积财千万，不如薄技在身。

引自［中国］颜之推《颜氏家训·勉学》，见檀作文 译注 《颜氏家训》，中华书局 2007 年版，第 101 页

技能的培养是在实习中完成的。

引自［德国］雅斯贝尔斯《什么是教育》，见王正平 主编 《人生格言辞典》，上海辞书出版社 2004 年版，第 109 页

如果不教给孩子一门手艺，或教他去从事一种职业，那就是把孩子养大去做贼。

引自［美国］爱默生《日记》，见王正平 主编《人生格言辞典》，上海辞书出版社 2004 年版，第 109 页

行动

行动是老子，思想是儿子，创造是孙子。你要有孙子，非先有老子、儿子不可，这是一贯下来的。

引自［中国］陶行知《创造的教育》，《陶行知全集.第三卷》，四川教育出版社 1991 年版，第 526 页

所以要创造，非你在用脑的时候，同时用手去实验；用手的时候，同时用脑去想不可。手和脑在一块儿干，是创造教育的开始；手脑双全，是创造教育的目的。

引自［中国］陶行知《创造的教育》，《陶行知全集.第三卷》，四川教育出版社 1991 年版，第 526 页

"行动"是中国教育的开始，"创造"是中国教育的完成。

> 引自［中国］陶行知《创造的教育》，《陶行知全集．第三卷》，四川教育出版社 1991 年版，第 530 页

行动的教育，要从小的时候就干起。要解放小孩的自由，让他做有意思的活动，开展他们的天才。

> 引自［中国］陶行知《创造的教育》，《陶行知全集．第三卷》，四川教育出版社 1991 年版，第 527 页

光有知识是不够的，我们还必须应用知识；光有意志是不够的，我们还必须见诸行动。

> 引自［德国］歌德《歌德的格言和感想集》58，见梁适编《中外名言分类大辞典》，复旦大学出版社 1997 年版，第 141 页

知识本身并没有告诉人怎样运用它，运用的方法乃在书本之外。这是一门技艺，不经实验就不能学到。

> 引自［英国］培根《论求知》，《培根论人生》13，见梁适编《中外名言分类大辞典》，复旦大学出版社 1997 年版，第 142 页

实验

王阳明的话我可以把他翻半个——180 度的筋斗，意思就是把他的话来个倒栽葱。他说："知是行之始，行是知之成"，我的倒转法就是"行是知之始，知是行之成"。爱迪生是由试验才把电灯发明成功。婴儿明白火烫手，也是从实际经验得

来。所以教育应培养行动，应当培养知识。

引自［中国］陶行知《从教育上谋国难的出路》，《陶行知全集·第三卷》，四川教育出版社1991年版，第504页

我的理论是，"行知行"。

引自［中国］陶行知《行知行》，《陶行知全集·第三卷》，四川教育出版社1991年版，第574页

电的知识是从实验中找出来的。其实，实验就是一种有目的、有计划、有组织、有步骤、有创意的把戏。把戏或实验都是一种行动。故最初的电的知识是由行动中得来。那么，它的进程是"行知行"，而不是"知行知"。

引自［中国］陶行知《行知行》，《陶行知全集·第三卷》，四川教育出版社1991年版，第574页

理论和实践就像一只鸟的两个翅膀，将学到的知识用于实践中，在实践中不断地探究，这样相辅相成，才能让自己越来越进步。

引自［韩国］全惠星《有奉献精神的父母培养大人物》，邵娟译，中国城市出版社2009年版，第77页

求知可以改进人的天性，而实验又可以改进知识本身。人的天性犹如野生的花草，求知学习好比修剪移栽，实习尝试则可检验修正知识本身的真伪。

引自［英国］培根《论求知》，《培根论人生》12，见梁适编《中外名言分类大辞典》，复旦大学出版社1997年版，第142页

观察

孩子小的时候就应培养良好的观察力，这样他会变得对所有的事物都很熟悉，对事物的名称和特点都很了解，能够很容易正确地表达自己对这些事物的看法，全神贯注地聆听大人的谈话。

> 引自［德国］卡尔·H.G.威特《卡尔·威特的教育》，丽红译，京华出版社 2006 年版，第 37 - 38 页

他能花上好几个小时去除草、找龙须菜、比较不同植物的花朵和叶子、观察各种植物是否要发芽或开花，然后他会告诉我们。他还会观察各种各样的昆虫、爬虫、飞虫和跳跃的虫子等，在观察之后也会来说给我们听。他从来没有对这些小虫子产生过一丝的害怕，甚至当他还是个被抱在怀里的婴儿时，我们就指着那些虫子给他看，告诉他关于这些昆虫的知识，使他熟悉它们。

> 引自［德国］卡尔·H.G.威特《卡尔·威特的教育》，丽红译，京华出版社 2006 年版，第 76 页

我们从来不只是简单地看看人、马、狗、鸟类、房屋、车辆、家具、图画等等，而是集中注意力观察这些东西，并以赞赏或不赞赏的态度对其进行讨论。

> 引自［德国］卡尔·H.G.威特《卡尔·威特的教育》，丽红译，京华出版社 2006 年版，第 122 页

卡尔不但会持续不间断地完成工作，而且会精力充沛、尽可能快速地完成工作。如果他的工作进展得非常缓慢，我就会

很不耐烦，即使他的工作做得还算不错。这样做将使他受益匪浅，这种做法培养了他异常敏捷的观察力。

> 引自［德国］卡尔·H. G. 威特《卡尔·威特的教育》，丽红译，京华出版社 2006 年版，第 100 页

表达

在一个人的众多优秀素质当中，自我表达能力是很重要的一条。在与人沟通的过程中，理解对方的表达，是第一步；而自我表达，是沟通的关键。培养孩子的自我表达能力，从小就要锻炼他分析情况、整理观点并表达出来的思维习惯，这对孩子的成长会很有帮助。

> 引自［韩国］全惠星《有奉献精神的父母培养大人物》，邵娟译，中国城市出版社 2009 年版，第 170 页

一个人走进社会，跟不同的人接触，为了表达自己的想法，实现自己的愿望，特别需要出色的表现力。

> 引自［韩国］全惠星《有奉献精神的父母培养大人物》，邵娟译，中国城市出版社 2009 年版，第 173 页

积累

不积跬步，无以至千里；不积小流，无以成江海。

> 引自［中国］荀况《荀子·劝学》，见方勇 李波 译注《荀子》，中华书局 2015 年第 2 版，第 5 页

巨大的建筑，总是一木一石垒起来的，我们何妨做做这一

木一石呢？我时常做些零碎事，就是为此。

> 引自［中国］鲁迅《致赖少麒》，《鲁迅全集．第十三卷》，
> 人民文学出版社 1981 年版，第 162 页

学问是经验的积累，才能是刻苦的忍耐。

> 引自［中国］茅盾《虹》，《茅盾全集．第二卷》，人民文学
> 出版社 1984 年版，第 117 页

是的，成功是慢慢积累的，一下子能长高的只能是地里的杂草，而不可能是参天大树。

> 引自［韩国］全惠星《有奉献精神的父母培养大人物》，邵
> 娟 译，中国城市出版社 2009 年版，第 95 页

向生活学习

读书是为了解决生活中的问题，生活中的事件又是学习的素材。向生活学习，你就会发现处处是学习的场所。只要注意学习，你就会成为生活的强者。

> 引自［中国］张能治《提高学习效能的诀窍》，见张能治 编
> 著《爱，让孩子快乐成长——e 时代家庭教育真谛》，广东人
> 民出版社 2011 年版，第 30 页

36. 家庭的体育教育

概述

我们一定要把体育运动和国家前途连结起来，这是一个伟大的改造。

引自［中国］周恩来《周恩来教育文选》99，见张纯美 洪静媛 编《中外教育思想荟萃》，上海文化出版社 2014 年版，第 123 页

我也是体育爱好者，喜欢游泳、爬山等运动，年轻时喜欢足球和排球。

引自［中国］习近平《"治大国若烹小鲜"》（2013 年 3 月 19 日在接受金砖国家媒体联合采访时答问的一部分），《习近平谈治国理政.第一卷》，外文出版社 2018 年第 2 版，第 410 页

广泛开展全民健身活动，加强青少年体育工作，促进群众体育和竞技体育全面发展，加快建设体育强国。

引自［中国］习近平《高举中国特色社会主义伟大旗帜 为全面建设社会主义现代化国家而团结奋斗——在中国共产党第二十次全国代表大会上的报告》（2022 年 10 月 16 日），人民出版社 2022 年版，第 45 页

原则

体育是要发达学生的身体，振作学生的精神，并不是只在

赌赛跑跳，或开运动会博得名誉体面上头，其所以要比赛或开运动会，只是要引起研究体育的兴味。……其实体育最要紧的，是合于生理，若只求于个人的胜利，或一校的名誉，不管生理上有无危险，这不要说于身体上有妨害，且成一种机械的作用，便失却体育的价值了。

> 引自［中国］蔡元培《蔡元培教育文选》，人民教育出版社1980年版，第116页

凡是有志为社会出力，为国家成大事的青年，一定要十分珍视自己的身体健康。而这必须从年轻时期就打好基础，随时随地去锻炼身体。

> 引自［中国］徐特立《徐特立教育文集》，人民教育出版社1979年版，第306页

教育里没有了体育，教育就不完全。……不懂体育的，不应该当校长。

> 引自［中国］张伯苓《张伯苓教育言论选集》，南开大学出版社1984年版，第258页

鼓励孩子参加户外活动，进行游戏、郊游和各种体育锻炼。体育锻炼应合理安排，全面锻炼，防止单打一，使身体各部位器官、系统和机能获得全面发展。要因人因地制宜，循序渐进，量力而行，坚持经常化。

> 引自［中国］赵忠心《家庭教育学：教育子女的科学与艺术》，人民教育出版社2001年版，第180页

家庭应采取一切措施去鼓励儿童对体育运动的兴趣。

引自 [苏联] A. C. 马卡连柯《家庭和儿童教育》，丽娃 译，上海人民出版社 2005 年版，第 120 页

第一，必须特别关注使儿童对体育运动的爱好不发展成排斥其他一切的狂热，必须向孩子指明活动的其他方面。第二，必须激发男孩或女孩的自豪感，不仅为自己取得的成绩自豪，主要的是要为运动队或组织取得的成绩自豪。还必须抑制一切的浮夸和骄傲，培养对对方力量的尊重，注意运动队里的组织性、训练和纪律。最后，必须使孩子对成功和失败都能处之泰然。在这一阶段上如果家长能更熟悉儿子或女儿运动队里的伙伴，那将是最好不过的。

引自 [苏联] A. C. 马卡连柯《家庭和儿童教育》，丽娃 译，上海人民出版社 2005 年版，第 59 页

作用

流水不腐，户枢不蠹，动也。

引自 [中国] 吕不韦《吕氏春秋》，见王正平 主编《人生格言辞典》，上海辞书出版社 2004 年版，第 420 页

人的健全，不但靠饮食，尤靠运动。

引自 [中国] 蔡元培《运动会的需要》，见王正平 主编《人生格言辞典》，上海辞书出版社 2004 年版，第 420 页

有健全之身体，始有健全之精神；若身体柔弱，则思想精神何由发达？或曰，非困苦其身体，则精神不能自由。然所谓困苦者，乃锻炼之谓，非使之柔弱以自苦也。

引自 ［中国］蔡元培《蔡元培教育文选》，人民教育出版社 1980 年版，第 26 页

体育是强体之育，更是强心之育。体育不能只是局限在个人发展的某个阶段的活动，而应是贯穿人的一生的生活内容。

引自 ［中国］孙云晓《习惯决定孩子一生》，北京师范大学出版社 2013 年版，第 147 页

体育是使人的精神生活充实和文化知识丰富的起码条件。

引自 ［苏联］苏霍姆林斯基《给教师的一百条建议》，见王正平 主编《人生格言辞典》，上海辞书出版社 2004 年版，第 420 页

走路能使你童颜常在，运动能使你青春永驻。

引自 ［英国］盖伊《琐事》，见王正平 主编《人生格言辞典》，上海辞书出版社 2004 年版，第 420 页

方法

良好的运动习惯需要长期的努力与坚持，不是一时兴起就可以达到的。父母应该和孩子拟订一份具体可行的运动计划，并且互相督促、互相帮助，使家庭形成一种崇尚体育运动的氛围。

引自 ［中国］孙云晓《习惯决定孩子一生》，北京师范大学出版社 2013 年版，第 153 页

37. 家庭的审美教育

概述

曰："可欲之谓善，有诸己之谓信，充实之谓美，充实而有光辉之谓大，大而化之之谓圣，圣而不可知之之谓神。乐正子，二之中，四之下也。"

> 引自［中国］孟轲《孟子·尽心下25》，见方勇 译注《孟子》，中华书局2015年第2版，第295页

小儿年轻时，要养生好美的习惯。……图画、手工、音乐都是很重要的功课，可以发达美育。

> 引自［中国］蔡元培《蔡元培美育论集》，湖南教育出版社1987年版，第113页

美育，就是培养孩子树立正确的审美观点，形成评价美、欣赏美和创造美的能力。

> 引自［中国］赵忠心《家庭教育学：教育子女的科学与艺术》，人民教育出版社2001年版，第184页

家庭中审美教育的重要任务之一，是教给孩子正确的举止行动，给他们上行为美的第一课。

> 引自［苏联］德廖莫夫等《美育原理》401，见张纯美 洪静媛 编《中外教育思想荟萃》，上海文化出版社2014年版，第223页

目的

美育之目的，在陶冶活泼敏锐之灵性，养成高尚纯洁之人格。

引自［中国］蔡元培《蔡元培美学文选》，北京大学出版社
1983 年版，第 169 页

美育者，应用美学之理论于教育，以陶养感情为目的者也。……美育者，与智育相辅而行，以图德育之完成者也。

引自［中国］蔡元培《蔡元培教育文选》，人民教育出版社
1980 年版，第 195 页

美术可以表见文化。
美术可以辅翼道德。
美术可以救援经济。

引自［中国］鲁迅《鲁迅论教育》，教育科学出版社 1986 年
版，第 181 页

作用

人人都有感情，而并非都有伟大而高尚的行为。这由于感情推动力的薄弱。要转弱而为强，转薄而为厚，有待于陶养。陶养的工具，为美的对象，陶养的作用，叫做美育。

引自［中国］蔡元培《蔡元培美育论集》，湖南教育出版社
1987 年版，第 266 页

方法

不要以貌取人，不要以貌欺人。

> 引自［法国］巴尔扎克《人生的开端》，见王正平 主编《人生格言辞典》，上海辞书出版社 2004 年版，第 398 页

心灵本身如果不美，也就看不见美。

> 引自［古罗马］普洛丁《九卷书》，见王正平 主编《人生格言辞典》，上海辞书出版社 2004 年版，第 393 页

美貌只能迷住人的眼睛，美德才能打动人的心灵。

> 引自［英国］蒲柏《夺发记》，见王正平 主编《人生格言辞典》，上海辞书出版社 2004 年版，第 398 页

38. 家庭的劳动教育

概述

要开展以劳动创造幸福为主题的宣传教育，把劳动教育纳入人才培养全过程，贯通大中小学各学段和家庭、学校、社会各方面，教育引导青少年树立以辛勤劳动为荣、以好逸恶劳为耻的劳动观，培养一代又一代热爱劳动、勤于劳动、善于劳动的高素质劳动者。

> 引自［中国］习近平《在全国劳动模范和先进工作者表彰大会上的讲话》（2020 年 11 月 24 日），见中共中央党史和文献研究院 编《习近平关于注重家庭家教家风建设论述摘编》，中央文献出版社 2021 年版，第 20 页

作用

劳动是人生一桩最要紧的事体。

> 引自［中国］蔡元培《蔡元培美学文选》，北京大学出版社 1983 年版，第 223 页

我觉得人生求乐的方法，最好莫过于尊重劳动。一切乐境，都可由劳动得来，一切苦境，都可由劳动解脱。

> 引自［中国］李大钊《现代青年活动的方向》，《李大钊选集》160，见梁适 编《中外名言分类大辞典》，复旦大学出版社 1997 年版，第 686 页

最有幸福的，只是勤劳的劳动之后。

引自［中国］瞿秋白《杂文》，见王正平 主编《人生格言辞典》，上海辞书出版社 2004 年版，第 232 页

知识是从实践中来的，劳动才能创造世界，劳心者只是学习前人的实践经验，把实际理论化。光劳心不劳力，把心吊在半空中，光用脑不用手，瞧不起用手的人，在我们的社会是行不通的；光劳力不劳心也会变成狭窄的经验主义者。

引自［中国］徐特立《徐特立教育文集》，人民教育出版社 1979 年版，第 277 页

劳动是一切知识的源泉，劳动人民的不断实践日益丰富着知识的库藏。

引自［中国］陶铸《论劳动与读书》，见陶铸 著《理想，情操，精神生活》，中国青年出版社 1979 年第 3 版，第 92 页

劳动锻炼、坚强意志的锻炼、忍耐力和吃苦精神的锻炼等，应该成为家庭教育的重要方式，这是家庭教育培养目标的基本要求。

引自［中国］杨韶刚《第七章 多元化背景下的家庭教育选择》，见赵刚 王以仁 主编《中华家庭教育学》，研究出版社 2016 年版，第 349 页

历史承认那些为共同目标劳动因而自己变得高尚的人是伟大人物。

引自［德国］马克思《青年在选择职业时的考虑》，见王正平 主编《人生格言辞典》，上海辞书出版社 2004 年版，第

233 页

劳动不仅具有社会生产的意义，而且对人的个人生活也具有重要意义。我们很好地知道，那些会做许多事情的人，那些做任何事情都能成功和工作得很顺利的人，那些在任何情况下都不会不知所措的人，那些善于掌握事物和调度它们的人，生活得更快乐、更幸福。

> 引自 ［苏联］A. C. 马卡连柯《家庭和儿童教育》，丽娃 译，
> 上海人民出版社 2005 年版，第 89 页

与懒惰斗争的方法只有一个：逐渐让孩子参加劳动，慢慢地激发他的劳动兴趣。

> 引自 ［苏联］A. C. 马卡连柯《家庭和儿童教育》，丽娃 译，
> 上海人民出版社 2005 年版，第 97 页

劳动永远是人类生活的基础，是创造人类生活幸福和文明的基础。

> 引自 ［苏联］A. C. 马卡连柯《家庭和儿童教育》，丽娃 译，
> 上海人民出版社 2005 年版，第 86 页

孩子在家庭中获得正确的劳动教育，他将来就能很有成效地进行自己的专业准备。而那些在家庭中没有获得任何劳动经验的孩子，他们就不可能获得好的技能，他们会遭到各种各样的失败，他们将成为不好的工作者，尽管国家机关已作出了很大的努力。

> 引自 ［苏联］A. C. 马卡连柯《家庭和儿童教育》，丽娃 译，
> 上海人民出版社 2005 年版，第 90 页

内容

家庭劳动教育的内容，主要是教育孩子参加力所能及的家务劳动，自己的事情自己做，培养生活自理能力和动手操作、制作能力；树立吃苦耐劳、不怕困难、艰苦奋斗的精神；教育孩子厉行节约、艰苦朴素，避免浪费和生活上盲目追求高消费；支持孩子参加社会公益劳动，培养助人为乐、无私奉献精神和热爱劳动的品质。

引自［中国］赵忠心《家庭教育学：教育子女的科学与艺术》，人民教育出版社 2001 年版，第 185－186 页

家务劳动是家庭成员应尽的家庭义务，不是出卖劳动力，不能给予报酬。

引自［中国］赵忠心《家庭教育学：教育子女的科学与艺术》，人民教育出版社 2001 年版，第 186 页

培养

人的劳动准备、劳动品质的培养，这不仅是对未来的好的或不好的公民所作的准备和教育，也是为他未来的生活水平、他的幸福所进行的教育。

引自［苏联］A. C. 马卡连柯《家庭和儿童教育》，丽娃 译，上海人民出版社 2005 年版，第 87 页

只有当人热爱工作时，只有当他自觉地意识到工作中的快乐，懂得劳动的利益和必要性时，只有当劳动成为他表现个性和才能的基本形式时，创造性的劳动才是可能的。

引自［苏联］A. C. 马卡连柯《家庭和儿童教育》，丽娃 译，上海人民出版社2005 年版，第88 页

孩子应该很小就参加家庭生活中的劳动。应该在游戏中开始劳动。应该向孩子指出，他要对所有的玩具，对放玩具和他游戏的地方的清洁和秩序负责。

引自［苏联］A. C. 马卡连柯《家庭和儿童教育》，丽娃 译，上海人民出版社2005 年版，第92 页

孩子应该善于完成那些他没有特别兴趣的工作，那些最初看来是很枯燥乏味的工作。……家长应该培养孩子耐心地、不气馁地完成不愉快的工作的能力。

引自［苏联］A. C. 马卡连柯《家庭和儿童教育》，丽娃 译，上海人民出版社2005 年版，第96 页

39. 家庭的情感教育

同情

长太息以掩涕兮，衰民生之多艰。

引自［中国］屈原《离骚》，见梁适 编《中外名言分类大辞典》，复旦大学出版社 1997 年版，第 259 页

安得广厦千万间，大庇天下寒士俱欢颜。

引自［中国］杜甫《茅屋为秋风所破歌》，见梁适 编《中外名言分类大辞典》，复旦大学出版社 1997 年版，第 259 页

不忧一家寒，所忧四海饥。

引自［中国］魏源《偶然吟》，见梁适 编《中外名言分类大辞典》，复旦大学出版社 1997 年版，第 259 页

乡情

少小离家老大回，乡音无改鬓毛衰。儿童相见不相识，笑问客从何处来？

引自［中国］贺知章《回乡偶书》，见梁适 编《中外名言分类大辞典》，复旦大学出版社 1997 年版，第 238 - 239 页

举头望明月，低头思故乡。

引自［中国］李白《静夜思》，见梁适 编《中外名言分类大辞典》，复旦大学出版社 1997 年版，第 239 页

灵台无计逃神矢，

风雨如磐暗故园。

寄意寒星荃不察，

我以我血荐轩辕。

> 引自［中国］鲁迅《自题小像》，《鲁迅全集．第七卷》，人
> 民文学出版社 1981 年版，第 423 页

感恩（见 5. 家风的内涵/感恩）

幸福

命由我作，福自己求。

> 引自［中国］袁了凡《了凡四训·立命之学》，见尚荣 徐敏
> 赵锐 评注《了凡四训》，中华书局 2013 年版，第 24 页

要享幸福，莫怕痛苦。现在个人的痛苦，有时可以造成未
来个人的幸福。

> 引自［中国］陈独秀《人生真义》，见王正平 主编《人生格
> 言辞典》，上海辞书出版社 2004 年版，第 87 页

我跟你是永远谈不完的，正如一个人对自己的独白是终身
不会完的。你跟我两人的思想和感情，不正是我自己的思想和
感情吗？清清楚楚的，我跟你的讨论与争辩，常常就是我跟自
己的讨论与争辩。父子之间能有这种境界，也是人生莫大的
幸福。

> 引自［中国］傅雷《傅雷家书》，见傅敏 编《傅雷家书》，
> 辽宁教育出版社 2004 年新 1 版，第 159 页

幸福的核心是人的心灵，要培养用心灵去感受幸福的能力。

引自［日本］铃木镇一《用爱哺育》，许海燕 译，电子工业出版社 2004 年版，第 132 页

在我看来，光会工作的人不仅得不到快乐，就连工作也做不好。而懂得从生活中寻找快乐的人却往往能把工作做得更好，并且还能从工作中找到幸福。

引自［美国］斯托夫人《斯托夫人自然教子书》，亚北 译，中国妇女出版社 2009 年版，第 194 页

爱国（见 15. 家庭的爱国主义教育）

关爱

父母应该给予青春期孩子更多的关爱，建立良好的亲子关系来满足青春期孩子对情感的需要。青春期的孩子一方面闭塞自己的内心，勾画独立的空间来满足自己对独立感的需要；另一方面，他们又渴望有人能走进他们的内心，理解和倾听他们的诸多烦恼。而这时父母们要学会用尊重和平等的态度与孩子保持良好沟通，让他感觉到自己不是那么孤单，这样他们就会降低对网络社交的依赖。

引自［中国］孙云晓《习惯决定孩子一生》，北京师范大学出版社 2013 年版，第 162 页

如果一个人顺应自己的天性来生活，那么，他就会拥有一颗热情待人的心。如果他确实这么做了，别人也会以同样的热

情对待他。换言之，他获得了爱的利息。

引自［日本］铃木镇一《用爱哺育》，许海燕译，电子工业出版社 2004 年版，第 129 页

对那些不会表达爱的人，请进行爱的投资，多多益善。这可能需要时间，但是你一定能获得利息。用亲切、友好的声音来问候对方是最简单的方法。

引自［日本］铃木镇一《用爱哺育》，许海燕译，电子工业出版社 2004 年版，第 130 页

如果一个人拥有一颗欢乐的、充满爱意的心，他的生活就会充满欢乐；如果一个人对他人付出的爱源源不断，他的生活就会其乐融融、少有麻烦。

引自［日本］铃木镇一《用爱哺育》，许海燕译，电子工业出版社 2004 年版，第 131 页

如果一个孩子在父母的培养下拥有美丽的心灵和杰出的才能，能够关爱他人，同时也享受被爱的快乐，父母的使命就完成了。这样，成功、快乐的大门就向这个孩子敞开了。

引自［日本］铃木镇一《用爱哺育》，许海燕译，电子工业出版社 2004 年版，第 105 页

如果家长热情地招待客人，孩子自然而然地能感受到这种热情。从父母身上，孩子体会到了把爱给予他人的快乐。这样，日后父母来的时候，孩子也将把爱给予自己的父母。

引自［日本］铃木镇一《用爱哺育》，许海燕译，电子工业出版社 2004 年版，第 118 页

情感感染

在家庭教育过程中，父母情感对子女的感染作用，在任何时候、任何情况下都不能低估……家长要树立正确的教育思想，要有健康的情感，和子女保持密切的关系，建立正常的感情关系，随时随地注意对子女施以积极的情感感染。

> 引自［中国］赵忠心《家庭教育学：教育子女的科学与艺术》，人民教育出版社 2001 年版，第 110 页

要密切父母子女亲情，子女听从父母的教导，强化家长的感化作用，充分发挥家庭教育固有的优势，家长就要克服困难，多辛苦，多付出，在孩子身上有尽可能多的感情投入。

> 引自［中国］赵忠心《"金钱投入"代替不了"感情投入"》，见张能治 主编《孩子与家庭纵横谈》，华夏出版社 2020 年版，第 280 页

我们知道，父母离开一天回家后，孩子们很期待着他们的疼爱和关心。我们再累，也不能辜负孩子的这种期待。

> 引自［韩国］全惠星《有奉献精神的父母培养大人物》，邵娟 译，中国城市出版社 2009 年版，第 66 页

让家里充满笑声，充满和谐、温馨的气氛，要比因为无谓发怒而制造出紧张气氛强得多。

> 引自［日本］铃木镇一《用爱哺育》，许海燕 译，电子工业出版社 2004 年版，第 88 页

40. 家庭的生命教育

概述（又见 42. 家庭的科学教育/医学）

生命宝贵，生命只有一次；爱惜生命，保护生命；生命不能重来，做生命的强者。

> 引自［中国］张能治《做生命的强者》，见张能治 著《叩开孩子心扉的艺术：谈家庭教育那些事》，暨南大学出版社 2017 年版，第 138 页

中国著名女药学家屠呦呦发明治疗疟疾新药青蒿素，挽救了数百万人的生命，终于在 44 年后获得 2015 年诺贝尔生理学或医学奖。这是第一个在中国本土上获得的诺贝尔科学奖。

> 引自［中国］张能治《做生命的强者》，见张能治 著《叩开孩子心扉的艺术：谈家庭教育那些事》，暨南大学出版社 2017 年版，第 144 页

屠呦呦出生于浙江宁波，高中毕业于宁波中学。中学时成绩中上，但她喜欢生物，喜欢研究，考上药学院，让她的兴趣得到有效激活。在中医研究院的工作，给她提供了研究的绝好机会。研究→失败→再研究→再失败→再研究→再失败→最后获得成功，这是一条经典公式。屠呦呦耐得住寂寞，经得起失败，从无数次的失败中了解到原因，最终取得了成功。

屠呦呦用毕生精力，致力于抗疟的研究，提高人的生命质量，拯救了几百万人的生命。屠呦呦是青少年学习的榜样！

引自［中国］张能治《做生命的强者》，见张能治 著《叩开孩子心扉的艺术：谈家庭教育那些事》，暨南大学出版社2017年版，第144页

"巴甫洛夫很忙……巴甫洛夫正在死亡。"这话不是别人说的，是巴甫洛夫对别人说的，是巴甫洛夫在生命的最后一刻说的。在生命的最后一刻，他谢绝人们的看望慰问，请助手记录他生命最后时刻生理和心理的变化。巴甫洛夫一直密切注视着生命衰变的各种感觉，他要为一生至爱的科学事业留下更多的感性材料。

引自［中国］张能治《做生命的强者》，见张能治 著《叩开孩子心扉的艺术：谈家庭教育那些事》，暨南大学出版社2017年版，第138页

巴甫洛夫在生与死的较量中表现出来的勤奋、豁达、超然、镇静、无私、无畏，令我们深深折服。对一切生命有机体来说，生与死是一对矛盾，有生必有死，有死必有生。在巴甫洛夫的眼里，死不是生命的终结，而是生命的升华。一句"巴甫洛夫很忙……巴甫洛夫正在死亡"，不是诗篇，胜似诗篇。

引自［中国］张能治《做生命的强者》，见张能治 著《叩开孩子心扉的艺术：谈家庭教育那些事》，暨南大学出版社2017年版，第138页

青少年如果不拥抱大自然，就不可能具有完整的健康精神。

引自［中国］孙云晓《习惯决定孩子一生》，北京师范大学

出版社 2013 年版，第 145 页

尊重生命、尊重他人也尊重自己的生命，是生命进程中的伴随物，也是心理健康的一个条件。

引自［美国］弗洛姆《为自己的人》，见王正平 主编《人生格言辞典》，上海辞书出版社 2004 年版，第 208 页

生命起源

当孩子问到有关生命起源的问题的时候，家长不妨自然、科学地告诉他实情，让他获得正确的信息，知道这是一件正常的事，没什么好隐瞒、好自卑的。

引自［中国］马翠莉《科学·健康·自然——谈谈孩子的性教育》，见张能治 主编《家庭教育那些事儿》，暨南大学出版社 2014 年版，第 220 页

儿子 6 岁的时候，有一天，他问我："妈妈，我是从哪里来的？"我笑着认真地看着孩子说："你呀，是妈妈生出来的。"儿子好奇地问："怎么生出来的呢？"我拿出漫画书《小威向前冲》（一本性教育的启蒙书）跟孩子一起看了起来。漫画书里带着蛙镜的可爱小精子小威，虽然数学不好，却是名游泳高手。在一次游泳冠军比赛中，他一举夺魁，赢得了美丽的卵子，然后住进了妈妈的肚子里，最后诞生了小女孩小娜。我指着漫画跟孩子讲："你看这幅大图画里，数不清的小精子争先恐后，浩浩荡荡地冲向终点，小威使出了浑身解数，奋力向前游，他太想拿下这个冠军了。终于，小威比其他兄弟们先冲到了终点，一头扎进卵子里，小威和卵子结合了，新的生命开

始了……"讲完后我告诉孩子:"相信你是最棒的!因为曾经也有一个最棒的小精子一直在努力,坚持不放弃,战胜了三亿也许更多的小精子,最后他变成了现在的你。"

引自〔中国〕马翠莉《科学·健康·自然——谈谈孩子的性教育》,见张能治 主编《家庭教育那些事儿》,暨南大学出版社 2014 年版,第 220 页

儿子看着简单明了的漫画,听着有趣的故事,惊讶地说:"妈妈,我就是这么来的呀!我曾经是最棒的小精子,我是多么努力啊,多么坚持不懈啊,多么幸运啊,能成为你们的孩子真是多么幸福呀!"孩子的嘴里一连说出了几个"多么",眼睛里闪烁着幸福和快乐,脸上绽放着自信笑容。6 岁的孩子对什么都好奇,处在童年意识初期,他们好问,但他们需要的解释是那种能被他们思维形象化的解释,如果我们能用儿童的思维来解决儿童的性问题,就更好了。

引自〔中国〕马翠莉《科学·健康·自然——谈谈孩子的性教育》,见张能治 主编《家庭教育那些事儿》,暨南大学出版社 2014 年版,第 220 – 221 页

生命价值

生亦我所欲也,义亦我所欲也。二者不可得兼,舍生而取义者也。

引自〔中国〕孟轲《孟子·告子上 10》,见方勇 译注《孟子》,中华书局 2015 年第 2 版,第 225 页

夫生不可不惜,不可苟惜。

引自［中国］颜之推《颜氏家训·养生》，见檀作文 译注
《颜氏家训》，中华书局 2007 年版，第 206 页

使一个人的有限的生命，更加有效，也即等于延长了人的
生命。

引自［中国］鲁迅《准风月谈》，见王正平 主编《人生格言
辞典》，上海辞书出版社 2004 年版，第 207 页

生命的健康固然需要有健壮的身体，但这绝不是生命健康
的全部意义。真正的生命健康乃是非痛苦的、非歪曲的人生。
更重要的是心理的卫生与无邪的人生态度。

引自［中国］王蒙《王蒙自述：我的人生哲学》，人民文学
出版社 2003 年版，第 127 页

人最宝贵的是生命。生命对人只有一次。人的一生应当这
样度过：当回忆往事的时候，他不会因为虚度年华而悔恨，也
不会因为碌碌无为而羞愧；在临死的时候，他能够说："我的
整个生命和全部精力，都已经献给了世界上最壮丽的事业——
为人类的解放而斗争。"

引自［苏联］奥斯特洛夫斯基《钢铁是怎样炼成的》，见王
正平 主编《人生格言辞典》，上海辞书出版社 2004 年版，第
25 - 26 页

做生命的强者

游泳能够有效地改善心血管系统、呼吸系统、肌肉系统的
功能。经常游泳不但能够改善体质，预防疾病，而且能够磨炼

意志，塑造健美的体形，促进身心健康和心智发展。

游泳还是一种生存技能，人们难以避免与遍布的江河湖海接触，因此，掌握了游泳技能就等于在意外发生时多了一分生存的机会。

引自［中国］张能治《做生命的强者》，见张能治 著《叩开孩子心扉的艺术：谈家庭教育那些事》，暨南大学出版社2017年版，第144－145页

防溺水，做到"五不游泳"：

不在无家长或老师的带领下私自到江河、湖海、溪塘、水库等地方游泳。

不擅自与同学结伴游泳、戏水。

不到无安全设施、无救护人员、无安全保障的水域游泳。

不到不熟悉的水域游泳。

发现同伴溺水时应立即呼喊大人去救援，不要盲目下水营救，避免发生更多伤亡。

引自［中国］张能治《做生命的强者》，见张能治 著《叩开孩子心扉的艺术：谈家庭教育那些事》，暨南大学出版社2017年版，第145页

在杜绝和预防儿童溺水悲剧事件上，学校和家庭都要高度重视，将安全的知识积淀成儿童的素质和习惯，为他们的健康成长和幸福人生负责。

生命至上，生命不能重来；向生活学习，做生命的强者；提高生命质量，做智慧的青少年。

引自［中国］张能治《做生命的强者》，见张能治 著《叩开

孩子心扉的艺术：谈家庭教育那些事》，暨南大学出版社 2017
年版，第 146 页

飙车、抽烟、溺水……是拿生命做游戏，是对生命的
无知。

为了生命，学会游泳；防溺水，做到"五不游泳"；研究
生命，延长生命，像巴甫洛夫、屠呦呦、安吉拉·张那样；保
护生命，向最美的人张丽莉、吴斌、周冲、吴菊萍学习，做生
命的强者！

引自［中国］张能治《做生命的强者》，见张能治 著《叩开
孩子心扉的艺术：谈家庭教育那些事》，暨南大学出版社 2017
年版，第 146 页

41．家庭的性教育

概述

以生物学的观点来看，男女间的差异取决于个体受精时的染色体结合，在生理构造上，内生殖系统及外生殖器官各有不同的生理差异，在性腺及荷尔蒙的催化作用下，男性与女性出现了不同的身体特征，造就了两性有别的角色扮演。

> 引自［中国］王以仁《第六章 性教育的家庭责任》，见赵刚
> 王以仁 主编《中华家庭教育学》，研究出版社 2016 年版，第
> 269 页

"性"也是人生的重要议题，两性关系是人际关系重要的一环。性不仅关系着个人的身心健康、家庭的幸福美满，而且会影响社会的秩序和安宁。此外，"性"伴随人的一生，但对它的意识却主要产生于青春期，这时的青少年性意识的发展最快也最显著。依据心理分析大师弗洛伊德的说法，自青春期阶段开始，青少年已由潜伏期进入生殖期，此时期所养成的性知识、性态度及行为，对其往后一生的性关系影响深远。

> 引自［中国］王以仁《第六章 性教育的家庭责任》，见赵刚
> 王以仁 主编《中华家庭教育学》，研究出版社 2016 年版，第
> 269 页

父母是基于爱情走到一起，组合成幸福的家庭。但爱情离不开性，爱情的结晶——孩子正是性的结果。正如马克思所说"每日都在重新生产自己生命的人们开始生产另外一些人，即

繁殖。"没有人类的繁衍，也就无所谓教育了。

> 引自［中国］黄河清《第三章 家庭教育实施者的品质优化与
> 实践》，见赵刚 王以仁 主编《中华家庭教育学》，研究出版
> 社 2016 年版，第 155 页

性教育的目的

性教育的目的不在控制或压抑子女的性反应，而是透过引导性别，使人类可以尽到完成自我实现的最大可能性。性是包含有碰触的情感关系，从小没有受到关爱的儿童将来亦难与他人建立亲密关系，因此性教育的第一步就是让孩子接受自己的身体，避免子女认为自己是肮脏、不可碰触的。由此可知，性教育的主要目的为认清自我和异性的差别，并培养自己充满自信又能接纳他人及建立负责任的性态度。

> 引自［中国］王以仁《第六章 性教育的家庭责任》，见赵刚
> 王以仁 主编《中华家庭教育学》，研究出版社 2016 年版，第
> 273 页

性教育的内容

性教育的内容应配合子女在不同阶段的需求发展，在青春期阶段因为生理发展变化明显，是一个性教育课程概念上的分水岭，教育内容除了对自我生理的认识外，更开始学习如何处理控制个人的性冲动、尊重他人和建立正确价值判断。

> 引自［中国］王以仁《第六章 性教育的家庭责任》，见赵刚
> 王以仁 主编《中华家庭教育学》，研究出版社 2016 年版，第

273 页

真正的性教育不单是生殖器官的介绍，也不同于道德教育，除了包含对性生理、性心理的认识外，了解自己和异性的性别角色、学习不同性别相处之道与学会对彼此的爱与尊重是很重要的。

> 引自［中国］王以仁《第六章 性教育的家庭责任》，见赵刚
> 王以仁 主编《中华家庭教育学》，研究出版社 2016 年版，第
> 272 页

性教育的意义

实施性教育的意义不单只是探讨个人的生理构造，而应借由了解自己与其他性别的不同，学习由生理面依照认知过程发展由浅入深，进而在生活中学会爱惜自己与尊重他人。性教育不仅是单面向的学科，更是一种家庭生活中的生命教育。

> 引自［中国］王以仁《第六章 性教育的家庭责任》，见赵刚
> 王以仁 主编《中华家庭教育学》，研究出版社 2016 年版，第
> 273 页

性教育的作用

要风化好，是在解放人性，普及教育，尤其是性教育，这正是教育者所当为之事。

> 引自［中国］鲁迅《坚壁清野主义》，《鲁迅全集. 第四卷》，
> 人民文学出版社 1981 年版，第 258 页

没有性教育的家庭教育是不完整的教育。孩子从小受到良好的性启蒙教育，对其健康人格的形成极为重要，由于对异性的神秘感减少了，便能有效地防止不成熟的性尝试。科学的健康的性知识是不会把孩子引入歧途的，它让孩子知道生命的美好、成长的奇妙，让孩子更加悦纳自己、珍爱生命。

> 引自［中国］马翠莉《科学·健康·自然——谈谈孩子的性教育》，见张能治 主编《家庭教育那些事儿》，暨南大学出版社 2014 年版，第 222 页

孩子的性教育是孩子健康成长的必然要求，是家庭和学校的重要责任，其中父母的教育尤为重要。我从哪里来、为什么我比别人矮和对女性月经的好奇，作者以孩子成长过程中三个不同阶段产生的困惑，用生动、形象的比喻对他进行性教育，让孩子理解和接受。

许多让家长不知如何启齿的性教育话题，于作者而言，却显得那么自然得体，我们不得不对作者的教育智慧深感佩服，同时也引发深刻的思考……

> 引自［中国］张能治《对马翠莉〈科学·健康·自然——谈谈孩子的性教育〉的点评》，见张能治 主编《家庭教育那些事儿》，暨南大学出版社 2014 年版，第 222 页

性教育的方法

家庭性教育能因孩子而宜，这就要家长结合自己孩子的心理和生理特点，科学地进行分析，什么年龄段讲什么，家长要先研究好。有的孩子问题一个接一个，父母可以坦率地、顺其

自然地告诉他们一些尚不能理解的性知识。总之，一切就像谈家常那样，态度不能过于严肃。

> 引自［中国］马翠莉《科学·健康·自然——谈谈孩子的性教育》，见张能治 主编《家庭教育那些事儿》，暨南大学出版社 2014 年版，第 221 页

家庭中性教育实施的主要目的，不在于控制或压抑子女的性反应，而是透过引导让孩子能认清自我和异性的差别，培养自己充满自信又能接纳他人，以及建立负责任的性态度。当亲子之间愈能彼此交谈、分享心情感受而共同参与活动，并且父母不以权威压迫子女、亲子间关系能平等互动时，子女对于父母更能说出心里的话，更愿意与父母讨论自身的性问题困扰时，父母方能给予子女正确的性态度与性观念。

> 引自［中国］王以仁《第六章 性教育的家庭责任》，见赵刚 王以仁 主编《中华家庭教育学》，研究出版社 2016 年版，第 287 页

在家庭情境中，父母可以随时解答孩子提出的性问题并施以正确的引导，因此，家庭是实施性教育最重要的场所。

> 引自［中国］王以仁《第六章 性教育的家庭责任》，见赵刚 王以仁 主编《中华家庭教育学》，研究出版社 2016 年版，第 286 页

性教育应始于父母，父母需把握时机适切地提供子女有关性的知识。

> 引自［中国］王以仁《第六章 性教育的家庭责任》，见赵刚 王以仁 主编《中华家庭教育学》，研究出版社 2016 年版，第

286 页

青春期

孩子上了初中，看着儿子的嘴唇上出现了细细的黑绒毛，说话声音也由令人心动的清亮童声变得有点粗哑，话题也比较多地围绕女孩子展开。当妈的知道，孩子的青春期也差不多到了。

> 引自［中国］马翠莉《科学·健康·自然——谈谈孩子的性教育》，见张能治主编《家庭教育那些事儿》，暨南大学出版社2014年版，第221页

当孩童进入青春期后，接触网络色情及性相关信息最大的动机就是好奇，因而为使青春期的孩子能正确使用网络，最好的方式是父母能学习如何使用网络，并从旁边协助与孩子一起参与上网活动，一来可以在看到不当色情信息的时候，予以正确的性知识引导，二来亦可增加亲子间的互动，这实在是一个两全其美的好方法。

> 引自［中国］王以仁《第六章 性教育的家庭责任》，见赵刚 王以仁 主编《中华家庭教育学》，研究出版社2016年版，第290页

与异性交往

学会与异性交往，这是孩子学习交往当中不能回避的问题。

> 引自［中国］孙云晓《习惯决定孩子一生》，北京师范大学

出版社 2013 年版，第 116 页

男孩女孩进入青春期后对异性产生好感，有和异性接触的愿望，这是正常的，也是非常美好的；如果没有，倒可能不正常。

引自［中国］尹建莉《好妈妈胜过好老师》，作家出版社 2009 年版，第 24 页

只有孩子自尊自爱，在青春期和异性交往时觉得坦然、正常，才能产生自信和理性，才能做得端庄自在，才有自我控制的力量。

引自［中国］尹建莉《好妈妈胜过好老师》，作家出版社 2009 年版，第 25 页

孩子从父母身上领略到美满的男女关系，才会对两性相处有信心，才能以健康的心态为自己找到爱情，找到美好的性，找到一生的幸福。

引自［中国］尹建莉《好妈妈胜过好老师》，作家出版社 2009 年版，第 113 页

父母作榜样

家庭往往是子女第一个接触与学习的环境，而家长更是子女性教育的启蒙者。因此，父母必须多充实个人的性知识，培养自我沟通及表达能力，才能与子女以健全的态度且拥有开放的沟通管道，进而提升子女的性知识和培养正确的性价值观。

引自［中国］王以仁《第六章 性教育的家庭责任》，见赵刚

王以仁 主编《中华家庭教育学》，研究出版社 2016 年版，第 287 页

在面对孩子讨论关于性的事情时，首先，应该以"尊重"代替"责骂"；责骂只会让孩子不敢坦白，如果真的发生什么问题，孩子也会隐瞒事实，反而会酿成大祸。其次，以"肯定"取代"不信任"，让孩子更谨慎地做决定且负起责任。同时要以"我的信息"取代"说教"，用"我"的观点去表达自己的关心，让孩子不会有被说教的感觉。最后，用"同理心"代替"为子女做决定"，倾听孩子的话语，并不带着任何批评意味地给予建议。如此孩子才会愿意表达自己的疑惑和困境，听取家长的建议，也才有机会防范相关问题的发生，让孩子健康成长。

引自［中国］王以仁《第六章 性教育的家庭责任》，见赵刚 王以仁 主编《中华家庭教育学》，研究出版社 2016 年版，第 291 页

怎样进行这样的性教育呢？在这里最主要的是榜样。父母之间真正的爱，他们彼此的尊重、帮助和关心、适当地公开流露的柔情和温存，如果这一切从孩子一出生起就在他眼前表露出来，就成为最有力的教育因素，必须让孩子注意到男女之间的这种严肃的和美丽的关系。

引自［苏联］A. C. 马卡连柯《家庭和儿童教育》，丽娃 译，上海人民出版社 2005 年版，第 106 页

42. 家庭的科学教育

概述

科学技术是第一生产力。

> 引自［中国］邓小平《科学技术是第一生产力》，见邓小平著《邓小平文选．第三卷》，人民出版社 1993 年版，第 274 页

学龄前儿童的理解能力和接受能力是有限的，他们的思维特点主要是形象思维，只是在游戏中、日常生活中及与成人的交往中学习一些科学知识。

> 引自［中国］赵忠心《家庭教育学：教育子女的科学与艺术》，人民教育出版社 2001 年版，第 201 – 202 页

科学是一种强有力的工具，怎样用它，究竟是给人带来幸福还是带来灾难，全取决于人自己，而不取决于工具。

> 引自［德国］爱因斯坦《论和平》，见王正平 主编《人生格言辞典》，上海辞书出版社 2004 年版，第 104 页

一切伟大的科学理论都意味着对未知的新征服。

> 引自［英国］波普《猜想与反驳》，见王正平 主编《人生格言辞典》，上海辞书出版社 2004 年版，第 105 页

猎奇

人们喜欢猎奇，这就是我们科学的种子。

引自［美国］爱默生《社交与孤独》，见王正平 主编《人生格言辞典》，上海辞书出版社 2004 年版，第 106 页

科学不但是雕塑、绘画、音乐、诗歌的基础，科学本身就有诗意。

引自［英国］斯宾塞《教育论》，见王正平 主编《人生格言辞典》，上海辞书出版社 2004 年版，第 106 页

攀登

在科学上没有平坦的大道，只有不畏劳苦沿着陡峭山路攀登的人，才有希望达到光辉的顶点。

引自［德国］马克思《〈资本论〉第一卷·法文版序言》，见王正平 主编《人生格言辞典》，上海辞书出版社 2004 年版，第 107 页

在科学的入口处，正像在地狱的入口处一样，必须提出这样的要求，这里必须根绝一切犹豫；这里任何怯懦都无济于事。

引自［德国］马克思《〈政治经济学批判〉序言》A107，见王正平 主编《人生格言辞典》，上海辞书出版社 2004 年版，第 107 页

数学

这篇论文已得到了国际数学界的公认，誉满天下。他所证明的那条定理，现在世界各国一致地把它命名为"陈氏定

理",因为它的作者姓陈,名景润。他现在是中国科学院数学研究所的研究员。

引自［中国］徐迟《哥德巴赫猜想》,人民文学出版社1973年版,第48页

有一次,老师给这些高中生讲了数论之中一道著名的难题。他说,当初,俄罗斯的彼得大帝建设彼得堡,聘请了一大批欧洲的大科学家。其中,有瑞士大数学家欧拉(他的著作共有八百余种);还有德国的一位中学教师,名叫哥德巴赫,也是数学家。

一七四二年,哥德巴赫发现,每一个大偶数都可以写成两个素数的和。他对很多偶数进行了检验,都说明这是确实的。但是这需要给予证明。因为尚未经过证明,只能称之为猜想。他自己却不能够证明它,就写信请教那赫赫有名的大数学家欧拉,请他来帮忙作出证明。一直到死,欧拉也不能证明它。从此这成了一道难题,吸引了成千上万数学家的注意。两百多年来,多少数学家企图给这个猜想作出证明,都没有成功。

说到这里,教室里成了开了锅的水。那些像初放的花朵一样的青年学生叽叽喳喳地议论起来了。

老师又说,自然科学的皇后是数学。数学的皇冠是数论。哥德巴赫猜想,则是皇冠上的明珠。

引自［中国］徐迟《哥德巴赫猜想》,人民文学出版社1973年版,第52页

当他(指陈景润,编者注)已具备了充分依据,他就以惊人的顽强毅力,来向哥德巴赫猜想挺进了。他废寝忘食,昼

夜不舍，潜心思考，探测精蕴，进行了大量的运算。

> 引自［中国］徐迟《哥德巴赫猜想》，人民文学出版社 1973
> 年版，第 61 页

他很顽强。他病得起不来了，但又没有起不来的时候。

> 引自［中国］徐迟《哥德巴赫猜想》，人民文学出版社 1973
> 年版，第 78 页

从学习外语来说，我（指陈景润，编者注）是在中学里就学了英语，在大学里学的俄语；在所里又自学了德语和法语。我勉强可以阅读而且写写了。又自学了日语、意大利语和西班牙语，到了勉强可以阅读外国资料和文献的程度。因而在借鉴国外的经验和成就时，可以从原文阅读，用不到等人翻译出来了再读。这是必不可少的一个条件。我必须检阅外国资料的尽可能的全部总和，消化前人智慧的尽可能不缺的全部的果实。而我才能在这样的基础上解答（1 + 2）这样的命题。

> 引自［中国］徐迟《哥德巴赫猜想》，人民文学出版社 1973
> 年版，第 77 页

国际上的反响非常强烈。英国数学家哈勃斯丹和西德数学家李希特的著作《筛法》正在印刷所校印。他们见到了陈景润的论文立即要求暂不付印，并在这部书里加添了一章，第十一章："陈氏定理"。他们誉之为筛法的"光辉的顶点"。在国外的数学出版物上，诸如"杰出的成就"、"光辉的定理"，等等，不胜枚举。一个英国数学家给他的信里还说，"你移动了群山！"

引自〔中国〕徐迟《哥德巴赫猜想》，人民文学出版社1973
年版，第83页

医学（又见40. 家庭的生命教育/概述）

今年获得诺贝尔生理学或医学奖的中国科学家屠呦呦的主
要研究成果青蒿素，就是源于上世纪60年代中国为支援越南
而开展的抗疟疾药物研究。

引自〔中国〕习近平总书记2015年11月初撰文谈到中国曾
经全力支持越南开展民族解放斗争时说，见《屠呦呦传》编
写组 编写《屠呦呦传》，人民出版社2015年版，后勒口

青蒿素——中医药给世界的一份礼物。

引自〔中国〕屠呦呦《在瑞典卡罗林斯卡学院的演讲》
（2015年12月7日），见《屠呦呦传》编写组 编写《屠呦呦
传》，人民出版社2015年版，第159页

最后，我想与各位分享一首我国唐代有名的诗篇，王之涣
所写的《登鹳雀楼》："白日依山尽，黄河入海流。欲穷千里
目，更上一层楼。"请各位有机会时更上一层楼，去领略中国
文化的魅力，发现蕴含于传统中医中药中的宝藏！

引自〔中国〕屠呦呦《在瑞典卡罗林斯卡学院的演讲》
（2015年12月7日），见《屠呦呦传》编写组 编写《屠呦呦
传》，人民出版社2015年版，第171页

诺贝尔奖115年来，有592位科学家获得自然科学奖，女
性获奖者有17位、18人次，只占区区3%。其中，化学奖获
得者只有4位，两位还是居里夫人母女。物理学奖则只有两位

女性得主，其中还是居里夫人贡献了一半，而且自 1963 年以来，女性再也没有获得过物理学奖。生理学或医学奖稍好，迄今 12 位女性得主，但也只占生理学或医学奖得主总数的 5%。在这样的历史背景中，屠呦呦获奖，不仅是中国科学界的骄傲，也是中国女性的骄傲、全世界女性的骄傲。

引自 [中国] 《屠呦呦传》编写组 编写 《屠呦呦传》，人民出版社 2015 年版，第 147–151 页

43. 家庭的挫折教育（又见32. 家庭的品格教育/挫折）

概述

世界上没有直路，要准备走曲折的路，不要贪便宜。

> 引自［中国］毛泽东《关于重庆谈判》，《毛泽东选集．第4
> 卷》，人民出版社1991年第2版，第1163页

挫折，使人进步。学习中出现错漏是正常现象。只要肯认
真改正，并适当训练，人就会前进。我们需要的不是一百分，
而是能力。缺点和挫折是能力的加速器。挫折，让人可爱！

> 引自［中国］张能治《家庭教育的误区与对策》，见张能治
> 编著《爱，让孩子快乐成长——e时代家庭教育真谛》，广东
> 人民出版社2011年版，第68页

逆境

挫折磨难是锻炼意志增加能力的好机会。

> 引自［中国］邹韬奋《不相干的帽子》，见王正平 主编《人
> 生格言辞典》，上海辞书出版社2004年版，第255页

太阳太强烈，会把五谷晒焦；雨水太猛，也会淹死庄稼。

> 引自［中国］傅雷《傅雷家书》，见傅敏 编《傅雷家书》，
> 辽宁教育出版社2004年新1版，第63页

"危机"这个词包含了两层含义：危险过去了，机会就来

了。屡挫屡奋，不屈不挠，终会有大成就。

引自［中国］赵刚《20 岁的生日礼物》，见张能治 主编《家庭教育那些事儿》，暨南大学出版社 2014 年版，第 142 页

苦难对于天才是一块垫脚石，对能干的人是一笔财富，对弱者是一个万丈深渊。

引自［法国］巴尔扎克《塞查·皮罗多盛衰记》，见王正平 主编《人生格言辞典》，上海辞书出版社 2004 年版，第 202 页

困难

我们的同志在困难的时候，要看到成绩，要看到光明，要提高我们的勇气。

引自［中国］毛泽东《为人民服务》，《毛泽东选集．第 3 卷》，人民出版社 1991 年第 2 版，第 1005 页

下定决心，不怕牺牲，排除万难，去争取胜利。

引自［中国］毛泽东《愚公移山》，《毛泽东选集．第 3 卷》，人民出版社 1991 年第 2 版，第 1101 页

只有在反复多次克服困难的过程中，个体才能逐渐形成和培养良好的道德意志和道德习惯。所以，父母要想培养孩子良好的道德意志，必须从小鼓励儿童在各种家庭活动中克服体力、动作上等方面的不适应所导致的困难。

引自［中国］杨韶刚《第七章 多元化背景下的家庭教育选择》，见赵刚 王以仁 主编《中华家庭教育学》，研究出版社

2016 年版，第 396 页

失败

得何足喜，失何足忧。

> 引自［中国］罗贯中《三国演义》，见王正平 主编《人生格言辞典》，上海辞书出版社 2004 年版，第 263 页

可以惩罚懒惰、依赖、逃避和不负责任等不良行为，但是不要惩罚失败，失败是让人进步的学习过程，惩罚失败可能会挫伤孩子创造的动力，要鼓励孩子在失败中成长、坚强。

> 引自［中国］李开复《要鼓励孩子在失败中成长》，见赵刚 主编《100 位企业家给家长的忠告》，东方出版社 2012 年版，第 37 页

作为父母，我们不仅应该凭自己的爱心培养孩子，也有责任帮助孩子从低落的状态中振作起来，而帮助孩子最好的方法就是鼓励他，使他能够有勇气独自面对失败。

> 引自［美国］斯托夫人《斯托夫人自然教子书》，亚北 译，中国妇女出版社 2009 年版，第 298 页

失败往往是黎明前的黑暗，继之而出现的是成功的朝霞。

> 引自［英国］霍奇斯《成功》，见王正平 主编《人生格言辞典》，上海辞书出版社 2004 年版，第 263 页

错误和失败，锻炼了我们前进的本领。

> 引自［美国］查宁《关于现代的讲演》，见王正平 主编《人

生格言辞典》，上海辞书出版社 2004 年版，第 263 页

早年尝几次失败的滋味，终身受用不浅。

引自［英国］赫胥黎《论医学教育》，见王正平 主编《人生
格言辞典》，上海辞书出版社 2004 年版，第 264 页

坚强

慢慢的你会养成另外一种心情对付过去的事：就是能够想
到而不再惊心动魄，能够从客观的立场分析前因后果，做将来
的借鉴，以免重蹈覆辙。一个人惟有敢于正视现实，正视错
误，用理智分析，彻底感悟，终不至于被回忆侵蚀。我相信你
逐渐会学会这一套，越来越坚强的。

引自［中国］傅雷《傅雷家书》，见傅敏 编《傅雷家书》，
辽宁教育出版社 2004 年新 1 版，第 63 页

成就的大小、高低，是不在我们掌握之内的，一半靠人
力，一半靠天赋，但只要坚强，就不怕失败，不怕挫折，不怕
打击——不管是人事上的，生活上的，技术上的，学习上的
——打击；从此以后你可以孤军奋斗了。何况事实上有多少良
师益友在周围帮助你，扶掖你。还加上古今的名著，时时刻刻
给你精神上的养料！孩子，从今以后你永远不会孤独的了，
即使孤独也不怕的了！

引自［中国］傅雷《傅雷家书》，见傅敏 编《傅雷家书》，
辽宁教育出版社 2004 年新 1 版，第 90 页

44. 家庭的网络教育

概述

网络空间与现实社会一样，既要提倡自由，也要遵守秩序。自由是秩序的目的，秩序是自由的保障。我们既要充分尊重网民交流思想、表达意愿的权利，也要构建良好的网络秩序，这也是为了更好保障广大网民合法权益。

引自［中国］习近平在接受美国《华尔街日报》书面采访时的答问（2015 年 9 月 22 日），《人民日报》2015 年 9 月 23 日，见中共中央党史和文献研究院 编《习近平关于网络强国论述摘编》，中央文献出版社 2021 年版，第 66 页

健全网络综合治理体系，推动形成良好网络生态。

引自［中国］习近平《高举中国特色社会主义伟大旗帜 为全面建设社会主义现代化国家而团结奋斗——在中国共产党第二十次全国代表大会上的报告》（2022 年 10 月 16 日），人民出版社 2022 年版，第 44 页

信息化时代的网络确实给人类带来了巨大的进步，促进了社会的发展，但毋庸讳言，如果过分迷恋网络，甚至网络成瘾，则可能会极大地影响和改变儿童青少年的正常生活，影响个体的健康成长和发展。网络还阻碍了亲子之间正常的沟通，家庭道德教育更是无法按照常规的方法来进行。

引自［中国］杨韶刚《第七章 多元化背景下的家庭教育选择》，见赵刚 王以仁 主编《中华家庭教育学》，研究出版社

2016 年版，第 336 页

网络是一个信息的宝库；网络也是一个信息的垃圾场。网络这把双刃剑，全在于人怎样认识它，使用它。

> 引自［中国］张能治《更新教育理念，做 e 时代的合格父
> 母》，见张能治 编著《爱，让孩子快乐成长——e 时代家庭教
> 育真谛》，广东人民出版社 2011 年版，第 37 页

我们不能因为网络存在着弊端，就躲避它、鄙视它；网络是无罪的，怎样发挥这把双刃剑的威力，全在于人怎样去使用它。这是信息时代对每一位青少年提出的新要求，也是对每位家长提出的新要求。

> 引自［中国］张能治《更新教育理念，做 e 时代的合格父
> 母》，见张能治 编著《爱，让孩子快乐成长——e 时代家庭教
> 育真谛》，广东人民出版社 2011 年版，第 51 页

当今的家庭教育是网络环境下的家庭教育。家长要成为孩子玩网络游戏的玩伴，学习网络的学伴，平时无话不说的朋友，孩子成长的引路人。

网络时代亲子关系发生了变化，父母要适应这种变化。父母要想改变孩子，首先要改变父母自己；没有父母的改变，就不可能有孩子的改变。

> 引自［中国］张能治《更新教育理念，做 e 时代的合格父
> 母》，见张能治 编著《爱，让孩子快乐成长——e 时代家庭教
> 育真谛》，广东人民出版社 2011 年版，第 51 页

作用

互联网是一个社会信息大平台，亿万网民在上面获得信息、交流信息，这会对他们的求知途径、思维方式、价值观念产生重要影响，特别是会对他们对国家、对社会、对工作、对人生的看法产生重要影响。

> 引自［中国］习近平《在网络安全和信息化工作座谈会上的讲话》（2016年4月19日），见中共中央党史和文献研究院编《习近平关于网络强国论述摘编》，中央文献出版社2021年版，第69页

要建设好青少年聚集的网络平台，创作更多青少年喜爱的网络文化产品，把要讲的道理、情理、事实用青少年易于接受的语言和方式呈现出来。要把网上舆论引导和网下思想工作结合起来，既会"键对键"、又能"面对面"，团结带动更多青少年与党同心、与党同行。

> 引自［中国］习近平《在全国网络安全和信息化工作会议上的讲话》（2018年4月20日），见中共中央党史和文献研究院编《习近平关于网络强国论述摘编》，中央文献出版社2021年版，第78页

当今时代，以信息技术为核心的新一轮科技革命正在孕育兴起，互联网日益成为创新驱动发展的先导力量，深刻改变着人们的生产生活，有力推动着社会发展。

> 引自［中国］习近平《致首届世界互联网大会的贺词》（2014年11月19日），《人民日报》2014年11月20日，见

> 中共中央党史和文献研究院 编《习近平关于网络强国论述摘编》，中央文献出版社 2021 年版，第 149－150 页

文化因交流而多彩，文明因互鉴而丰富。互联网是传播人类优秀文化、弘扬正能量的重要载体。

> 引自［中国］习近平《在第二届世界互联网大会开幕式上的讲话》（2015 年 12 月 16 日），见中共中央党史和文献研究院编《习近平关于网络强国论述摘编》，中央文献出版社 2021 年版，第 156 页

坦诚接受孩子的网络游戏

网络游戏是一种游戏，是孩子一种娱乐方式。

不要让孩子在玩的时候有内疚感和负罪感，不要让家长的态度激起孩子的逆反情绪。逆反情绪只能强化他玩网络游戏的欲望。

让孩子的心灵快乐起来。网络就在孩子身边，让我们静静地倾听着孩子们的心声，默默地灌溉着孩子们的心灵花园，细细地雕刻着孩子们心灵深处的图腾，仅仅希望唤醒每个孩子心上轻轻开合的翅膀，看着他们在蓝天幸福地飞翔……

> 引自［中国］张能治《更新教育理念，做 e 时代的合格父母》，见张能治 编著《爱，让孩子快乐成长——e 时代家庭教育真谛》，广东人民出版社 2011 年版，第 49 页

父母应成为参与者、辅导者

父母要转变观念，采取积极的态度，主动学习网络知识，

和孩子们一起学。只有不断地提升自己，和孩子们一起成长，父母才有可能有与孩子沟通的共同语言，才有可能成为孩子们的良师益友，才有资格、有能力去影响和教育孩子。

> 引自［中国］张能治《更新教育理念，做 e 时代的合格父母》，见张能治 编著《爱，让孩子快乐成长——e 时代家庭教育真谛》，广东人民出版社 2011 年版，第 42 页

家长应该和孩子商量，让孩子提出上网和玩游戏的具体时间，让孩子遵守自己的承诺，让孩子在实践中学会自己管理自己。家长可以采用比较流行的合同形式，以书面形式与孩子签订一定的合同，制定上网条约，双方都有履行合同的义务，家长要适当地提醒和督促。

> 引自［中国］张能治《更新教育理念，做 e 时代的合格父母》，见张能治 编著《爱，让孩子快乐成长——e 时代家庭教育真谛》，广东人民出版社 2011 年版，第 44 页

和孩子一起上网查资料，玩游戏，好处很多：可以密切父母与子女的关系，互相学习，促进有效沟通；可以更多地了解孩子上网的内容，及时纠正不良偏向；可以培养孩子的学习兴趣和利用网络探索未知的习惯；可以使孩子获得真正的快乐；可以让孩子远离网吧。

> 引自［中国］张能治《更新教育理念，做 e 时代的合格父母》，见张能治 编著《爱，让孩子快乐成长——e 时代家庭教育真谛》，广东人民出版社 2011 年版，第 48 页

孩子上网父母要注意给予适当的辅导：指导与督促孩子在网络世界里安全运作，趋利避害；给孩子提供一些适合孩子的

网址，减少孩子受不良网站影响的机会；对孩子进行必要的了解和提醒，避免孩子交上不良网友；预防在前，适当的时候和孩子讨论一些网络现象，如网恋、色情网站等。

> 引自［中国］张能治《更新教育理念，做 e 时代的合格父母》，见张能治 编著《爱，让孩子快乐成长——e 时代家庭教育真谛》，广东人民出版社 2011 年版，第 48 页

告诉孩子有关网络安全的知识：

在网上不要轻易给出自己的身份信息，如家庭住址、电话号码、信用卡号等；

不要单独和网友见面，如果非常有必要见，要到公共场合，最好有大人陪同；

收到带有攻击性、淫秽、威胁等信件和消息，不要回答或反驳，马上通知家长；

记住你在网上读到的信息有可能不是真的；

单独在家，不要允许网上认识的朋友来访；

切不可将网络游戏（或电子游戏）当作一种精神寄托。

> 引自［中国］张能治《更新教育理念，做 e 时代的合格父母》，见张能治 编著《爱，让孩子快乐成长——e 时代家庭教育真谛》，广东人民出版社 2011 年版，第 48 – 49 页

丰富的课外生活

平时丰富的课外阅读会让孩子的精神世界丰富，更聪明更理性，形成更好的道德意识，不给网络游戏留下更多的空间。一个从小有阅读习惯的孩子，阅读对它来说是也是魅力无穷

的，会冲淡对游戏的兴趣与依赖。

> 引自［中国］张能治《更新教育理念，做 e 时代的合格父母》，见张能治 编著《爱，让孩子快乐成长——e 时代家庭教育真谛》，广东人民出版社 2011 年版，第 50 页

鼓励孩子积极参加文体活动。

丰富的体育活动可以锻炼孩子的身体，让孩子精力充沛，焕发活力。

多彩的文娱活动，会提高孩子的道德品位，释放出天真活泼的本性和青春活力。

> 引自［中国］张能治《更新教育理念，做 e 时代的合格父母》，见张能治 编著《爱，让孩子快乐成长——e 时代家庭教育真谛》，广东人民出版社 2011 年版，第 50 - 51 页

对于解决孩子沉迷网络社交的问题，我的观点是首先要用丰富多彩的活动代替孩子单一乏味的生活。

> 引自［中国］孙云晓《习惯决定孩子一生》，北京师范大学出版社 2013 年版，第 161 页

父母应该给予青春期孩子更多的关爱，建立良好的亲子关系来满足青春期孩子对情感的需要。青春期的孩子一方面闭塞自己的内心，勾画独立的空间来满足自己对独立感的需要；另一方面，他们又渴望有人能走进他们的内心，理解和倾听他们的诸多烦恼。而这时父母们要学会用尊重和平等的态度与孩子保持良好沟通，让他感觉到自己不是那么孤单，这样他们就会降低对网络社交的依赖。

引自〔中国〕孙云晓《习惯决定孩子一生》，北京师范大学出版社 2013 年版，第 162 页

向孩子学习，无论对于父母和孩子都是非常有益的事情。21 世纪是一个信息的社会，是一个学习的社会。不向孩子学习就不能完成终生学习的任务。特别在互联网这个时代，孩子们是越走越远，能把我们远远地甩在后面，他们知道的越来越多，所以说我们应该向孩子学习。

引自〔中国〕孙云晓《习惯决定孩子一生》，北京师范大学出版社 2013 年版，第 190 页

45. 家庭的理财教育

概述

钱愈多则患愈大，兄家与弟家总不宜多存现银。现钱每年兄敷一年之用，便是天下之大富，人间之大福。家中要得兴旺，全靠出贤子弟，若子弟不贤不才，虽多积银、积钱、积谷、积产、积衣、积书，总是枉然！

子弟之贤否，六分本于天生，四分由于家教。

> 引自〔中国〕曾国藩《曾国藩家书·理财篇》，见《国学典藏书系》丛书编委会 主编《曾国藩家书》，吉林出版集团股份有限公司 2011 年版，第 210 页

理财能力是人的一种生存能力，它直接关系到人的发展和一生的幸福。

> 引自〔中国〕孙云晓《习惯决定孩子一生》，北京师范大学出版社 2013 年版，第 169 页

不合理的消费行为可能助长不健康的消费心理，没有节制性的物质满足最终会降低孩子的自控能力，并使孩子缺乏生存能力和幸福感。

> 引自〔中国〕孙云晓《习惯决定孩子一生》，北京师范大学出版社 2013 年版，第 171 页

方法

建议 10 岁以后的孩子需要零花钱，哪怕给孩子很少的钱，

让他自由支配，这对孩子的独立性和财商发展有一定的好处。当然你要过问，要让孩子告诉你钱是怎么花的，要引导他合理消费。

引自［中国］孙云晓《习惯决定孩子一生》，北京师范大学出版社 2013 年版，第 178 页

管理和使用压岁钱的核心目标是成长，即学会自理、自立和助人。

引自［中国］孙云晓《习惯决定孩子一生》，北京师范大学出版社 2013 年版，第 170 页

46. 孩子的个性

个性

不同的孩子，由于先天的遗传素质、后天的生活环境和所受到的教育，以及孩子本身的实践情况不同，在身心发展的可能性、方向和水平上是存在差异的，这种差异就叫个性，也叫个性特征。

> 引自 ［中国］赵忠心《家庭教育学：教育子女的科学与艺术》，人民教育出版社 2001 年版，第 213 页

在个性特征发展的过程中，随着年龄的增长，遗传的作用越来越小，环境和教育的作用越来越大，个性差异也越来越明显。

> 引自 ［中国］赵忠心《家庭教育学：教育子女的科学与艺术》，人民教育出版社 2001 年版，第 214 页

家长必须明白，人的个性有的是好的，有的不是好的，并不是所有个性都值得发扬光大。即或是好的个性，也要受到环境的制约、限制，不能放任。

> 引自 ［中国］赵忠心《教养》，见张能治 主编《孩子与家庭纵横谈》，华夏出版社 2020 年版，第 305 页

小朋友的个性在什么时候才容易看出呢？就是在自由活动的时候，要注意小朋友的个性，必定要在自由活动的时候。

引自〔中国〕孙铭勋《孙铭勋教育文选》，重庆出版社 1984
年版，第 122 页

婴儿的面部表情不是教出来的，而是通过适应环境自然而
然地形成的。同样，一个孩子的个性也是这样形成的。

引自〔日本〕铃木镇一《用爱哺育》，许海燕 译，电子工业
出版社 2004 年版，第 18 页

婴儿在无形中捕捉、吸收了父母的个性、行为以及其他各
个方面，并在成长过程中逐渐效仿。

引自〔日本〕铃木镇一《用爱哺育》，许海燕 译，电子工业
出版社 2004 年版，第 19 页

人们生而平等，但又生来个性各有千秋。

引自〔美国〕弗洛姆《逃避自由》，见王正平 主编《人生格
言辞典》，上海辞书出版社 2004 年版，第 287 页

一个没有任何个性的人，只能做出一般的产品。只有在工
作中发挥个性，才能有新的点子，找出新的方向。

引自〔日本〕大松博文《魔鬼大松的自述》，见王正平 主编
《人生格言辞典》，上海辞书出版社 2004 年版，第 290 页

性格

性格，它与人的气质关系密切，但又不同于气质。它主要
表现在人对现实的态度和行为方式上，比如，人们往往用谦
虚、诚实、勇敢、善良、骄傲、怯懦、虚伪、凶恶等等，表示
人的各种性格特征。这些特征相互结合，构成一个整体，这就

是一个人的性格。

> 引自［中国］赵忠心《家庭教育学：教育子女的科学与艺术》，人民教育出版社 2001 年版，第 216 页

孩子形成某种性格特征是有一个过程的，开始可能不太明显，而一旦形成了，就难以改变。优秀的性格倾向，家长发现后要及时予以强化；出现不良的性格苗头，家长要及时发现，及早加以纠正，防微杜渐。

> 引自［中国］赵忠心《家庭教育学：教育子女的科学与艺术》，人民教育出版社 2001 年版，第 216－217 页

战士自有战士的性格：不怕恫吓；一切无情的打击，只会使人腰杆挺直，青春焕发。

> 引自［中国］郭小川《团泊洼的秋天》，见王正平 主编《人生格言辞典》，上海辞书出版社 2004 年版，第 293 页

性格由习惯演变而来。

> 引自［古罗马］奥维德《女英雄书信集》，见王正平 主编《人生格言辞典》，上海辞书出版社 2004 年版，第 291 页

气质

气质，就是我们平常所说的人的脾气、性情，是指人的情感发生的速度、强度，情感发生的外部表现和活动的灵活性等方面的特征的综合。

> 引自［中国］赵忠心《家庭教育学：教育子女的科学与艺术》，人民教育出版社 2001 年版，第 214 页

风格

要求于人的甚少，给予人的甚多，这就是松树的风格

> 引自［中国］陶铸《松树的风格》，见陶铸 著《理想，情操，精神生活》，中国青年出版社 1979 年第 3 版，第 2 页

所谓共产主义风格，应该就是要求人的甚少，而给予人的却甚多的风格；所谓共产主义风格，应该就是为人民的利益和事业不畏任何牺牲的风格。

> 引自［中国］陶铸《松树的风格》，见陶铸 著《理想，情操，精神生活》，中国青年出版社 1979 年第 3 版，第 3 页

我们应该赞美岩石的坚定。我们应该学习岩石的坚定。我们应该对革命有着坚强的信念。

> 引自［中国］陶铸《革命的坚定性》，见陶铸 著《理想，情操，精神生活》，中国青年出版社 1979 年第 3 版，第 16 页

意志

要使学生的精神意志和能力，渐渐的发育成长。孔子说"不愤不启，不悱不发"。我更进一步说，使他不得不愤，使他不得不悱。

> 引自［中国］陶行知《新教育》，《陶行知全集．第一卷》，四川教育出版社 1991 年版，第 314 页

意志是组织自己走向某一目标的能力。

引自［美国］罗洛·梅《爱与意志》，见王正平 主编《人生格言辞典》，上海辞书出版社 2004 年版，第 294 页

有了坚定的意志，就等于给双脚添了一对翅膀。

引自［意大利］乔·贝利《德·蒙福特》，见王正平 主编《人生格言辞典》，上海辞书出版社 2004 年版，第 295 页

没有伟大的意志力，就不可能有雄才大略。

引自［法国］巴尔扎克《权力的诗》，见王正平 主编《人生格言辞典》，上海辞书出版社 2004 年版，第 296 页

正直

正直无私，扬眉吐气，我不怕人，人皆敬我，就是天堂快乐之境，此为将之根本。

引自［中国］戚继光《戚继光治兵语录》，见王正平 主编《人生格言辞典》，上海辞书出版社 2004 年版，第 307 页

我要你做一个堂堂的人，不要做我的孝顺儿子。

引自［中国］胡适《我的儿子》，《尝试集》59，见张纯美 洪静媛 编《中外教育思想荟萃》，上海文化出版社 2014 年版，第 228 页

世上没有比正直更丰富的遗产了。

引自［英国］莎士比亚《一报还一报》，见王正平 主编《人生格言辞典》，上海辞书出版社 2004 年版，第 307 页

为人善良和正直才是最光荣的。

引自 ［法国］卢梭《爱弥儿，论教育》，见王正平 主编《人生格言辞典》，上海辞书出版社 2004 年版，第 307 页

人一正直，什么都好了。这一条简明的原则便是科学的全部成果，便是幸福生活的全部法典。

引自 ［俄国］车尔尼雪夫斯基《怎么办》269，见梁适 编《中外名言分类大辞典》，复旦大学出版社 1997 年版，第 60 页

自爱

孩子，珍重，各方面珍重，千万珍重，千万自爱！

引自 ［中国］傅雷《傅雷家书》，见傅敏 编《傅雷家书》，辽宁教育出版社 2004 年新 1 版，第 185 页

自爱是我们所有感情和所有行动的基础。

引自 ［法国］伏尔泰《睿智与偏见》，见王正平 主编《人生格言辞典》，上海辞书出版社 2004 年版，第 327 页

自爱者方能为人所爱。

引自 ［英国］蒙田《随笔录》，见王正平 主编《人生格言辞典》，上海辞书出版社 2004 年版，第 328 页

如果一个人不爱自己，他就不会爱任何人。

引自 ［苏联］阿·托尔斯泰《苦难的历程》，见王正平 主编《人生格言辞典》，上海辞书出版社 2004 年版，第 328 页

自立

且苟能发奋自立，则家塾可读书，即旷野之地，热闹之场，亦可读书，负薪牧豕，皆可读书；苟不能发奋自立，则家塾不宜读书，即清净之乡，神仙之境皆不能读书。何必择地？何必择时？但自问立志之真不真耳。

> 引自［中国］曾国藩《曾国藩家书·修身篇》，见《国学典藏书系》丛书编委会 主编《曾国藩家书》，吉林出版集团股份有限公司 2011 年版，第 55 页

从古帝王将相，无人不由自强自立做出。即为圣贤者，亦各有自立自强之道，故能独立不惧，确乎不拔。

> 引自［中国］曾国藩《曾国藩家书·修身篇》，见《国学典藏书系》丛书编委会 主编《曾国藩家书》，吉林出版集团股份有限公司 2011 年版，第 90 页

要想使孩子能成功地走向外面的世界，必须从小培养他的自立与自信。如果我们包办孩子的一切，就不可能达到这个目的。而且，在这样的抚养下长大的青年，内心充满畏缩，毫无勇气。

> 引自［美国］斯托夫人《斯托夫人自然教子书》，亚北 译，中国妇女出版社 2009 年版，第 265 页

真正的幸福是不依赖别人的注意的，它产生于自己的独立活动之中。

> 引自［美国］斯托夫人《斯托夫人自然教子书》，亚北 译，

中国妇女出版社 2009 年版，第 284 页

自强

知不足，然后能自反也；知困，然后能自强也。

> 引自［中国］《礼记·学记》，见王正平 主编《人生格言辞典》，上海辞书出版社 2004 年版，第 331 页

胜人者有力，自胜者强。

> 引自［中国］李耳《道德经．第三十三章》，见张景 张松辉译注《道德经》，中华书局 2021 年版，第 132 页

故天将降大任于斯人也，必先苦其心志，劳其筋骨，饿其体肤，空乏其身，行拂乱其所为，所以动心忍性，曾益其所不能。

> 引自［中国］孟轲《孟子·告子下 15》，见方勇 译注《孟子》，中华书局 2015 年第 2 版，第 253 页

欲胜人者，必先自胜。

> 引自［中国］《吕氏春秋·先己》，见梁适 编《中外名言分类大辞典》，复旦大学出版社 1997 年版，第 67 页

胜利属于自强不息的人。

> 引自［法国］蒙田《人生随笔》，见王正平 主编《人生格言辞典》，上海辞书出版社 2004 年版，第 332 页

一个人即使已登上顶峰，也仍要自强不息。

引自〔美国〕罗素·贝克《雄心壮志之源》，见王正平 主编《人生格言辞典》，上海辞书出版社 2004 年版，第 332 页

一个人要帮助弱者，应当自己成为强者，而不是和他们一样变做弱者。

引自〔法国〕罗曼·罗兰《约翰·克里斯朵夫》，见王正平 主编《人生格言辞典》，上海辞书出版社 2004 年版，第 333 页

自尊

任何人都应该有自尊心，自信心，独立性，不然就是奴才。但自尊不是轻人，自信不是自满，独立不是孤立。

引自〔中国〕徐特立《徐特立教育文集》，人民教育出版社 1979 年版，第 75 页

自尊自爱，作为一种力求完善的动力，却是一切伟大事业的渊源。

引自〔俄国〕屠格涅夫《罗亭》，见王正平 主编《人生格言辞典》，上海辞书出版社 2004 年版，第 325 页

只有尊重自己的人，才会尊重别人。

引自〔美国〕亨利·詹姆斯《一位女士的画像》，见王正平 主编《人生格言辞典》，上海辞书出版社 2004 年版，第 325 页

自尊，自知，自制，只有这三者才能把生活引向最尊贵的王国。

引自［英国］丁尼生《奥伊诺内》，见王正平 主编《人生格言辞典》，上海辞书出版社 2004 年版，第 326 页

求索

路漫漫其修远兮，吾将上下而求索。

引自［中国］屈原《离骚》，见王涵 等 编《名人名言录》（新世纪版），上海人民出版社 2004 年版，第 67 页

骐骥一跃，不能十步；驽马十驾，功在不舍。锲而舍之，朽木不折；锲而不舍，金石可镂。

引自［中国］荀况《荀子·劝学》，见方勇 李波 译注《荀子》，中华书局 2015 年版，第 5 页

教育科学研究表明，每个学生都有巨大的潜能，而且每个学生的潜能都不一样，只有独具慧眼，发现每个学生的潜能，鼓励他们去探索，才能使他们的才华得到淋漓尽致的发挥。

引自［中国］张能治《创造教育与创造型人才》，见张能治 编著《爱，让孩子快乐成长——e 时代家庭教育真谛》，广东人民出版社 2011 年版，第 236 页

人不会马上遇上终生满足的职业，即使这个职业不被许多人看好，但你只要执著地追求，终会有升华，从而成为这个领域的强者。

引自［中国］赵刚《20 岁的生日礼物》，见张能治 主编《家庭教育那些事儿》，暨南大学出版社 2014 年版，第 143 页

精神上的各种缺陷，都可以通过求知来改善——正如身体

上的缺陷，可以通过适当的运动来改善一样。

> 引自［英国］培根《论读书》，见王正平 主编《人生格言辞典》，上海辞书出版社 2004 年版，第 99 页

勇于求知的人决不至于空闲无事。

> 引自［法国］孟德斯鸠《波斯人信札》，见王正平 主编《人生格言辞典》，上海辞书出版社 2004 年版，第 99 页

对于聪明人和有素养的人来说，求知欲是随着年龄的增长而转变得愈加强烈的。

> 引自［古罗马］西塞罗《论高龄》，见王正平 主编《人生格言辞典》，上海辞书出版社 2004 年版，第 100 页

在得到幸福的问题上，求知欲比追求财富的欲望是更加可取的。

> 引自［英国］休谟《怀疑派》，见王正平 主编《人生格言辞典》，上海辞书出版社 2004 年版，第 100 页

只有执著追求并从中得到最大快乐的人，才是成功者。

> 引自［美国］梭罗《日记》，见王正平 主编《人生格言辞典》，上海辞书出版社 2004 年版，第 69 页

没有追求的人生是十分乏味的。

> 引自［英国］爱略特《丹尼尔·狄朗达》，见王正平 主编《人生格言辞典》，上海辞书出版社 2004 年版，第 69 页

忍让

能有所忍，然后可以就大事。

> 引自［中国］苏轼《留侯论》，见王正平 主编《人生格言辞典》，上海辞书出版社2004年版，第361页

知足常乐，忍能自安。

> 引自［中国］金缨《格言联璧》，见王正平 主编《人生格言辞典》，上海辞书出版社2004年版，第360页

坚忍是其他各种德行的保障和支柱；一个人如果没有勇气，那就难以尽到自己的责任，也难以具备一个真正有价值的人的品性。

> 引自［英国］约翰·洛克《教育漫话》，徐大建 译，上海人民出版社2005年版，第125页

合作

孟子曰："天时不如地利，地利不如人和。"

> 引自［中国］孟轲《孟子·公孙丑下1》，见方勇 译注《孟子》，中华书局2015年第2版，第65页

我们知道个人是微弱的，但是我们也知道整体就是力量。

> 引自［德国］马克思《第六届莱茵省议会的辩论》，见王正平 主编《人生格言辞典》，上海辞书出版社2004年版，第349页

唯有具备强烈的合作精神的人，才能生存，并创造文明。

引自［印度］泰戈尔《民族主义》，见王正平 主编《人生格言辞典》，上海辞书出版社 2004 年版，第 350 页

幽默

幽默如从天而降的温润细雨，将我们孕育在一种人与人之间友情的愉快与安适的气氛中。它犹如潺潺溪流或者照映在碧绿如茵的草地上的阳光。

引自［中国］林语堂《论东西方幽默》，见王正平 主编《人生格言辞典》，上海辞书出版社 2004 年版，第 442 页

凡善于幽默的人，其谐趣必愈幽隐，而善于鉴赏幽默的人，其欣赏尤在于内心静默的理会，大有不可与外人道之滋味，与粗鄙显露的笑话不同。幽默愈幽愈默而愈妙。

引自［中国］林语堂《幽默杂话》，见万平近 编《林语堂论中西文化》，上海社会科学院出版社 1989 年版，第 254 页

幽默当然用笑来发泄，但是笑未必就表示着幽默。

引自［中国］钱钟书《说笑》，《写在人生边上》27，见梁适 编《中外名言分类大辞典》，复旦大学出版社 1997 年版，第 82 页

从容才能幽默。平等待人才能幽默。超脱才能幽默。游刃有余才能幽默。聪明透澈才能幽默。

引自［中国］王蒙《王蒙自述：我的人生哲学》，人民文学出版社 2003 年版，第 240 页

培养趣味和幽默感其实也是早教的一部分。

> 引自［中国］尹建莉《最美的教育最简单》，作家出版社 2014 年版，第 142 页

缺乏幽默感的人不能算是很完善的人。

> 引自［英国］柯勒律治《席间闲谈》，见王正平 主编《人生 格言辞典》，上海辞书出版社 2004 年版，第 444 页

喜怒

是可忍也，孰不可忍也。

> 引自［中国］孔丘《论语·八佾》，见学之 译释《论语》， 陕西师范大学出版社 2010 年版，第 35 页

剑外忽传收蓟北，初闻涕泪满衣裳。却看妻子愁何在？漫 卷诗书喜欲狂。

> 引自［中国］杜甫《闻官军收河南河北》，见梁适 编《中外 名言分类大辞典》，复旦大学出版社 1997 年版，第 261 页

白日放歌须纵酒，青春作伴好还乡。

> 引自［中国］杜甫《闻官军收河南河北》，见梁适 编《中外 名言分类大辞典》，复旦大学出版社 1997 年版，第 261 页

春风得意马蹄疾，一日看尽长安花。

> 引自［中国］孟郊《登科后》，见梁适 编《中外名言分类大 辞典》，复旦大学出版社 1997 年版，第 261 页

人逢喜事精神爽，月到中秋分外明。

> 引自［中国］冯梦龙《醒世恒言·施润泽滩阙遇友》，见梁
> 适 编《中外名言分类大辞典》，复旦大学出版社 1997 年版，
> 第 261 - 262 页

怒发冲冠，凭栏处，潇潇雨歇。

> 引自［中国］岳飞《满江红》，见梁适 编《中外名言分类大
> 辞典》，复旦大学出版社 1997 年版，第 261 页

坚定

花繁柳密处拨得开，方见手段；风狂雨骤时立得定，才是
脚跟。

> 引自［中国］钱镠《钱氏家训·个人篇》，见牛晓彦 编著
> 《钱氏家训新解》，北京理工大学出版社 2014 年版，第 50 -
> 54 页

在人生中最重要的才能是什么？那么回答则是：第一，无
所畏惧，第二，无所畏惧；第三，还是无所畏惧。

> 引自［英国］培根《论勇气》，《培根论人生》35，见梁适 编
> 《中外名言分类大辞典》，复旦大学出版社 1997 年版，第
> 56 页

慷慨

关于事物的获得与占有，要教导他们把自己的东西分给朋
友，一点不为难，不吝啬，要让他们从经验中知道，最慷慨的

人总是得到的最多，而且还能得到别人的敬重与称誉，这样他们很快就会去学着那样做了。

引自［英国］约翰·洛克《教育漫话》，徐大建 译，上海人民出版社 2005 年版，第 116－117 页

要让他感受到，他对别人好，这对他自己来说并不是一件吃亏的事；而会使受到好处的人与旁观的人也对他好。如果让儿童去比试谁更加慷慨，他们就会这样去彼此竞争：用这个办法，儿童经过不断的练习，就能不感到为难地放弃自己的东西，从而会使他们养成温厚的习惯，而他们则会因自己能够对别人和善、慷慨与有礼貌而感到快乐，感到自豪。

引自［英国］约翰·洛克《教育漫话》，徐大建 译，上海人民出版社 2005 年版，第 117 页

坦诚

如果你想让他热爱坦诚，并通过不断的践行养成坦诚的习惯，那就应该注意，决不可让他因为坦诚而感到有任何不便之处。相反，他的主动坦白，除了不应使他受到任何不便之处外，你还应该用一些称誉去加以鼓励。

引自［英国］约翰·洛克《教育漫话》，徐大建 译，上海人民出版社 2005 年版，第 150 页

当你有事情要问儿童时，如果他最初的回答是一种借口，你就应该严肃地警告他，要他说出事实真相；如果他仍然用假话搪塞，那就必须受到责罚；不过如果他直接承认了，你便应该表扬他的坦诚，原谅他的过失，无论是什么过失；而且，既

然原谅他了，以后就不要再因此而训斥他，也不要再提起它。

引自［英国］约翰·洛克《教育漫话》，徐大建 译，上海人民出版社 2005 年版，第 150 页

47. 孩子的追求

真理

理直气壮，永远不怕真理，勇敢地拥护真理，把真理告诉别人，为真理而战斗。

> 引自［中国］刘少奇《论共产党员的修养》，人民出版社 1962 年 2 版，第 39 页

朝夕地去求真理，不一定要成功，因为真理无穷，宇宙无穷；我们去寻求，是尽一点责任，希望在总分上，加上万万分之一。胜固是可喜，败也不足忧。

> 引自［中国］胡适《科学的人生观》，见胡适 著《人生有何意义：胡适谈人生》，华东师范大学出版社 2015 年版，第 19 页

要把儿童培养为一个有智慧的人，最合适的准备工作乃是，让儿童习惯于不懈地追求事物的真理，把心智用在伟大的、有价值的思想上，而远离虚假以及总含有大量虚假成分的狡猾。

> 引自［英国］约翰·洛克《教育漫话》，徐大建 译，上海人民出版社 2005 年版，第 157－158 页

理想

无论在什么样的社会里，一个人的理想，是为了多数人的

利益，为了社会的进步，对社会生产力的发展起了促进作用，也就是说，合乎社会历史的发展规律，就是伟大的理想。

引自 ［中国］陶铸《理想，情操，精神生活——1960 年 5 月对华南师范学院与暨南大学学生的讲话》，见陶铸 著《理想，情操，精神生活》，中国青年出版社 1979 年第 3 版，第 99 页

我希望每一个同学都要有这个崇高的理想，把自己最好的年华贡献给这个崇高的伟大的共产主义事业。

引自 ［中国］陶铸《理想，情操，精神生活——1960 年 5 月对华南师范学院与暨南大学学生的讲话》，见陶铸 著《理想，情操，精神生活》，中国青年出版社 1979 年第 3 版，第 105 页

一个精神生活很充实的人，一定是一个很有理想的人，一定是一个很高尚的人，一定是一个只做物质的主人而不做物质的奴隶的人。

引自 ［中国］陶铸《理想，情操，精神生活——1960 年 5 月对华南师范学院与暨南大学学生的讲话》，见陶铸 著《理想，情操，精神生活》，中国青年出版社 1979 年第 3 版，第 114 页

一个人有了远大的理想，就是在最艰苦的时候，也会感到幸福。

引自 ［中国］徐特立《谈幸福》，见王正平 主编《人生格言辞典》，上海辞书出版社 2004 年版，第 76 页

理想指引人生方向，信念决定事业成败。没有理想信念，就会导致精神上"缺钙"。

引自 ［中国］习近平《在同各界优秀青年代表座谈时的讲

话》（2013 年 5 月 4 日），见《习近平总书记教育重要论述讲义》编写组 编《习近平总书记教育重要论述讲义》，高等教育出版社 2020 年版，第 61 页

要用理想和梦想的光芒，让孩子产生积极向上的心态，并且让孩子一辈子拥有对于生命的激情。

引自 ［中国］ 俞敏洪 《"在第四届新东方家庭教育高峰论坛"上的发言》，见赵刚 主编《100 位企业家给家长的忠告》，东方出版社 2012 年版，封底

理想是指路明灯。没有理想，就没有坚定的方向；没有方向，就没有生活。

引自 ［俄国］ 列夫·托尔斯泰《最后的日记》，见王正平 主编《人生格言辞典》，上海辞书出版社 2004 年版，第 74 页

追求理想是一个人进行自我教育的最初动力，而没有自我教育就不能想象会有完美的精神生活。

引自 ［苏联］ 苏霍姆林斯基《和青年校长的谈话》，见王正平 主编《人生格言辞典》，上海辞书出版社 2004 年版，第 77 页

人最宝贵的是生命。生命对人只有一次。人的一生应当这样度过：当回忆往事的时候，他不会因为虚度年华而悔恨，也不会因为碌碌无为而羞愧；在临死的时候，他能够说："我的整个生命和全部精力，都已经献给了世界上最壮丽的事业——为人类的解放而斗争。"

引自 ［苏联］ 奥斯特洛夫斯基《钢铁是怎样炼成的》，见王

正平 主编《人生格言辞典》，上海辞书出版社 2004 年版，第 25 页

情操

什么是情操呢？情就是感情；在我们来说，就是无产阶级的感情，集体主义的感情。操就是操守，节操；在我们来说，就是革命的坚定性。

引自［中国］陶铸《理想，情操，精神生活——1960 年 5 月对华南师范学院与暨南大学学生的讲话》，见陶铸 著《理想，情操，精神生活》，中国青年出版社 1979 年第 3 版，第 106 页

一个人有了崇高的伟大的理想，还一定要有高尚的情操。没有高尚的情操，再崇高、再伟大的理想也是不能达到的。

引自［中国］陶铸《理想，情操，精神生活——1960 年 5 月对华南师范学院与暨南大学学生的讲话》，见陶铸 著《理想，情操，精神生活》，中国青年出版社 1979 年第 3 版，第 105 页

希望

希望是本无所谓有，无所谓无的。这正如地上的路；其实地上本没有路，走的人多了，也便成了路。

引自［中国］鲁迅《故乡》，《鲁迅全集．第一卷》，人民文学出版社 1981 年版，第 485 页

人的一生中，令人失望的事情是很多的，为了让女儿能在将来拥有幸福的人生，我从她小时候起就有意识地让她学会接

受失望，迎接希望，勇敢地面向未来。

> 引自［美国］斯托夫人《斯托夫人自然教子书》，亚北 译，
> 中国妇女出版社 2009 年版，第 195 页

让每个人都把希望寄托在自己身上。

> 引自［古罗马］维吉尔《伊尼特》，见王正平 主编《人生格
> 言辞典》，上海辞书出版社 2004 年版，第 68 页

信仰

支配战士行动的力量是信仰。他能够忍受一切艰难、痛
苦，达到他所选定的目标。

> 引自［中国］巴金《怎样做人》，见王正平 主编《人生格言
> 辞典》，上海辞书出版社 2004 年版，第 78 页

假象绝不能迷住战士的眼睛，支配战士的行动的是信仰。

> 引自［中国］巴金《做一个战士》，《巴金六十年文选》，上
> 海文艺出版社 1986 年版，第 455 页

我有我的爱，有我的恨，有我的欢乐，也有我的痛苦。但
是我并没有失去我的信仰；对生活的信仰。

> 引自［中国］巴金《〈激流〉总序》，《巴金选集．第一卷》，
> 四川人民出版社 1982 年版，第 2 页

信仰不是一门学问，信仰只是一种行为，它只在被实践的
时候才有意义。

> 引自［法国］罗曼·罗兰《托尔斯泰传》，见王正平 主编

《人生格言辞典》，上海辞书出版社2004年版，第79页

志向

三军可夺帅也，匹夫不可夺志也。

引自［中国］孔丘《论语·子罕》，见学之 译释《论语》，陕西师范大学出版社2010年版，第147页

非无江海志，潇洒送日月。

引自［中国］杜甫《自京赴奉先县咏怀五百字》，见梁适 编《中外名言分类大辞典》，复旦大学出版社1997年版，第709页

莫道桑榆晚，微霞尚满天。

引自［中国］刘禹锡《酬乐天咏老见示》，见梁适 编《中外名言分类大辞典》，复旦大学出版社1997年版，第709页

老骥春风里，奔腾独异群。

引自［中国］唐彦谦《留别》，见梁适 编《中外名言分类大辞典》，复旦大学出版社1997年版，第709页

沧海可填山可移，男儿志气当如斯。

引自［中国］刘过《盱眙行》，见梁适 编《中外名言分类大辞典》，复旦大学出版社1997年版，第709页

人生少年须立事，生我不应负天地。

引自［中国］许月卿《涉世》，见梁适 编《中外名言分类大辞典》，复旦大学出版社1997年版，第709页

将相本无种，男儿当自强。

引自［中国］汪洙《神童》，见梁适 编《中外名言分类大辞典》，复旦大学出版社 1997 年版，第 709 页

垂头自惜千金骨，伏枥仍存万里心。

引自［中国］郝经《老马》，见梁适 编《中外名言分类大辞典》，复旦大学出版社 1997 年版，第 709 页

天下无难事，只怕有心人。

引自［中国］王骥德《题红记》第二十七出，见梁适 编《中外名言分类大辞典》，复旦大学出版社 1997 年版，第 709 页

人之有志，如树之有根。立定此志，须念念谦虚，尘尘方便，自然感动天地，而造福由我。

引自［中国］袁了凡《了凡四训·谦德之效》，见尚荣 徐敏 赵锐 评注《了凡四训》，中华书局 2013 年版，第 200 页

立志用功如种树然，方其根芽，犹未有干；及其有干，尚未有枝；枝而后叶，叶而后花。

引自［中国］王阳明《传习录》，见王正平 主编《人生格言辞典》，上海辞书出版社 2004 年版，第 83 页

志向是天才的幼苗，经过热爱劳动的双手培育，在肥沃土地里将成长为粗壮的大树。

引自［苏联］苏霍姆林斯基《给儿子的信》，见王正平 主编《人生格言辞典》，上海辞书出版社 2004 年版，第 83 页

志愿

根据兴趣选择志愿对于一个人的成就是极其重要的一环，家长和教师的意见只作参考，但最终应该由学生选择决定。

引自〔中国〕张能治《做一个平凡的女性、智慧的母亲》，见张能治 编著《爱，让孩子快乐成长——e 时代家庭教育真谛》，广东人民出版社 2011 年版，第 119 页

知识

知识犹如人体的血液一样宝贵。

引自〔中国〕高士其《科学家的脚步》，见王正平 主编《人生格言辞典》，上海辞书出版社 2004 年版，第 93 页

知识就是力量。

引自〔英国〕培根《论物主》，见王正平 主编《人生格言辞典》，上海辞书出版社 2004 年版，第 92 页

读史使人明智，读诗使人聪慧，演算使人精密，哲理使人深刻，伦理学使人有修养，逻辑修辞使人善辩。总之，知识能塑造人的性格。

引自〔英国〕培根《随笔集》，见王正平 主编《人生格言辞典》，上海辞书出版社 2004 年版，第 93 页

知识如同光芒四射的烛光，把人生之路照得耀眼通明。来者从亮光中认识人生的意义，去者似蜡烛燃尽，照亮了别人。

引自〔科威特〕穆尼尔·纳素夫《社会》，见王正平 主编

《人生格言辞典》，上海辞书出版社 2004 年版，第 94 页

智慧

爱惜智慧和学识的美丽吧，虽然愚蠢永远仇视智慧，无知永远仇视有知，不学无术永远仇视学而有识，不明事理永远仇视读书明理。

> 引自 [中国] 王蒙《王蒙自述：我的人生哲学》，人民文学出版社 2003 年版，第 35 页

靠智慧能赢得财产，但没人能用财产换来智慧。

> 引自 [美国] 贝·泰勒《阿里的智慧》，见王正平 主编《人生格言辞典》，上海辞书出版社 2004 年版，第 97 页

知识能够诱发智慧，是打开智慧大门的钥匙，但它不等于就是智慧。

> 引自 [日本] 池田大作《青春寄语》，见王正平 主编《人生格言辞典》，上海辞书出版社 2004 年版，第 97 页

最大的决心会产生最高的智慧。

> 引自 [法国] 雨果《悲惨世界》，见王正平 主编《人生格言辞典》，上海辞书出版社 2004 年版，第 242 页

友谊

海内存知己，天涯若比邻。

> 引自 [中国] 王勃《杜少府之任蜀州》，见梁适 编《中外名

言分类大辞典》，复旦大学出版社 1997 年版，第 242 页

红豆生南国，春来发几枝？劝君多采撷，此物最相思。

引自［中国］王维《相思》，见梁适 编《中外名言分类大辞典》，复旦大学出版社 1997 年版，第 242 页

桃花潭水深千尺，不及汪伦送我情。

引自［中国］李白《赠汪伦》，见梁适 编《中外名言分类大辞典》，复旦大学出版社 1997 年版，第 242 页

同是天涯沦落人，相逢何必曾相识。

引自［中国］白居易《琵琶行》，见梁适 编《中外名言分类大辞典》，复旦大学出版社 1997 年版，第 242 页

深挚的友谊是最感人的。

引自［中国］邹韬奋《经历》，见王正平 主编《人生格言辞典》，上海辞书出版社 2004 年版，第 367 页

友情是照亮我一生的明灯。

引自［中国］巴金《巴金六十年文选》，见王正平 主编《人生格言辞典》，上海辞书出版社 2004 年版，第 369 页

我不敢比拟伟大的心灵，不过我也有过友情的鼓舞。而且在我的郁闷和痛苦中，正是友情洗去了这本小说的阴郁的颜色。是那些朋友的面影使我隐约地听见快乐的笑声。

引自［中国］巴金《〈秋〉序》，《巴金选集·第三卷》，四川人民出版社 1982 年版，第 5 页

我的生命大概不会是久长的罢。然而在那短促的过去的回顾中却有一盏明灯，照彻了我的灵魂的黑暗，使我的生存有一点光彩，这明灯就是友情。

引自〔中国〕巴金《朋友》，《中国新文学大系（1927—1937)》10/691，见梁适 编《中外名言分类大辞典》，复旦大学出版社 1997 年版，第 242 页

我的生活曾是悲苦的，黑暗的。然而朋友们把多量的同情，多量的爱，多量的欢乐，多量的眼泪都分给了我，这些东西都是生存所必需的。

引自〔中国〕巴金《朋友》，《中国新文学大系（1927—1937)》10/692，见梁适 编《中外名言分类大辞典》，复旦大学出版社 1997 年版，第 242 页

朋友之间的爱总是带着同志爱的性质的；这种纯精神的高度的爱从根本上说总是从人生战斗中必然地产生，并且为着战斗的东西。

引自〔中国〕冯雪峰《论友爱》，《雪峰文集·第三卷》，人民文学出版社 1981 年版，第 157 页

友谊使欢乐倍增，悲痛锐减。

引自〔英国〕培根《随笔集》，见王正平 主编《人生格言辞典》，上海辞书出版社 2004 年版，第 370 页

友谊只能在实践中产生并在实践中得到保持。

引自〔德国〕歌德《格言和感想集》，见王正平 主编《人生格言辞典》，上海辞书出版社 2004 年版，第 371 页

成功

衡量人的尺度，不在职位的高下，而在成就的多少。

引自［中国］郭沫若《给青年的两封信》，见王正平 主编《人生格言辞典》，上海辞书出版社 2004 年版，第 244 页

认真是成功的秘诀，粗心是失败的伴侣。

引自［中国］童第周《科学家的脚步》，见王正平 主编《人生格言辞典》，上海辞书出版社 2004 年版，第 265 页

$A = X + Y + Z$，A 代表成功，X 代表艰苦的工作，Y 代表休息，Z 代表少说废话。

引自［德国］爱因斯坦《自述片断》，见王正平 主编《人生格言辞典》，上海辞书出版社 2004 年版，第 266 页

一个有才华的人，只有同时具备正直的品格、浓浓的善意、温暖的人情味，才能算得上是一个成功的人，才能得到他人真心的信任与追随。

引自［韩国］全惠星《有奉献精神的父母培养大人物》，邵娟译，中国城市出版社 2009 年版，第 3 页

不介意别人是否赏识的人，必能在社会上获得成功。

引自［德国］金基尔《诗》，见王正平 主编《人生格言辞典》，上海辞书出版社 2004 年版，第 266 页

丰功伟绩是从点点滴滴做起的。

引自［英国］培根《随笔集》，见王正平 主编《人生格言辞

典》，上海辞书出版社 2004 年版，第 244 页

快乐

教育是否成功有一个标准，那就是，看孩子是否能从学习、动脑中得到乐趣，教育的目的是让那些小小的脑筋成为一个喷泉而不是水库。

引自［中国］杨澜《唠叨对孩子的杀伤力很大》，见赵刚 主编《100 位企业家给家长的忠告》，东方出版社 2012 年版，第 85 页

要成绩，更要快乐。我希望到校读书的孩子，可以感受生命的光辉、感受青春的美好、感受集体的温暖、感受成功的喜悦、感受学习的趣味。

引自［中国］陈利彬《由"葛优躺"、〈从前慢〉说起……》，见张能治 主编《孩子与家庭纵横谈》，华夏出版社 2020 年版，第 264 页

48. 孩子的创造力

能力

能力可分为一般能力和特殊能力，一般能力是指在多种活动中都普遍要有的能力，如观察力、注意力、记忆力、思维力、想象力，等等。特殊能力则是指某种特定活动中所必须的能力，如绘画能力、创作能力、演唱能力，等等。

> 引自［中国］赵忠心《家庭教育学：教育子女的科学与艺术》，人民教育出版社 2001 年版，第 217－218 页

人最重要的是能力，尤其是运用知识和创造知识的能力，而能力靠我们去培养。

> 引自［中国］张能治《创造教育与创造型人才》，见张能治编著《爱，让孩子快乐成长——e 时代家庭教育真谛》，广东人民出版社 2011 年版，第 228 页

知识的多寡已经不是最重要的了，比单纯的知识积累更重要的是运用知识的能力。

> 引自［韩国］全惠星《有奉献精神的父母培养大人物》，邵娟 译，中国城市出版社 2009 年版，第 87 页

孩子的能力都是培养出来的，年纪越小，越是培养的好时候。

> 引自［韩国］全惠星《有奉献精神的父母培养大人物》，邵娟 译，中国城市出版社 2009 年版，第 88 页

想到就做是一种能力。我认为，我们应该培养这种能力。如果我们这么做的话，我们的生活会比现在更充实。

> 引自〔日本〕铃木镇一《用爱哺育》，许海燕 译，电子工业出版社 2004 年版，第 148 页

当一个人开始反省自己做过的错事的时候，就说明他开始成长了。人的成长离不开自我反省。这是一种很重要的能力。

> 引自〔日本〕铃木镇一《用爱哺育》，许海燕 译，电子工业出版社 2004 年版，第 150 页

在养育孩子的过程中，父母应该有意培养孩子自我反省的能力。如果父母认为孩子不具备自我反省的能力，他们就应该表现出他们如何反省自己的过错，以身作则地影响自己的孩子。

> 引自〔日本〕铃木镇一《用爱哺育》，许海燕 译，电子工业出版社 2004 年版，第 150 页

从孩子力所能及的事情开始培养他的能力，这样，他就能从中体会到乐趣，并且越做越好。如果家长和孩子能共同分享做某些事情的乐趣，孩子的能力就能无限地得以培养。

> 引自〔日本〕铃木镇一《用爱哺育》，许海燕 译，电子工业出版社 2004 年版，第 37 页

创意

创意力是一种奇妙的能力，它能够把看似完全没有联系的两个事物巧妙地结合起来，使之产生意想不到的美好效果，让

我们惊呼、感叹，让我们看到智慧的光芒和灵感的力量。

引自［韩国］全惠星《有奉献精神的父母培养大人物》，邵
娟译，中国城市出版社 2009 年版，第 118 页

创意力是一种综合型的、高超的能力，拥有它的人肯定有个聪明的大脑、敏锐的观察力和勤劳的双手。

引自［韩国］全惠星《有奉献精神的父母培养大人物》，邵
娟译，中国城市出版社 2009 年版，第 118 页

作为家长，也要有意识地去培养孩子的综合创意力，让孩子在吸收各种文化知识的基础上，学会思考，打破常规，创造自己。

引自［韩国］全惠星《有奉献精神的父母培养大人物》，邵
娟译，中国城市出版社 2009 年版，第 119 页

"汗水是灵感生长的土壤"。创意力，必须经过对事物进行不断的关注和不断的研究，在了解其发展规则和来龙去脉时才能产生。并且，只有当一个人不仅关心自己，更关心周边的人和事时候，创意力才会出现。

引自［韩国］全惠星《有奉献精神的父母培养大人物》，邵
娟译，中国城市出版社 2009 年版，第 121 页

当一个人不断地去观察、记录周边的时候，当一个人不局限于自己，而是考虑其他人的幸福或安危的时候，这种强大而充溢的责任感就会引出创意力。

引自［韩国］全惠星《有奉献精神的父母培养大人物》，邵
娟译，中国城市出版社 2009 年版，第 121 页

创造力

把小孩子的头脑、双手、嘴、空间、时间都解放出来，我们就要对小孩子的创造力予以适当之培养。

> 引自［中国］陶行知《创造的儿童教育》，《陶行知全集．第四卷》，四川教育出版社1991年版，第543页

我们要发展儿童的创造力，先要把儿童的头脑从迷信、成见、曲解、幻想中解放出来。

> 引自［中国］陶行知《创造的儿童教育》，《陶行知全集．第四卷》，四川教育出版社1991年版，第540页

教育是要在儿童自身的基础上，过滤并运用环境的影响，以培养加强发挥这创造力，使他长得更有力量，以贡献于民族与人类。

> 引自［中国］陶行知《创造的儿童教育》，《陶行知全集．第四卷》，四川教育出版社1991年版，第537页

我们加入儿童生活中，便发现小孩子有力量，不但有力量，而且有创造力。

> 引自［中国］陶行知《创造的儿童教育》，《陶行知全集．第四卷》，四川教育出版社1991年版，第538页

我们要真正承认小孩子有创造力，才可以不被成见所蒙蔽。

> 引自［中国］陶行知《创造的儿童教育》，《陶行知全集．第四卷》，四川教育出版社1991年版，第539页

创造力不同于智力。一个创造力很强的人，必须是非常有独到见解、独立性很强的个性完善的人，必须是一个在常规势力面前百折不挠的人，同时又是一个具有很强的记忆力、丰富的想象力、敏锐的观察力、深刻的思考力、清晰的判断力的人。因此，创造力强的人，智商一定高；但是智商高的人，不一定他的创造力就强。

> 引自［中国］张能冶《创造教育与创造型人才》，见张能冶编著《爱，让孩子快乐成长——e时代家庭教育真谛》，广东人民出版社2011年版，第229页

要开发学生的创造力，就必须使学生从单一思维改变为多样化思维，特别是求异思维。求异思维是一种富有创见性的辨异思维，它能够揭示客观事物的本质特征和内在联系，创造新颖超常的思维成果。

> 引自［中国］张能冶《创造教育与创造型人才》，见张能冶编著《爱，让孩子快乐成长——e时代家庭教育真谛》，广东人民出版社2011年版，第229页

要开发学生的创造力，就必须加强学生的情商训练。科学研究表明，智商和技能两者的作用加起来，还不如情商的作用大。一个人的成就，很大程度上决定于他的情商的大小。情商是可以培养的。最新脑科学研究证明，大脑中管情感区域的右脑到二十多岁才成熟，这就给我们加强对学生情商培养提供很好的机会。智商极高的学生可以赢得国际奥林匹克知识竞赛奖，但唯有情商极强的人才具备获得诺贝尔奖的前提。

> 引自［中国］张能冶《创造教育与创造型人才》，见张能冶

编著《爱，让孩子快乐成长——e 时代家庭教育真谛》，广东
人民出版社 2011 年版，第 229－230 页

　　没有对常规的挑战，就没有创造；要改变传统的教学模式，还学生在学习中的主体地位；创造力是培养出来的，是鼓励出来的，它需要生长的环境。开发学生的创造力是教师和家长义不容辞的责任，教师和家长应努力去创造这样一种适合培养孩子创造力的环境。

　　引自［中国］张能治《创造教育与创造型人才》，见张能治编著《爱，让孩子快乐成长——e 时代家庭教育真谛》，广东人民出版社 2011 年版，第 230 页

　　我提出要看终点的成绩这一观点，是从教育的根本目的来研究的。一个人在基础教育阶段成绩很好，但是他步入社会之后，动手能力却很差，协调能力、组织能力、创造能力很差，他连立足于社会都困难，还谈得上创造发明，为祖国为人类作出更大的贡献吗？显然是不可能的。

　　引自［中国］张能治《创造教育与创造型人才》，见张能治编著《爱，让孩子快乐成长——e 时代家庭教育真谛》，广东人民出版社 2011 年版，第 230 页

　　孩子天赋的种子，将来开什么花，结什么果，都是未知数。想要使孩子将来有发展，就应该多鼓励他，奠定创造能力的基础，帮助他发挥最大的潜能，而不是强迫他扮演父母心中理想的角色。

　　引自［日本］多湖辉《头脑启蒙的技巧》36，见张纯美 洪静媛 编《中外教育思想荟萃》，上海文化出版社 2014 年版，

第 229 页

创造

人类最高的欲求，是在时时创造新生活。

> 引自［中国］李大钊《新纪元》，见王正平 主编《人生格言辞典》，上海辞书出版社 2004 年版，第 236 页

发明不是发财，是为人类。

> 引自［中国］胡适《科学的人生观》，见胡适著《人生有何意义：胡适谈人生》，华东师范大学出版社 2015 年版，第 19 页

有人说：年纪太小，不能创造，见着幼年研究生之名而哈哈大笑。但是当你把莫扎尔特、爱迪生及冲破父亲数学层层封锁之帕斯加尔（Pascal）的幼年研究生活翻给他看，他又只好哑口无言了。

> 引自［中国］陶行知《创造宣言》，《陶行知全集. 第四卷》，四川教育出版社 1991 年版，第 5 页

有人说：我是太无能了，不能创造。但是鲁钝的曾参，传了孔子的道统，不识字的惠能，传了黄梅的教义。惠能说："下下人有上上智。"我们岂可以自暴自弃呀！可见无能也是借口。

> 引自［中国］陶行知《创造宣言》，《陶行知全集. 第四卷》，四川教育出版社 1991 年版，第 5 页

有人说：山穷水尽，走投无路，陷入绝境，等死而已，不

能创造。但是遭遇八十一难之玄奘，毕竟取得佛经；粮水断绝，众叛亲离之哥伦布，毕竟发现了美洲；冻饿病三重压迫下之莫扎尔特，毕竟写出了《安魂曲》。绝望是懦夫的幻想。歌德说：没有勇气一切都完。是的，生路是要勇气探出来，走出来，造出来的。

> 引自［中国］陶行知《创造宣言》，《陶行知全集·第四卷》，四川教育出版社 1991 年版，第 5 页

我们要能够做，做的最高境界就是创造。

> 引自［中国］陶行知《创造的教育》，《陶行知全集·第三卷》，四川教育出版社 1991 年版，第 533－534 页

教师的成功是创造出值得自己崇拜的人。先生之最大的快乐，是创造出值得自己崇拜的学生。说得正确些，先生创造学生，学生也创造先生，学生先生合作而创造出值得彼此崇拜之活人。

> 引自［中国］陶行知《创造宣言》，《陶行知全集·第四卷》，四川教育出版社 1991 年版，第 4 页

教育者也要创造值得自己崇拜之创造理论和创造技术。

> 引自［中国］陶行知《创造宣言》，《陶行知全集·第四卷》，四川教育出版社 1991 年版，第 4 页

处处是创造之地，天天是创造之时，人人是创造之人，让我们至少走两步退一步，向着创造之路迈进吧。

> 引自［中国］陶行知《创造宣言》，《陶行知全集·第四卷》，四川教育出版社 1991 年版，第 5 页

在教育界，有胆量创造的人，即是创造的教育家；有胆量开辟的人，即是开辟的教育家，都是第一流的人物。

> 引自［中国］陶行知《第一流的教育家》，《陶行知全集．第一卷》，四川教育出版社1991年版，第26页

创造是教育的最高境界和最终目的。创造的本质是突破，是开拓。从无到有，这就是创造。创造可以满足人类的一切需要。

> 引自［中国］张能治《创造教育与创造型人才》，见张能治编著《爱，让孩子快乐成长——e时代家庭教育真谛》，广东人民出版社2011年版，第227页

人类最伟大的品质之一便是其创造性。

> 引自［英国］莫里斯《人类动物园》，见王正平 主编《人生格言辞典》，上海辞书出版社2004年版，第236页

发明、创造使人们的生活更充实，生存更轻松。

> 引自［挪威］班生《超越人力之外》，见王正平 主编《人生格言辞典》，上海辞书出版社2004年版，第240页

顽皮是孩子表现创造力的开始，证明他已经建立起自我了，父母应该重视这种创造性的幼芽，尊重他们的自我，才能使孩子的头脑及身心都顺利成长。

> 引自［日本］多湖辉《头脑启蒙的技巧》59，见张纯美 洪静媛 编《中外教育思想荟萃》，上海文化出版社2014年版，第229－230页

49．孩子创造力的培养

创设环境

我要提醒大家注意创造力最能发挥的条件是民主。

引自［中国］陶行知《创造的儿童教育》，《陶行知全集．第四卷》，四川教育出版社 1991 年版，第 543 页

在民主动员号召之下，每一个人之创造力都得到机会出头，而且每一个人的创造力都能充分解放出来。只有民主才能解放最大多数人的创造力，并且使最大多数人之创造力发挥到最高峰。

引自［中国］陶行知《创造的儿童教育》，《陶行知全集．第四卷》，四川教育出版社 1991 年版，第 544 页

创造力的发展必须在宽容、和谐、自由而安全的气氛中才能进行。所谓宽容，就是对孩子的不当行为，不要过分的指责，而要因势利导，点到为止。所谓和谐，就是要让师生之间、同学之间亲密无间，互相帮助，互相学习。所谓自由，就是要尽量减少对孩子的行为和思维的限制，给其自由表现的机会。所谓安全，就是不对儿童的独特想法进行批评或挑剔，使其消除对批评的顾虑，获得创造的安全感，敢于表现自己的见解。宽容、和谐、自由而安全的气氛，会使儿童的思维处于积极活跃的状态，使其创造力得到最大限度的发挥。

引自［中国］张能治《创造教育与创造型人才》，见张能治

编著《爱，让孩子快乐成长——e时代家庭教育真谛》，广东人民出版社 2011 年版，第 236 页

鼓励提问（又见35. 家庭的智力教育/发问）

子入太庙，每事问。

引自［中国］孔丘《论语·八佾》，见学之 译释《论语》，陕西师范大学出版社 2010 年版，第 44 页

敏而好学，不耻下问。

引自［中国］孔丘《论语·公冶长》，见学之 译释《论语》，陕西师范大学出版社 2010 年版，第 76 页

今天我用老大哥的资格，应该送你们一点小礼物，我要送你们的小礼物只是一个防身的药方，给你们离开校门，进入大世界，做随时防身救急之用的一个药方。

这个防身药方只有三味药：

第一味药叫做"问题丹"。

第二味药叫做"兴趣散"。

第三味药叫做"信心汤"。

引自［中国］胡适《一个防身药方的三味药》，见胡适著《人生有何意义：胡适谈人生》，华东师范大学出版社 2015 年版，第 235 页

第一味药，"问题丹"，就是说：每个人离开学校，总得带一两个麻烦而有趣味的问题在身边做伴，这是你们入世的第一要紧的救命宝丹。

> 引自［中国］胡适《一个防身药方的三味药》，见胡适著
> 《人生有何意义：胡适谈人生》，华东师范大学出版社2015年
> 版，第235页

问题是一切知识学问的来源，活的学问、活的知识，都是为了解答实际上的困难，或理论上的困难而得来的。

> 引自［中国］胡适《一个防身药方的三味药》，见胡适著
> 《人生有何意义：胡适谈人生》，华东师范大学出版社2015年
> 版，第235页

年轻入世的时候，总得有一个两个不太容易解决的问题在脑子里，时时向你挑战，时时笑你不能对付它，不能奈何它，时时引诱你去想它。

> 引自［中国］胡适《一个防身药方的三味药》，见胡适著
> 《人生有何意义：胡适谈人生》，华东师范大学出版社2015年
> 版，第235－236页

小孩子有问题要准许他们问。从问题的解答里，可以增进他们的知识。

> 引自［中国］陶行知《创造的儿童教育》，《陶行知全集. 第
> 四卷》，四川教育出版社1991年版，第541页

鼓励学生提问，是让学生的潜能充分发挥的重要一步。学生的提问，应包括课前预习的提问，课堂上的提问，课后做作业的提问，向教师提问，向家长提问以及学生间的相互提问；学生的提问，既可以锻炼其思维能力，而且在发问基础上，让学生探讨有关问题的答案，也可以培养其主动学习、主动探索的精神，对儿童的创造力的培养十分有效。

引自［中国］张能治《创造教育与创造型人才》，见张能治编著《爱，让孩子快乐成长——e 时代家庭教育真谛》，广东人民出版社 2011 年版，第 236－237 页

对常规挑战的第一步，就是提问。没有提问，就没有回答。一个好的提问比一个好的回答更有价值。

引自［中国］张能治《创造教育与创造型人才》，见张能治编著《爱，让孩子快乐成长——e 时代家庭教育真谛》，广东人民出版社 2011 年版，第 237 页

好问的儿童的一些天真单纯的想法，的确常常发人深省，可以让一个肯用思想的人去动一番脑筋。我以为，较之成人的谈话，儿童所提出的一些出人意料的问题常常可以使人学到更多的东西，因为成人的言谈总是脱离不了因袭的观念和习得的偏见的。

引自［英国］约翰·洛克《教育漫话》，徐大建 译，上海人民出版社 2005 年版，第 138 页

一个善于推理的儿童，要比一个说话讨人喜欢的儿童更加令人感到愉快。所以，你应当尽你所能，在他能够理解的范围内使他的问题得到满意的回答，培养他的判断力，以此鼓励他不断提问。

引自［英国］约翰·洛克《教育漫话》，徐大建 译，上海人民出版社 2005 年版，第 139 页

质疑

有了怀疑态度，就不会上当。

> 引自［中国］胡适《科学的人生观》，见胡适著《人生有何意义：胡适谈人生》，华东师范大学出版社 2015 年版，第 18 页

怀疑以后，相信总要相信，但是相信的条件，就是拿凭据来。

> 引自［中国］胡适《科学的人生观》，见胡适著《人生有何意义：胡适谈人生》，华东师范大学出版社 2015 年版，第 18 页

质疑是创造的前提，而应试教育的灾难首先就是扼杀质疑精神。

> 引自［中国］孙云晓《习惯决定孩子一生》，北京师范大学出版社 2013 年版，第 82 页

手脑并用

脑与手联合起来才能产生力量。

> 引自［中国］陶行知《手脑相长》，《陶行知全集·第三卷》，四川教育出版社 1991 年版，第 523 页

劳力与劳心并进，手和脑并用。

> 引自［中国］徐特立《徐特立教育文集》，人民教育出版社 1979 年版，第 258 页

开发左右脑

20 世纪脑科学研究的重大成果是裂脑实验，发现大脑左

右两半脑各具优势。左脑主管抽象思维，是学习脑；右脑主管形象思维，是创新脑。要培养高素质的创造人才，应对左右半脑同时进行开发和训练，使整个大脑平衡协调发展。

> 引自［中国］张能治《创造教育与创造型人才》，见张能治编著《爱，让孩子快乐成长——e 时代家庭教育真谛》，广东人民出版社 2011 年版，第 237 页

加强对学生右脑的训练，加强艺术教育，目的不在乎掌握有多少种艺术，不在乎单纯培养艺术家，主要的在于加强形象思维的训练，加强对右脑的训练，从而更好开发右脑，培养学生的创新能力。

> 引自［中国］张能治《创造教育与创造型人才》，见张能治编著《爱，让孩子快乐成长——e 时代家庭教育真谛》，广东人民出版社 2011 年版，第 237 页

潜心钻研

天才即集中时间、集中精力。具有正常智商的人，如能集中自己的时间与精力，全力做好一两件事，而且是长期坚持不懈，一般都能做出不俗的成绩，都能表现出相当的才具来。

> 引自［中国］王蒙《王蒙自述：我的人生哲学》，人民文学出版社 2003 年版，第 98－99 页

专心致志是个性的唯一基础，同样也是才干的唯一基础。

> 引自［美国］爱默生《论文集》，见王正平 主编《人生格言辞典》，上海辞书出版社 2004 年版，第 288 页

要在思想领域中作出伟大的决策，要获得重大的发现，要解决疑难的问题，就只能靠一个人回避世人的潜心钻研。

引自［奥地利］弗洛伊德《集体心理学和自我的分析》，见王正平 主编《人生格言辞典》，上海辞书出版社 2004 年版，第 445 页

兴趣（又见27. 家庭的早期教育/兴趣）

兴趣是人对客观事物一种积极的认知倾向，兴趣是最好的老师，家长的教育责任之一就在于激发孩子对学习的兴趣。

引自［中国］张能治《提高学习效能的诀窍》，见张能治 编著《爱，让孩子快乐成长——e 时代家庭教育真谛》，广东人民出版社 2011 年版，第 25 页

好奇（见27. 家庭的早期教育/好奇）

想象（见27. 家庭的早期教育/想象和29. 家庭的心理教育/想象）

克服从众性

从众性是与创造性有负相关的人格特征之一。从众者的智力水平低于独立思考者；在认识过程中，其思维较刻板，不具流畅性；在动机与情绪方面，缺乏应付危机的能力，焦虑感强，缺少自发动机；在自我观念上，常有自卑感，缺少自信心；在人际关系上，常处于被动地位，有依赖心理。

引自［中国］张能治《创造教育与创造型人才》，见张能治

编著《爱，让孩子快乐成长——e 时代家庭教育真谛》，广东
人民出版社 2011 年版，第 238 页

推迟判断

重视创造能力培养的教师和家长，往往给儿童足够时间进
行创造性思维，而不急于告诉其解决问题的方法。

家长和教师要鼓励孩子独立进行评价，即用自己的标准对
他人的想法、观点及所取得的结果进行评价。独立的评价能力
的发展有利于创造性的发挥。

> 引自［中国］张能治《创造教育与创造型人才》，见张能治
> 编著《爱，让孩子快乐成长——e 时代家庭教育真谛》，广东
> 人民出版社 2011 年版，第 238 页

培养抗挫折能力

抗挫折能力是进行创造性活动不可缺少的心理品质。

对孩子不要事事满足他，使他从小有不满足感，有挫折
感。每次都考 100 分，考第一，这不一定是好事，因为他没受
到挫折教育，心理缺乏承受能力。

> 引自［中国］张能治《创造教育与创造型人才》，见张能治
> 编著《爱，让孩子快乐成长——e 时代家庭教育真谛》，广东
> 人民出版社 2011 年版，第 238 页

50. 家长的自身教育

概述

第十八条 未成年人的父母或者其他监护人应当树立正确的家庭教育理念，自觉学习家庭教育知识，在孕期和未成年人进入婴幼儿照护服务机构、幼儿园、中小学校等重要时段进行有针对性的学习，掌握科学的家庭教育方法，提高家庭教育的能力。

> 引自［中国］《中华人民共和国家庭教育促进法》，中国法制出版社 2021 年版，第 7 页

面对 21 世纪知识经济的冲击，网络时代的种种诱惑，家庭教育出现很多新情况、新特点，我们的家长承受着很大的压力，也碰到不少问题，出现一些困惑。对这些新情况、新特点、新问题，广大的家长，尤其是年轻的父母必须学习，予以认真的研究和回答。父母只有好好学习，孩子才能天天向上。

> 引自［中国］张能治《前言：让孩子学会自我教育》，见张能治 编著《爱，让孩子快乐成长——e 时代家庭教育真谛》，广东人民出版社 2011 年版，第 1 页

能促进自我教育的教育才是真正的教育。父母要通过自我教育改变自己，也要让孩子学会自我教育，这是孩子不断成长的动力，也是孩子自立于社会的根本。

> 引自［中国］张能治《提高学习效能的诀窍》，见张能治 编

著《爱，让孩子快乐成长——e时代家庭教育真谛》，广东人民出版社2011年版，第33页

家长的职责

家长，特别是父母，是家庭教育的主要责任者和执行者，是最直接、最经常、最重要的教育者。每一个人，从做了父母的那一天起，就自然而然地责无旁贷地承担起了抚养、保护、管理、教育子女的责任。

> 引自〔中国〕赵忠心《家庭教育学：教育子女的科学与艺术》，人民教育出版社2001年版，第136页

家庭是习惯的学校，父母是习惯的老师。
父母的职责是让子女在体验中养成良好习惯。
拥有好习惯的父母，才能培养出有好习惯的孩子。
孩子有了好习惯，你会一辈子享受不尽他的"利息"，要是养成了坏习惯，你会一辈子偿还不清他的"债务"。

> 引自〔中国〕张能治《父母的职责：培养子女的良好习惯》，见张能治 编著《爱，让孩子快乐成长——e时代家庭教育真谛》，广东人民出版社2011年版，第17页

在20岁前后，孩子就要独自开拓自己的人生，父母能够给孩子影响的时间不是很长，所以，在孩子离开家之前，父母应该尽全力去培养。

> 引自〔韩国〕全惠星《有奉献精神的父母培养大人物》，邵娟 译，中国城市出版社2009年版，第34页

一个母亲要想培养出优秀的孩子，就必须先进行自我教育。

> 引自［美国］斯托夫人《斯托夫人自然教子书》，亚北 译，中国妇女出版社2009年版，第29页

母亲的责任不仅是把孩子带到这个世界上来，更重要的是培养孩子。孩子的教育必须由母亲来承担，而不能委托给别人去做。

> 引自［美国］斯托夫人《斯托夫人自然教子书》，亚北 译，中国妇女出版社2009年版，第4页

孩子能否成为杰出人物，完全取决于母亲施行了什么样的教育。

> 引自［美国］斯托夫人《斯托夫人自然教子书》，亚北 译，中国妇女出版社2009年版，第3页

在对女儿的品德教育上，我一直坚持如下原则：要想使女儿树立正确、健康的道德观和价值观念，首先需要我本人有正确的观念与标准。因为我认为，教育孩子的过程往往就是父母自我教育的过程。

> 引自［美国］斯托夫人《斯托夫人自然教子书》，亚北 译，中国妇女出版社2009年版，第226页

家长的学习

家长不仅要掌握优生学、生理学、心理学、教育学等方面的科学知识，还要尽可能地学习各种文化科学知识，包括社会

科学知识和自然科学知识。要努力用科学文化知识充实自己的头脑。这样做，不仅仅是为了给孩子做出榜样，也是平时教育孩子所需要的。

引自〔中国〕赵忠心《家庭教育学：教育子女的科学与艺术》，人民教育出版社2001年版，第379页

母亲们，绝不能单凭过去的知识和经验，来教育管理自己的孩子，也不能单凭你的父母教育管理你的方法来对待自己的孩子。社会在前进，在迅速发展，要教育好自己的孩子，母亲应该注意学习，否则，你的教育就会步入误区，贻误了你的孩子。

引自〔中国〕张能治《做一个平凡的女性、智慧的母亲》，见张能治编著《爱，让孩子快乐成长——e时代家庭教育真谛》，广东人民出版社2011年版，第123页

父母的自我的修养是教子的前提。儒家经典《大学》明确指出"格物、致知、诚意、正心、修身、齐家、治国、平天下"的人生八阶段目标，其中前五个阶段都是强调自我修养。为教育好自己的孩子，父母首先要提高自身的道德修养，严于律己，以身示范。传统的家庭教育观念总是强调小辈要尊重和孝顺长辈，而相对忽略了，在现代社会的信息化背景下，长辈也要不断放下身段，向小辈学习，向孩子学习。千万不要认为只有父母才有权利教育儿童或吩咐儿童，其实在现代生活的每时每刻，事物都在发生着令人难以预料的变化，因此，每个父母都必须树立终生学习的观念，与孩子一起学习，共同迎接未来社会生活的挑战。

引自［中国］杨韶刚《第七章 多元化背景下的家庭教育选择》，见赵刚 王以仁 主编《中华家庭教育学》，研究出版社2016 年版，第 352－353 页

家庭教育水平的高低和教育成效的好坏，在很大程度上取决于父母和长辈的基本素质……每一位父母的个人道德修养会在不知不觉中影响自己的言谈举止、处世态度、待人接物的方式方法，进而对其子女和家人产生潜移默化的影响。例如，迷恋于打麻将的父母，往往无暇顾及孩子，孩子自然也很难形成良好的学习习惯，肯定会对孩子的学习和成长产生某种消极的影响；家人喜欢聚在一起对别人说三道四、议论他人是非，同样会影响孩子待人处事的方式；父母经常在外面随手乱扔垃圾，就会给孩子树立没有规矩的坏榜样；等等。

引自［中国］杨韶刚《第七章 多元化背景下的家庭教育选择》，见赵刚 王以仁 主编《中华家庭教育学》，研究出版社2016 年版，第 372 页

无论家庭生活条件是否优越，决定家庭教育成效的主要因素是父母的基本素养。如果一个家庭中夫妻关系和睦、为人诚恳、感情真挚，又能平等待人，那么，子女未来成功的概率会大为提升。

引自［中国］杨韶刚《第七章 多元化背景下的家庭教育选择》，见赵刚 王以仁 主编《中华家庭教育学》，研究出版社2016 年版，第 373 页

处在多元时代，家庭教育观念必须跟上形势，家庭教育知识更新的速度要加快，这是时代对家庭教育提出的新要求。

引自［中国］杨韶刚《第七章 多元化背景下的家庭教育选择》，见赵刚 王以仁 主编《中华家庭教育学》，研究出版社2016年版，第373页

家庭教育是一门艺术，是需要父母认真学习和践行的。

引自［中国］杨韶刚《第七章 多元化背景下的家庭教育选择》，见赵刚 王以仁 主编《中华家庭教育学》，研究出版社2016年版，第374页

自己要持续学习和成长，同时来教育孩子，让他成长。我觉得这就是父母应该扮演的角色。成为好的父母也属于人生的一部分，需要我们不断经历艰辛才能实现。

引自［韩国］全惠星《有奉献精神的父母培养大人物》，邵娟 译，中国城市出版社2009年版，第26页

很多事情，我们需要重新发现、认识和学习，这个成长过程就是父母的"第二人生"。

引自［韩国］全惠星《有奉献精神的父母培养大人物》，邵娟 译，中国城市出版社2009年版，第29页

先不要管孩子愿不愿意读书，父母率先读书就可以了。也别管孩子们喜不喜欢运动，父母率先开始运动，让孩子看到就可以了。

引自［韩国］全惠星《有奉献精神的父母培养大人物》，邵娟 译，中国城市出版社2009年版，第53页

我以我的经验告诉所有的父母，一定要让自己成长，不断想办法提升自己的人生，解决自己人生中的问题。这样，当孩

子需要帮助时，我们才能担当起一个有意义的角色，而不是陪着孩子一起发愁。

> 引自［韩国］全惠星《有奉献精神的父母培养大人物》，邵娟译，中国城市出版社 2009 年版，第 69 页

从今天晚上就开始，关掉电视，推掉不必要的应酬和玩乐，陪在学习的孩子身边，读读杂志，看看书吧。

> 引自［韩国］全惠星《有奉献精神的父母培养大人物》，邵娟译，中国城市出版社 2009 年版，第 49 页

为人父母是一个不断学习的过程，因为随着孩子的不断成长，就会不断有新问题产生。

> 引自［美国］斯托夫人《斯托夫人自然教子书》，亚北 译，中国妇女出版社 2009 年版，第 27 页

要当一个合格的母亲，不仅要积累育儿知识，还应该学习心理、生理知识和实际经验。与别人交流常常会学到很多东西，读有关书籍也是一个重要途径，但最重要的还是要把学来的知识与技巧加以创造性地运用。

> 引自［美国］斯托夫人《斯托夫人自然教子书》，亚北 译，中国妇女出版社 2009 年版，第 29 页

做一个有良好习惯的父母

自我教育最重要的是主动学习，向书本学习，向媒体学习，向有经验的人学习，可以积极参加家长学校培训，从多侧面，多层次提高自己的综合素质，提高教子育儿的水平。要通

过学习，不断更新教育观念，按人的认知规律办事：要尊重孩子，凡事与孩子商量，让孩子参与制定规则，参与活动；要认真回答孩子提出的问题，鼓励孩子说出自己的观点和需要，深入了解孩子的内心世界；要让孩子感受到父母对他的爱，更要让孩子懂得用爱回报父母。

引自［中国］张能治《父母的职责：培养子女的良好习惯》，见张能治 编著《爱，让孩子快乐成长——e 时代家庭教育真谛》，广东人民出版社 2011 年版，第 16 页

父母要勇于改掉自己的不良习惯。由于自身的问题和社会原因，很多父母都存在这样那样的不良习惯，不知不觉地影响着孩子。这些不良习惯，贻害自己，贻害孩子，贻害整个家庭。要求孩子按时作息，而父母自己却经常睡懒觉，打牌、打麻将通宵达旦；要求孩子养成环保习惯，而自己却随地吐痰，果皮、纸屑乱扔；要求孩子尊重别人，而自己却对保姆吆五喝六，对老人漠不关心，甚至虐待老人。凡此种种都会给孩子带来严重损害。为了孩子，父母要下定决心，制定目标，互相监督，一步一步地改掉不良习惯。

引自［中国］张能治《父母的职责：培养子女的良好习惯》，见张能治 编著《爱，让孩子快乐成长——e 时代家庭教育真谛》，广东人民出版社 2011 年版，第 16 页

父母要向孩子学习，与孩子一起成长。教育孩子的过程，也是父母，尤其是年青父母不断成熟的过程。今天的孩子非常幸运地生长在科学技术突飞猛进的信息时代，孩子身上蕴藏着巨大的发展潜能，他们获取信息的能力远远超过家长的想象

力。孩子在某些方面，包括良好习惯方面，往往是家长所缺乏的，家长要向孩子学习，与孩子一起成长，这是时代发展的必然。

向孩子学习，它能使父母变得更年轻，仿佛回到自己的学生时代、青少年时代，会激发自己去学习新知识。向孩子学习，它能使孩子变得更自信。能做父母的老师，这是多么神气的事，孩子自然会发出"我能行"的正面信息。向孩子学习，它能增进亲子间的感情。孩子得到父母的尊重，反过来，他会更尊重父母，敢于向你敞开心扉，多说话，说真话，说实话，这样才有真正感情上的交流，才有两代人的真正沟通，孩子的良好习惯才有可能在你的教育下得以真正的形成，而父母同时也拥有更多的良好习惯。

> 引自〔中国〕张能治《父母的职责：培养子女的良好习惯》，见张能治 编著《爱，让孩子快乐成长——e时代家庭教育真谛》，广东人民出版社2011年版，第16-17页

家长的写作

今天，家庭教育的挑战是时代的挑战；为了孩子，为了未来，每位父母、每位教师都应当学习、研究家庭教育；撰写家教文章是提高家教水平的有效途径。

> 引自〔中国〕张能治《我们是家庭教育奉献者》，见张能治 主编《孩子与家庭纵横谈》，华夏出版社2020年版，第243页

如果父母能将孩子在活动中的表现、变化记录下来，能把

自己的所思所想诉诸文字，那无论对自己还是对他人，都很有意义。

引自［中国］张能治《少年是无可估量的》，见张能治 主编《孩子与家庭纵横谈》，华夏出版社 2020 年版，第 240 页

孩子作品每篇末尾都有"爸爸妈妈的话"，意在让家长当一回老师，认真点评自己孩子的作品，寄予热切的希望。这种点评有效地促进了父母与子女的沟通，培育了美好的亲情。

引自［中国］张能治《智慧的桥梁 联系的纽带》，见张能治主编《孩子与家庭纵横谈》，华夏出版社 2020 年版，第 265 页

要写好这一百字左右"爸爸妈妈的话"，可不容易，需要父母的智慧和责任。

……

父母要写好它，真不容易！而真正写好它，你会感受到一种不一样的快乐，一种金钱买不到的快乐！在你的影响下，孩子会变得更爱阅读、会阅读，更爱观察、会观察，更爱动脑、会思考，变得更有责任心、乐意做事情。长期坚持，日积月累，孩子成长了，父母也伴随着孩子一起成长！孩子快乐着，父母快乐着，家庭快乐着，何乐而不为！

引自［中国］张能治《智慧的桥梁 联系的纽带》，见张能治主编《孩子与家庭纵横谈》，华夏出版社 2020 年版，第 265 页

《叩开孩子心扉的艺术：谈家庭教育那些事》告诉人们，家庭教育是一门科学，更是一门艺术，要让自己的孩子有所作

为，家长，尤其是年轻的父母，就得学习，就得研究，就得阅读。如果您能够拿起笔来写写育儿的成功经验更好，因为这是更高层次的阅读，是不断提高个人家庭教育水准的有效途径。

> 引自［中国］骆风《序 绽放的心扉》，见张能治 著《叩开孩子心扉的艺术：谈家庭教育那些事》，暨南大学出版社 2017 年版，第 1–2 页

家长的交流

我们设立家长微信群的目的是什么？交流家庭教育理念、知识和方法，报道班级建设和学生生活的好人好事等正面新闻，为学校和班级建设建言献策。

> 引自［中国］陈利彬《由"葛优躺"、〈从前慢〉说起……》，见张能治 主编《孩子与家庭纵横谈》，华夏出版社 2020 年版，第 263–264 页

亲子共读

为了孩子的健康成长，年轻的父母们，阅读吧！父母的阅读必将带动孩子的阅读；孩子的阅读又将促进父母的阅读。一个拥有浓浓阅读氛围的家庭，必将培养出爱阅读，会阅读，能长足发展的孩子。

> 引自［中国］张能治《少年是无可估量的》，见张能治 主编《孩子与家庭纵横谈》，华夏出版社 2020 年版，第 240–241 页

阅读，特别是古今中外名著的整本书阅读，这是本刊着力

倡导的一项工作！亲子阅读，父母的阅读带动孩子阅读，让孩子学有榜样、读有陪伴、写有指导；读写结合，将阅读引向深入，引发到更高的层次。

引自［中国］张能治《科学呵护孩子》，见张能治主编《孩子与家庭纵横谈》，华夏出版社 2020 年版，第 273 页

家长教育能力的提高

要培养小学生，先须培养幼稚生，更须培养婴儿，即须培养婴儿的母亲，那才是根本的办法咧。不注重母教要想把小学办好，比如是水中捞月，如何可能！

引自［中国］陶行知《古庙敲钟录》，《陶行知全集·第三卷》，四川教育出版社 1991 年版，第 50 页

知识并不等于能力。要解决好家庭教育中遇到的种种实际问题，要把子女培养教育长大成人，还必须具备教育子女的能力。

引自［中国］赵忠心《家庭教育学：教育子女的科学与艺术》，人民教育出版社 2001 年版，第 380 页

家长所要具备的义务感、知识能力、威信、理智等素质，是针对"家长"这种"职业"的特点，提出的最起码的要求，家长应努力做到，做好。

引自［中国］赵忠心《家庭教育学：教育子女的科学与艺术》，人民教育出版社 2001 年版，第 394 页

做儿女的，要明白这一点，做事不要"顾此失彼"，要尽

量想得缜密、周全一些，千万别让老人"费了力"还"伤了心"。

> 引自［中国］赵忠心《别让老人费力不讨好》，见张能治 主编《孩子与家庭纵横谈》，华夏出版社 2020 年版，第 260 页

"爸爸妈妈的话"，父母用心品读孩子的作品，促进了亲子的有效沟通，构建了新时代新型的亲子关系；"爸爸妈妈的话"，成为《孩子与家庭》一道有个性有特色的亮丽风景。

> 引自［中国］张能治《科学呵护孩子》，见张能治 主编《孩子与家庭纵横谈》，华夏出版社 2020 年版，第 274 页

家长在思考改变孩子的问题时，切入点永远应该是如何改变自己的教育方式。哪怕你认为孩子的毛病就是来自孩子自己，你也有责任通过改变你自己唤起孩子的改变。不这样思考，你就永远找不到改变孩子的路径。

> 引自［中国］尹建莉《好妈妈胜过好老师》，作家出版社 2009 年版，第 120 页

自我发展，就是在个人的职业范围内，最大限度地发挥自己的才华。不管从事什么职业，妈妈都要尽最大努力去开发自我……妈妈如果放弃自我发展的话，不仅对自己不负责任，对孩子也是不负责任的做法。

> 引自［韩国］全惠星《有奉献精神的父母培养大人物》，作家出版社 2009 年版，第 179 页

要想培养优秀的孩子，就要先提高母亲的能力。母亲对一个家庭，起着决定性的作用。对女性来说，事业和家庭就像小

鸟的两只翅膀，只有力量均衡才能展翅高飞。

> 引自〔韩国〕全惠星《有奉献精神的父母培养大人物》，作
> 家出版社 2009 年版，第 180 页

母亲应该在工作和家庭中找到一个均衡点。

> 引自〔韩国〕全惠星《有奉献精神的父母培养大人物》，作
> 家出版社 2009 年版，第 180 页

平时遇到问题，我跟孩子们都是通过对话来达成理解，找出解决方法。

> 引自〔韩国〕全惠星《有奉献精神的父母培养大人物》，作
> 家出版社 2009 年版，第 182 页

多跟孩子聊聊天就会知道，以教条式的方法说教，孩子是不能理解透彻的。

> 引自〔韩国〕全惠星《有奉献精神的父母培养大人物》，作
> 家出版社 2009 年版，第 182 页

家长要善于反思

夜觉晓非，今悔昨失。

> 引自〔中国〕颜之推《颜氏家训·序致》，见檀作文 译注
> 《颜氏家训》，中华书局 2007 年版，第 4 页

又思天下无自是之豪杰，亦无尤人之学问；有不得，皆己之德未修，感未至也。

> 引自〔中国〕袁了凡《了凡四训·改过之法》，见尚荣 徐敏

赵锐 评注《了凡四训》, 中华书局 2013 年版, 第 86 页

何谓从心而改? 过有千端, 惟心所造; 吾心不动, 过安从生?

引自［中国］袁了凡《了凡四训·改过之法》, 见尚荣 徐敏
赵锐 评注《了凡四训》, 中华书局 2013 年版, 第 90 – 91 页

失言失人, 当反吾智。

引自［中国］袁了凡《了凡四训·积善之方》, 见尚荣 徐敏
赵锐 评注《了凡四训》, 中华书局 2013 年版, 第 172 页

我们的每一句话和每一个行为, 都将完完全全地转移到孩子身上, 小到生活习惯, 大到人生态度, 就像照镜子一般, 都会反映给孩子。因此, 父母一定要随时随地检讨自己的所有行为。

引自［韩国］全惠星《有奉献精神的父母培养大人物》, 作家出版社 2009 年版, 第 48 页

父母相互尊重

父母相互尊重, 会对孩子产生决定性的影响。而常常吵架的父母, 尤其是常常当着孩子的面吵架的父母, 他们孩子的成长肯定会出现问题。

引自［韩国］全惠星《有奉献精神的父母培养大人物》, 邵娟 译, 中国城市出版社 2009 年版, 第 53 页

互相尊重中会产生忍耐力。这是夫妻相处时很重要的一点。

引自 [韩国] 全惠星《有奉献精神的父母培养大人物》，邵娟 译，中国城市出版社 2009 年版，第 54 页

如果母亲不尊重作为父亲的丈夫，孩子也不会认可父亲的权威，这样一来，父亲的教导就无法站住脚。反之亦然。在妻子成为母亲的瞬间，丈夫就要开始树立妻子的权威。如果丈夫尊重妻子、认可她的权威，孩子们才会尊敬、跟随母亲。如果丈夫无视妻子，孩子们也会无视母亲；同样，如果母亲无视丈夫，会使孩子们敌视他们的父亲。

引自 [韩国] 全惠星《有奉献精神的父母培养大人物》，邵娟 译，中国城市出版社 2009 年版，第 55－56 页

父亲的权威并不只体现在父亲的威严上，父亲还要懂得尊重母亲，尤其是在孩子面前。

引自 [韩国] 全惠星《有奉献精神的父母培养大人物》，邵娟 译，中国城市出版社 2009 年版，第 63－64 页

父亲尊重母亲了，孩子也会尊重母亲，并且，会更加尊重父亲。

引自 [韩国] 全惠星《有奉献精神的父母培养大人物》，邵娟 译，中国城市出版社 2009 年版，第 64 页

51. 学校与家庭教育

概述

第十九条　未成年人的父母或者其他监护人应当与中小学校、幼儿园、婴幼儿照护服务机构、社区密切配合，积极参加其提供的公益性家庭教育指导和实践活动，共同促进未成年人健康成长。

> 引自［中国］《中华人民共和国家庭教育促进法》，中国法制出版社 2021 年版，第 7 页

深化教育领域综合改革，加强教材建设和管理，完善学校管理和教育评价体系，健全学校家庭社会育人机制。

> 引自［中国］习近平《高举中国特色社会主义伟大旗帜 为全面建设社会主义现代化国家而团结奋斗——在中国共产党第二十次全国代表大会上的报告》（2022 年 10 月 16 日），人民出版社 2022 年版，第 34 页

孩子一半时间与家人相处，80% 的坏习惯是在家里养成的。孩子未来的社会形象，就是当年所受家庭教育的翻版。那种把教育的责任完全寄托到学校与老师身上的家长，孩子的未来必定是灰色的。

> 引自［中国］赵刚《"在第四届新东方家庭教育高峰论坛"上的发言》，见赵刚 主编《100 位企业家给家长的忠告》，东方出版社 2012 年版，封底

家校合作的目的

家校合作的根本目的是促进学生的发展。学校与家庭存在着天然的联系。家校合作愉快，受益最大的是学生；家校发生冲突，受害最大的也是学生。

> 引自［中国］赵刚《第十三章 现代教育管理体系中的家校合作》，见赵刚 王以仁 主编《中华家庭教育学》，研究出版社2016 年版，第 723 页

家校合作的意义

孩子进学校读书，家长一定要配合学校的活动进行教育，家校结合，教育效果倍增。反之，家校脱离，教育效果等于零。

> 引自［中国］张能治《家庭教育的误区与对策》，见张能治编著《爱，让孩子快乐成长——e 时代家庭教育真谛》，广东人民出版社 2011 年版，第 61 页

家庭教育和学校教育应该相互补充，形成合力，成为育人的联合团队。家校结合，孩子快乐成长，孩子的人生必定灿烂。

> 引自［中国］张能治《以优质教育开启孩子的灿烂人生》，见张能治 编著《爱，让孩子快乐成长——e 时代家庭教育真谛》，广东人民出版社 2011 年版，第 259 页

有效的家庭学校合作，会使家庭成为学校的助力而不是阻力。但家长资源不会被无端使用和放大。面对在职业、收入、

文化等诸多方面存在差异的家长群体，提供普适性的教育指导与个性化的咨询服务，将是今后学校义不容辞的义务与不可或缺的教育环节。

> 引自［中国］赵刚《后记》，见赵刚 主编《家长教育学》，教育科学出版社 2010 年版，第 419 页

发挥学校和家庭各自的优势，促进家校合作、亲师协同，对我国构建现代学校制度与完善教育体系，都有着极为重要的作用与深远的意义。

> 引自［中国］赵刚《第十三章 现代教育管理体系中的家校合作》，见赵刚 王以仁 主编《中华家庭教育学》，研究出版社 2016 年版，第 722 页

没有家长的配合，学校教育难以优化；没有学校的指导，家庭教育低效无助。……今天的学校比以往任何时代都需要家长的支持，今天的父母比任何时代都迫切地需要学习，家庭教育比以往任何时代都更加需要帮助。

> 引自［中国］赵刚《第十三章 现代教育管理体系中的家校合作》，见赵刚 王以仁 主编《中华家庭教育学》，研究出版社 2016 年版，第 722 - 723 页

只有将家庭教育与学校教育并重，实行家校共育，才能真正提高教育质量和民族素质，才能在国际竞争中处于战略主动地位。

> 引自［中国］赵刚《第十三章 现代教育管理体系中的家校合作》，见赵刚 王以仁 主编《中华家庭教育学》，研究出版社 2016 年版，第 749 页

面对日趋激烈的社会变革，家庭教育的内涵和外延也不可避免地发生着巨大的改变。一方面，家庭仍然是社会的最小细胞，是社会不可分割而又地位独特、影响深远的基本单元；另一方面，家庭与社会和学校的联系日趋紧密，彼此之间的关系也变得越来越复杂。怎样在明确学校教育、社会教育和家庭教育定位的基础上，从保证儿童青少年健康发展的视角调整好三者之间的关系，已成为当今时代中国社会家庭教育无法回避的现实问题。

> 引自［中国］杨韶刚《第七章 多元化背景下的家庭教育选择》，见赵刚 王以仁 主编《中华家庭教育学》，研究出版社2016年版，第331页

家校教育的一致性

教育是一个复杂的系统工程，办好教育、提高教育质量是家庭与学校的共同责任，需要家校同心协力、齐抓共管，需要家校在教育观念、教育内容与教育管理等方面始终保持一致。家庭与学校要进一步加强联系，密切配合，奋力进取，共同开创家庭教育与学校教育的新局面。

> 引自［中国］余德元《家庭教育应与学校教育保持一致》，见张能治 主编《家庭教育那些事儿》，暨南大学出版社2014年版，第12页

家长的教育素质

孩子的成长好比一棵大树，家长的教育素质是"根"，家

庭教育是"干",学校教育是"枝",社会教育是"叶",孩子是"果"。根在表面上是看不到的,但却是最重要的。只有家长这个教育树根牢固了,家庭教育树干粗壮了,学校教育和社会教育才能枝繁叶茂,才能结出丰硕的果实。

> 引自［中国］赵刚《第十三章 现代教育管理体系中的家校合作》,见赵刚 王以仁 主编《中华家庭教育学》,研究出版社2016 年版,第 757 页

子女的健康成长,家长的教育素质是基础,是孩子成长的教育源头,是家庭教育、学校教育和社会教育的前提。

> 引自［中国］赵刚《第十三章 现代教育管理体系中的家校合作》,见赵刚 王以仁 主编《中华家庭教育学》,研究出版社2016 年版,第 757 页

家校合作的网络互动

以网络技术为核心的信息技术为家校合作构建了新模式,可以帮助家长树立科学的家庭教育理念,掌握正确的家庭教育方法,获取丰富的教育资源,拓展儿童在家庭中学习的途径,为实现学校、家庭、社会的和谐教育,提供了有力的武器和施展才华、创意的平台。

> 引自［中国］赵刚《第十三章 现代教育管理体系中的家校合作》,见赵刚 王以仁 主编《中华家庭教育学》,研究出版社2016 年版,第 784 页

52. 家庭教育的误区

不重视母乳喂养

为了保全母亲美好的体形和身姿，或因为工作忙顾不上，或为了避免晚上亲自喂奶影响自己休息，让孩子吃母乳的越来越少，而是改喝牛奶，还得是外国的，美国的、德国的、澳大利亚的、新西兰的。孩子享受妈妈身上的气味，跟妈妈亲昵的机会大为减少。孩子吃母乳，闭着眼睛就能闻出妈妈在身边的味道儿，现在孩子闻到的是女人身上的香水味儿。过去说"有奶便是娘"，现在，有奶的不见得都是娘。

引自［中国］赵忠心《"金钱投入"代替不了"感情投入"》，见张能治 主编《孩子与家庭纵横谈》，华夏出版社 2020 年版，第 277 页

替孩子做事

小孩子生来好动。因为好动，他就能与事物相接触；与事物相接触，那他就知道事物的性质，他的动作能力因此得着发展。若我们代替他做，他总是学不会的。

引自［中国］陈鹤琴《家庭教育》，华东师范大学出版社 2006 年版，第 17 页

替小孩子做事情，其弊有三：

（一）剥夺小孩子肌肉发展的机会。小孩子愈动作则他的肌肉愈能够发展，反之则他的肌肉就要退化了。……

（二）养成小孩子懒惰性格。小孩子的事情样样由他父母替他代做，那他以后就不高兴自己去做了。他视父母如奴隶，以为是上帝给他的侍者，所以无论什么事都要推父母去做。以后他在社会上做事，也成为不尽职务的人了。我们可以说大多数人的懒惰都是在他们小的时候养成的，也可以说是他们父母替他们养成的。

（三）养成小孩子不识事务，不知劳苦的性格。不亲自做过的事情，则不知别人的劳苦；不经过许多事务，则不知世务的艰难。

引自［中国］陈鹤琴《家庭教育》，华东师范大学出版社2006年版，第180页

孩子的生活，将来都要由孩子自己去独立安排，家长一定不要包办代替，不能一切都替他安排妥当。应当在家长指导、参与、启发、诱导下，由他们自己去安排，这样，孩子实践起来更为自觉。

引自［中国］赵忠心《家庭教育学：教育子女的科学与艺术》，人民教育出版社2001年版，第265页

帮孩子们做他们能做的事，会对他们的积极性造成很大的伤害，因为这会使他们失去实践的机会。这样做的后果就是使他们丧失自信与勇气，并使他们感到恐惧，没有安全感，因为安全感是建立在能力的基础上的。父母们自以为无私的包办行为，恰恰剥夺了孩子发展自身能力的权利，而这正是孩子成长最关键的因素。

引自［美国］斯托夫人《斯托夫人自然教子书》，亚北 译，

中国妇女出版社 2009 年版，第 263 页

常常有另外一种情况：家里有保姆，孩子养成了习惯让保姆去代他干本应他自己干的事情。家长应该很好地检查这种情况，要尽可能地做到使保姆不再去做孩子能够并且应该自己去做的那些工作。

引自［苏联］A. C. 马卡连柯《家庭和儿童教育》，丽娃 译，上海人民出版社 2005 年版，第 95 页

急于为孩子出气

有智慧的父母懂得控制自己的情绪，去了解孩子为什么会打架，帮助孩子公正、合理地分析事情的经过，判断谁应该受到责备，谁又该得到支持。这才是真正地为孩子着想。

引自［韩国］全惠星《有奉献精神的父母培养大人物》，邵娟 译，中国城市出版社 2009 年版，第 18 页

请切记，急于为孩子出气的父母，事实上是在剥夺孩子成功的机会。

引自［韩国］全惠星《有奉献精神的父母培养大人物》，邵娟 译，中国城市出版社 2009 年版，第 18 页

全面控制孩子

不尊重儿童最典型的一个表现就是对孩子管制太多，也就是指导或干涉太多，孩子的许多正常生长秩序被打乱了。

引自［中国］尹建莉《好妈妈胜过好老师》，作家出版社

2009 年版，第 216 页

一个没有机会进行自我掌控的孩子，不可能学会自我控制。一个不被信任、总是被当小偷一样提防的孩子，很难发展出诚信、自尊的品质。

引自［中国］尹建莉《最美的教育最简单》，作家出版社2014 年版，第 40 页

在教育上，人们错把控制当成教育，却不知每一种控制，都是一条或粗或细的绳索，天天往孩子身上缠绕，导致孩子心理功能失调。被捆绑的孩子，他们最终变得心理失序，懦弱胆小，逆反暴躁，谎话连篇，刻板狭隘，等等，都是有可能出现的症状。

引自［中国］尹建莉《最美的教育最简单》，作家出版社2014 年版，第 41 页

一些学历较高或事业很成功的家长，作为社会人，十分优秀，作为家长，太强权了。在家庭生活中如果不有意识地约束自己的能量，就有可能对身边的人形成超强的控制力。世间万事，过犹不及，虽然这种控制力主观愿望是好的，可在客观上却形成对他人自由意志的剥夺。

引自［中国］尹建莉《最美的教育最简单》，作家出版社2014 年版，第 75 页

如果父母在孩子面前太强势，孩子凡事要按家长画好的道道来，那么父母越认真，对孩子的自由意志剥夺就越彻底，给孩子带来的精神损伤越严重。

引自〔中国〕尹建莉《最美的教育最简单》，作家出版社2014年版，第114页

许多家长试图全面控制孩子的生活。孩子的一举一动都受到注意和纠正。这就会窒息孩子的判断力，并使家长把全部时间和精力用于纠正哪些不十分紧要的行为。

引自〔美国〕P·伍德、B·斯考兹《怎样使你的孩子听话》33，见张纯美 洪静媛 编《中外教育思想荟萃》，上海文化出版社2014年版，第223页

父母们非常希望自己的孩子成为最出色的青年，但又不允许孩子们用不同的方式去发现自己的能力，而是怀疑和限制他们的发展。比如，当孩子要帮妈妈收拾桌子时，妈妈往往会夺过盘子说："宝贝，你会把盘子打碎的。"为了不打碎盘子，结果却打碎了孩子的自信心。

引自〔美国〕斯托夫人《斯托夫人自然教子书》，亚北 译，中国妇女出版社2009年版，第275页

不管孩子有多大的错，仍然有很多别的方法来教育他，采取不许孩子吃东西这种方法的父母真是太愚昧了。

引自〔美国〕斯托夫人《斯托夫人自然教子书》，亚北 译，中国妇女出版社2009年版，第37—38页

如果我用吃来奖惩女儿，她会认为将来的生活目的就是为了吃喝，就容易形成自私、狭隘的性格。

引自〔美国〕斯托夫人《斯托夫人自然教子书》，亚北 译，中国妇女出版社2009年版，第38页

唠叨

家庭生活中，并不是说话多就叫唠叨。称得上"唠叨"的，是那些随口而出的、不断重复的、总给人带来负面情绪的话语，既没用又不中听。

> 引自 ［中国］尹建莉《最美的教育最简单》，作家出版社 2014 年版，第 288 页

唠叨的特点是负面、无效、重复，这些特点被加到被唠叨者身上，就是自我体验不断被干扰，心理不断受阻。

> 引自 ［中国］尹建莉《最美的教育最简单》，作家出版社 2014 年版，第 288 页

唠叨有很多种表现，不管形式如何，都会让孩子产生负面反应。不仅是心理方面，甚至有可能表现在生理方面。

> 引自 ［中国］尹建莉《最美的教育最简单》，作家出版社 2014 年版，第 292 页

家长如何发现自己爱唠叨？经常看看孩子的反应，如果孩子常常为你的某些言语或指令不愉快，那就要注意了。

> 引自 ［中国］尹建莉《最美的教育最简单》，作家出版社 2014 年版，第 293 页

唠叨问题不仅容易发生在家庭，也会发生在幼儿园及中小学校园。当下我国的"校园唠叨"非常严重，简直成了校园灾难。

引自［中国］尹建莉《最美的教育最简单》，作家出版社 2014 年版，第 294 页

唠叨也是这样，说一句没事，说两句也没事，天天说似乎也没什么，但伤害早已悄悄发生。它像一把小刀子一样，慢慢切割着孩子，不经意间一点点地把孩子的自觉意识、快乐情绪，以及想象力、创造力都切碎了，破坏了。想来，唠叨真是教育中最隐秘又极其悲哀的一个错误。

引自［中国］尹建莉《最美的教育最简单》，作家出版社 2014 年版，第 296 页

打骂

无论大人小孩都是有羞恶之心的，除了有神经病的成人或年纪太小的小孩以外，大多数小孩子尤喜欢顾全面子。倘使做父母的当着别人的面去骂他，他以为受了莫大之耻辱，就要怨恨他的父母了。小孩子等到怨恨父母，以后就不高兴去听父母的教训了。

引自［中国］陈鹤琴《家庭教育》，华东师范大学出版社 2006 年版，第 161 页

做父母的不应当在客人面前去骂小孩子，应当等客人去了以后，方才慢慢儿去教训他；教训他不听，然后去责备他，那么小孩子因为不丢面子，就很高兴去改他的过失。

引自［中国］陈鹤琴《家庭教育》，华东师范大学出版社 2006 年版，第 162 页

因为自己不高兴，常常去打骂子女，子女就把打骂当作司空见惯的事，以后即使做错了事，受父母的打骂也不以为羞了！所以做父母的当发怒的时候，应当平心静气，使其躁释矜平。若拿自己的骨肉来泄愤，不是愚蠢得很吗？

引自［中国］陈鹤琴《家庭教育》，华东师范大学出版社2006年版，第165页

要知道无论什么人受奖励而做善是很容易的。小孩子尤其喜欢听好话而不喜欢听恶话，做父母的一去骂他的人格，他的心就要很不高兴了，非但无悔过之心，而且长其为恶之心，所以他的人格从此堕落了。反之，做父母的只就事论事，那他以为不好的是事，而非其人，那还有自新之路呢！

引自［中国］陈鹤琴《家庭教育》，华东师范大学出版社2006年版，第167页

孩子表现不好，把他骂一顿，揍一顿——这是多么容易的事啊，做起来也很痛快，每个家长都能做到的——所以它为许多家长所钟爱。只是，它不能解决任何问题；所以，它也会让那些习惯于"痛快"、"容易"地解决问题的家长在以后的日子里，慢慢品味教子无方所带来的更多的不痛快和不容易。

引自［中国］尹建莉《好妈妈胜过好老师》，作家出版社2009年版，第234页

打骂孩子可能会解决眼前的一个小问题，却给孩子的成长留下大隐患，创痕会伴随孩子一生。经常挨打的孩子，他的身心两方面都会受到损害。他从家长那里感受到的是屈辱，体会的是自卑，学到的是粗暴，激起的是逆反。

引自〔中国〕尹建莉《好妈妈胜过好老师》，作家出版社2009年版，第239页

经常被苛责的孩子，学会了苛刻；经常被打骂的孩子，学会了仇恨；经常被批评的孩子，很容易变得自卑；经常被限制的孩子，会越来越刻板固执……

引自〔中国〕尹建莉《最美的教育最简单》，作家出版社2014年版，第69页

在孩子心目中，父母是他们绝对依赖的对象，自己信赖尊敬的人，经常骂自己愚笨，孩子在不知不觉中接受这种负面的暗示，当然使头脑的发育停滞。

引自〔日本〕多湖辉《头脑启蒙的技巧》26，见张纯美 洪静媛 编《中外教育思想荟萃》，上海文化出版社2014年版，第229页

放任

养不教，父之过。

引自〔中国〕王应麟《三字经》141，见张纯美 洪静媛 编《中外教育思想荟萃》，上海文化出版社2014年版，第228页

在家庭中不应该没有秩序，所有的东西都乱扔乱放，不作任何清点，谁也不记得什么东西放在什么地方。这样的无秩序的情况当然会助长孩子对物品的任性态度，他随意处置这些东西，对谁也不说，这样就养成诡秘的、擅作主张的习惯。

引自〔苏联〕A. C. 马卡连柯《家庭和儿童教育》，丽娃 译，

上海人民出版社 2005 年版，第 79 页

溺爱

有偏宠者，虽欲以厚之，更所以祸之。

> 引自［中国］颜之推《颜氏家训·教子》，见檀作文 译注
> 《颜氏家训》，中华书局 2007 年版，第 14 页

为人母者，不患不慈，患于知爱而不知教也。

> 引自［中国］司马光《温公家范·母》，见夏家善 主编，王
> 宗至 王微 注释《温公家范》，天津古籍出版社 2016 年版，第
> 52 页

"慈母败子。"爱而不教，使沦于不肖，陷于大恶，入于
刑辟，归于乱亡。非他人败之也，母败之也。

> 引自［中国］司马光《温公家范·母》，见夏家善 主编，王
> 宗至 王微 注释《温公家范》，天津古籍出版社 2016 年版，第
> 52 页

爱其子而不教，犹为不爱也；教而不以善，犹为不教也。

> 引自［中国］方孝孺《逊志斋集》1/14，见张纯美 洪静媛
> 编《中外教育思想荟萃》，上海文化出版社 2014 年版，第
> 228 页

家长以养代教，以爱代教，无止境地呵护，无节制地满
足，无边际地许诺，这就是溺爱，这是当前最危险的一种
倾向。

溺爱的结果：家长的"三无"，造成孩子的"三无"：无

情、无能、无责任感。

> 引自［中国］张能治《家庭教育的误区与对策》，见张能治
> 编著《爱，让孩子快乐成长——e 时代家庭教育真谛》，广东
> 人民出版社 2011 年版，第 56 页

很多父母对孩子的照顾总是无微不至，把孩子应该做的事情全包下来，心甘情愿。父母对孩子的照顾是无限责任，这样不能培养孩子的独立性和自信心。

> 引自［中国］张能治《父母的职责：培养子女的良好习惯》，
> 见张能治 编著《爱，让孩子快乐成长——e 时代家庭教育真
> 谛》，广东人民出版社 2011 年版，第 7 页

培养孩子的自信心必须从孩子最小的时候就开始。这就需要父母随时检点自己对待孩子的态度，不要以爱为理由溺爱孩子，不要什么事都包办。因为孩子们需要一定的成长空间去试验自己的能力，去学会如何应付危险。

> 引自［美国］斯托夫人《斯托夫人自然教子书》，亚北 译，
> 中国妇女出版社 2009 年版，第 258 页

捧杀

要有效地避免那些本来很有发展前途的孩子们"夭折"，不使他们成为"昙花一现"的人物，做父母的应当切实加强自身修养，正确地看待孩子得到的荣誉和受到的人们的夸赞，在任何时候都要"稳住"了，别"肤浅"，时刻保持高度清醒的头脑，谨防把孩子"捧杀"在"摇篮"里。

引自［中国］赵忠心《当孩子初露才华时》，见张能治 主编
《孩子与家庭纵横谈》，华夏出版社 2020 年版，第 272 页

不重视儿童阅读

不重视儿童阅读是早期教育中最糟糕的行为之一，从小的
阅读差别才是重要的"输赢"差别。

引自［中国］尹建莉《好妈妈胜过好老师》，作家出版社
2009 年版，第 69 页

情感投入不足

"投之以桃，报之以李"。"投入"和"回报"是相对应
的，情感投入"偷工减料"，回报必然"缺斤短两"，分量
不足。

引自［中国］赵忠心《"金钱投入"代替不了"感情投入"》，
见张能治 主编《孩子与家庭纵横谈》，华夏出版社 2020 年
版，第 280 页

家长必须明白，"金钱投入"代替不了"感情投入"。孩
子小时候父母对孩子的态度，会印刻在孩子的脑海里，孩子终
生都不会忘记，会深深地影响父母子女之间的关系和感情。

引自［中国］赵忠心《"金钱投入"代替不了"感情投入"》，
见张能治 主编《孩子与家庭纵横谈》，华夏出版社 2020 年
版，第 280 页

只要父母之间没有亲热的感情，只要一家人的聚会不再使

人感到生活的甜蜜，不良的道德就势必来填补这些空缺了。

> 引自［法国］卢梭《爱弥儿，论教育》，见王正平 主编《人生格言辞典》，上海辞书出版社 2004 年版，第 178 页

对孩子期望太高

不要对孩子期望太高，更不要把自己没有实现的理想一定要在孩子身上实现，而不管孩子愿意不愿意，或者有没有天赋。太高的、不合理的期望只会给孩子带来过大的压力和对不起父母的罪恶感。不要把成绩看得太重，只要尽了力就好。不必要求老是考第一，只要今天比昨天有进步就可以了。

> 引自［中国］李开复《要鼓励孩子在失败中成长》，见赵刚 主编《100 位企业家给家长的忠告》，东方出版社 2012 年版，第 37 页

脾气不好

小孩子没有抵抗的能力，父母在小孩子的身上出气，是最容易的。你自己喜怒无常，小孩子却跟着你受晦气。这是我们做父母的应当深以为戒的。

> 引自［中国］陈鹤琴《怎样做父母》，见陈鹤琴 著《家庭教育》，华东师范大学出版社 2006 年版，第 210 页

"脾气不好"在家长身上可能只是个小毛病，可它给孩子带来的却会是个大恶果。这会让孩子的"小毛病"变成一个痼疾。或变得脾气暴躁，自卑固执；或是屡教不改，一错再错。

引自［中国］尹建莉《好妈妈胜过好老师》，作家出版社
2009 年版，第 33 页

"生"与"养"分离

多年来，"陈宇式"的抚养方式并未引起广泛的质疑。把
孩子委托给一个可靠的人，自己专心投入工作，这种"生"
与"养"的分离不但没有受到批评，反而成为一些人，特别
是工作上取得成就的人得到赞美的事迹与证明。

引自［中国］尹建莉《好妈妈胜过好老师》，作家出版社
2009 年版，第 197 页

把养育孩子的责任推出去，这种教养方式对儿童的损害不
会立即呈现，但孩子不会白白做出牺牲和让步，任何不良的成
长过程都会在他的生命中留下痕迹，成为日后影响他生命质量
的一个病灶，同时也给整个家庭带来好多麻烦。

引自［中国］尹建莉《好妈妈胜过好老师》，作家出版社
2009 年版，第 197 页

家长这个角色何等重要，说小了关系到一个孩子的命运，
说大了关系到全民族的未来，所以必须要虔诚地去做，不可以
怠慢，否则就是犯了渎职罪。

引自［中国］尹建莉《好妈妈胜过好老师》，作家出版社
2009 年版，第 200 页

即使你和孩子生活在一起，也要注意，不要心里只装着工
作和社交，仅仅拿出所剩无几的精力和时间的边角料来分配给

孩子。不要对孩子的需求漫不经心，要认真对待和孩子相处这回事，不要让你的孩子置身于精致的房间，却成为精神上的"留守儿童"。

引自〔中国〕尹建莉《好妈妈胜过好老师》，作家出版社2009年版，第200页

父教缺失

需要特别指出的是，"隐形爸爸"是当今家庭教育的重大缺陷。为什么这么讲？父教缺失会给学生带来心理上的不安全感，会使学生的性别认同弱化，出现被忽视或被过度保护，进而产生情感障碍，出现焦虑、孤独、任性、多动、依赖、自尊心低下、自制力弱，甚至导致各种暴力行为。

引自〔中国〕陈利彬《由"葛优躺"、〈从前慢〉说起……》，见张能治 主编《孩子与家庭纵横谈》，华夏出版社2020年版，第262页

主要参考文献

［1］孔丘. 论语［M］. 学之, 译释. 西安：陕西师范大学出版社, 2010.

［2］方勇. 孟子［M］. 2 版. 北京：中华书局, 2015.

［3］方勇 李波. 荀子［M］. 2 版. 北京：中华书局, 2015.

［4］张景 张松辉. 道德经［M］. 北京：中华书局, 2021.

［5］唐品. 孝经全集［M］. 刘兆祥, 注译. 成都：天地出版社, 2017.

［6］檀作文. 颜氏家训［M］. 北京：中华书局, 2007.

［7］夏家善. 温公家范［M］. 王宗至, 王微, 注译. 天津：天津古籍出版社, 2016.

［8］袁了凡. 了凡四训［M］. 尚荣, 徐敏, 赵锐, 评注. 北京：中华书局, 2013.

［9］曾国藩. 曾国藩家书［M］. 长春：吉林出版集团股份有限公司, 2011.

［10］朱用纯, 等. 朱子家训·颜氏家训·孔子家语［M］. 金源, 编译. 成都：天地出版社, 2019.

［11］文景. 历代家训［M］. 北京：中国人口出版社, 2018.

［12］牛晓彦. 钱氏家训新解［M］. 北京：北京理工大学出版社, 2014.

［13］毛泽东. 毛泽东选集：第 1 卷［M］. 2 版. 北京：人民出版社, 1991.

［14］毛泽东. 毛泽东选集：第 2 卷［M］. 2 版. 北京：

人民出版社，1991.

　　［15］毛泽东. 毛泽东选集：第 3 卷［M］. 2 版. 北京：人民出版社，1991.

　　［16］毛泽东. 毛泽东选集：第 4 卷［M］. 2 版. 北京：人民出版社，1991.

　　［17］邓小平. 邓小平文选：第一卷［M］. 2 版. 北京：人民出版社，1994.

　　［18］邓小平. 邓小平文选：第二卷［M］. 2 版. 北京：人民出版社，1994.

　　［19］邓小平. 邓小平文选：第三卷［M］. 北京：人民出版社，1993.

　　［20］习近平. 习近平谈治国理政：第一卷［M］. 2 版. 北京：外文出版社，2018.

　　［21］习近平. 习近平谈治国理政：第二卷［M］. 北京：外文出版社，2017.

　　［22］习近平. 习近平谈治国理政：第三卷［M］. 北京：外文出版社，2020.

　　［23］习近平. 习近平谈治国理政：第四卷［M］. 北京：外文出版社，2022.

　　［24］习近平. 高举中国特色社会主义伟大旗帜 为全面建设社会主义现代化国家而团结奋斗：在中国共产党第二十次全国代表大会上的报告［M］. 北京：人民出版社，2022.

　　［25］中共中央党史和文献研究院. 习近平关于注重家庭家教家风建设论述摘编［M］. 北京：中央文献出版社，2021.

　　［26］中共中央党史和文献研究院. 习近平关于网络强国论述摘编［M］. 北京：中央文献出版社，2021.

［27］中共中央宣传部 中央广播电视总台. 平"语"近人：习近平总书记用典［M］. 北京：人民出版社，2019.

［28］中共中央宣传部 中央广播电视总台. 平"语"近人：习近平喜欢的典故. 第二季［M］. 北京：人民出版社，2021.

［29］人民日报评论部. 习近平用典：第一辑［M］. 2 版. 北京：人民日报出版社，2018.

［30］人民日报评论部. 习近平用典：第二辑［M］. 北京：人民日报出版社，2018.

［31］人民日报评论部. 习近平用典：第三辑，马克思主义经典篇［M］. 北京：人民日报出版社，2020.

［32］人民日报评论部. 习近平用典：第四辑，外国经典篇［M］. 北京：人民日报出版社，2020.

［33］王炳林. 初心：重读革命精神［M］. 北京：人民出版社，2018.

［34］《习近平总书记教育重要论述讲义》编写组编. 习近平总书记教育重要论述讲义［M］. 北京：高等教育出版社，2020.

［35］关于培育和践行社会主义核心价值观的意见［M］. 北京：人民出版社，2013.

［36］中华人民共和国家庭教育促进法［M］. 北京：中国法制出版社，2021.

［37］刘少奇. 论共产党员的修养［M］. 2 版. 北京：人民出版社，1962.

［38］瞿秋白. 瞿秋白诗文选［M］. 北京：人民文学出版社，1982.

［39］陶铸. 理想，情操，精神生活［M］. 3 版. 北京：中国青年出版社，1979.

［40］蔡元培. 蔡元培教育文选［M］. 北京：人民教育出版社，1980.

［41］徐特立. 徐特立教育文集［M］. 北京：人民教育出版社，1979.

［42］陈鹤琴. 家庭教育［M］. 上海：华东师范大学出版社，2006.

［43］陶行知. 陶行知全集［M］. 成都：四川教育出版社，1991.

［44］鲁迅. 鲁迅全集［M］. 北京：人民文学出版社，1981.

［45］鲁迅. 鲁迅作品集. 杂文卷［M］. 北京：现代出版社，2016.

［46］胡适. 人生有何意义：胡适谈人生［M］. 上海：华东师范大学出版社，2015.

［47］梁启超. 少年中国说［M］. 武汉：长江文艺出版社，2019.

［48］郭沫若. 郭沫若全集［M］. 北京：人民文学出版社，1982.

［49］茅盾. 茅盾全集［M］. 北京：人民文学出版社，1984.

［50］巴金. 巴金选集［M］. 成都：四川人民出版社，1982.

［51］郁达夫. 郁达夫文集［M］. 广州：花城出版社，1982.

［52］徐志摩. 徐志摩选集［M］. 北京：人民文学出版社，1983.

［53］冯雪峰. 雪峰文集［M］. 北京：人民文学出版社1981.

［54］林砺儒. 林砺儒教育文选［M］. 北京：北京师范大学出版社，1984.

［55］刘半农. 刘半农文选［M］. 北京：人民文学出版社，1986.

［56］张伯苓. 张伯苓教育言论选集［M］. 天津：南开大学出版社，1984.

［57］孙铭勋. 孙铭勋教育文选［M］. 重庆：重庆出版社，1984.

［58］冰心. 冰心选集［M］. 北京：人民文学出版社，1979.

［59］朱自清. 背影：朱自清经典散文集［M］. 北京：台海出版社，2020.

［60］魏巍. 谁是最可爱的人［M］. 4 版. 北京：人民文学出版社，1973.

［61］赵忠心. 家庭教育学：教育子女的科学与艺术［M］. 北京：人民教育出版社，2001.

［62］赵忠心. 家风正，子孙兴：听赵忠心教授讲优秀家风故事［M］. 北京：北京理工大学出版社，2015.

［63］赵刚. 家长教育学［M］. 北京：教育科学出版社，2010.

［64］赵刚. 100 位企业家给家长的忠告［M］. 北京：东方出版社，2012.

［65］赵刚，王以仁. 中华家庭教育学［M］. 北京：研究出版社，2016.

［66］傅敏. 傅雷家书［M］. 沈阳：辽宁教育出版社，2004.

［67］萧三. 革命烈士诗抄［M］. 4 版. 北京：中国青年出版社，2011.

［68］中国青年出版社《革命烈士书信》编委会. 革命烈士书信［M］. 北京：中国青年出版社，1979.

［69］方志敏. 可爱的中国［M］. 北京：中国友谊出版公司，2014.

［70］雷锋. 雷锋日记［M］. 北京：解放军文艺出版社，1963.

［71］王蒙. 王蒙自述：我的人生哲学［M］. 北京：人民文学出版社，2003.

［72］刘卫华，张欣武. 哈佛女孩刘亦婷：素质培养纪实［M］. 北京：作家出版社，2000.

［73］张能治. 创造教育之光［M］汕头：汕头大学出版社，2001.

［74］张能治. 爱，让孩子快乐成长：e 时代家庭教育真谛［M］. 广州：广东人民出版社，2011.

［75］张能治. 家庭教育那些事儿［M］. 广州：暨南大学出版社，2014.

［76］张能治. 叩开孩子心扉的艺术：谈家庭教育那些事［M］. 广州：暨南大学出版社，2017.

［77］张能治. 孩子与家庭纵横谈［M］. 北京：华夏出版社，2020.

［78］张能治. 爱的期许：家庭教育及其他［M］. 广州：中山大学出版社，2020.

［79］尹建莉. 好妈妈胜过好老师［M］. 北京：作家出版社，2009.

［80］尹建莉. 最美的教育最简单［M］. 北京：作家出版社，2014.

［81］孙瑞雪. 捕捉儿童敏感期［M］. 北京：中国妇女出版社，2010.

［82］魏书生. 好父母 好家教［M］. 桂林：漓江出版社，2005.

［83］孙云晓. 习惯决定孩子一生［M］. 北京：北京师范大学出版社，2013.

［84］李肇星. 李肇星散文集［M］. 青岛：青岛出版社，2017.

［85］骆风. 就这样上北大：家教专家与北大学子的对话［M］. 广州：新世纪出版社，2013.

［86］骆风. 幸福两代人：北京大学硕士生家庭教育探秘［M］. 北京：中国社会科学出版社，2007.

［87］巫清辉. 把学习的主动权还给学生［M］. 北京：长城出版社，2000.

［88］徐迟. 哥德巴赫猜想［M］. 北京：人民文学出版社，1973.

［89］《屠呦呦传》编写组. 屠呦呦传［M］. 北京：人民出版社，2015.

［90］建华. 母亲［M］. 长沙：湖南文艺出版社，1993.

［91］周弘. 赏识你的孩子［M］. 成都：四川少年儿童出

版社, 2000.

［92］王正平. 人生格言辞典［M］. 上海: 上海辞书出版社, 2004.

［93］张纯美, 洪静嫒. 中外教育思想荟萃［M］. 上海: 上海文化出版社, 2014.

［94］王涵, 等. 名人名言录: 新世纪版［M］. 上海: 上海人民出版社, 2004.

［95］梁适. 中外名言分类大辞典［M］. 2版. 上海: 复旦大学出版社, 1997.

［96］［德国］卡尔·H. G. 威特. 卡尔·威特的教育［M］. 丽红, 译. 北京: 京华出版社, 2006.

［97］［英国］约翰·洛克. 教育漫话［M］. 徐大建, 译. 上海: 上海人民出版社, 2005.

［98］［苏联］A. C. 马卡连柯. 家庭和儿童教育［M］. 丽娃, 译. 上海: 上海人民出版社, 2005.

［99］［美国］斯托夫人. 斯托夫人自然教子书［M］. 亚北, 译. 北京: 中国妇女出版社, 2009.

［100］［韩国］全惠星. 有奉献精神的父母培养大人物［M］. 邵娟, 译. 北京: 中国城市出版社, 2009.

［101］［日本］铃木镇一. 用爱哺育［M］. 许海燕, 译. 北京: 电子工业出版社, 2004.

［102］［日本］多湖辉. 幼儿才能开发: 铃木的早期教育方法［M］. 李镜流, 译. 北京: 教育科学出版社, 1984.

［103］［日本］中畑千弘. 优秀儿童的黄金时间表: 揭开孩子优秀成因之谜［M］. 祁焱, 译. 桂林: 漓江出版社, 2010.

［104］［法国］卢梭. 爱弥儿, 论教育［M］. 李平沤,
译. 北京: 商务印书馆, 1978.

［105］［美国］丹尼尔·戈尔曼. 情商: 为什么情商比智
商更重要［M］. 杨春晓, 译. 北京: 中信出版社, 2010.

后　记

在长期的家庭教育研究、实践中，我悟出一个道理：家庭教育需要智慧。

2006 年 4 月，我尝试制作家庭教育课件"中外教育家论家庭教育"，那时便萌发了编著《中外家庭教育智慧》一书的念头，计划分上下卷出版。2016 年 11 月 26 日，我为该书撰写了题为"家庭教育需要智慧"的前言。2018 年 12 月 24 日，我编著了该书的上卷《中外家庭教育名著赏析》，印出样书 8 本，供校对用。之后再对上卷作了较大修订，但因故尚未正式出版。与此同时列出下卷《中外名人论家庭教育》的编辑纲目，并决定将《中外家庭教育智慧》分成两本书出版，先出版下卷，书名定为《家庭教育智慧》。

编写一部具有中国特色又具有国际视野的家庭教育智慧作品，需要不断研究，不断实践，不断探索，不断创新，不断完善。习近平总书记关于"注重家庭、注重家教、注重家风"的一系列重要论述给我的研究指明了方向。我认真学习《习近平谈治国理政》第一卷、第二卷、第三卷、第四卷，学习《习近平关于注重家庭家教家风建设论述摘编》，学习《平"语"近人：习近平总书记用典》，学习《平"语"近人：习近平喜欢的典故》第二季，学习《习近平用典》第一辑、第二辑、第三辑、第四辑等著作。我学习了习近平总书记《在庆祝中国共产党成立 100 周年大会上的讲话》之后，对本书又增加了一些内容。2022 年 10 月 16 日，中国共产党第二十次全国代表大会胜利召开，习近平总书记作了《高举中国特色

社会主义伟大旗帜 为全面建设社会主义现代化国家而团结奋斗》的重要报告,我反复学习,领会其精神,再次对全书进一步检阅,并增加23条词条。

《家庭教育智慧》中的"19. 家庭的中国经典教育"和"20. 家庭的外国经典教育",把中外家庭教育的经典和习近平总书记巧妙用典的精彩内容呈现给读者。

《中华人民共和国家庭教育促进法》颁布后,我又增加了一些内容,并调整纲目,以体现该法的丰富内涵。

感谢资深学者、著名家庭教育专家、东北师范大学家庭教育研究院院长赵刚教授的指导!感谢《当今家庭教育》《孩子与家庭》编辑部余德元、姚佩琅、林俊强等同行的支持,感谢陈景山、陈如杏、林枫、郑康顺等的友情帮忙,感谢各级教育行政部门、中小学校、幼儿园、各级妇联、家庭教育学术机构、"关工委"的友情帮助!感谢热心家庭教育的著名企业家、广东格林教育文化有限公司董事长洪琳先生的无私奉献!

感谢中山大学出版社王天琪社长的大力支持,感谢蔡浩然编审的精心策划和编辑,感谢美术设计曾斌、责任校对袁双艳和责任技编靳晓虹的辛勤付出。

本书采用了古今中外很多名人名家著作的名言,除在每条名句后面注明出处外,在此谨对著作者和出版者表示衷心感谢。如有需要,我们会送上样书致谢。感谢暨南大学图书馆、汕头市图书馆、汕头市金平区图书馆、东凤中学图书馆等为我的研究提供帮助。

在漫长的编纂过程中,得到我的妻子陈赛珠老师无微不至的关心帮助,得到我的女儿张晓帆、张晓星和女婿许桂鑫、张霞的充分理解、积极支持,让我深深感受到家的温暖与力量,没有他们的帮助，我不可能完成《家庭教育智慧》这部最重要的家庭教育著作。

目标与坚持铸就成功。十几年的心血，十几年的积累，十几年的坚持，精益求精，终成硕果。虽苦犹甜，我欣喜，我快乐！

家庭教育智慧浩如烟海，编纂一部具有中国特色又有国际视野的家庭教育智慧著作实属不易，编者能力有限，书中舛误之处敬请读者批评指正，以便再版时修改、补充，进一步完善。

张能治

2021 年 8 月 18 日撰

2022 年 10 月 31 日修改

于广东汕头碧霞庄